La science et les pouvoirs psychiques de l'homme

Ambroise Roux
Stanley Krippner Gerald Solfvin

La science et les pouvoirs psychiques de l'homme

Traduit de l'américain par GÉRARD PILOQUET

SAND

Préface d'Ambroise Roux

Les phénomènes étranges et inexpliqués ont exercé, de tout temps, un attrait considérable sur les hommes. Et cela, quelles que soient leur race et leur religion.

Le paranormal rassemble ainsi un ensemble de faits extrêmement variés. L'une de leurs caractéristiques est que la grande majorité d'entre eux n'ont pu être établis scientifiquement - ou du moins, de l'avis de certains, pas encore. On constate souvent, devant de tels phénomènes, l'adoption de deux attitudes dont l'une et l'autre sont également erronées.

La première consiste à poser en principe que les faits correspondants sont sans intérêt car ils ne seront jamais scientifiquement vérifiés. La seconde revient au contraire à estimer que, tôt ou tard, l'ensemble de ces faits sera scientifiquement établi. Ces deux positions extrêmes sont malheureusement courantes dans notre pays.

Les milieux scientifiques manifestent, à l'égard de ces phénomènes, la méfiance la plus systématique allant jusqu'au refus même de les étudier.

Le public, qui se montre étonnamment accessible à ces questions, n'apporte en revanche aucun esprit critique à leur examen. Il ne fait d'ailleurs aucune différence entre les branches proprement dites de la parapsychologie (télépathie, psychokinèse) et toute une série de phénomènes d'autres natures (guérisons paramédicales, occultisme, spiritisme, soucoupes volantes, etc.) alors qu'il est nécessaire, pour étudier de tels phénomènes, de les classer, au préalable, avec le plus grand soin.

Entre ces deux extrêmes, une poignée de chercheurs disposant de faibles moyens, travaillant souvent – par prudence – sous des noms d'emprunt, s'efforcent à grand-peine d'établir une réalité scientifique qui ne plaît ni aux uns ni aux autres.

Tout cela serait fort décourageant si, depuis une cinquantaine d'années, des groupes de savants courageux ne s'étaient attaqué, dans le monde entier, à des études systématiques, ayant, d'ores et déjà, abouti à des résultats très positifs dans certains des domaines du paranormal.

La Science et les Pouvoirs psychiques de l'Homme a deux objectifs : recenser les manifestations du paranormal à travers les âges et dans les divers domaines. Et tenter de faire le point sur ce qui peut être considéré aujourd'hui comme scientifiquement acquis.

Il ne s'agit pas, bien entendu, dans l'analyse du passé, de présenter comme définitivement établis les innombrables faits qui sont rapportés ici, mais de montrer l'extraordinaire permanence des thèmes correspondants dans la conscience humaine, et cela, indépendamment des races et de l'époque. Il est frappant, par ailleurs, de souligner que l'entrée du monde dans la période scientifique moderne n'a eu pour conséquence ni de modifier ces thèmes ni d'en réduire l'importance.

Bien au contraire. Tout se passe comme si la science avait fait toucher du doigt à l'homme l'étendue de sa méconnaissance de l'univers plus encore que les certitudes, au moins temporaires, qu'elle lui apportait. D'où son redoublement de curiosité pour l'inconnu qui l'entoure et dans lequel il classe tout naturellement les phénomènes paranormaux.

Il est parfois difficile – sinon impossible – d'opérer un tri systématique dans les phénomènes rapportés entre ce qui apparaît acquis et ce qui ne l'est pas totalement. Le caractère non répétitif de certains des faits observés, la fragilité de certains témoignages, la propension inévitable de ceux qui observent des phénomènes paranormaux à leur donner une dimension excessive ne rendent pas aisée une telle classification.

Mieux vaut donc opérer à l'inverse : confier à des scientifiques le soin d'étudier à partir de zéro les phénomènes paranormaux, en faisant litière de toutes les expériences antérieures, même si certaines d'entre elles présentent un caractère d'authenticité qui s'impose.

Telle est la discipline que s'est imposée le professeur Rhine quand il a abordé en 1927, à la Duke University en Caroline du Nord, les travaux qui ont conduit à la création de la parapsychologie : il a débuté principalement par tout ce qui concernait la télépathie.

Depuis lors, un très grand nombre d'équipes réparties dans le monde entier - principalement dans les pays anglo-saxons - ont repris, confirmé, développé les travaux du professeur Rhine et les ont étendus à d'autres domaines de la parapsychologie, et notamment à la psychokinèse.

Le présent ouvrage rassemble donc les conclusions d'une vaste enquête entreprise auprès des nombreuses équipes qui, sur les divers continents, semblent disposer des moyens matériels et du large consensus nécessaires pour poursuivre des recherches scientifiques sur la parapsychologie. Il prend toute sa valeur par les collaborations exceptionnelles que lui ont apportées Stanley Krippner et Gerald Solfvin.

Le bagage ainsi constitué pourra être jugé limité ou considérable selon l'humeur de chacun. Limité dans la mesure où seuls apparaissent aujourd'hui avoir une indiscutable base scientifique les deux domaines essentiels de la parapsychologie, à savoir : télépathie et psychokinèse, et quelques-uns de leurs prolongements.

Considérable car il s'agit là d'une ouverture d'une importance très grande vers des domaines nouveaux dont les conséquences scientifiques et philosophiques sont encore aujourd'hui à peine perçues.

De ces têtes de pont ainsi constituées se lanceront demain d'autres équipes de chercheurs qui tenteront de développer ces branches scientifiques nouvelles, à la jonction de la matière et de l'esprit humain. Il faudra, dans ces recherches à venir, que les chercheurs fassent preuve, comme ils l'ont fait jusqu'à présent, de la plus extrême prudence.

On nous permettra de penser que la communauté scientifique devra, à cette occasion, faire preuve aussi de beaucoup de circonspection. C'est que l'histoire de la science, ou plus exactement du comportement des scientifiques, n'est pas tout à fait aussi satisfaisante qu'on pourrait le penser *a priori*.

La très grande majorité des intéressés sont, en fait, essentiellement les conservateurs d'un domaine dont les frontières sont défrichées par quelques autres. Il est bien connu que les professions examinent toujours avec la plus grande répugnance les projets de réformes qui leur sont soumis. On ne peut s'empêcher de penser que les réactions de la communauté scientifique devant les innovations dérangeantes sont sensiblement de même nature. L'histoire de la science abonde en exemples de cet ordre.

Le XIXe siècle, apogée du mécanisme triomphant, s'achève. La science peut être fière d'elle-même. Le vertige d'avoir découvert tant de disciplines nouvelles, et si rapidement, est si fort que certains ne sont pas loin de penser que tout, ou presque, a été découvert et que la science a pratiquement atteint ses frontières définitives.

Il y a bien quelques phénomènes gênants qui s'insèrent mal dans cet ensemble. Michelson, chargé de mesurer au moyen de la vitesse de la lumière la vitesse de déplacement de la Terre dans l'éther, connaît à l'avance le résultat de son expérience. En dépit d'efforts poursuivis durant plusieurs années, il ne peut mettre en évidence le moindre déplacement, ce qui est une parfaite absurdité. La température du corps noir – le vulgaire dirait « four à pâtisserie » – se refuse de son côté à suivre les lois de la physique.

Ces deux phénomènes révèlent d'inquiétantes discordances. Ils sont si considérables qu'ils n'inquiètent pas vraiment. On ne va pas remettre en cause l'ensemble des lois d'une physique triomphante pour si peu. Et le XXe siècle s'ouvre ainsi sur l'apothéose de la science. Mais les nuages noirs qui s'étaient accumulés vont finir par crever.

L'extraordinaire génie d'Einstein permettra de bâtir la relativité restreinte puis la relativité générale sur la base de l'échec de l'expérience de Michelson. La notion de simultanéité disparaît, la masse cesse d'être constante et varie avec la vitesse, énergie et masse se confondent dans la célèbre équation : $E = mc^2$, écrite quarante ans avant sa première et tragique application à Hiroshima.

Et les anomalies dans la température du corps noir déboucheront sur la dualité onde-corpuscule. La lumière cesse d'être uniquement formée d'ondes pour l'être également de photons. La matière cesse d'être uniquement formée de particules pour l'être également d'ondes. La mécanique quantique est née.

Quelle extraordinaire leçon, accueillie d'ailleurs par la communauté scientifique avec une remarquable méfiance, qui conduisit Einstein à recevoir le prix Nobel non pour la relativité restreinte et générale mais pour l'effet photoélectrique un peu moins dérangeant dont il était aussi le découvreur!...

En veut-on une autre preuve? En 1912, Wegener invente la théorie de la dérive des continents. Elle repose, certes, sur une intuition géniale. Mais elle est solidement étayée par des démonstrations convaincantes : emboîtages des côtes ouest de l'Afrique et est de l'Amérique du Sud, raccordements géologiques entre continents à travers l'Atlantique, raccordements des espèces fossiles, etc. La réaction de la communauté scientifique est hostile et négative. La théorie de Wegener vient bouleverser tous les dogmes établis. Elle émane, certes, d'un homme de qualité mais qui n'est pas un géologue confirmé. On ne va pas laisser un « amateur » révolutionner la géologie. Sa thèse n'est pas prise en considération.

Quelques savants courageux et isolés, pressentant l'immense apport de Wegener à la science, le défendent au mieux contre les attaques dont il est l'objet. Peine perdue. Après une lutte opiniâtre et relativement longue, Wegener doit s'avouer vaincu. Quand il meurt en 1930, sa théorie peut être considérée comme complètement abandonnée. On s'imagine sans peine la joie mauvaise de la communauté scientifique après cette victoire sur l'hérésie. Comme le déclarait en 1928 un de ses membres au symposium de New York : « Si Wegener avait raison, Messieurs, nous n'aurions plus qu'à retourner sur les bancs de l'école...! »

Amusante prophétie à rebours puisque de nos jours il ne se trouve plus personne pour contredire la théorie de Wegener, base de la géologie moderne qu'elle a complètement renouvelée. Dans son remarquable livre *l'Écume de la Terre*, Claude Allegre, directeur de l'Institut de physique du Globe de Paris, écrit précisément au sujet de Wegener : « Plus une idée est nouvelle, plus elle choque, plus elle dérange ceux dont la fortune s'est établie hors d'elle, comme ceux dont le confort intellectuel se trouve perturbé par son émergence. L'originalité est une vertu estimée, pourvu qu'elle ne s'avère pas trop dérangeante. Une réaction marginalisante, voire sacrificielle, sanctionne toute audace novatrice au-delà d'un certain seuil. On reconnaîtra là une illustration des principes fondamentaux du comportement mimétique, cher à René Girard, qui conduit à constater que seules les originalités d'ordre différentiel (au sens mathématique du terme) sont tolérables. Dans l'histoire des mentalités, scientifiques et autres, le saut quantique dans l'évolution des idées est tabou, car il viole le principe de mimésis. »

Il n'y a rien à ajouter à ce jugement aussi intelligent que nuancé, porté sur l'attitude mentale de la communauté scientifique par l'un de ses membres les plus éminents. Mais le phénomène se répète de nos jours.

Einstein dont les découvertes avaient aussi contribué à l'établissement de la mécanique quantique était toujours resté un déterministe convaincu : « Dieu ne joue pas aux dés », avait-il l'habitude de dire. Et l'interprétation donnée par la mécanique quantique à la classique expérience de Fresnel, selon laquelle le corpuscule émis (photon ou électron) ne passe pas par un trou ou l'autre mais en quelque sorte par les deux à la fois, l'avait toujours choqué. Pour lui, la mécanique quantique était un merveilleux système permettant d'interpréter l'univers, de prévoir l'évolution des phénomènes; elle ne reflétait pas vraiment la nature profonde de cet univers qui restait déterministe sous la carapace d'une mécanique quantique indéterministe.

Einstein avait imaginé avec Podolsky et Rosen vers 1932 une expérience très complexe (le paradoxe E.P.R.) qui devait permettre de trancher entre son interprétation et celle d'autres scientifiques qui estimaient que la mécanique quantique reflétait réellement la nature de l'univers.

L'expérience du paradoxe E.P.R. est fort complexe à décrire. Elle revient sommairement à tenter d'établir s'il existe ou non un lien de dépendance entre deux particules émises dans certaines conditions, et cela quelle que soit la distance qui les sépare par la suite.

A l'époque du paradoxe E.P.R. elle n'était pas réalisable avec les moyens du moment. Pas plus d'ailleurs que lors de la mort d'Einstein. Mais nous sommes entrés depuis une dizaine d'années dans l'ère des vérifications expérimentales possibles. Le rythme de celles-ci est allé croissant ces derniers temps.

Nous voilà donc pour la première fois devant la réponse à une question clé : l'univers est-il déterministe ou indéterministe ? A cette question, et contrairement à l'espoir d'Einstein, l'expérience répétée avec des moyens sans cesse plus puissants n'a cessé de répondre : l'univers est indéterministe. « Dieu joue probablement aux dés », comme le titrait *le Monde* il y a peu de temps.

Nul n'a encore pleinement perçu les implications de cette expérience cruciale qui rappelle à bien des titres celle de Michelson. D'ores et déjà, elle conduit à la conception d'une réversibilité du temps et d'une parfaite symétrie des causes et des conséquences. L'univers ne peut plus être arbitrairement découpé en zones locales indépendantes les unes des autres, et seule une conception globale permet de rendre compte des phénomènes qui s'y produisent. Mais nous ne sommes qu'au début d'une importante mutation dont on peut craindre, là aussi, que la communauté scientifique s'efforce de l'endiguer autant que faire se peut.

Déjà l'un de nos plus grands physiciens, Olivier Costa de Beauregard, a provoqué les plus sévères critiques en osant affirmer que certaines des conséquences de la vérification du paradoxe E.P.R. n'étaient pas loin des constatations faites lors des expériences de parapsychologie.

Il s'amoncelle donc de nos jours, comme à la fin du XIXe siècle, plusieurs nuages inquiétants sur la périphérie de la physique. Le caractère foncièrement insolite de la vérification du paradoxe E.P.R. est l'un d'entre eux. Les progrès récents faits dans le domaine de la parapsychologie relèvent également de cette catégorie.

Il est souhaitable dans l'intérêt supérieur de la science que tous ces faits dérangeants, sans cesse plus nombreux, ne soient pas, dans l'avenir, traités avec la méfiance dont on les a jusqu'ici systématiquement entourés.

***

Nous avons vécu jusqu'au début du siècle dans l'ère d'un matérialisme triomphant. Il est vrai qu'une accumulation constante, en mécanique, en physique, en chimie, des progrès les plus extraordinaires, pouvait donner l'impression d'un univers entièrement expliqué par la matière, où l'on se demandait ce que venait faire la vie. Rappelons-nous Berthelot disant peu avant sa mort : « Je sens que nous avons découvert pratiquement tout ce que recèle l'univers et je ne voudrais pas vivre plus longtemps car l'idée d'un monde où l'on ne découvrirait plus m'est insupportable. »

Ainsi que nous l'avons dit plus haut, quelques faits dérangeants allaient bousculer bien des certitudes, amenant la naissance de la relativité restreinte, de la relativité générale, de la mécanique quantique, révolutions dont l'ampleur est encore aujourd'hui mal perçue.

Parallèlement, le spiritualisme n'avait pas encore pénétré la biologie. Médecins et chirurgiens ignoraient complètement l'état psychique de leurs malades. Les maladies d'origine psychique, dont aujourd'hui chacun est si conscient que certains finissent par penser qu'il n'y a que des maladies psychosomatiques, étaient alors complètement ignorées. Il fallut une lente évolution pour amener au cours des cinquante dernières années une introduction progressive de l'esprit dans la biologie. La médecine a fini aujourd'hui par intégrer le facteur psychologique.

Les chirurgiens qui se considéraient un peu comme des mécaniciens n'avaient jamais pensé non plus que l'état psychologique de leurs malades pouvait avoir la moindre importance sur la réussite de l'opération. Tout cela a, beaucoup et fort heureusement, changé. Mais l'idée que l'esprit puisse agir sur un autre esprit autrement que par des moyens normaux et puisse également interagir avec la matière ne devait faire dans le monde et tout spécialement en France que des progrès très lents.

Aujourd'hui, la télépathie est démontrée et la psychokinèse est en voie de l'être. Curieusement, à cette occasion, on découvre que les caractéristiques des forces mises en œuvre semblent remettre en cause les notions de temps absolu et de simultanéité. Et cela au moment où la vérification du paradoxe E.P.R. remet également en question bien des notions de base de la physique moderne.

Je pense que nous sommes à l'aube de découvertes qui peuvent être fondamentales et qui seront de nature à permettre l'exaltation, chez les hommes, de facultés nouvelles probablement latentes chez beaucoup d'entre eux. Il m'apparaît consolant que la science, qui au cours du XIXe siècle avait interprété la nature et l'homme dans le cadre d'un matérialisme élevé à un niveau jamais atteint et repoussant toute intervention de l'esprit, soit amenée à réintroduire au XXe siècle la coexistence des forces vitales et matérielles, et soit obligée d'interpréter l'univers en faisant une place sans cesse plus large à l'homme et à l'esprit qui l'anime.

Chapitre premier

Peut-on parler de recherche scientifique en parapsychologie?

Notre ancêtre, l'homme primitif, se souciait peu de mesurer le temps et l'espace avec précision ou de réfléchir à son propre sort. Il vivait de la chasse et de la cueillette ou cultivait la terre aux abords des fleuves ou des points d'eau, directement soumis au cycle de la lune, des saisons et à leurs aléas. Les chamans et autres conteurs des peuplades primitives inventaient des récits fabuleux sur l'origine et la création du monde; de cette mythologie cosmogonique, qui se transformait à mesure que la terre et le système solaire livraient à l'homme leurs secrets, naquirent peu à peu les théories scientifiques.

Avec l'évolution du mode de vie et la spécialisation progressive des sociétés, l'homme commença d'éprouver un besoin de précision, ne fût-ce que pour prévoir le retour régulier des saisons, décider des semences et des récoltes. On mit au point des calendriers qui devinrent des modèles de référence fixes, quoiqu'ils fussent limités au cadre mythologique d'une culture donnée. Ainsi, le célèbre calendrier aztèque de Mexico offrait-il, outre le découpage de l'année en mois et en jours, une vision du monde compatible avec les principes religieux et politiques de la société.

Les Grecs furent les premiers à se poser des questions sur eux-mêmes et sur le monde, sans se contenter (comme leurs prédécesseurs) d'une quête politique et religieuse. Ils nommèrent « philosophie » ce nouveau champ de réflexion – du grec « philos » (ami) et « sophia » (sagesse) – né de leur perplexité face aux merveilles de la nature. « C'est l'émerveillement qu'il éprouvait [...] qui conduisit l'homme à philosopher [...] sur le phénomène de la Lune, du Soleil et des étoiles, et sur la genèse de l'univers », écrivait Aristote (cité par McKeon, 1941, p. 692).

Quand Hamlet déclare à son ami : « Il y a plus de choses sur la terre et dans le ciel, Horatio, que n'en pourrait prévoir toute ta philosophie », il fait allusion à ce que nous appelons aujourd'hui la « science » puisque Horatio étudiait la philosophie à l'université de Wittenberg (Asimov, 1967, p. 692). Le XVIe siècle vit la confirmation de la prédiction du héros de Shakespeare lorsque, avec Copernic, l'idée apparut que la Terre tournait autour du Soleil – idée confirmée et développée par Kepler, Galilée et Newton. Au XVIIe siècle, Francis Bacon mit au point la « méthode inductive ». Imaginée par Aristote, cette démarche par étapes consiste à partir de l'observation pour dégager une hypothèse que l'on confronte à une expérience donnée. Bacon fut aussi le premier à entrevoir – avec quelle perspicacité ! – la possibilité d'une étude scientifique des phénomènes psychiques par le truchement des cartes et des dés. En 1662, Charles II d'Angleterre accorda une charte de privilèges, assortie d'une condition, à la Royal Society de Londres : que ses membres n'obéissent en aucun cas à des motifs d'ordre politique. Cette tendance à l'objectivité de la science se verra confirmée par Isaac Newton avec sa loi impersonnelle de l'attraction terrestre ou de la gravitation.

Pendant la Renaissance française, on utilisa les découvertes scientifiques et les méthodes de recherche rationnelle pour lutter contre les superstitions et les croyances religieuses. Vers 1730, Voltaire opposa les théories de Newton en physique et en astronomie à la cosmologie de Gassendi qui régnait officiellement. Vers le milieu du XIXe siècle, Diderot et d'Alembert unirent leurs efforts pour publier la monumentale *Encyclopédie,* entreprise de démocratisation de la connaissance présentée par ordre alphabétique – idée tout à fait radicale pour l'époque. Elle faisait voisiner à égalité les rubriques techniques et les débats d'idées. Le groupe des « philosophes », ainsi que se dénommaient les amis de Diderot et de d'Alembert, s'était donné pour objectif de poursuivre les travaux de Francis Bacon dans le domaine de la connaissance pratique, en soumettant la totalité des données (sociales et philosophiques aussi bien) à la critique de la raison. Les philosophes se scindèrent rapidement en plusieurs écoles : les rationalistes (d'Alembert et son disciple Marie-Jean-Antoine Condorcet), les matérialistes (derrière Paul-Henri Holbach), et les romantiques (Diderot et Jean-Jacques

Rousseau). Les trois groupes demeuraient, en tout état de cause, opposés aux dogmes et aux doctrines qui ne reposaient pas sur la raison.

La mentalité romantique

De même que la pensée dialectique oppose l'antithèse à la thèse, on peut dire que l'éclosion des idées romantiques apportait son « antithèse » à la « thèse » énoncée par la science. Cette réaction « romantique » aux modèles « classiques » s'exprima en partie dans la pensée antiscientifique. La mentalité classique mettait en avant les notions d'universalité, d'organisation, de régularité et le confort de l'uniformité. Si on limite cette appréhension classique de la réalité aux phénomènes naturels et sensibles; si l'on admet, en outre, que la notion traditionnelle de « forme » est définie en fonction d'analogies et de correspondances mathématiques, on a un excellent aperçu de ce qu'est le mode de pensée scientifique.

Les arguments antiscientifiques reposaient sur une série d'hypothèses « romantiques » qui mettaient l'accent sur l'importance intellectuelle et la valeur humaine de l'expérience directe. Nul besoin de donner une structure ou une portée universelle à l'expérience pour lui accorder sa signification, affirmaient les romantiques; ils glorifiaient le caractère concret, unique, spontané, irrégulier, de l'expérience individuelle et la richesse de la diversité. A leurs yeux on peut comprendre le monde en faisant appel à l'intuition, à la créativité, à l'imagination et aux relations individuelles. On ne saurait négliger ni le contexte d'un phénomène ni les aspects non sensoriels et non quantifiables de l'expérience, tels que la spiritualité et la beauté (Olson, 1976).

Dès le milieu du XVIIIe siècle, les principes de la science étaient déjà si bien établis que Jean-Jacques Rousseau pouvait y opposer des arguments précis. La critique romantique de Rousseau repose sur quatre points fondamentaux :

1. La pensée scientifique a tendance à exagérer l'importance du matérialisme.
2. Par là même, elle nous détourne d'autres domaines de la connaissance tels que la spiritualité, la politique et la morale.
3. La raison critique propre à la science bouleverse tous les systèmes de valeurs traditionnels.
4. En réduisant les énoncés qui comportent des options, la science rétrécit, limite et uniformise notre appréhension du monde; en un certain sens, elle diminue les occasions qui sont données à l'homme d'exercer sa liberté de pensée et de choix.

Le débat est encore d'actualité aujourd'hui, sous une forme ou une autre; les arguments échangés n'ont guère varié, de part et d'autre. Francis Bacon défendait le mode de pensée scientifique au nom du progrès et de l'amélioration du mode de vie, tout en convenant que si la science et la technologie avaient le pouvoir de créer, elles avaient aussi celui de détruire. Pour les tenants de la pensée classique, la science est fondamentalement descriptive et autonome, donc compatible avec n'importe quel système de valeurs. Si l'usage que l'on fait de la technologie soulève notre indignation, le fléau, explique-t-on, ne tient pas à la démarche scientifique proprement dite mais à l'imperfection de l'humanité. À l'assertion antiscientifique selon laquelle l'approche scientifique risque de priver l'homme de sa spiritualité, il y eut des savants pour rétorquer que le discours sur la spiritualité était une pure et simple ineptie. David Hume, quant à lui, invitait les magistrats à éliminer de leurs bibliothèques – et à brûler – tous les ouvrages énonçant des principes généraux qui ne seraient pas fondés sur l'expérience scientifique ou les mathématiques.

En Allemagne, au XIXe siècle, Goethe et Schelling furent les premiers philosophes à exalter ce qu'ils nommaient le « sentiment de la nature ». Dénonçant les mathématiques, la science expérimentale froide et dépourvue de sensibilité de la tradition newtonienne, ils proposaient une philosophie capable d'opérer la synthèse entre les phénomènes physiques et les phénomènes spirituels. On retrouve leur influence chez les poètes romantiques anglais, tels que Coleridge et Wordsworth. S'inspirant de cette philosophie, le physicien danois Hans Christian Orsted orienta ses recherches en ce sens. Il démontra l'unité et la polarité des forces naturelles et découvrit l'électromagnétisme. Le physicien allemand Julius Robert von Mayer qui énonça, pour la première fois, en 1841, l'idée de conservation de l'énergie, poursuivait le même objectif. Pourtant, au cours des années qui suivirent, les fondateurs de la science expérimentale en Allemagne livrèrent une âpre bataille aux philosophes de la nature. Ils finirent par l'emporter, mettant un frein aux tendances spéculatives de leur temps et faisant prévaloir le style de science glacial et inhumain que les philosophes du « sentiment de la nature », les poètes et les romantiques, réprouvaient tant.

En Allemagne, l'attitude des partisans de la science expérimentale, et de leurs adeptes, qui s'inspirait de divers principes philosophiques réunis sous le terme de « positivisme logique », prédomina largement dans les milieux scientifiques de la fin du XIXe siècle. Pour les positivistes, il faut partir de l'observation des faits; il ne saurait y avoir d'autre objet de connaissance que le fait, seul garant de la rigueur scientifique. Tel était le climat des sphères intellectuelles des années 1880, lorsque furent fondées de chaque côté de l'Atlantique, les sociétés de recherche psychique.

L'aspect subjectif de la science

Les sociétés de recherche psychique représentaient une innovation dont on trouve écho en France, chez le mathématicien Poincaré, et en Allemagne, chez Einstein. Non que l'un ou l'autre se fît l'avocat de la recherche psychique, à laquelle ils ne s'intéressaient guère; mais tous deux reconnaissaient le rôle de la créativité et de l'intuition du chercheur dans la connaissance scientifique. Sans abandonner le langage de l'objectivité, ils n'en soutenaient pas moins que les hypothèses correspondant à un système de valeur donné ont leur rôle à jouer – et un rôle crucial – dans l'émergence des structures théoriques de la science.

Dans ses analyses de la méthode scientifique, Poincaré réfutait l'idée qu'on puisse tirer des implications d'ordre éthique de résultats scientifiques; mais il n'en convenait pas moins que, pour progresser, la recherche avait besoin de s'appuyer sur certaines valeurs. Les scientifiques ont du mal à généraliser, ils choisissent de concentrer leur attention sur certains faits et d'en laisser d'autres de côté. Poincaré leur conseillait vivement de préférer les faits les plus simples pour rechercher des similitudes cachées sous des divergences de surface. Il fit aussi remarquer que si la science ne s'intéressait qu'aux phénomènes récurrents elle risquait d'exclure des domaines où prédominent l'expérience spontanée et les irrégularités de la nature, lesquels pouvaient être d'une importance capitale.

Einstein se pencha aussi sur la nature subjective de la pensée scientifique. Prenant pour exemple ses études sur la relativité, il écrivit : « Je désespérais de découvrir les véritables lois de la nature en partant d'un fait connu, autour duquel on concentrerait tous ses efforts – plus je m'y acharnais et plus je me rendais compte que seule la découverte d'un principe universel formel pouvait mener à des résultats assurés » (cité par Olson, 1976).

Cette manière de procéder se révéla extrêmement fructueuse pour aborder les problèmes scientifiques que posait Einstein; mais elle scandalisa les positivistes. Pour eux, cela revenait à dire que l'expérience n'est pas un critère de vérité et que l'on doit se fier à une conviction intérieure (Olson, 1976). Ces critiques sont injustes car Einstein ne nia jamais que l'expérience fût effectivement un critère de vérité; sa théorie était en réalité destinée à justifier les résultats qu'il avait obtenus par l'expérience. Ce qu'il montra, cependant, c'est que l'expérience n'est pas l'unique chemin conduisant à la vérité scientifique.

On peut constater que la science subit de perpétuelles fluctuations. Lewis Thomas (1980) a fait remarquer que la science n'est pas, comme on le pense parfois, « un moyen d'établir une vérité immuable et indestructible, un entassement de faits bien rangés les uns au-dessus des autres comme les constructions de brindilles que fabriquent les fourmis. La science [...] ne cesse jamais de changer, elle est mouvante, sujette à l'erreur et à la révision, toujours prête à se remettre en question et à repartir de zéro. C'est une entité vivante, un hommage à la faillibilité humaine » (p. 20). Et de ces mouvances imprévisibles de l'exploration humaine naquit la recherche psychique.

Les sociétés de recherche psychique

Parmi les créateurs de la parapsychologie, on compte le physicien autrichien très controversé, Franz Anton Mesmer, ses disciples, et les fondateurs du Spiritualist Movement en Amérique et en Europe (Rhine, 1937). Le mesmérisme, qui parlait de guérisons spectaculaires par magnétisme et d'extraordinaires facultés humaines non encore utilisées (Darnton, 1968), était très populaire en France et dans d'autres parties de l'Europe dès la seconde moitié du XVIIIe siècle. Le spiritisme est né à Hydesville, dans l'État de New York en 1847, avec les récits des sœurs Fox et de leur famille : à leur dire des coups d'origine mystérieuse leur parvenaient régulièrement aux oreilles, venant perturber leur sommeil. Puis, des curieux venus vérifier par eux-mêmes les récits des sœurs Fox se mirent à entendre des coups à leur propre domicile. Mais les membres de ladite famille entreprirent de donner des spectacles au cours desquels deux des trois filles jouaient le rôle de médiums. Plus tard, l'une des trois sœurs révéla que les coups entendus pendant les séances étaient obtenus par des moyens frauduleux, quelqu'un faisant craquer les jointures de ses orteils, par exemple. On répertoria plus de cent médiums, en 1851, dans la seule ville de New York. L'on raconta que la sœur traîtresse à l'origine de cette révélation était devenue alcoolique et comptait sur l'argent que lui rapporterait la publication de ses confessions pour se livrer à sa coûteuse habitude (Gauld, 1968).

Le mouvement spiritiste commença à s'étendre en Grande-Bretagne dans les années 1860, surtout dans les classes moyennes et laborieuses ; il éveilla bientôt l'intérêt de l'élite britannique qui voyait dans les séances de spiritisme un passe-temps fort divertissant. Pour finir, le spiritisme et le mesmérisme attirèrent l'attention d'un certain nombre d'universitaires. En 1882, une réunion fut organisée entre des enseignants et des spirites à l'université de Cambridge, pour fonder la Society for Psychical Research (S.P.R.). Elle s'assigna pour mission d'étudier, d'une manière organisée et systématique, la totalité des phénomènes connus sous les noms de mesmérisme, spiritisme, ou qualifiés de phénomènes psychiques. Le groupe des membres fondateurs se donna pour président Henry Sidgwick, professeur de philosophie à l'université de Cambridge. Le succès de la SPR conduisit un certain nombre d'universitaires américains – dont le philosophe et psychologue William James – à fonder une organisation similaire, l'American Society for Psychical Research, qui vit le jour à Boston en 1885.

Les deux groupes de recherche organisèrent parallèlement de grands projets d'investigation. Le rapport sur le recensement des hallucinations (Sidgwick, Sidgwick & Johnson, 1894), mis au point par la S.P.R., classait et interprétait dix-sept mille réponses à la question : « Avez-vous déjà eu [...] l'impression très vive de voir ou d'être touché par quelque chose ou quelqu'un [...] ou d'entendre une voix ; impression qui, autant que vous le sachiez, n'était due à aucune cause extérieure ? » 10 % des personnes interrogées répondirent par l'affirmative, avec un plus grand nombre d'hallucinations visuelles que d'hallucinations tactiles ou auditives. Marks et McKellar (1982) considèrent ce rapport comme une véritable « mine de données ». Ils remarquent que les enquêteurs font figure de pionniers dans leur effort pour tenter de classer les réponses en hallucinations sensorielles, perception sensorielle ordinaire, rêves et visions eidétiques [1]. De surcroît le rapport donnait la liste des tactiques frauduleuses des médiums. Au cours des huit années qui suivirent la fondation de la Société de recherche psychique, celle-ci publia plus de onze mille pages de comptes rendus et de rapports et plus de quatre mille pages sous forme d'ouvrages édités (Gauld, 1968, p. 313).

En France, Charles Richet fut le premier à utiliser les statistiques et la théorie des probabilités pour étudier la télépathie. En Grande-Bretagne, des chercheurs avaient commencé à explorer ce domaine avant la fondation de la SPR. William Crookes, éminent physicien et chimiste anglais, fut probablement le premier à aborder d'un point de vue scientifique les phénomènes regroupés sous le nom de spiritisme. En 1871, il tenta de mesurer mécaniquement les prétendues facultés psychiques de D. D. Home, le plus célèbre médium de l'époque, et publia un rapport favorable dans le *Quarterly Journal of Science* – sa propre revue scientifique (Gauld, 1968, p. 83). En 1876, un autre physicien, William Barrett, remit un rapport à la British Association for the Advancement of Science : il y exposait les expériences qu'il avait menées avec une jeune fille qui se croyait clairvoyante. L'article de Crookes sur D. D. Home fit l'objet de violentes attaques, et l'association refusa de compter le rapport de Barrett au nombre de ses publications (J. B. Rhine, 1937, p. 27). Le biologiste anglais T. H. Huxley déclarait, quant à lui, que même si les phénomènes psychi-

1. Vivantes, détaillées, impressionnantes par leur présence. *(N.d.T.)*.

ques existaient bel et bien, il ne s'y intéressait pas car il connaissait des moyens plus profitables de passer le temps (Gauld, 1968, p. 83).

Dès sa fondation, la Société de recherche psychique fut divisée par diverses tendances. Les enquêtes sérieuses étaient menées par un groupe de chercheurs d'un esprit relativement sceptique à l'égard des phénomènes psychiques; les spiritistes, eux, abordaient le sujet comme s'il s'agissait d'une religion, plutôt que d'une science. Cette division s'accentua de plus en plus. En 1887, la plupart des spiritistes donnèrent leur démission.

Aux États-Unis, l'A.S.P.R. ne s'attira jamais le prestige et le soutien financier que connaissait son homologue britannique. En revanche, les intellectuels américains réussirent avec plus de bonheur que les Anglais à implanter la recherche psychique dans les universités. Par exemple, un membre de la famille Stanford offrit à l'université qui portait son nom une somme d'argent qu'il destinait à la recherche sur le spiritisme et les phénomènes psychiques (Coover, 1917, p. 19). La personne chargée de la tâche, J. E. Coover, utilisa pour la première fois des groupes de contrôle pour tester les phénomènes psi. Concentrant ses efforts sur la télépathie, il mena un très grand nombre d'expériences avec des étudiants, au moyen de cartes à jouer. Le groupe expérimental connaissait l'identité de l'«émetteur» tandis que le groupe de contrôle, testé lors d'une autre expérience, l'ignorait. Les données ainsi obtenues le convainquirent qu'on ne pouvait pas apporter la preuve de l'existence de la télépathie (Coover, 1917). Pourtant, certains parapsychologues (J. B. Rhine, 1937, p. 21) ont fait remarquer que les résultats du groupe expérimental tout comme ceux du groupe de contrôle étaient plus souvent justes que le hasard seul ne permettait de s'y attendre, ce qui donnait à penser que les deux groupes tendaient à prouver l'existence de l'E.S.P.

Une autre tentative destinée à prouver l'existence de la télépathie fut entreprise par l'auteur américain Upton Sinclair (1930). Son ouvrage traitant de ce sujet, préfacé par Albert Einstein, montre les efforts quasi expérimentaux de Sinclair et de son épouse pour essayer de communiquer à distance.

William McDougall accepta le poste qu'on lui proposait à l'université de Harvard et il quitta la Grande-Bretagne en 1920. Il réintroduisit l'hypnose dans les études psychologiques américaines et mena plusieurs expériences destinées à montrer que les rats peuvent hériter d'un caractère acquis. Il découvrit à Harvard des fonds de soutien pour la recherche parapsychologique que personne n'avait encore songé à utiliser et confia à ses assistants Gardner Murphy et G. H. Brooks, le soin de conduire les expériences.

Retour à l'objectivité

Les travaux de McDougall attirèrent l'attention de deux biologistes, J. B. Rhine et son épouse, L. E. Rhine. En 1927, McDougall prit la tête du département de psychologie à la Duke University en Caroline du Nord. Les Rhine l'y suivirent et, en 1934, fut fondé le laboratoire de parapsychologie de l'université de Duke, le terme de parapsychologie ayant été emprunté à la langue allemande (Rhine, 1935).

Les Rhine et leurs associés collectèrent des rapports sur des prétendus phénomènes psychiques, analysèrent des comptes rendus de séances avec des médiums et conçurent des cartes originales destinées aux expériences de perception extrasensorielle (E.S.P.). Les premières expériences de psychokinèse (P.K.) eurent lieu à Duke en 1934 (il s'agissait de tenter d'influencer les dés). Le *Journal of Parapsychology* fut fondé en 1937, coédité par McDougall et par J. B. Rhine. Ce dernier mit au point un certain nombre de nouveautés méthodologiques qui rapprochèrent la recherche parapsychologique de la psychologie américaine telle qu'on l'envisageait à l'époque. Il marquait un retour aux modèles scientifiques « objectifs » et « indépendants ». Avant Rhine, la recherche psychique dans son ensemble - expériences comprises - comportait un aspect subjectif qui rendait son interprétation difficile. Rhine, pour pallier cet inconvénient, mit au point une série de procédures types, susceptibles d'être adoptées par tous les enquêteurs compétents désireux d'entreprendre des tests de parapsychologie. Les cartes de Rhine étaient vendues par correspondance aussi bien que dans les grands magasins. L'analyse statistique devint la condition sine qua non de son programme de recherche. Rhine expliquait que, puisque les phénomènes psychiques sont imprévisibles et incontrôlables, la plupart des sujets ne manifestent d'aptitude psi qu'une petite fraction de temps. Il était donc essentiel d'avoir des indicateurs quantitatifs pour mesurer les appels réussis afin de les comparer aux distributions dues au seul hasard. À la méthodologie statistique Rhine ajoutait un certain nombre de procédures à appliquer rigoureusement : la manière de présenter les cartes, l'élimination des signaux sensoriels, la consignation des résultats et la mise au point d'une terminologie précise pour désigner les méthodes et les phénomènes observés.

Rhine fit d'autres innovations : il prit des étudiants et d'autres sujets parmi des individus n'ayant jamais prétendu posséder un don pour l'E.S.P. ou la P.K. La plupart des investigations entreprises avant lui reposaient sur des médiums et des cas célèbres. Mais si ces derniers offraient de plus grands espoirs aux expérimentateurs, le risque de supercherie était toujours présent. Or, non seulement les sujets de Rhine étaient plus dignes de foi, mais les résultats obtenus avec eux suggéraient que presque tout le monde possède un minimum d'aptitude psi.

La troisième innovation majeure de Rhine fut de ne plus accorder la priorité à la seule télépathie dans les expériences de parapsychologie. Avant lui, les expériences E.S.P. s'appliquaient presque toutes aux tests de télépathie (Pratt, 1964, p. 51). Ainsi, Rhine remarqua que les résultats de presque tous les tests télépathiques s'expliquaient aussi bien par la clairvoyance que par la télépathie, le sujet pouvant tout aussi bien avoir deviné directement la carte dissimulée qu'avoir capté l'information par l'intermédiaire de l' « émetteur ».

La quatrième innovation de Rhine fut d'aller plus loin que la pure et simple démonstration de l'existence de la psi en s'efforçant d'identifier ses « lois » internes et de découvrir les conditions optimales dans lesquelles elle se manifestait. Rhine (1934) ne perdit pas son temps à essayer de mettre au point des expériences destinées à explorer les variables physiques, physiologiques et psychologiques qui affectent le fonctionnement de la psi.

Réponses aux critiques

En 1938, la parapsychologie avait déjà tellement de succès que l'American Psychological Association organisa un symposium. On devait y présenter des articles de trois parapsychologues (parmi lesquels figuraient J. B. Rhine et Gardner Murphy) et trois critiques. Le président du symposium était J. L. Kennedy, que le magazine *Time* avait cité cette année-là : il avait annoncé qu'il s'apprêtait à fabriquer « un cercueil pour inhumer l'E.S.P. ». Le symposium attira beaucoup de monde et, apparemment, les critiques ne portèrent pas de coup décisif à la parapsychologie (Rhine, p. 164).

En 1938, la première enquête par correspondance auprès de psychologues fut publiée. Sur les six cent trois membres de l'American Psychological Association 58 % répondirent; 59 % considéraient que l'étude des phénomènes psychiques est « une entreprise scientifique légitime »; 9 % tenaient l'E.S.P. pour un « fait accompli » ou une « possibilité vraisemblable », et les 30 % restant admettaient qu'il y avait une « vague possibilité » pour que le phénomène existe. (Warner & Clark, 1938).

Au cours de l'année 1941 et 1942, Gardner Murphy réalisa un programme de recherche expérimentale rigoureuse à l'American Society for Psychical Research. Le *Journal of the American Society for Psychical Research* vint s'ajouter au *Journal of Parapsychology* et au *British Journal of the Society for Psychical Research*, constituant des sources d'information sérieuses sur la recherche parapsychologique. Les parapsychologues qui publiaient ces revues s'écartaient rarement des modèles scientifiques orthodoxes. Le *Journal of Parapsychology* publia par ailleurs des réponses aux critiques que leur avaient adressées des psychologues à propos des rapports publiés de 1938 à 1940. Trois réponses furent également publiées à l'intérieur de la monographie intitulée *Extra-Sensory Perception after Sixty Years* (Pratt, Rhine, Smith, Stuart § Greenwood, 1940).

Le chef de file des revues scientifiques américaines, *Science*, publia un article critique de G. R. Price (1955) qui commençait par une constatation : « Ceux qui croient aux phénomènes psychiques [...] semblent avoir remporté une victoire décisive [...] Cette victoire est le résultat d'une somme imposante d'expériences minutieuses et d'une argumentation intelligente » (p. 359). Devant cet état de fait, Price ressuscita l'argument de Hume selon lequel aucun témoignage ne suffit à faire la preuve d'un miracle, sauf si le miracle demeure alors que le témoignage était mensonger. L'E.S.P., déclarait Price, est miraculeuse parce qu'elle est incompatible avec notre conception fondamentale de l'univers. Il faut donc envisager la possibilité de la fraude lorsque les expériences ont résisté à toutes les autres critiques. L'article suscita un débat animé. Parmi les observateurs, peu remarquèrent que Price avait involontairement adopté la position suggérée par Henry Sidgwick (1882) lorsqu'il s'était adressé à la Society for Psychical Research : « Il faut placer le sceptique dans la position où il sera contraint soit de reconnaître qu'il se trouve devant un phénomène inexplicable, du moins par lui, soit d'accuser les enquêteurs d'avoir menti, ou triché, ou d'avoir fait preuve d'un aveuglement ne pouvant s'expliquer que par la crétinerie la plus totale » (p. 11).

Le renouvellement de l'enquête que Warner avait menée en 1938 auprès des psychologues américains montra que leurs opinions avaient très légèrement évolué, mais dans un sens favorable, sur la parapsychologie.

En 1957, la Parapsychological Association vit le jour et acquit rapidement des membres dans le monde entier. L'une des critiques les plus sévères à l'encontre de la parapsychologie fut formulée en 1959, par le physicien nucléaire E. U. Condon, ancien président de l'American Association for the Advancement of Science :

> « Il y avait le spiritisme, il y a toujours la perception extrasensorielle, la psychokinèse et une quantité d'autres [...] phénomènes... Là où entre en jeu la corruption de l'esprit des enfants, je cesse de croire à la liberté de la presse et à la liberté de parole. À mes yeux, les éditeurs qui publient et les enseignants qui enseignent l'une quelconque de ces pseudo-sciences en les faisant

passer pour des vérités établies devraient être jugés coupables, condamnés à être fouettés sur la place publique et être sommés de renoncer à l'exercice de ces fonctions d'ordinaire honorables » (p. 8).

Plus tard dans l'année, l'Association de parapsychologie se vit octroyer le titre de membre affilié à l'American Association for the Advancement of Science. Trois candidatures avaient déjà été refusées, mais, cette fois, le comité chargé de les étudier déclara au conseil de direction :

> « Le comité [...] s'est longuement penché sur les travaux de l'Association de parapsychologie [...] pour parvenir à la conclusion suivante : il s'agit d'une association qui étudie des phénomènes controversés ou inexistants; cependant, elle compte parmi ses membres des critiques et des agnostiques et utilise effectivement des méthodes d'investigation scientifiques. Cette recherche peut donc être qualifiée de scientifique » (Freedland, 1972).

On raconte que, dans l'assistance, des personnalités scientifiques bondirent de leurs sièges pour déclarer avec véhémence que l'existence de phénomènes psychiques était impossible. Pour finir, l'anthropologue Margaret Mead prononça un plaidoyer passionné :

> « L'histoire du progrès scientifique est remplie d'exemples de savants qui ont étudié des phénomènes dont la science officielle niait l'existence. L'Association de parapsychologie utilise des techniques scientifiques classiques telles que les statistiques, la procédure en double aveugle et les placebos. Je vous propose donc de voter en faveur des travaux menés par cette association » (Freedland, 1972).

L'opinion de Margaret Mead était de poids; le conseil de l'A.A.A.S. vota par cent soixante-cinq voix contre trente en faveur de l'Association de parapsychologie. Ainsi, les plus hautes sphères de la science américaine validaient-elles la recherche psychique, affirmant qu'il s'agissait bel et bien d'une recherche scientifique.

Défense de la parapsychologie

La décision de l'A.A.A.S. ne mit pas fin au débat. Dix ans plus tard, le physicien J. A. Wheeler (1979) demanda que l'Association de parapsychologie fut expulsée si elle ne pouvait montrer des expériences psi « itératives » et des résultats éprouvés. Si la parapsychologie manque d'expériences aisément renouvelables, on pouvait du moins affirmer que des résultats « éprouvés » existaient depuis assez longtemps. Sur un groupe d'individus non triés, plus de 50 % des personnes interrogées déclareront avoir connu une expérience dite psychique – par interaction avec leur environnement (ou avec d'autres personnes ou encore des organismes vivants), expérience qui semble transcender les contraintes ordinaires du temps, de l'espace ou de l'énergie. À y regarder de plus près, nombre de ces expériences relèvent d'explications ordinaires plutôt qu'extraordinaires, mais leur existence demeure une raison suffisante pour les étudier.

Le « recensement des hallucinations » organisé par la Société de recherche psychique britannique fut à l'origine de plusieurs autres enquêtes supplémentaires. Dans la ville américaine de Charlottesville, en Virginie, deux cent soixante-huit étudiants et trois cent cinquante-quatre citadins répondirent aux questionnaires envoyés par correspondance (Palmer, 1979). L'une des questions était la suivante : « Avez-vous déjà éprouvé, *à l'état de veille*, l'impression très vive d'avoir vu, ou entendu, ou d'avoir été touché par un autre être vivant, impression qui, pour autant que vous le sachiez, n'était pas due à une cause psychique ou " naturelle " ? » C'était pour l'essentiel la même question que la S.P.R. avait posée un siècle plus tôt. 17 % des personnes ayant répondu au questionnaire estimaient avoir éprouvé ladite impression (étudiants autant que hommes de la rue) ce qui ne différait guère des 13 % de réponses positives obtenues lors du sondage britannique. Mais dans l'échantillon anglais, les réponses concernaient des impressions visuelles tandis que les impressions auditives ou tactiles prédominaient dans le groupe américain. De plus, 57 % des individus ayant répondu prétendaient avoir eu au moins une expérience psychique au cours de leur vie.

Par la suite, une autre enquête portant sur les hallucinations auditives fut menée auprès des lycéens américains. Elle recueillit trois cent soixante-quinze réponses (Posey & Losch, 1983-1984). 71 % de l'échantillon déclara avoir eu des hallucinations auditives à l'état de veille. Un certain nombre d'adolescents affirmaient aussi avoir eu des hallucinations hypnagogiques au moment où ils s'endormaient (30 %) et des hallucinations hypnopompiques en se réveillant (14 %). Près de 40 % avaient déjà eu l'impression d'entendre appeler leur nom en plein air, et 36 % avaient eu la même impression à l'intérieur. 11 % environ prétendaient avoir entendu leur propre voix leur parvenir du siège arrière de la voiture où ils avaient pris place et une proportion à peu près identique assurait avoir entendu Dieu parler avec « une voix réelle » (p. 104).

Une enquête détaillée du National Opinion Research Center de l'université de Chicago révéla que la majorité des Américains pensaient avoir eu affaire à des phénomènes de nature parapsychologique une fois au moins dans leur existence et parfois plus souvent (Greely & McCready, 1975). Sur 2 494 enfants interrogés au cours d'une enquête dans les écoles indiennes, 36 % pensait avoir connu une expérience due à un phénomène inexplicable (Prasad & Stevenson, 1968) et 49 % d'un échantillon d'étudiants islandais affirmaient avoir des rêves prémonitoires (Haraldsson, 1975).

Ces études, et d'autres similaires, constituent le fondement expérimental de la recherche parapsychologique. La proportion des individus déclarant avoir vécu des expériences extraordinaires varie selon la culture, l'âge et le niveau d'instruction, mais elle est dans tous les cas considérable. Pourtant, trop nombreux sont les spécialistes des sciences sociales ou du comportement qui les ont ignorées ou ridiculisées au long des années alors qu'au-delà de l'influence qu'elles ont à l'intérieur de nos existences personnelles elles jouent manifestement un rôle important dans le fonctionnement de la société tout entière. Le psychologue Andrew Neher (1980), extrêmement sceptique à l'égard des données expérimentales de la parapsychologie, reconnaît pourtant que les expériences qualifiées de psychiques ont quelque chose à voir avec les niveaux élevés de sensibilité, l'imagination créatrice, la maîtrise de ses propres fonctions physiologiques et les capacités d'accroissement de la mémoire, qui donnent à la science une vision plus vaste des facultés humaines (p. 288). La tentative pour comprendre des impressions et des événements en apparence inexplicables est donc tout à fait digne de sérieux efforts de recherche – nul besoin d'en dire plus pour plaider en faveur de la parapsychologie (p. 292).

Comment orienter les recherches

L'une des orientations de la recherche parapsychologique consista en ceci : prendre pour point de départ les témoignages décrits dans le paragraphe précédent et se demander quelle explication ordinaire pouvait en rendre compte. Neher (1980) a vivement conseillé aux chercheurs de suivre « toutes les pistes – dussent-elles aboutir à des explications " physiques " ou " non mystérieuses " – susceptibles d'aider à appréhender des phénomènes extraordinaires, en apparence inexplicables » (p. 295). La recherche scientifique en parapsychologie n'a pas besoin d'exclure les phénomènes physiques ou les mécanismes que l'on peut comprendre en leur appliquant nos concepts habituels de temps, d'espace et d'énergie. Le mot « parapsychologie » signifie simplement « au bord » du territoire de la psychologie et non en dehors (p. 295).

Les savants anglais H. M. Collins et T. J. Finch (1982) ont

examiné pour les mettre en rapport les domaines de la psychologie et de la parapsychologie. Ils sont parvenus à la conclusion que rien, en psychologie, ne permet d'affirmer qu'elle n'est pas une « science » (p. 63). Ils constatent également ce point : « on n'a jamais démontré, de manière décisive, qu'un principe physique spécifique quelconque soit incompatible avec la parapsychologie » (p. 57). Ainsi, le psychologue canadien M. A. Persinger (1979) suppose-t-il que les phénomènes psi sont liés à des mécanismes agissant sur l'environnement : très basses fréquences sonores, champs magnétiques à basses fréquences, électricité statique à hauts voltages. Il a rassemblé un certain nombre de témoignages qui révèlent l'existence de certaines régularités dans l'apparition des phénomènes psychiques, lesquels se manifestent par exemple plus fréquemment à certains moments de la journée et à certaines saisons. La théorie de Persinger permet de faire des prédictions vérifiables scientifiquement, de supposer notamment que les événements anormaux et les phénomènes extraordinaires se produisent plus souvent dans les zones d'orages ou de tremblements de terre.

Pour certains observateurs, une activité est scientifique du moment qu'elle utilise des méthodes scientifiques. Or, la parapsychologie utilise un large éventail de méthodologies scientifiques. Certains chercheurs répugneront, en matière de parapsychologie, à se fier uniquement à des méthodes d'investigation non humaines et à tendance mécaniste, préférant orienter leurs recherches vers les études de cas, les études sur le terrain et les études phénoménologiques. Certes, on peut voir dans la phénoménologie le successeur de la philosophie romantique française. D'autres parapsychologues, en utilisant les techniques telles que les cibles de hasard, la procédure du double-aveugle, les groupes de contrôle et les tests statistiques, s'apparenteront plutôt aux philosophes mathématiciens du XVIIIe siècle français et aux austères savants allemands du XIXe siècle. On peut dire que la démarche de chacun des deux groupes est pourtant de nature scientifique. Elle vise, dans les deux cas, à approfondir la connaissance que l'homme possède du monde empirique d'une manière cohérente et systématique. Le sociologue américain Marcello Truzzi (1980), lui, considère la recherche en parapsychologie comme une « entreprise scientifique légitime », que la psi existe réellement ou non. Quant au contenu de l'investigation, il a aussi une grande importance pour les psychologues américains T. H. Leahy et G. E. Leahy (1983); à leurs yeux, une activité ne saurait être qualifiée de scientifique si les sujets étudiés n'entrent pas dans les paradigmes de la science « normale ». Leur position par rapport à la parapsychologie se résume ainsi : « Méthodologiquement, la parapsychologie est une science; substantiellement, le verdict reste en suspens » (p. 211).

Si Leahy et Leahy retiennent leur verdict sur le contenu de la recherche parapsychologique, c'est qu'ils présupposent que la parapsychologie a pour seul objectif la recherche de faits inexplicables par des moyens ordinaires et conventionnels. Mais les parapsychologues se penchent avec intérêt sur la fréquence des expériences humaines insolites (Haraldsson, 1975; Palmer 1979). Ils examinent également la personnalité des individus qui en font état. Les rapports psi comportant des visions ou des apparitions tendent à provenir d'individus qui favorisent le traitement visuel, par exemple.

De plus, les parapsychologues cherchent aussi à découvrir quels mécanismes ordinaires pourraient expliquer l'expérience rapportée. Deux enquêteurs (Krippner et Hastings, 1961) ont raconté par exemple que le *poltergeist* (ou esprit frappeur) qui troublait la tranquillité d'un couple de personnes âgées était en réalité leur petit fils, qui voulait leur jouer un bon tour. Les « photographies d'esprits » prétendument apparus lors de cérémonies vaudou à Haïti ont été expliquées par un défaut de l'appareil photographique ayant provoqué une interférence entre le film et la source lumineuse (Schneck et Krippner, 1981). Certes, la parapsychologie conçoit aussi des expériences ayant pour objectif la découverte de données qui défieraient les explications ordinaires, mais les critiques qui refusent de considérer cette activité particulière comme un travail « scientifique » seraient mal venus d'attaquer aussi les trois autres aspects de la recherche psi, les parapsychologues n'étant pas les seuls à les avoir utilisés (McCready & Greely, 1976; Wilson & Barber, 1981; Zusne & Jones, 1982).

Établir des critères pour l'avenir

Quelle que soit la méthode utilisée pour étudier les phénomènes psi indépendamment de la personne qui mène les recherches, la démarche doit tenir compte de plusieurs critères de base attachés à toute entreprise scientifique (Tart, 1975) :

1. *Les travaux doivent être rendus publics*; les méthodes et les résultats obtenus doivent être communiqués aux journaux professionnels afin de pouvoir être soumis à la critique. Le rapport doit contenir une description détaillée de tout ce qui a été fait et de quelle manière, afin qu'un autre chercheur puisse renouveler l'expérience – du moins en principe.
2. *Les définitions doivent être précises*, le besoin de précision se faisant d'autant plus sentir que les données empiriques ne cessent d'augmenter. Chaque terme et chaque variable doivent être bien définis et les techniques dont on s'est servi pour les mesures doivent être spécifiées.

3. *Le procédé utilisé pour rassembler les données doit être aussi impartial que possible.* Dès qu'il a commencé son exploration, le chercheur doit respecter et suivre les données qu'il a en sa possession, même si elles semblent récuser l'hypothèse à laquelle il tient.
4. *Les découvertes doivent être reproductibles*, du moins jusqu'à un certain point. Un autre chercheur doit pouvoir vérifier les résultats en renouvelant la même étude. Si les données n'ont pas été rassemblées assez rigoureusement, si les variables ont été mal mesurées ou si le chercheur a manqué d'impartialité, on ne pourra manifestement pas retrouver les mêmes résultats. Les conclusions que l'on tire d'une étude donnée devront être soupesées en fonction du degré de reproductibilité des données collectées à propos d'un sujet d'étude méthodique.
5. *La démarche doit être cumulative et méthodique.* Les savants s'attachent à unifier la totalité des connaissances accumulées sur un sujet autour d'une théorie, élaborant de surcroît un système organisé de propositions à la fois vérifiables et réfutables.

Les chercheurs garderont à l'esprit la totalité de ces critères lorsqu'ils étudieront les phénomènes parapsychologiques. Le critère selon lequel les hypothèses doivent être énoncées en termes permettant leur vérification et leur réfutation (Popper, 1979) a de plus en plus de succès parmi les parapsychologues. Cependant, le matériel humain est imprévisible et fluctuant, ce qui rend toute recherche fondée sur lui particulièrement difficile. Dans le domaine de la parapsychologie, la difficulté est encore accrue car les sujets étudiés sont complexes et insaisissables (Mauskopf & McVaugh, 1980; Rao, 1981). La parapsychologie, à l'instar des sciences sociales et des sciences du comportement, bien en place l'une et l'autre, n'a pas le pouvoir de prédire et d'expliquer, pouvoir que possède la physique ou la chimie. Il y a différents niveaux de maturité dans les entreprises scientifiques. D'après Collins et Pinch (1982), les variables pertinentes liées aux phénomènes psi sont encore inconnues (p. 114); chaque individu est si complexe que son comportement se modifie en fonction d'une immense variété d'influences externes et internes.

L'impossibilité de répéter exactement la même expérience justifie-t-elle l'appellation de « pseudo-science » que certains ont donné à la parapsychologie (par exemple, Condon, 1969; Wheeler, 1979)? Une pseudo-science est une fausse science, un ensemble de prétendues connaissances utilisant la terminologie scientifique pour justifier des positions sans poursuivre d'investigations scientifiques qui permettraient de déterminer si ces positions sont justes ou non. Il s'ensuit donc que les positions adoptées par une pseudo-science ne changent pas avec le temps et sont appliquées en dépit de leur manque d'assise empirique.

« L'astrologie appliquée » (Arroyo, 1976) peut être considérée comme une pseudo-science. Malgré l'absence de données empiriques, les astrologues qui affirment qu'il existe des « lois astrologiques » avancent des assertions infondées et donnent à leurs clients des conseils qui n'ont pas été corroborés par l'expérience. Les revues professionnelles publient parfois des études sur l'astrologie; la plupart ne soutiennent pas les thèses de l'astrologie et celles qui l'ont fait n'ont pas encore produit d'arguments suffisamment probants pour justifier l'idée qu'il existe des lois astrologiques (Culver & Ianna, 1979). Certains astrologues extrêmement intuitifs sont parfois de bon conseil; il n'empêche qu'on ne peut qualifier leur démarche de « scientifique » et qu'il en est parmi eux qui reconnaissent volontiers le caractère limité de leurs efforts. Ainsi l'éminent astrologue Rudhyar (1977) était-il tout à fait opposé à l'idée que l'on puisse soumettre les principes de l'astrologue à une étude scientifique pour tenter de prouver la justesse des postulats (p. 34).

La Science chrétienne [1] est une doctrine religieuse qui se donne pour scientifique (Eddy, 1875). Malgré une terminologie qui se veut savante, le scientisme chrétien ne parraine aucune recherche susceptible d'être contrôlée et ses doctrines n'ont pas changé au cours des années. La Science chrétienne apporte peut-être le réconfort à nombre de ses adeptes mais à travers une vision du monde qui ne peut prétendre avoir été soumise à un examen empirique rigoureux (Weatherhead, 1951).

Le « créationnisme scientifique », pour justifier son caractère scientifique, présente lui aussi des données censées remettre en question la théorie de l'évolution de Darwin (Morris, 1984). Mais les créationnistes ne poursuivent pas une recherche originale et appliquent leur système de croyances (par exemple en tentant de supprimer les ouvrages « proévolutionnistes » de l'usage scolaire) sans s'appuyer sur un ensemble de connaissances qui offrirait une explication de remplacement détaillée et convaincante à la paléontologie et à la biologie telles que nous les connaissons (McGowan, 1984).

Ces trois doctrines offriraient pourtant des perspectives à la science si leurs partisans étudiaient par exemple les corrélations existant entre les mouvements planétaires et les traits de caractère qu'ont cru déceler certains observateurs (Gauquelin & Gauquelin, 1968), les guérisons spectaculaires attribuées à certains prophètes de la Science chrétienne ou les anomalies qui semblent démentir le concept de sélection naturelle.

En partie parce qu'elles ne cherchent pas à poursuivre de telles recherches – une des premières tâches qu'elles auraient dû s'imposer –, ces branches méritent leur appellation de « pseudo-science ».

La parapsychologie a été plus judicieusement qualifiée de science

1. Christian Science, aux États-Unis (née à Boston). (*N.d.T.*).

« insaisissable » à cause de la complexité du sujet qu'elle s'est donné (Mauskopf & McVaugh, 1980), de science « infructueuse » car ses expériences ne sont pas suffisamment reproductibles (Neher, 1980) et de « protoscience » car son statut de discipline rigoureuse commence à être reconnu (Truzzi, 1980). Bon nombre de critiques (Diaconis, 1968, par exemple) ont reconnu l'importance de la recherche psi et proposé des suggestions constructives pour en améliorer la méthodologie.

L'acquisition de nouvelles connaissances est soumise au respect de critères parfaitement conceptualisés et appliqués avec rigueur. Dix recommandations ont été proposées (Hovelmann, 1983; Krippner, 1983) pour aider la parapsychologie à évoluer selon ces principes.

Petit bréviaire à l'usage des parapsychologues pour que la psi soit admise au rang de science

1. Les parapsychologues devraient renoncer à se présenter comme des révolutionnaires dans leur domaine; du moment qu'ils utilisent la méthodologie scientifique orthodoxe, leurs découvertes sont, par définition, non révolutionnaires.
2. Les parapsychologues ne devraient pas se prononcer avec certitude sur la question de la vie après la mort; sur un pareil sujet, les informations sont encore plus ambiguës et sujettes à caution que celles que l'on obtient dans les laboratoires de recherche parapsychologique.
3. Les parapsychologues ne devraient pas compter trop aveuglément sur les prétendues preuves que représentent les cas spontanés ni sur les informations recueillies à l'extérieur d'un milieu expérimental (le travail des « détectives psychiques », comme on les appelle), car c'est un matériel fluctuant et que l'on risque de surinterpréter.
4. Les parapsychologues ne devraient pas s'entêter à croire qu'ils peuvent expliquer des phénomènes au moyen de leur terminologie actuelle (perception « extrasensorielle », « forces » psychocinétiques, par exemple). Ces termes sont seulement descriptifs et changeront probablement puisqu'on voit déjà apparaître une terminologie uniformisée et méthodique.
5. Si les découvertes des parapsychologues sont souvent dépourvues d'uniformité, ces derniers devraient éviter de prétendre que ces incohérences font partie intégrante des phénomènes psi.
6. Les parapsychologues devraient examiner attentivement les arguments de leurs détracteurs et collaborer avec ceux qui les critiquent d'un point de vue scientifique chaque fois que c'est possible; peut-être le temps viendra-t-il où s'évanouira la distinction entre partisans et opposants à la parapsychologie et où ils joindront leurs efforts pour mener leurs recherches en commun.

7. Les parapsychologues devraient se séparer des praticiens occultes qui mettent en avant des notions – imprégnées de métaphysique et de surnaturel, – qu'on ne peut ni vérifier par l'expérience ni réfuter au moyen d'arguments scientifiques. Au contraire, la parapsychologie a besoin de se soumettre au jugement critique et de s'autodiscipliner.
8. Les parapsychologues devraient fournir des informations complètes lorsqu'ils publient une expérience. De cette manière, ils encourageront d'autres chercheurs à la reproduire et on risquera moins de porter contre eux des accusations injustifiées.
9. Les parapsychologues devraient consacrer plus d'efforts à tenter de reproduire les travaux les uns des autres; et s'il existe des raisons théoriques pour montrer que la stricte reproductibilité des expériences psi est improbable, cela ne devrait pas empêcher les chercheurs de refaire les études importantes ni d'examiner les données pour en dégager des tendances, des modèles et des indices prometteurs.
10. Les parapsychologues devraient se consacrer à des travaux à plus long terme et rechercher davantage la communication entre laboratoires. La tâche n'est pas aisée étant donné le manque de ressources financières auquel ils se heurtent souvent, mais la parapsychologie n'ira pas de l'avant tant que ses efforts de recherche resteront fragmentés et ne seront pas mieux planifiés.

Si les parapsychologues souhaitent être considérés comme des chercheurs sérieux par le milieu scientifique, ils devront mettre l'accent sur la nature spéculative de nombre de leurs concepts, considérer avec sincérité la position discutable du domaine qu'ils étudient et éviter d'affirmer des choses qui n'ont pas été prouvées. Mais la modestie ne devra surtout pas exclure la ferveur – ferveur face à la tâche scientifique et ferveur dans l'acquisition des données empiriques, afin de participer au progrès des connaissances et de la compréhension humaines.

Chapitre 2

Les méthodes d'étude de la perception extrasensorielle (E.S.P.)

La parapsychologie n'est pas une science nouvelle. On s'entend en général pour fixer sa date de naissance officielle à 1882, année où fut fondée en Grande-Bretagne la Society for Psychical Research (S.P.R.). Mais, bien sûr, on n'avait pas attendu cette date pour commencer à s'intéresser à la psychologie ni pour entreprendre des recherches. C'est pourquoi une bonne part des méthodes de la parapsychologie s'enracinent au milieu, voire au début, du XIXe siècle.

Au tout début de ce que nous appelons aujourd'hui la parapsychologie, l'intérêt tournait autour du « spiritisme » c'est-à-dire de la croyance en la capacité des « esprits » désincarnés des défunts de communiquer avec les vivants de manière plus ou moins directe. Au milieu du XIXe siècle, se produisit en Amérique un cas bien connu qui fut au centre des progrès rapides du spiritisme à travers tout le monde occidental. Il s'agit des sœurs Fox, (âgées de douze et quatorze ans) qui venaient d'emménager à Hydesville, dans l'État de New York, avec leurs parents. La famille n'était pas plus tôt installée que des coups étranges commencèrent à se faire entendre dans la chambre à coucher où parents et enfants dormaient tous les quatre. Incapables de découvrir une quelconque cause normale à ces bruits, et troublés au point d'en perdre le sommeil, les Fox eurent l'idée d'interroger les bruits eux-mêmes. Un coup pour « oui », pas de coups pour « non » – des réponses intelligentes à leurs questions ne tardèrent pas à former un récit, celui d'un colporteur assassiné par un ancien occupant de la maison et enterré à la cave. Plus de cinquante ans plus tard, un des murs de la cave vola de lui-même en éclats et l'on y trouva tout un ensemble d'ossements humains.

Certes, cette très classique et très horrifiante histoire laisse le lecteur dans l'incertitude, comme la plupart des œuvres littéraires de mystère et d'épouvante : qu'a-t-il bien pu se produire *réellement* dans cette maison de Hydesville? Une donnée demeure toutefois fort claire. Les sœurs Fox continuèrent à percevoir ces coups et à communiquer par ce moyen longtemps après que le colporteur eut été oublié. Ces bruits eux-mêmes se poursuivirent même après que les deux sœurs eurent quitté le foyer de Hydesville pour fonder chacune leur propre foyer. Bref, les sœurs Fox devinrent des « médiums », des « spirites », invoquant ces coups (et plus tard d'autres moyens de communication) pour établir le contact entre d'autres gens et leurs êtres chers décédés ou disparus. Les sœurs Fox connurent vite une extrême popularité. D'autres médiums ou spirites commencèrent à apparaître et à sillonner le pays pour y organiser des séances au bénéfice des curieux. La mode se répandit rapidement à travers l'Europe et plus particulièrement en Grande-Bretagne.

Bien entendu, les affirmations des sœurs Fox n'allèrent pas sans susciter bien des réactions. De nombreuses voix se firent entendre pour réclamer la preuve que ces « communications » étaient autre chose que des truquages habiles destinés à tromper un public crédule. En diverses occasions, des commissions se formèrent pour enquêter en observant les sœurs Fox en action, de préférence sur un terrain neutre (en dehors de chez elles). On mit au point des expériences simples permettant d'éliminer ou à tout le moins de diminuer les possibilités de tricherie. Au cours d'une des enquêtes, par exemple, on prit grand soin de s'assurer qu'aucun de leurs amis n'était présent à l'intérieur du bâtiment. Margaretta et Kate Fox furent elles-mêmes installées sur des coussins à la vue de tous les membres de la commission. Et pourtant des coups furent frappés; la commission fut convaincue.

C'est dans cette atmosphère que les recherches en parapsychologie ont fait leur apparition. Le mouvement spiritiste ne cessant de croître en Angleterre, quelques savants et philosophes comprirent tout le parti que l'on pouvait en tirer pour comprendre la nature même de la vie, pour savoir si certaines affirmations étaient fondées. Parmi eux, on comptait certains des penseurs les plus importants du XIXe siècle : le professeur Charles Richet, grand médecin français, sir Oliver Lodge et le professeur William Barrett, physiciens anglais réputés, mais aussi lord Rayleigh, Alfred lord Balfour, sir William

Crooks, Henry Sidgewick et F. W. H. Myers, pour ne citer que les plus actifs. Dans les années qui suivirent la fondation de la Society for Psychical Research, celle-ci put se vanter de compter parmi ses membres actifs ou bienfaiteurs « ... des personnalités éminentes dans la quasi-totalité des domaines, [...] un ancien Premier ministre [...], un futur Premier ministre, [...] huit membres de la Royal Socicty, [...] deux évêques, [...] deux des plus grandes figures littéraires du jour (Ruskin et Tennyson) et un certain nombre de célébrités parmi lesquelles Lewis Carroll, J. A. Symonds et William Bateson » (Gauld, 1968, p. 140). Aux yeux d'un grand nombre de ces personnes distinguées, la recherche parapsychologique représentait un antidote bienvenu au matérialisme scientifique et philosophique qui dominait de plus en plus la société occidentale. La plupart des universitaires, et plus encore chez les scientifiques, étaient agnostiques. La perspective d'utiliser des méthodes de la science pour répondre aux questions les plus profondes concernant la vie, la mort et l'esprit humain semblait promettre une redéfinition des priorités scientifiques en même temps que l'affirmation de l'existence d'aspects immatériels dans l'humaine nature.

Les enquêtes menées sur les sœurs Fox avaient montré la voie et l'on suivit donc le même chemin pour soumettre à un examen attentif les prétentions des spiritistes. On forma des commissions, dont les membres, venus d'horizons divers, avaient des spécialités différentes. Ces commissions mirent au point des conditions d'observation « contrôlée » des phénomènes qu'elles voulaient étudier. Deux aspects principaux occupèrent bientôt le centre de ces enquêtes. D'abord, les commissions voulurent savoir si les coups (que l'on allait appeler par la suite « effets physiques ») n'étaient pas produits par des moyens normaux. Le second aspect soumis à enquête était le contenu même des communications. L'information ainsi transmise était-elle exacte? On pouvait présumer, par exemple, que les esprits seraient capables de fournir des informations véridiques concernant les détails de leur propre existence ici-bas, détails que les sœurs Fox elles-mêmes ne pouvaient connaître. Parfois, on demandait au prétendu esprit de fournir quelque détail intime concernant une personne de l'assistance qu'il devait connaître s'il était bien celui qu'il disait être.

Si nous insistons sur ces deux aspects des toutes premières enquêtes, c'est qu'ils débouchent sur une distinction encore en usage aujourd'hui, bien que d'une manière beaucoup plus élaborée. En effet, nous distinguons encore aujourd'hui entre les « phénomènes physiques » et les phénomènes « de communication ». Comme les premiers enquêteurs, les parapsychologues d'aujourd'hui usent de deux séries de méthodes distinctes, encore que parentes, pour examiner ces deux aspects des phénomènes dits paranormaux. Dans le courant du présent chapitre, nous nous proposons d'examiner les méthodes que les parapsychologues ont mises au point pour enquêter dans le domaine de la « communication ». Il s'agit de phénomènes que l'on définit comme un transfert d'information en l'absence d'une quelconque médiation sensorielle connue. On peut encore les subdiviser en trois types selon l'émetteur et le récepteur apparents de l'information. La *clairvoyance* est en apparence le transfert d'information d'un événement vers un esprit ou un organisme. La *télépathie* est le transfert apparent d'un esprit à un autre. Dans la *précognition,* le transfert d'information se fait en apparence à partir d'un événement de l'avenir. Certains parapsychologues étudient aussi ce qu'ils nomment la *rétrocognition,* où le transfert d'information se fait en apparence à partir du passé.

Quant aux phénomènes physiques de la psi, on les étudie sous le titre de *psychokinèse,* ou P.K. Elle évoque le pouvoir de « l'esprit sur la matière ». Dans notre définition, il s'agit de l'influence directe de l'esprit d'un organisme sur la matière physique en dehors de toute médiation par un quelconque processus sensoriel et moteur. C'est au chapitre 4 que nous étudierons de plus près la P.K. et les méthodes qui servent à son étude.

TYPES DE PHÉNOMÈNES PARANORMAUX

Phénomènes de communication : « Communication » ou transfert d'information en dehors des canaux de communication physiques connus. Désignés en général sous le nom de perception extrasensorielle, E.S.P. ou psi-gamma.

Télépathie – d'un « esprit » à un autre.
Clairvoyance – d'un événement à un « esprit ».
Précognition – d'un événement futur à un « esprit ».
Rétrocognition – d'un événement passé à un « esprit ».

Phénomènes physiques : Influence directe d'un « esprit » sur la matière physique en dehors de toute médiation sensorielle ou motrice, connus aussi sous le nom de psychokinèse, P.K. ou psikappa.

Les cas spontanés

Dans les débuts, une bonne part du travail des chercheurs consista à rassembler le plus possible de cas spontanés. On entend par là les anecdotes et les récits individuels que des gens peuvent faire de leurs expériences personnelles dans le domaine des phénomènes prétendus paranormaux. C'est là la première étape dans l'évolution d'une science nouvelle. Dans le cas de la parapsychologie, il s'agit tout simplement de rassembler les rapports d'observation personnelle pouvant se rapporter au sujet en question. L'examen de ces récits nous fait commencer à comprendre le genre d'événements que les gens croient être des « preuves » parce qu'ils sont inexplicables par la physique ordinaire. Pour examiner de tels rapports, il convient d'adopter une attitude très similaire à celle qu'adopterait un tribunal pour l'examen des éléments et des dépositions lors d'un procès. Mais la science, au contraire du droit, considère le suspect (en l'occurrence la nouvelle théorie) comme coupable (fausse) jusqu'à ce qu'il ait fait la preuve de son innocence (de sa véracité). Ainsi, les cas spontanés ne constituent que de médiocres éléments de preuve, fondés qu'ils sont sur des dires individuels.

Donnons un exemple typique de ce genre de récits suggérant, en l'occurrence, l'intervention de la télépathie. Une personne est chez elle et se met soudain à penser à un vieil ami disparu depuis des années. Le téléphone sonne et c'est précisément cet ami-là qui est au bout du fil. Autre type de récit répandu, celui de la « crise » qui fait qu'une personne rêve, ou encore « sent », ou encore « voit », quelqu'un qui a des ennuis ou qui souffre, et découvre par la suite que cela s'est réellement produit. Les récits d'exemples de clairvoyance sont assez similaires, à cette différence près qu'il n'existe pas de tierce personne susceptible d'avoir été l'émetteur ou l' « agent » du message psi. Il peut s'agir d'un rêve, d'un pressentiment ou d'une vision, par exemple d'un incendie d'immeuble ou de catastrophe naturelle (incendie de forêt, tremblement de terre) sans aucun lien avec le rêveur, qui découvre par la suite que la catastrophe s'est bel et bien produite. La précognition n'est, évidemment, que de la clairvoyance dans l'avenir. Des gens racontent avoir eu le rêve, le pressentiment ou la vision de quelque événement futur qu'ils n'avaient aucun moyen normal de connaître ou de supposer par déduction. La rétrocognition porte, on l'a vu, sur un événement passé. Il arrive, par exemple, que des personnes racontent avoir rêvé diverses données jusqu'alors inconnues concernant un crime commis plusieurs années avant le rêve.

Enfin, divers autres types de cas spontanés ont attiré l'attention des chercheurs. Citons les apparitions ou les « fantômes » (Tyrrell, 1953), les expériences hors du corps ou de dédoublement comportant un caractère psi (Hart, 1954; Blackmore, 1982), prétendus souvenirs de réincarnation (Stevenson, 1974), expériences d'agonisants présentant un aspect psi (Osis & Haraldsson, 1977) et, plus récemment, des expériences de quasi-mort dans lesquelles des sujets ayant perdu conscience sous l'effet de quelque grave maladie (entre autres, crise cardiaque) racontent ce qu'ils ont connu pendant leur période d'inconscience ou de « quasi-mort » (Ring, 1980; Sabom, 1982).

Nous savons maintenant que les cas spontanés ne peuvent servir de preuve que dans une mesure extrêmement limitée : les premiers chercheurs dans le domaine du paranormal durent l'apprendre à leurs dépens. La première et la plus évidente des limites est la supercherie ou la tromperie délibérée de la part de celui qui dit rapporter un cas spontané. Les médiums professionnels, par exemple, qui gagnent leur vie et leur réputation grâce à leurs pouvoirs ont tout intérêt à ce que leurs clients soient persuadés que des phénomènes paranormaux se produisent bel et bien pendant les séances qu'ils organisent. Par conséquent, les parapsychologues sont soumis à toutes sortes de pressions. Ils devraient accepter automatiquement tous les cas spontanés que leur présenteraient des médiums professionnels. Mais ils doivent aussi éliminer tous les cas comportant l'intervention directe ou indirecte d'un quelconque médium professionnel. C'est un problème délicat : les liens indirects d'un cas spontané donné avec une quelconque séance organisée par un médium ne sont pas forcément faciles à mettre en évidence. Les premiers enquêteurs s'aperçurent que *la plupart* des médiums professionnels qu'ils observaient semblaient bien recourir à des truquages pour créer des effets, ce qui ouvrit une manière de boîte de Pandore pour les chercheurs désireux d'établir la vérité. Une fois qu'un médium a été pris sur le fait, quelle que soit l'envergure de la tromperie, même si elle est insignifiante, comment un enquêteur sérieux pourrait-il désormais accorder le moindre crédit au récit des phénomènes qui se sont produits dans son entourage? Puisqu'on le sait prêt à tricher « un petit peu » on peut être sûr qu'il est capable de trouver des moyens de présenter par la tricherie la quasi-totalité des phénomènes paranormaux concevables. Les parapsychologues considèrent donc avec méfiance les récits de télépathie spontanée, par exemple, s'ils ont le moindre lien avec un médium connu pour ses supercheries et qui *pourrait* donc avoir tout organisé. L'enquêteur sérieux se voit confronté à une espèce de dilemme : ou se laisser duper; ou ignorer des phénomènes qui pourraient être réels, parce qu'ils *risquent* d'être truqués. Qu'on songe seulement à ce qu'un bon magicien peut faire sur scène et l'on comprendra la diversité sans limites d'effets en apparence paranormaux que peut produire une bonne mise en scène. Il n'est guère surprenant que les magiciens professionnels, passés maîtres dans l'art de l'illusion, accueillent avec le plus grand scepticisme l'idée même de l'existence de phénomènes paranormaux. Même lorsque toute possibilité de supercherie est réduite au minimum, les cas spontanés soulèvent toujours des questions : défauts de mémoire, récits sélectifs, exagération de détails, etc. La psychologie a bien établi la fragilité de la mémoire humaine ainsi que la tendance, hélas! bien humaine, que présentent la plupart des gens à aligner leurs souvenirs sur leurs croyances. Quand, après un accident d'auto, on recueille de la bouche de témoins impartiaux le récit de ce qu'ils ont vu, parfois quelques minutes seulement après les faits, d'importants désaccords se font généralement jour à propos des faits les plus simples. Si l'on ajoute à cela les facteurs du laps de temps écoulé et les subtilités des croyances humaines à l'égard de ce qui est possible et de ce qui ne l'est pas, on comprendra facilement pourquoi les cas spontanés n'ont qu'une valeur de preuve très limitée.

D'un autre côté, Stevenson (1971) a avancé l'hypothèse que ces considérations risquent d'être autant de leurres, parce qu'en fait la tricherie et les rapports inexacts constituent des exceptions plutôt que la règle. Dans la plupart des cas, les souvenirs des gens sont plutôt exacts et, pour la plupart, les gens eux-mêmes ne sont pas disposés à mentir à propos de telles expériences.

Une tout autre série de considérations à propos des récits de cas permet de s'approcher du cœur de la parapsychologie en tant que *science.* Dès lors que, aux dires des enquêteurs, l'on peut assembler une série de cas non frauduleux, ni entachés d'importantes déformations dues à des défauts de mémoire ou à une quelconque sélectivité du récit, comment les événements présentés auraient-ils pu se produire par l'intermédiaire de processus sensoriels ou moteurs? C'est une manière d'enquêter qui peut présenter une réelle valeur pour les sciences (biologie et psychologie, par exemple), que les sens physiques connus soient ou non impliqués.

Prenons des cas de précognition apparente. Il se peut que ce qui passe pour de la précognition soit une prédiction qui s'accomplit d'elle-même. Une personne rêvant qu'elle a un accident de voiture peut très bien en concevoir une telle nervosité qu'elle *causera* l'accident qu'elle avait prédit. Un cas de ce genre, et fort intéressant, est celui de cette femme qui rêva qu'elle assistait à une réception au cours de laquelle la maîtresse de maison renversait le punch sur ses invités. Quelque temps plus tard, assistant effectivement à une réception, elle vit soudain la maîtresse de maison qui s'apprêtait à servir le punch très exactement comme cela s'était passé dans son rêve. Elle poussa alors un cri qui fit sursauter l'hôtesse de telle manière qu'elle laissa tomber le punch comme le rêve l'avait prédit.

La capacité de l'esprit humain à opérer des déductions à partir de connaissances inconscientes représente une difficulté supplémentaire dans l'interprétation des récits de précognition apparente. Tel homme rêvera qu'il est au volant de sa voiture et qu'il constate soudain une crevaison. Quelques jours plus tard, la crevaison se produit dans la réalité. Il pourrait se faire qu'il existe un ensemble de signes avant-coureurs de cet incident auxquels notre homme n'avait pas pris garde *consciemment*. Des bruits, ou des modifications dans la mobilité du véhicule pourraient fort bien accéder à la conscience par l'intermédiaire de cet avertissement rêvé.

On voit que ces explications de divers phénomènes en apparence parapsychologiques constituent à la fois un problème et une nouvelle possibilité de recherche. Elles constituent un problème méthodologique puisqu'elles rendent difficile au chercheur la distinction entre les processus faisant intervenir les sens et ceux qui reposent sur des phénomènes psi. Dans les premiers temps de la parapsychologie, c'était une distinction de première importance. À vrai dire, c'était quasiment la seule que l'on pût établir. Les premiers chercheurs désiraient montrer que l'être humain est plus complexe qu'une machine physique. Mais aujourd'hui que nous disposons d'une importante quantité de données recueillies en laboratoire et permettant de penser qu'une partie au moins de ces processus fait intervenir des médiations psi, notre centre d'intérêt comme nos méthodes sont en train de changer. Là résident les principales possibilités de ces explications de rechange. La parapsychologie a désormais la possibilité de pénétrer dans une ère nouvelle de recherche en posant les questions d'une manière nouvelle. Plutôt que de demander si tel ou tel cas particulier est réellement psi (c'est-à-dire s'il ne fait intervenir qu'une médiation psi), on peut poser des questions nettement plus ouvertes : par exemple, comment et pourquoi le récit de ce cas est-il venu au jour? Pourquoi l'être humain fait-il le récit de ce genre d'expérience? Pourquoi fascinent-elles à ce point les gens? Pourquoi sont-ils portés à en fournir des explications « non physiques » lorsqu'elles se produisent? À quoi servent ces expériences? Peut-on les mettre au service de l'humanité? Quels processus neurologiques entrent dans ces expériences? La différence est subtile : aucune de ces dernières questions ne suppose ni n'exige l'établissement d'une distinction entre processus physiques et processus non physiques. Nous sommes en droit d'étudier ces expériences parce que le récit en est fait aux quatre coins du monde et parce que la parapsychologie est le seul domaine scientifique enquêtant sérieusement à leur sujet. En étudiant la psi de ce point de vue, les parapsychologues peuvent apporter une contribution importante à la compréhension de la nature des comportements humains.

Si les cas spontanés tels qu'on les rapporte se prêtent mal à la démonstration du caractère réel de la manifestation psi, ils peuvent être parfaitement utiles pour la réponse à des questions plus vastes. Lorsque plusieurs personnes assistent à un accident, leurs témoignages pourront diverger quant à la vitesse des automobiles, mais il est fort probable qu'ils convergeront pour la description générale de l'accident : direction que suivait chacune des voitures, nombre de personnes présentes, gravité des blessures éventuelles, etc. Les enquêteurs ont la possibilité de mesurer la longueur des traces de freinage sur la chaussée, d'étudier soigneusement les dommages subis par le véhicule et d'en interroger séparément les occupants. De cette manière, les dépositions des témoins oculaires ajoutées aux résultats des analyses de laboratoire permettent en général de reconstituer les événements ayant entouré l'accident. Mais ni les récits subjectifs des témoins ni les résultats des analyses de laboratoire ne suffisent seuls à obtenir un tableau clair de ce qui s'est réellement passé. Les deux sont nécessaires pour parvenir à la vérité.

En examinant les caractères récurrents à l'occasion d'un très grand nombre de cas, on tend à annuler les déformations individuelles de chaque récit. Autrement dit, en explorant ce qu'il y a de commun à un vaste ensemble de récits, on diminue l'importance de chaque cas individuel par rapport au tableau général. Louisa Rhine (1977) a fait œuvre de pionnier dans ce domaine en étudiant plus de dix-sept mille récits de cas reçus de ses correspondants au long de deux décennies. Elle se proposait d'acquérir des lumières sur la façon qu'a la psi de se manifester dans la vie quotidienne et de suggérer des hypothèses que l'on pourrait soumettre à l'expérimentation. Cette œuvre, entreprise aux environs de 1950, a permis des progrès considérables en laboratoire, parmi lesquels un regain d'intérêt pour l'imagerie mentale considérée comme un trait central des expériences psi, une nouvelle conception des apparitions (fantômes) considérées comme une forme hallucinatoire de psi, et la notion de « confiance » qui semble accompagner l'expérience psi et qui fut plus tard incluse dans les expériences de laboratoire sous la forme d'appels à la « confiance » (Kelly & Kanthamani, 1972, entre autres).

Plus récemment, on s'est servi de cas spontanés pour soumettre à l'épreuve certaines hypothèses. On examina les constantes d'une série donnée de cas, au moyen de l'évaluation statistique et du calcul des probabilités (il s'agit d'évaluer la déviation par rapport au hasard); on mit au point de nouvelles hypothèses applicables à leur tour à d'autres ensembles de cas. En utilisant cette technique avec des ensembles de cas collationnés en Grande-Bretagne, en République fédérale d'Allemagne, en Italie et aux États-Unis à divers époques, Schouten (1982) suggéra de manière fort convaincante l'existence d'un rapport de cause à effet entre les relations existant entre deux personnes et la direction probable (émetteur-récepteur) que les communications télépathiques prendront entre les deux.

Dans la recherche moderne, les cas spontanés ont encore un rôle important à jouer dans le tableau d'ensemble. Après avoir cru que les cas spontanés se prêtaient mal à prouver l'existence de la psi, on revient sur cette conclusion.

Les cas spontanés dans la recherche considérée comme un tout ont relancé les travaux et déjà produit des résultats prometteurs. Le rôle des cas spontanés est devenu complémentaire des méthodes plus expérimentales pour la collecte des données. Depuis peu, on a montré que l'analyse des cas spontanés peut s'adapter aussi à la mise à l'épreuve d'hypothèses nouvelles. Lorsqu'elle travaille la main dans main avec la recherche expérimentale, la recherche sur les cas spontanés est un outil puissant pour élargir la compréhension que la parapsychologie a des phénomènes parapsychologiques.

Les enquêtes sociologiques

La recherche peut revêtir des formes très diverses, chacune présentant ses points forts et ses faiblesses. La principale différence réside dans la manière de recueillir les données. Quand il s'agit de cas spontanés, les données sont recueillies à la bonne franquette, sans autre ligne directrice que celle de demander aux gens de parler de leur expérience.

À un moment donné, les parapsychologues ont besoin de savoir comment notre société dans son ensemble fait l'expérience de la psi. Pour répondre à ce genre de question, il devient nécessaire de recueillir les données d'une manière plus structurée.

Premier pas vers des généralisations possibles, le chercheur peut par exemple se livrer à une enquête sociologique. Ce genre d'enquête repose sur une série de questions préparées à l'avance et centrées sur certains aspects d'un phénomène. Par exemple, des données descriptives pourraient être centrées sur les qualités personnelles des gens qui racontent avoir fait des expériences psi. Ou sur les détails spécifiques de ces expériences elles-mêmes. Ou encore sur l'emplacement géographique ou l'environnement physique de diverses expériences.

La différence principale entre les récits de cas spontanés et les données fournies par ce genre d'enquête, c'est que le chercheur peut, ayant décidé par avance des aspects particuliers de la situation qui présentent un intérêt, centrer ses recherches sur ces aspects. On prévoit un questionnaire garant de l'uniformité des données recueillies. Il existe même des questionnaires standardisés qui feront très bien l'affaire. Ceux-ci ont déjà servi à rassembler des réponses dans un échantillon représentatif de telle ou telle population. Quand on utilise un questionnaire standardisé, on peut donc comparer les réponses obtenues avec celles de la population standard, ce qui peut être fort utile dans certaines études.

La sélection de l'échantillon auprès duquel doivent être recueillies les réponses constitue l'aspect le plus important de la récolte de données par enquête sociologique. Quand les parapsychologues peuvent recueillir des données auprès d'un échantillon représentatif de la population à laquelle ils s'intéressent, les réponses qu'ils obtiennent de cet échantillon peuvent être étendues, dans les limites du calcul des probabilités, à cette population.

Une technique répandue pour obtenir un échantillonnage représentatif, consiste à avoir recours à un échantillonnage de hasard. Par exemple en se servant de l'annuaire du téléphone, ou de tout autre genre d'annuaire regroupant la totalité ou la quasi-totalité des membres de la population en question. Tout le monde sait que même un annuaire de téléphone exclut bien des gens – ceux qui n'ont pas le téléphone comme ceux qui payent pour ne pas figurer dans l'annuaire – mais les chercheurs peuvent néanmoins espérer s'approcher très près d'un échantillonnage de pur hasard en accordant toute leur attention à ce problème. Une technique plus compliquée est celle de l'échantillonnage stratifié dans lequel l'équipe de recherche sélectionne en quantité proportionnelle parmi diverses strates de la population, afin d'aboutir à la représentativité. De quelque manière qu'on s'y prenne, la représentativité de l'échantillon est évidemment cruciale pour la valeur de généralité des données recueillies.

Une autre considération de première importance dans la récolte des données par enquête d'opinion est la forme même des questions posées. On est bien loin des cas spontanés et l'équipe de recherche doit mettre au point des questions claires et uniformes de manière à assurer que les personnes interrogées répondent bien toutes aux mêmes questions. Les cas spontanés viennent seulement de ceux qui ont connu quelque chose qu'ils croient être de la psi. En établissant le questionnaire, il faut se rappeler que les questions seront posées aussi à des gens qui n'ont connu nulle expérience psi. Le chercheur voudrait par exemple demander : « Avez-vous déjà fait l'expérience de la télépathie ? » Mais qu'est-ce que la télépathie ? Et qu'est-ce, aux yeux d'une personne qui n'y croit pas ? Et d'ailleurs, qu'est-ce qu'une « expérience télépathique » aux yeux de n'importe lequel d'entre nous ? Dans une large mesure, la formulation des questions déterminera celle des réponses. Pour s'assurer que l'on obtient bien le genre de réponses dont on a besoin (et ce, aux questions que l'on désire poser) il est fondamental d'apporter beaucoup de soin à la formulation du questionnaire. Il faut aussi mettre à l'épreuve les questions sur une population connue pour s'assurer de la validité des réponses. Ici encore, le chercheur peut prendre pour base de ses questions des questionnaires préexistants comme ceux de Palmer et Dannis (1975) ou de Haraldsson et de ses collaborateurs (1977) en apportant les modifications appropriées pour servir son objectif particulier ou les conditions de son enquête. Dans cette récolte des données, l'aspect le plus artistique réside dans l'entretien proprement dit avec les personnes interrogées. S'il est possible de mener une enquête par la poste, il s'avère souvent difficile d'obtenir un taux de réponses suffisamment élevé pour justifier de la représentativité des résultats. Les entretiens par téléphone ou en personne sont évidemment préférables et préférés mais font entrer en jeu une variable de plus. Au cours d'une enquête téléphonique récente, menée par les étudiants de troisième cycle du programme de parapsychologie de l'université John Kennedy en Californie, on a découvert qu'un des étudiants qui n'aimait pas parler au téléphone avait obtenu un taux de refus très élevé de la part de ses correspondants. Un autre, au contraire, qui était parfaitement à l'aise avec des inconnus au bout du fil, avait obtenu un taux très élevé de réponses positives à ses questions. Les études passées en revue par Rosenthal et Rubin (1978) établissent, sans l'ombre d'un doute, le fait que les attitudes du chercheur qui conduit les entretiens peuvent influencer les réponses obtenues. L'enquêteur doit garder présente à l'esprit cette possibilité, il doit être au fait des questions posées et très à l'aise vis-à-vis d'elles. Enfin, il doit être particulièrement vigilant quant aux constantes qui se dégageront des réponses qu'il obtient. Ses propres préjugés sur les questions posées doivent, autant que possible, être écartés et il doit veiller à ce que les réponses qu'il s'attend à obtenir n'apparaissent pas à son interlocuteur. Ici encore, la formulation des questions peut aider à diminuer l'importance de ce facteur. Par exemple, lorsqu'un sujet affirme avoir eu des expériences télépathiques, l'enquêteur peut lui demander de fournir un exemple détaillé de manière à s'assurer que les expériences en question sont réellement de la catégorie télépathique (du moins en apparence).

Les données fournies par les enquêtes permettent aussi de répondre à des questions comme : quel genre de gens ont le plus de chance de prétendre avoir fait des expériences psi? Autre aspect particulièrement intéressant de l'enquête : le chercheur peut constituer, peu à peu, un véritable réservoir de sujets à partir de ceux qu'il a interrogés en leur demandant, à la fin de l'entretien, s'ils sont prêts à se porter volontaires pour de nouvelles études parapsychologiques. (Au cours de l'enquête de l'université John Kennedy dont nous venons de parler, ce sont 40 % environ des sujets qui se sont portés volontaires pour de nouveaux entretiens et la poursuite des recherches.) De cette manière, lorsque l'on envisagera de mener une recherche de laboratoire, on pourra compter sur un ensemble de sujets disponibles dont les expériences seront connues, puisqu'ils en ont fait le récit.

Les études sur le terrain parlent d'elles-mêmes! L'équipe de recherche se rend sur place pour observer directement telle ou telle forme de phénomène psi. Les observations se centrent, en général, sur la psi volontaire ou sur les expériences spontanées quand elles sont récurrentes. Maisons hantées, esprits frappeurs en sont les formes les plus répandues (cf. chapitre 5, sur la P.K.). Quant aux cas de psi volontaire, ils comportent en général la participation d'un médium ou voyant professionnel prêt à travailler avec les enquêteurs. Soit dans le but de faire vérifier ses dires, soit pour participer à un effort mutuel de meilleure compréhension de ses capacités.

Les enquêtes anthropologiques d'une culture à l'autre offrent aussi l'occasion d'étude de la psi sur le terrain. Ces études diffèrent des cas spontanés en ce qu'elles permettent l'observation directe du phénomène auquel on s'intéresse. Elles permettent aussi à l'enquêteur, dans certaines limites, d'incorporer à la situation divers moyens de contrôle expérimentaux.

Les premières enquêtes consacrées aux sœurs Fox avaient incorporé quelques moyens de contrôle : 1. en décidant que l'expérience se déroulerait en terrain « neutre »; 2. en s'assurant qu'aucun des amis des sœurs Fox (complices possibles) n'était présent dans le bâtiment pendant la démonstration; 3. en veillant de près à l'environnement (éclairage, positions, etc.); 4. en demandant aux prétendus esprits des renseignements que les sœurs Fox avaient peu de chance de connaître. Ces divers moyens de contrôle permettaient d'écarter quelques-unes des plus évidentes contre-explications hypothétiques des phénomènes.

En règle générale, toute personne qui se met en avant et se porte volontaire pour se soumettre à l'épreuve des enquêteurs agit probablement en conséquence d'une forte croyance en la réalité des phénomènes en question et éprouvera sans doute un fort besoin de faire la « preuve » de cette réalité pour autrui.

Ce genre de mobiles du sujet soumis à une enquête sur le terrain peut aussi bien jouer pour ou contre l'équipe de chercheurs. Pour commencer, les mobiles en question sont peut-être ce qui a poussé la personne à se porter volontaire pour une enquête. Dans les études de laboratoire, c'est ainsi que les chercheurs préfèrent souvent aux autres les sujets fortement motivés. La motivation du sujet peut accroître les chances de produire les phénomènes que l'on désire observer. D'un autre côté, comme nous le prouvent entre autres les examens scolaires, il arrive souvent que la motivation produise une forte tension, facteur qui peut aller à l'encontre de l'enquête. Et comme le prouvent aussi bien des expériences scolaires, une motivation trop forte jointe à l'incapacité toujours possible de passer aux actes est une situation mûre pour les tricheries. Heureusement, l'enquêteur sensible et conscient de ces pièges a le moyen de les éviter en établissant avec le sujet un rapport par lequel il saura le mettre à l'aise avec la situation de test, préparant toute une série d'expériences plutôt qu'un seul tour à quitte ou double et sachant assurer suffisamment de variété tout au long de l'étude pour éliminer la possibilité de toute tentative de supercherie consciente ou inconsciente.

Morris (1982) a dressé une liste de quelques directives destinées aux enquêteurs de terrain et qui leur permettent, s'ils les gardent présentes à l'esprit, d'éviter les solutions de rechange non psi pouvant produire des effets psi apparents. On serait fréquemment bien avisé de recourir aux services d'un bon magicien de music-hall et de faire connaître à l'équipe de recherche les diverses méthodes par laquelle l'E.S.P. peut être simulée par des professionnels de la scène. L'équipe de recherche doit encore savoir les diverses manières dont le corps, le visage, le débit du discours, les intonations et le choix des mots apportent bien des révélations sur l'histoire, la personnalité et les pensées les plus secrètes de celui qu'on interroge. L'enquête ne doit pas non plus perdre de vue la subtilité et les possibilités remarquables de nos sens physiques, qui constituent d'ailleurs un sujet d'étude passionnant en lui-même. Il est aussi un domaine dans lequel l'observateur peut corriger des déformations qui ne dépendent que de lui : c'est ainsi, par exemple, que nous comprenons mal en général les lois du hasard. Ce qui pourrait passer à première vue pour une incroyable coïncidence risque de se révéler, après examen approfondi, pur événement de hasard. Pour en donner un exemple classique, rappelons que sur tout groupe de vingt-huit personnes réunies au hasard, il y a plus de cinquante chances pour cent pour que deux d'entre elles soient nées le même jour. On peut se servir de ce fait surprenant pour amuser ses invités lors d'une réception; mais, pour l'enquêteur de terrain, c'est un rude souci à débattre. Qu'est-ce qui est fortuit et qu'est-ce qui ne l'est pas?

L'attitude devant la vie et le système de croyance de chacun des membres de l'équipe revêtent une grosse importance dans les enquêtes sur le terrain. Il convient de considérer ici deux aspects qui peuvent être reliés. Le premier concerne les déformations et les préjugés de l'observateur tandis que le second tourne autour des chances qu'il y a de voir se produire un phénomène apparemment subtil en présence d'observateurs nombreux. La meilleure illustration qu'on puisse donner du premier aspect est l'anecdote suivante : un groupe de géologues réunis pour un séminaire en Californie alla visiter les formations qui existent à l'intérieur de la faille tristement célèbre de San Andreas. Quelques mois plus tard, on demanda à ces « observateurs » de dessiner ce qu'ils avaient vu. Ces scientifiques, de manière tout à fait intéressante, produisirent des dessins qui rappelaient une faille *classique* beaucoup plus que la partie réelle de la faille qu'on leur avait fait visiter. Chaque fois que l'observation humaine sert à recueillir des données, on se heurte au problème des déformations dues aux préjugés. Nous tendons tous à croire que les scientifiques de métier sont à l'abri de ce genre de déformations. Rien n'est plus faux.

À vrai dire, aussi bien formés que soient les scientifiques, on leur apprend rarement à maîtriser leurs propres préjugés, préconceptions et idées toutes faites.

Comment l'enquêteur sérieux s'y prendra-t-il pour minimiser les effets de ses propres tendances à la déformation? Aux pilotes de ligne, on apprend à se fier à leurs instruments et *non* à leurs sens; les enquêteurs feraient bien de se conformer à cette règle. Dans le domaine scientifique, les « instruments » sont les méthodes de collecte des données. Les méthodes expérimentales de laboratoire comportent en général divers moyens de maîtriser et d'écarter les observations biaisées. Les trois principaux sont les suivants : 1. le respect d'un protocole conçu à l'avance d'un bout à l'autre de l'observation; 2. l'utilisation d'une méthode de mesure objective pour toutes les variables présentant un intérêt, et enfin 3. la répétition de l'étude. Cette troisième technique est souvent peu pratique ou indésirable dans le cas des études sur le terrain, mais les deux premières peuvent s'intégrer à n'importe quelle étude sans trop de difficulté. Planification et respect du protocole préétabli permettent de clarifier les subtilités des découvertes *post hoc*. Imaginons, par exemple, une équipe enquêtant sur ce qu'un médium va être capable de « lire » à propos d'un sujet qui n'est pas physiquement présent. Le médium révèle quelques détails intimes de la vie privée d'un des enquêteurs présents – voilà ce qu'on appelle un résultat post hoc. Autrement dit, il s'agit d'une observation intéressante pour une étude future mais qui n'affecte en rien l'objectif que l'on s'était proposé au départ et qui consistait à évaluer la « lecture » du sujet absent. Cet événement spontané n'ayant pas été prévu, il n'est probablement pas non plus maîtrisé correctement d'un point de vue expérimental. De plus, la préparation devrait comporter la mise au point de méthodes objectives de récolte et d'évaluation des données. Les enregistrements vidéo et sonores d'une lecture de ce genre par un médium sont plus objectifs que l'enregistrement à la main et par écrit des données. C'est devenu une banalité de dire qu'un effort conscient pour produire des phénomènes psi ne les produit pas toujours. Même les médiums et voyants les plus célèbres ne produisent pas toujours des résultats psi. À force d'observer cela, on a été amené à considérer que les attitudes et les croyances des spectateurs pourraient jouer un rôle clé dans cette équation. Les travaux de laboratoire ont renforcé ce point de vue en montrant que les observateurs, les personnes présentes autres que le sujet, semblent bien exercer une influence sur la manifestation de la psi en situation expérimentale. Si l'on ne sait pas trop bien pourquoi il en est ainsi, on n'en doit pas moins garder ce fait présent à l'esprit pendant la conduite d'une étude sur le terrain. Nous parlions tout à l'heure d'employer un magicien professionnel pendant les expériences sur le terrain. Il faut aussi songer à l'influence que cette présence exerce sur la production des phénomènes réels. Le magicien (ou tout autre observateur) gêne-t-il le sujet? Le magicien ou d'autres membres de l'équipe ne risquent-il pas de chercher avec une telle intensité à détecter toute supercherie qu'ils en deviendront gênants? Existe-t-il des risques de conflit de personnes entre des membres de l'équipe et le sujet? L'ensemble des membres de l'équipe est-il prêt à admettre la *possibilité* d'une manifestation psi au cours de la séance? Tous les membres de l'équipe ont-ils déjà été témoins dans le passé d'un quelconque phénomène qui leur a paru relever de la psi? Que sait-on exactement du passé de chaque membre de l'équipe en ce qui concerne d'autres enquêtes à l'égard des manifestations psi? Il est vraisemblable que les attitudes et les croyances influent sur la situation, même indirectement (en mettant le sujet mal à l'aise, par exemple).

En résumé, l'enquête sur le terrain peut constituer un instrument intéressant permettant d'observer la psi dans des conditions naturelles.

Le laboratoire

Charles Richet (1884) fut semble-t-il le premier à appliquer les méthodes du calcul des probabilités à l'étude des capacités paranormales. Encore que Francis Bacon l'eût devancé, en suggérant de telles expériences près de deux cents ans plus tôt. L'un et l'autre comprirent les possibilités des cartes à jouer les plus ordinaires comme source d'un nombre suffisant de « cibles » permettant de tester la perception extrasensorielle. Quelques autres chercheurs adoptèrent des procédures semblables dans diverses parties du monde. Mais J. B. Rhine, un Américain, reprit la technique de Richet et sut en faire une batterie de tests standardisés. Vers la fin des années 1920, Rhine fut invité à se rendre à l'université Duke, pour participer à la création d'un laboratoire de parapsychologie. Désireux d'instaurer une technique rigoureuse pour les recherches de laboratoire, Rhine demanda à l'un de ses confrères de Duke de lui proposer une série de symboles dont on pourrait décorer des cartes à jouer, symboles qui évoqueraient moins d'associations que les cartes ordinaires. Il fixa son choix sur une série de cinq symboles – un carré, une croix, des lignes sinueuses, un cercle et une étoile. Le regroupement de chacun des symboles au nombre de un à cinq permit de former un « paquet de cartes » standard de vingt-cinq unités. Au cours des trente années qui suivirent, ces « cartes E.S.P. » ou encore « cartes de Zener » (du nom du psychologue qui les conçut) constituèrent le matériel de laboratoire de base pour les tests de parapsychologie.

Les tests proprement dits étaient relativement simples, on brouillait un paquet de cartes, de préférence par des moyens mécaniques (comme on en trouve dans les salles de jeu des casinos) puis on demandait au sujet de « deviner » l'ordre des cartes du paquet au moyen de l'E.S.P. Chaque paquet constituait un « tour » et un nombre de tours désignés à l'avance formait une « série ». À la fin des séries, l'expérimentateur faisait le total des « coups au but » et une simple analyse des probabilités lui permettait de voir si le sujet devinait juste plus souvent que ne permettait de s'y attendre le hasard. Avec cinq symboles différents dans chaque paquet de vingt-cinq, les probabilités sont de cinq coups au but par tour. C'est-à-dire que, guidé par le seul hasard, on peut s'attendre à deviner juste une fois sur cinq ou cinq sur vingt-cinq environ. Pour montrer l'existence d'un effet psi, l'expérience doit donc montrer que le sujet obtient plus que le score de pur hasard pendant une très longue série de tours.

Ce dernier point - une très longue série - est un élément important de l'équation expérimentale. Dans les milieux du jeu, tout le monde sait que l'on peut avoir « de la veine ». Pendant une période limitée, un joueur gagnera plus que sa part « normale » aux tables de jeu. On peut d'ailleurs se demander s'il s'agit d'une manifestation de la psi au casino, ou se contenter de penser qu'il s'agit d'une coïncidence purement fortuite, comme le montre le calcul des probabilités. Au laboratoire, il faut éviter ces accès de chance. Car ils risquent de gonfler artificiellement (s'ils sont effectivement le fruit du hasard) le résultat d'un test. Ainsi la recherche exige-t-elle que les expérimentateurs décident à l'avance du nombre de tours que comporteront leurs séries expérimentales et qu'ils rendent compte des résultats généraux des séries tout entières et non de telle ou telle partie où le score serait particulièrement élevé.

Au cours des années 1930 puis 1940, l'appel de cartes constitua la principale expérience du laboratoire de Duke. Il ne faut pas sous-estimer la signification d'un tel test de base dans les progrès d'une science nouvelle. Le test de base mène à des définitions de base. Il permet la comparaison des résultats obtenus par différents chercheurs dans divers laboratoires. Il permet aux parapsychologues de rationaliser leurs programmes de formation destinés aux jeunes scientifiques désireux d'apporter leur contribution à cette recherche. Il permet l'apparition puis l'intégration de diverses critiques constructives des difficultés et problèmes éventuels dus au test lui-même. Quand beaucoup de gens se servent d'une même technique, il se crée rapidement une espèce de folklore, de culture de laboratoire qui permet de découvrir beaucoup plus rapidement d'éventuels défauts du système.

Jusqu'en 1950, les travaux du groupe de Rhine et d'autres chercheurs eurent pour but principal de prouver l'existence de la psi. Un fait que reflètent bien les méthodes utilisées. La plupart des expériences étaient des études à variable unique. En l'occurrence, les chercheurs s'intéressaient avant tout à la variable unique suivante : le nombre de coups au but sur une très longue série d'essais sur les cartes de Zener.

La principale direction des études était de montrer qu'il existait bel et bien des phénomènes à étudier que l'on pouvait faire se manifester dans des situations de laboratoire. Par la suite, quand Rhine eut conclu à l'existence de la psi et pensa l'avoir établie, l'attention de la communauté des chercheurs commença à se porter vers des questions portant plutôt sur les processus en œuvre dans la psi.

À mesure que la parapsychologie s'attachait à étudier les processus qui président à la communication psi, les cartes de Zener, dont on avait cessé d'avoir besoin pour accumuler des données type permettant d'établir l'existence d'effets psi, s'effacèrent devant une multiplicité de techniques nouvelles de mesure expérimentale de l'E.S.P. Cependant, le concept qui était à la base des tests E.S.P., dont Richet s'était fait le pionnier et que Rhine avait normalisés, ne fut pas abandonné. Aujourd'hui encore, la mesure de la psi en laboratoire repose sur le même principe fondamental : « vaincre le hasard ».

Les méthodes de choix forcé ou de choix restreint sont issues en droite ligne des tests avec les cartes Zener. Lors d'un test à choix forcé, le sujet doit choisir entre une petite série de réponses, telles que les cinq symboles E.S.P., à chaque essai. Les ensembles de cibles pour les tests à choix forcé peuvent être constituées de n'importe quelle information susceptible d'une organisation en séries. Dans les expériences de télépathie, par exemple, les cibles – l'information à transmettre – pourraient être des lettres, des chiffres, des noms de choses ou de personnes, des lieux physiques, des bruits, des goûts, des odeurs, des émotions (joie, tristesse, etc.) voire des comportements spécifiques. Quelles que soient les cibles, dans un test à choix forcé le sujet tente de deviner à l'aide de la psi quelle possibilité dans une série restreinte fait l'objet d'une transmission télépathique, sera choisie dans l'avenir (précognition) ou encore a déjà été choisie (clairvoyance).

La mise au point de nouvelles cibles a souvent été jugée utile en ce qu'elle motive les sujets (peut-être même les expérimentateurs) dans l'accomplissement de la tâche qui leur est proposée. En outre, il est des hypothèses dont la vérification expérimentale exige des séries de cibles conçues spécialement. Pour tester les effets de l'émotivité sur la psi, l'expérimentateur aura peut-être besoin de cibles dotées d'un pouvoir d'émotion extrême ou au contraire inexistant, par opposition à la neutralité des cartes de Zener. En troisième lieu, quelques chercheurs modernes préfèrent des cibles plus naturelles, plus significatives, de manière à créer une situation expérimentale plus proche de la réalité. Le quatrième facteur est d'ordre purement pratique : on s'accorde à reconnaître aujourd'hui que la succession des cibles ne doit pas obéir à des tendances régulières, que le sujet risque de comprendre inconsciemment, pour obtenir des résultats artificiellement élevés. On ne considère plus désormais comme une technique sûre, le brassage des cartes au hasard, acceptable au temps des pionniers ou pour les expériences les plus simples, particulièrement pour les recherches orientées vers l'étude des mécanismes. Par ailleurs, les résultats actuels des recherches donnent à penser que la présence physique des cibles n'augmente pas les chances de réussite d'un test (en dehors de son influence sur la psychologie du sujet à la rigueur). Les cibles emmagasinées dans la mémoire d'un ordinateur ou inscrites sur un morceau de papier semblent tout aussi efficaces. Et, donc, certains avantages pratiques de cartes de Zener qui en faisaient des instruments utiles lors des premiers travaux de recherche ne s'appliquent plus aux tendances modernes.

Afin de déterminer si l'information psi est reçue partiellement ou globalement, on a utilisé des cibles présentant un aspect double ou multiple, chaque cible comportant plus d'une caractéristique indépendante, comme la couleur et le chiffre d'une carte à jouer retournée, par exemple. On a aussi choisi pour cible dans certains tests d'E.S.P. la localisation de quelque chose – la place du motif sur une carte, par exemple. Au cours de travaux dont l'objectif était d'explorer les relations existant entre la mémoire et la psi, on demanda aux sujets, pour tester leur mémoire, d'exécuter un devoir fondé sur les associations de mots et d'inscrire leurs réponses à l'intérieur d'une ou de plusieurs colonnes. Pour chaque question de mémoire, le choix de la colonne était le test d'E.S.P., la bonne réponse ayant été décidée au hasard. Les parapsychologues ont même utilisé des cartes aveugles, dépourvues de tout motif, pour servir de cibles. Avant le test, un sujet imprègne « psychiquement » chaque carte d'une impression mentale qu'un autre sujet devra deviner par la psi.

Au cours des vingt dernières années, un autre type de méthodologie fondée sur l'idée de cible et de réponse s'est imposé parmi les chercheurs. En s'appuyant sur un mode de réponse plus naturel, la « réponse libre » permet d'utiliser un plus large éventail de cibles. Dans le test à réponse libre, le sujet, moins limité que dans les tests à choix forcé, peut exprimer librement ce qui lui traverse l'esprit devant la cible qui lui est proposée. S'il s'agit d'une cible picturale, par exemple, telle qu'une gravure, le sujet décrira tout ce qu'il se représentera intérieurement au lieu de n'avoir qu'un petit choix de cibles possibles. On a commencé à utiliser cette méthode en demandant à un sujet de tenter de reproduire par télépathie le dessin que quelqu'un d'autre faisait ailleurs.

Mais en contrepartie, les méthodes de libre réponse demandent plus de temps, les travaux et les expériences sont difficiles à organiser et il faut des techniques spécifiques pour mesurer la quantité d'information transférée de l'émetteur au récepteur (dans le cas de la télépathie).

L'une des difficultés liée à la méthode de libre réponse vient de la quasi-impossibilité dans laquelle se trouvent les parapsychologues de déterminer avec sûreté si la cause présumée d'un succès dépassant le hasard s'est produite pendant la période d'émission ou lors de l'intervention du juge [1]. Pourquoi les juges n'exerceraient-ils pas, eux aussi, leur E.S.P. pour découvrir les correspondances « exactes »? Même si le sujet est son propre juge, il est important de comprendre à quel moment la psi a pu se produire [2].

Lors de la mise en place d'une étude à réponse libre, il faut prendre un soin tout particulier pour choisir les cibles. Pour des expériences sur les médiums, par exemple, on peut essayer de choisir à l'avance plusieurs personnes qui forment un groupe de « personnes cibles ».

Ce groupe sera composé, dans la mesure du possible, d'une grande variété d'individus différents aussi bien par l'apparence physique, le milieu social, les centres d'intérêt, que par la personnalité et le mode de vie. D'autre part, un groupe ainsi composé de personnes très différentes facilitera la phase d'interprétation à la fin de l'expérience. On désigne ensuite, dans le groupe, la personne qui servira de cible pour telle séance, celle sur laquelle le « lecteur » portera son attention – si possible sans la voir afin d'éliminer les renseignements qu'il pourrait tirer de l'apparence physique ou des réactions du sujet. Si la présence de celui-ci se révélait inévitable, le chercheur devrait tout faire pour réduire le nombre des indices risquant de surgir. En dressant un écran entre le « voyant » et la personne cible, par exemple, sans toutefois surestimer l'efficacité de ce genre d'aménagement. Car si le lecteur ne voit pas la personne qu'il cherche à deviner, le rythme de ses pas ou de sa respiration, l'odeur ou l'ombre de celle-ci lui révéleront énormément de choses à son sujet.

Une autre méthode pour mener ce genre d'étude consiste à organiser une séance pour chaque membre du groupe. Pour juger de ce qui s'est passé, chaque personne cible examine chaque rapport pour voir lequel lui correspond. Ce procédé a acquis le nom de « jeu

1. Le rôle du juge consistait à examiner les descriptions des sujets et à les comparer avec une série de cibles, parmi lesquelles figure la cible utilisée pour la séance.

2. Il faut néanmoins obtenir un résultat total qui pourra être utilisé en termes statistiques. En se contentant de résultats partiels correspondant à chaque élément, on transgresserait le principe d'indépendance statistique sans lequel les calculs manqueraient de pertinence.

fermé » car on se retrouve pour finir avec un rapport pour chaque personne, chacune d'elle servant de point de comparaison aux autres. C'est l'analyse statistique qui nous dira ensuite si les personnes cibles ont tendance à se reconnaître plus souvent que le hasard seul ne le permettrait. Si cela se produit effectivement, on peut en conclure que les rapports idéalisés par le médium contiennent suffisamment de renseignements pour que certaines personnes du groupe puissent reconnaître ceux qui les concernent. Au lieu d'un groupe de personnes, on peut avoir un ensemble de cibles (photos, états émotifs, genres de musique, lieux) choisies pour représenter une catégorie d'objets ou d'événements. Dans ce cas, un juge indépendant établira la correspondance entre les éléments de l'ensemble de cibles et la transcription de la représentation mentale réalisée pendant la séance d'E.S.P.

Un type particulièrement prometteur de tâche psi à réponse libre a attiré l'attention au cours des dernières années; il s'agit de la vision à distance, ou perception à distance. Pour cette recherche, l'ensemble de cibles est constitué de lieux, de localisations physiques où se trouve le plus souvent un « observateur en détachement » au moment où le sujet reçoit. Ce dernier tente d'établir une connection avec le lieu où se trouve l'observateur pour voir et éprouver ce qu'il voit et éprouve. La vision à distance présente un attrait indéniable, surtout quand les expériences se tiennent dans la nature, où elles deviennent presque un divertissement.

Nombre de méthodes envisagées pour tester la psi ont été remises en cause. Celles que nous venons de décrire, parce qu'elles s'appuient sur les principes généraux de l'investigation scientifique, sont uniques dans le domaine de la parapsychologie. Arrivé à ce point, le lecteur aura peut-être l'impression que la recherche parapsychologique a pour principal objectif de prouver l'existence de la psi. Or, ce n'est pas le cas. Il était important de passer en revue les méthodes de mesure de la variable psi avant de passer au sujet suivant : quel genre de recherches la parapsychologie moderne poursuit-elle? Plutôt que de tenter de prouver l'existence de la psi, la plupart des parapsychologues contemporains étudient les relations entre la psi et les autres variables qui s'y rapportent. Quel genre d'individus obtiennent généralement de bons résultats lors des tests psi? Quelles techniques ou quelles manipulations font-elles accroître ou décroître l'effet psi? En quoi la psi est-elle reliée au fonctionnement du cerveau? Pour répondre à toutes ces questions, il fallait d'abord examiner les divers moyens utilisés pour mesurer la variable psi. Maintenant, voyons les méthodes utilisées pour découvrir les relations entre la psi et d'autres variables.

Relations à explorer

On peut diviser les méthodes utilisées pour découvrir et vérifier les relations entre la psi et d'autres variables en deux grandes catégories : les relations corrélatives et les relations causales. Dans les études sur les corrélations, le chercheur considère le degré de variation de l'effet psi par rapport aux changements de l'autre variable. Par exemple, la corrélation entre deux pendules est très forte si elles sont toutes deux assez justes et montrent des variations quasi identiques chaque fois qu'on les contrôle. La légende des cigognes qui apportent les bébés illustre bien aussi ce que l'on appelle corrélation. En effet, dans le nord de l'Europe, autrefois, les bébés naissaient très souvent au printemps, à l'époque où les cigognes font leur nid.

Certes, la corrélation existant entre deux variables ne nous en apprend guère sur la causalité. D'autres variables entrent peut-être en jeu, telles que, pour les exemples précédents, la mesure standard de l'écoulement du temps ou les habitudes saisonnières des créatures vivantes. Mais les techniques de recherche des corrélations n'en demeurent pas moins des instruments utiles, car elles nous donnent une méthode de prédiction sans avoir à comprendre les causalités.

Pour déterminer le rapport de causalité, on doit effectuer une expérience maîtrisée, qui consiste à faire varier méthodiquement l'une des variables (variable indépendante) tout en mesurant l'autre (variable dépendante). Dans l'exemple précité, on avait tout loisir de retarder, d'avancer ou d'arrêter l'une des deux pendules (variable indépendante). Si aucun changement concomitant ne se produit dans la variable dépendante, on peut en conclure que la relation n'est probablement pas causale. En parapsychologie, c'est l'effet psi que l'on mesure et qui représente donc la variable dépendante. On a exploré un très grand nombre de variables indépendantes dans l'espoir de découvrir des relations corrélatives et causales que l'on pourrait utiliser pour les expériences de laboratoire.

La distinction entre causalité et corrélation est souvent extrêmement subtile. Pour qu'un modèle expérimental puisse mettre au jour une relation de cause à effet, il faut maîtriser totalement la variable indépendante. Or cela n'est pas toujours possible, ni d'ailleurs souhaitable. Dans l'exemple des cigognes, une expérience absolument rigoureuse impliquerait que l'on modifie le comportement des oiseaux migrateurs en empêchant ou en retardant leur départ. Dans un cas semblable, le chercheur devra trouver d'autres solutions, sans doute moins efficaces que l'application rigoureuse du modèle expérimental. Un exemple controversé, la relation entre le tabac et la santé, illustre bien le dilemme devant lequel on se trouve. Afin d'établir une relation de cause à effet entre le fait de fumer et la maladie, la rigueur voudrait que l'on demande à un certain nombre de gens de fumer et à d'autres de s'abstenir, puis que l'on observe leur état de santé à long terme. Mais comme il n'est pas question d'agir ainsi, les chercheurs ont mis au point un modèle d'étude élaboré pour comprendre les corrélations, la *recherche épidémiologique*. Dans le cas de notre exemple, on observe les variations naturelles de la variable indépendante (le fait de fumer) et l'on recherche les coïncidences possibles dans l'état de santé du sujet. Les méthodes épidémiologiques s'appuient sur des milliers de cas et utilisent des techniques de corrélations partielles évitant la confusion entre les variables afin d'énoncer des résultats aussi fermes que possible en l'absence d'un modèle expérimental rigoureux. On aurait du mal aujourd'hui à nier qu'il existe une relation entre la cigarette et la maladie. Pourtant, paradoxalement, la stricte interprétation de la logique de la preuve scientifique ne nous permet pas d'affirmer clairement que la cigarette « cause » la maladie.

L'absence de corrélation entre des variables est beaucoup plus facile à établir. Il ne peut pas y avoir de relation causale s'il n'y a pas corrélation. Là se situe peut-être la force des études de corrélations. Seules les variables en corrélation avec la psi valent la peine d'être examinées.

Les exemples ne manquent pas en parapsychologie de variables indépendantes intéressantes qui, à l'instar de la cigarette, ne se prêtent pas à des modèles d'expérience rigoureux. Les parapsychologues se sont toujours penchés avec intérêt sur les différences individuelles, mais, d'une manière générale, ils ne peuvent pas les soumettre à la recherche scientifique des causalités. Les différences individuelles correspondent aux variations entre sujets.

Le domaine le plus couramment exploré dans l'étude des différences individuelles est celui de la psychologie, que l'on peut diviser en deux catégories de variables : les composantes caractérielles et les variables-états. Les aspects plus ou moins fixes de la personnalité, ou qui ne changent qu'au cours de longues périodes de temps : l'introversion ou l'extraversion, les scores obtenus lors des tests d'intelligence et les croyances individuelles sont des exemples de variables caractérielles étudiées par les parapsychologues. Les variables-états sont les aspects plus fluctuants, plus transitoires, qui peuvent changer d'un moment à l'autre : l'anxiété, la nervosité ou l'humeur. Notons que les variables caractérielles font surtout l'objet de recherches de corrélation. Les états, eux, jusqu'à un certain point, peuvent être maîtrisés, donc manipulés. La recherche reposant sur les variables-états est étroitement associée en parapsychologie avec la recherche des états favorables à la psi.

Les parapsychologues ne se demandent pas seulement quel genre d'individus est plus apte à réussir les tests de laboratoire mais aussi ce que l'on peut faire pour améliorer les résultats. On a commencé par se pencher sur la manière dont l'expérimentateur s'y prenait avec ses sujets. En modifiant méthodiquement son attitude, celui ou celle qui mène l'expérience pourra se rendre compte de l'influence qu'il (ou elle) a sur les résultats. On peut étudier de cette manière l'effet que l'humeur, les attitudes, les croyances et même la qualité des rapports de l'expérimentateur avec le sujet produisent sur ce dernier. On aurait évidemment du mal à découvrir des relations causales entre les résultats obtenus et ces variables indépendantes, étant donné la nature de celles-ci. En revanche, l'étude des effets des caractéristiques physiques de l'expérience serait plus propice à l'analyse causale. On peut examiner le moment de la journée, la durée du test, l'éclairage, la couleur et la forme de la pièce, le niveau sonore, l'ameublement et d'autres variables qui risquent d'influencer les résultats.

Ces variables sont significatives dans la mesure où elles influent sur l'état du sujet. Mais par recherche sur les états favorables à la psi on entend généralement la manipulation directe de l'état de conscience du sujet. Les états de conscience anormaux, comme l'état de sommeil ou de rêve, les états provoqués par certaines drogues ou par la méditation, la rêverie hypnagogique et l'hypnose sont les variables indépendantes les plus couramment utilisées – surtout pour des études de corrélations dans lesquelles le sujet se soumet à un test d'E.S.P. dans l'un des états que nous venons d'évoquer.

On choisit presque toujours les tests à réponse libre pour ces études. Il est plus simple et plus naturel en l'occurrence de juger le récit riche en détails (et généralement oral) que font les sujets plutôt que de leur demander de deviner une ou plusieurs cibles parmi une série limitée de symboles quand ils se trouvent dans un état de conscience « anormal ». Il est bon d'avoir une description précise de l'état du sujet au moment du test, en se servant de préférence de mesures de l'état physiologique telles que l'électroencéphalogramme ou l'électromyogramme. Les études des états de conscience anormaux sont particulièrement intéressantes pour les parapsychologues car ils favorisent peut-être chez des individus ordinaires la manifestation de la psi. Et si les recherches sur les états de conscience anormaux sont longues et difficiles, nombre de chercheurs estiment que la richesse des résultats les récompense largement. Évidemment, la comparaison entre les études fondées sur la réponse libre, les états de conscience anormaux et les tests d'E.S.P. à choix forcé pose de sérieux problèmes, mais on a mis au point des techniques qui permettent de comparer la quantité d'informations transférée. Ainsi, Honorton (1975) découvrit-il un taux plus élevé pour les études à réponse libre, que pour les tests types à choix forcé [1], l'effet psi s'appliquant à une cible picturale. On trouve chez Ullman, Krippner et Vaughan (1973), un exemple de méthodologie des états normaux appliquée à la télépathie et à la précognition en état de rêve.

Certains chercheurs, en partant de l'idée encourageante que les états anormaux sont peut-être favorables à la psi, ont tenté de découvrir des facteurs de causalité. On a pu en conclure que la prépondérance de l'imagerie mentale, le « syndrome » de relaxation et l'activité de l'hémisphère droit du cerveau seraient autant de causes possibles. On peut vérifier ces hypothèses en provoquant des changements chez un sujet donné ou entre sujets, la variable indépendante étant alors représentée par les différents états d'un goupe d'individus.

L'apprentissage et la formation constituent une autre catégorie de variables indépendantes susceptibles d'améliorer les résultats des sujets dans les tests psi. On se sert alors des méthodes types de « traitement-résultat » couramment utilisées dans les lieux scolaires ou hospitaliers, et qui s'appliquent soit à un seul sujet soit à un grand nombre de sujets afin de pouvoir généraliser les résultats.

Dans la mesure où la plupart des variables indépendantes sont centrées sur des sujets humains, le chercheur ne doit pas oublier que la structure même de la situation expérimentale est source d'influences et qu'il faut donc en tenir compte. La façon dont le sujet perçoit maints aspects inhérents à la situation dans laquelle il est placé joue un rôle plus ou moins grand dans sa façon de répondre. Le fait de savoir que l'on va tester ses aptitudes à la psi, chez une personne qui a peut-être des idées précises ou des préjugés à propos de la psi, peut provoquer un accroissement ou une inhibition de l'effet psi. Ces facteurs sont en eux-mêmes d'intéressantes variables indépendantes à étudier, mais, lors des expériences dont ils ne sont pas le sujet d'étude, il est extrêmement important que le chercheur en tienne compte et s'efforce de les supprimer. Ces considérations prennent encore une autre dimension lorsqu'on étudie les relations entre la psi et d'autres variables. Car non seulement le sujet risque d'être influencé par la nature de l'expérience psi mais aussi il peut réagir en fonction de son opinion sur la question : selon qu'il pense ou non que la variable indépendante devrait avoir un rapport avec la psi. Les sujets que l'on soumet à un test avant et après avoir absorbé quelques décilitres d'alcool risquent d'obtenir des résultats différents dans l'un et l'autre cas, pour des raisons n'ayant absolument rien à voir avec l'hypothèse du chercheur.

1. Sans tenir compte toutefois dans son analyse du temps investi par le chercheur.

On se trouve dans une situation comparable lorsqu'on veut tester de nouveaux traitements pharmaceutiques sur des êtres humains. Pour que l'expérience soit généralisable, il faut que le nouveau produit soit administré à un groupe de la population cible sélectionné au hasard, tandis que les individus restants (qui servent de groupe témoin) absorbent un autre médicament ou n'absorbent rien. Comme les sujets testés sont des individus doués d'espoirs, de peurs, de croyances et de comportements particuliers, un nouvel élément s'ajoute à la situation – *l'effet placebo.* Certains patients éprouvent un soulagement quel que soit le produit qu'on leur administre. Le contraire apparaît aussi : la suppression de l'action d'un médicament actif à cause d'un *effet placebo négatif.* Si le patient sait qu'on va lui administrer soit un nouveau produit, l'ancien médicament, ou un produit absolument dépourvu d'effet, l'idée qu'il ou qu'elle se fait de l'efficacité de tel ou tel traitement risque d'avoir une influence sur la manière dont son organisme va y réagir. Pour les expériences cliniques, on se sert de la technique du double aveugle, dans laquelle ni le médecin ni le malade ne savent quel produit on administre effectivement à celui-ci. Tous les patients absorbent des pilules identiques en apparence mais contenant des produits différents. Plus tard seulement, une fois qu'on a recueilli les résultats, on révélera aux médecins et à leurs patients quels traitements ont été administrés. Ainsi, tous les patients sont-ils à égalité par rapport au traitement qu'ils vont recevoir.

Dans le domaine de la parapsychologie, certains chercheurs ont utilisé le test caché afin de parvenir au même résultat. On peut par exemple organiser une expérience ayant l'apparence d'une expérience de psychologie, de sorte que le sujet ignore qu'il ou elle va être soumis(e) à un test d'E.S.P. Un « agent » caché peut alors tenter d'aider télépathiquement le sujet à percevoir une réponse ou un choix ou d'influencer sa façon de s'exprimer ou ses comportements. Ou encore, on peut dire au sujet qu'il s'agit d'une étude sur l'E.S.P., mais sans lui révéler l'hypothèse que l'on cherche à vérifier. On sera parfois contraint de donner au sujet une fausse hypothèse pour détourner son attention du véritable objectif de l'expérience. Au cours d'une étude sur la télépathie (Kreitler & Kreitler, 1972), ni l'émetteur ni le récepteur n'était au courant du rôle de l'autre et tous deux ignoraient qu'ils participaient à une expérience sur la perception extrasensorielle.

Avant d'utiliser des techniques cachées avec des êtres humains, le chercheur doit se poser plusieurs questions importantes. La première est une question d'éthique. Est-il absolument nécessaire, en l'occurrence, de tromper les sujets de cette manière? N'existe-t-il aucun autre moyen d'atteindre l'objectif que l'on s'est fixé sans avoir recours à la supercherie? Les apports éventuels de cette recherche justifient-ils l'emploi des méthodes cachées? Quels dangers risque-t-on de faire courir aux sujets? On a toujours intérêt, avant de s'embarquer dans ce genre d'études, à solliciter l'avis d'autres chercheurs. On utilise couramment ces tactiques de recherche dans certains domaines de la psychologie (en psychologie sociale, par exemple) mais il faut examiner minutieusement et cas par cas les mérites particuliers de l'utilisation des techniques couvertes lors des expériences destinées à recueillir des données. Et surtout, dans les recherches de parapsychologie, il faut absolument envisager la réaction des sujets lorsqu'ils apprendront que leur comportement a été influencé par quelqu'un d'autre (quand les informations recueillies le suggèrent). Il faut apporter un soin tout particulier aux comptes rendus que l'on fera aux sujets des expériences auxquelles ils ont participé.

Une autre question que se posera le chercheur avant d'utiliser les méthodes cachées concerne leur efficacité : sont-elles réellement utiles aux expériences de parapsychologie? Si l'on peut effectivement influencer le sujet au moyen d'un agent caché, on doit pouvoir l'influencer aussi en lui cachant l'objectif de l'expérience. Parmi les autres facteurs dont il faut tenir compte, figure la possibilité que de telles méthodes produisent des effets négatifs sur les résultats expérimentaux (bien que la preuve n'en ait pas été apportée jusqu'ici) et le risque d'acquérir la réputation d'utiliser ces méthodes, qui peut créer des préjugés chez les sujets soumis à des expériences futures. En conclusion, les méthodes cachées sont parfois utiles pour éviter certains problèmes nés des attitudes et des espoirs des sujets humains, elles doivent être utilisées avec discernement et précaution.

Une autre solution pour se mettre à l'abri des problèmes liés au pouvoir de connaissance des êtres humains consiste évidemment à utiliser des animaux. Les chercheurs ont inventé pour tester l'E.S.P. chez les chats, par exemple, des moyens applicables à une grande variété d'autres situations. On place l'animal devant un choix : il s'agit pour lui d'obtenir une récompense ou d'échapper à quelque chose de désagréable (tel un choc électrique léger) en se trouvant au bon endroit au bon moment. Le « bon endroit » et le « bon moment » sont déterminés au hasard. L'effet E.S.P. est mesuré en calculant l'aptitude de l'animal à faire le « bon » choix plus souvent que ne le permettrait le hasard. Lors d'une expérience de ce genre, une souris assoiffée, dressée à appuyer sur une barre pour avoir de l'eau, se voit offrir le choix entre deux barres dont une seule est source de récompense. Dans une autre version de la même expérience, des souris pouvaient se soustraire à un choc électrique en choisissant le « bon » côté de la cage pour s'y trouver au moment du choc.

D'un point de vue strictement méthodologique, les études de

parapsychologie sur les animaux (*anpsi*) comportent un grand nombre d'avantages. Elles éliminent certaines difficultés dues à la connaissance de l'objectif poursuivi ; elles sont plus faciles à automatiser, partiellement ou totalement, ce qui ajoute à la précision des résultats, et l'expérimentateur peut avoir le contrôle absolu de l'histoire génétique du sujet, connaître son âge, son sexe, ses conditions de vie, sa nourriture, etc. En revanche, certains des aspects les plus intéressants de la parapsychologie humaine concernent les mécanismes internes, les représentations mentales, les attitudes et d'autres variables indépendantes qui sont difficiles, voire impossibles à étudier chez les animaux. Sans compter le fait que les chercheurs ne peuvent avoir qu'une connaissance limitée du monde sensoriel des animaux, si différent du nôtre, et qu'ils risquent donc de se tromper en concluant qu'un mécanisme parapsychologique s'est manifesté. Plus grave encore, on peut toujours imaginer, dans les expériences avec les animaux, que la psi de l'expérimentateur est en définitive la véritable responsable du résultat. Ainsi, en dépit de leurs avantages apparents, les expériences d'E.S.P. sur les animaux présentent-elles de graves inconvénients, qui limitent leur efficacité pour nombre de questions que l'expérimentateur souhaiterait pouvoir étudier. Et c'est particulièrement vrai des recherches orientées vers l'étude des mécanismes.

L'étude des mécanismes qui entrent en jeu pendant le déroulement des expériences de mesure de la psi ne peut se faire que d'une seule manière possible : par référence avec la variable dépendante. Et de là peut surgir un problème supplémentaire. Comme la psi est calculée par rapport au hasard, il arrive qu'on obtienne des résultats inférieurs à ceux que le hasard aurait permis. On a alors affaire à un phénomène d'erreur psi, qui a posé bien des problèmes aux chercheurs dans leurs tentatives d'interprétation des relations existant entre la psi et les autres variables. Imaginons par exemple que des expérimentateurs désirent comparer les performances psi de deux groupes distincts que nous appellerons A et B. Nos chercheurs ont prédit l'existence d'une différence significative en faveur du groupe A et désirent donc établir que ce groupe A est (ou n'est pas) supérieur au groupe B pour la tâche psi considérée. Imaginons que la performance de pur hasard soit 5. Si le groupe A enregistre des résultats de 8 et si le groupe B n'atteint que 5, différence statistiquement significative, l'interprétation sera claire. Mais si le groupe A obtenait 5 en moyenne et le groupe B 2, quelle pourrait être l'interprétation ? Certes, le résultat du groupe A est plus élevé que celui du groupe B. Mais la déviation par rapport au hasard est plus grande dans le groupe B. Le groupe B a donc fait preuve de plus de psi, certes, mais sous forme d'erreur, ou encore de psi négative. Il est également possible que les groupes A et B obtiennent des déviations égales par rapport au hasard, mais A dans le sens positif et B dans le sens négatif. Il est également possible que le groupe A obtienne des résultats légèrement supérieurs au hasard et le groupe B des résultats légèrement inférieurs. Pris séparément, aucun des deux scores ne serait significatif, et pourtant, la différence entre les deux scores est importante, et donc, significative. Dans le cas présent, aucun des deux groupes n'a fait la preuve d'une quelconque capacité psi et il convient donc de se demander s'il serait raisonnable de déclarer le score du groupe A supérieur à celui du groupe B.

La question qui se pose ici : « qu'est-ce que l'erreur psi ? » n'a pas encore reçu de réponse concluante de la part des parapsychologues. Palmer (1978), fondant son raisonnement sur les résultats disponibles, a avancé l'hypothèse que l'amplitude de la déviation par rapport au hasard dans un test E.S.P. est en rapport avec les composantes caractérielles, principalement les variables cognitives. Cela refléterait la capacité du sujet à obtenir un résultat supérieur à la chance, bref, ses capacités E.S.P. Quant à l'orientation de cette déviation, elle serait au contraire fonction des composantes d'état, indiquant si le sujet est ou non à l'aise dans la situation expérimentale. Si cette relation résiste, les parapsychologues sont en mesure de bâtir leurs hypothèses et d'interpréter les résultats en fonction de la nature de la ou des variables indépendantes.

Tant que nous n'en saurons pas plus sur les relations entre la déviation, son orientation et le facteur psi, les chercheurs devront tenir compte de ce problème dans la mise au point de leurs hypothèses expérimentales comme dans l'interprétation et la présentation de leurs résultats. Les hypothèses doivent prédire sans ambiguïté un et un seul des résultats possibles de l'expérience. La psi positive et l'erreur psi font ainsi en général l'objet d'hypothèses distinctes puisqu'elles sont significatives indépendamment l'une de l'autre. Pour rendre compte des résultats obtenus, on recourt à des procédés équivalents. En comparant deux groupes, par exemple, le chercheur rendra compte de l'importance de la direction des différences entre la moyenne des deux groupes, en même temps que de l'importance de la direction de chacune de ces moyennes par rapport au hasard. De cette manière, le lecteur disposera d'une information suffisante pour former sa propre interprétation concernant les hypothèses. Si d'autres résultats intéressants sont obtenus en dehors de toute prédiction spécifique, il faudra, bien sûr, les présenter comme des résultats *post hoc.*

Quelques chercheurs ont franchi un pas supplémentaire dans le domaine des études portant sur les mécanismes, et exigé qu'elles fassent apparaître un effet E.S.P. significatif soit dans l'ensemble, soit pour l'un quelconque des sous-groupes. Outre les analyses présentées ci-dessus, pour chacun des groupes, cela suppose que l'on tienne compte encore du niveau de résultat E.S.P. général et de la signification statistique de sa déviation par rapport au hasard. En effet, soutiennent ces chercheurs, si l'expérience dans son ensemble, ou dans l'un quelconque de ses sous-groupes, ne fait apparaître aucun résultat supérieur à la chance, comment considérer ses résultats comme une mesure acceptable d'une quelconque hypothèse concernant les mécanismes de fonctionnement de l'E.S.P. ?

Pour toutes ces raisons, les résultats des expériences psi sont souvent plus compliqués que ceux de recherches similaires dans d'autres domaines. Comme nous l'avons montré, une comparaison simple entre deux groupes fondée sur une seule variable dépendante ne demanderait qu'un texte de signification unique dans la plupart des études, alors qu'elle en exige quatre dans le cas d'une expérience E.S.P. Il s'agit bien de concevoir un test pour mettre à l'épreuve l'hypothèse, mais la nature même de la variable E.S.P. et la compréhension fragmentaire que nous en avons rendent nécessaires trois analyses supplémentaires pour que l'interprétation du test soit complète. Le danger de ce fait est qu'à force de compliquer les expériences, le chercheur psi, et en particulier le débutant, risque fort de se perdre dans une montagne d'analyses statistiques dont l'importance même l'empêchera de produire des informations significatives à propos des résultats de l'étude. À mesure que le nombre des analyses s'élève, la confiance que l'on peut accorder à chacune d'entre elles diminue, dans la mesure où l'on est en droit de s'attendre (avec un niveau de confiance de 95 %) que 5 % des tests statistiques produisent des résultats faussement significatifs. Le plus sage, à ce stade de l'évolution de la parapsychologie, semble encore de veiller à la simplicité des études en raison de la complexité des phénomènes eux-mêmes.

Chapitre 3

Perception extrasensorielle : le bilan de la recherche

La question la plus fréquemment posée porte sur la matérialité des phénomènes. On veut d'abord savoir si la perception extrasensorielle a une réalité propre.

Les parapsychologues se sont efforcés de résoudre cette question en premier. Or, après un siècle de recherche, il apparaît que la réponse est loin d'être simple. Pour tenter de la formuler, les chercheurs ont dû faire appel à des critères épistémologiques, à la logique de la démonstration expérimentale et à la rigueur de la critique méthodique; ils ont dû aussi tenir compte des apports fournis par la philosophie au concept de réalité.

Certains soutiennent - comme les pionniers de la parapsychologie - que la réalité psi peut être établie ou infirmée par une recherche expérimentale rigoureusement conduite. J. B. Rhine (1934), dès le début du siècle, a conçu une méthodologie parfaitement codifiée (fondée sur l'utilisation des cartes de Zener). Il a conduit des expérimentations systématiques portant sur une multiplicité de sujets, dont les réactions étaient enregistrées dans des conditions de contrôle très strictes. Rhine et ses collaborateurs du Laboratoire de parapsychologie de l'université Duke s'étaient, de plus, entourés de statisticiens et de divers spécialistes de la recherche expérimentale : leurs suggestions renforçaient leur propre méthodologie. Rhine,

Pratt, Stuart, Smith et Greenwood (1940) publièrent un ouvrage récapitulant la somme des résultats obtenus jusqu'à cette date; ceux-ci venaient conforter de façon impressionnante l'hypothèse E.S.P. Le livre donna lieu à diverses critiques, mais suscita également maints perfectionnements dans la démarche expérimentale. Rhine était convaincu d'avoir rempli toutes les conditions nécessaires à l'objectivité scientifique et d'avoir démontré, une fois pour toutes, l'existence de l'E.S.P. (Rhine & Pratt, 1954). Pourtant, les sceptiques ne désarmèrent pas. Certains nièrent l'évidence de l'E.S.P., en dépit de la preuve expérimentale qui en avait été apportée – les temps n'ont pas changé. Le projet qu'avait Rhine de voir la perception extrasensorielle universellement reconnue grâce à l'expérimentation en laboratoire ne se réalisa pas. Au contraire : on s'ingénia à souligner la non-compatibilité de la méthode scientifique avec les phénomènes E.S.P., on insista lourdement sur ce qui différencie lesdits phénomènes des autres objets que la science était, jusque-là, préoccupée de scruter.

Tenter de faire la « preuve » de la réalité psi par l'application de la méthodologie scientifique apparaît souvent comme un non-sens. Pourquoi? Parce que l'E.S.P. se définit de façon *négative :* c'est un transfert d'information s'effectuant *en dehors* (ou *en l'absence*) de canaux de transmission physiquement répertoriés. Donc, toutes les explications possibles rendant compte du phénomène se trouvent exclues avant même que l'hypothèse E.S.P. soit prise en considération! Si l'on s'en tient à la stricte interprétation de ce présupposé (selon lequel l'information, de quelque nature qu'elle soit, est nécessairement acheminée par des trajets tangibles, décelables), toute autre explication est réputée nulle et non avenue. Plus encore, la probité des chercheurs, des écoles de recherche est remise en question par ce critère, puisqu'il rend pratiquement impossible la démonstration d'un phénomène qu'aucune explication physique ordinaire ne parvient à justifier. Une seconde difficulté vient encore compliquer la tâche des chercheurs décidés à objectiver expérimentalement la réalité de l'E.S.P. : le fait que les résultats varient considérablement d'un sujet à l'autre, et aussi d'un test à l'autre. Or, plus sont consistants les liens entre les résultats expérimentaux, plus les impératifs de l'empirisme scientifique sont remplis. D'où l'argument favori des détracteurs de la parapsychologie : à savoir l'instabilité ou la « non-répétitivité » des phénomènes observés (Ransom, 1971).

La recherche en parapsychologie ne se fonde pourtant pas que sur des résultats expérimentaux aberrants et non répétitifs. Un grand nombre de sujets « doués » ont obtenu des scores quasiment identiques à un même test E.S.P. à plusieurs mois, voire à plusieurs années d'intervalle. Du temps où il poursuivait ses études de théosophie, Hubert Pearce, par exemple, le sujet vedette du Laboratoire de parapsychologie de l'université Duke, obtint des résultats remarquablement constants durant plusieurs années consécutives (Pratt, 1975). Pavel Stepanek, un bibliothécaire d'origine tchèque, fut soumis pendant plus de dix ans, et par différents expérimentateurs, à un test E.S.P. utilisant une carte polychrome, dont il s'acquitta avec un égal succès (Pratt, 1973). Bill Delmore, étudiant en droit, obtint des résultats d'une grande stabilité (répétés sur une période de plus de douze mois), à une série de tests utilisant des cartes à jouer masquées (Kanthamani & Kelley, 1974 a, b). Et Lalsingh Harribance, originaire de Trinidad, doué de « facultés psychiques » particulièrement développées, réussit plusieurs années de suite à divers tests conçus par l'Institut de parapsychologie de la Caroline du Nord (Child & Kelly, 1973; Kanthamani, 1974; Klein, 1972; Roll, Morris, Damgaard, Klein & Roll, 1973). Sur ce point, Palmer (1978) formule fort bien l'opinion générale des parapsychologues : « [...] le niveau de répétitivité correspond, à peu de chose près, à celui qu'on est en droit d'attendre d'un phénomène authentique, mais discret, écrit-il; ce phénomène reste sujet aux incertitudes provenant des erreurs d'échantillonnage et de variations survenant dans les conditions expérimentales » (pp. 70-71).

La perception extrasensorielle reste étroitement dépendante de l'idiosyncrasie, phénomène spontané qui ne se manifeste que sous certaines conditions dont nous ignorons encore à peu près tout. Les parapsychologues disposent d'instruments de mesure trop grossiers pour jauger avec toute la précision souhaitable les nuances subtiles de l'E.S.P. Rémy Chauvin (1985), biologiste français, pense que la démarche scientifique d'ensemble piétine à l'heure actuelle. Comme cela s'est produit lorsque l'étude du comportement animal a dû progresser en attendant d'élaborer une méthodologie plus appropriée. Honorton (1983) fait remarquer que certains acquis de la parapsychologie (en particulier les expérimentations *ganzfeld,* au cours desquelles les sujets en état de relaxation et de quiétude sensorielle, doivent reconstituer un message transmis par télépathie) ont atteint un niveau de répétitivité expérimentale équivalent à celui de la plupart des autres disciplines de recherche portant sur des sujets humains.

Pourtant, certains parapsychologues sont délibérément passés outre ces exigences de forme (Blackmore, 1983). Au lieu de s'évertuer davantage à « prouver » l'existence de l'E.S.P., ils se donnent pour but prioritaire de mieux comprendre pourquoi, dans certaines conditions, les événements psi sont surdimensionnés, ou pourquoi ils entrent en résonance avec des phénomènes extérieurs à eux. Pareille conception, qui commande implicitement une étude approfondie des modalités de l'E.S.P. telle que celle-ci se manifeste, n'est pas neuve. Nombre de chercheurs considèrent que les schémas de réponses aux tests E.S.P. constituent en eux-mêmes des éléments démontrant le phénomène. À ce titre, ils suffisent à fournir à la recherche une direction privilégiée. Aux tout débuts des expérimentations du Laboratoire de parapsychologie de l'université Duke, les schèmes de réponses étaient étudiés à partir de tests utilisant des cartes de Zener. L'un des plus constants était l' « effet de déclin », décrit au précédent chapitre (les sujets réussissaient mieux les tout premiers appels d'un tour. Ensuite, les bonnes réponses cessaient d'être groupées et « déclinaient » pour ne plus obéir qu'aux lois du hasard, avant d'accuser une « remontée finale » aux derniers appels du tour, le tout composant sur un graphique une courbe en cloche inversée). On demandait au sujet d'appeler, dans l'ordre, les vingt-cinq cartes E.S.P. d'un jeu reposant sur la table, sans vérification, au coup par coup; les points n'étaient totalisés qu'à la fin des vingt-cinq appels. Ainsi, le sujet opérait mentalement une démarcation très nette entre les vingt-cinq coups de chaque tour. Selon Rhine (1969), le début et la fin du tour revêtaient une signification psychologique particulière pour cette raison.

Le modèle de répartition des résultats selon une courbe de Gauss renversée fut observé chez des sujets sélectionnés (Gibson, 1937; Pegram, 1937; Rhine, 1934; Rhine & Humphrey, 1942), puis chez des groupes de sujets choisis au hasard (Dean, 1972; Joesting & Joesting, 1970; Pratt, 1961; Schmeidler, 1944). Parfois, les sujets accusaient, au début et à la fin des tours, une défaillance de la psi se traduisant par un nombre d'appels « justes » inférieur à ceux d'un simple tirage aléatoire. Là, le graphique enregistré redevenait, par inversion, une classique courbe en cloche (Rhine, 1941 b; Rogers, 1967 a). Certains travaux (Cadoret, 1952; Estabrooks, 1927-1961; Martin & Stribic, 1938 a, b; Stump et coll., 1970) ont révélé des effets de déclin très accusés, avec chute en verticale du début de la courbe, et d'autres encore des « remontées finales » tout aussi abruptes (Keil, 1965; Roll & Klein, 1972; Streilberg, 1971). Rares sont les études qui présentent aucun de ces schèmes de réponse (McMahon & Rhine, 1947; McMahon & Bates, 1954). La répartition des résultats obtenus aux tests E.S.P., selon des modèles constants, suggère une observation intéressante : des lois, passant inaperçues, régissent le processus des « gains » et des « pertes » enregistrés au cours de ces jeux (ceux-ci consistant à « deviner » la valeur de cartes disposées face vers le bas).

La *défaillance de la psi* mentionnée ci-dessus (certains sujets, en début et en fin de test, montraient une *réduction* suffisamment *significative* du nombre des appels « justes ») déroutait passablement les pionniers de la recherche (Rhine, 1969), car elle semblait échapper à toute explication plausible. Les expérimentateurs attendaient de l'E.S.P. des scores supérieurs à ceux résultant d'une série aléatoire de « devinettes ». Normalement, des séries de tests destinés à démontrer la perception extrasensorielle n'auraient donc pas dû fournir des résultats plus médiocres que si ces derniers résultaient des simples lois du hasard. Mais les défaillances de la psi, procédaient elles aussi du hasard – en dépit de l'infléchissement négatif qu'elles exerçaient sur le score final. On les considéra donc comme des effets de l'E.S.P. On fit diverses tentatives pour découvrir le facteur expliquant cet étrange phénomène : certains sujets ont une inspiration « gagnante », alors que chez d'autres elle est « perdante ».

Stuart conçut une échelle de mesure : l'*Interest Inventory*. Fondée sur l'évaluation du degré de similitude entre divers objets, elle permettait de reporter ensuite sur une feuille de papier gradué les différentes mesures (Stuart, 1946; Humphrey, 1951 b). Cette technique de recherche, positive à certains égards, n'a pas, pour autant, rendu compte du processus de dérobade décrit plus haut. Pourtant, après des années d'expérimentation sur l'E.S.P. (avec des tests obligeant les sujets à opérer des choix forcés), un modèle d'interprétation a fini par se dégager. Palmer (1978) considère que deux composantes bien distinctes sont à la base du phénomène : la *direction* (selon que le score est supérieur ou inférieur au résultat dû au hasard) et la *magnitude* (ou écart plus ou moins prononcé entre le score obtenu et le résultat moyen fourni par les probabilités). La première cause serait *caractérielle* (les attitudes comportementales permanentes et les traits de personnalité du sujet déterminant la direction du score), et la seconde, celle qui conditionne la magnitude, serait *conjoncturelle :* elle varierait selon l'état d'esprit du sujet au moment de l'expérimentation.

Cadoret et Pratt (1950) donnent à ce processus de défaillance de la psi une autre interprétation. Ayant constaté que certains sujets, quand ils sont seuls à s'acquitter d'un test, manifestent des phénomènes de confusion tout à fait caractéristiques (telle carte est prise pour telle autre), ils ont avancé l'hypothèse suivante : la défaillance de la psi pourrait n'être qu'une erreur dans l'interprétation de la perception E.S.P. Une étude magistrale de Kelly, Kanthamani, Child et Young (1975) vint corroborer cette hypothèse. Pour les besoins de leur expérimentation, ces auteurs avaient demandé à un habitué des hauts scores d'identifier de deux façons la valeur de cartes à jouer ordinaires : d'abord, on lui présentait les cartes pendant un laps de temps très court, à la limite de la durée de perception visuelle infraliminaire; ensuite, on procédait comme à l'accoutumée (en lui demandant de deviner la valeur des cartes par clairvoyance). Or, dans les deux cas, les fautes ou confusions commises répondaient à des schèmes relativement identiques. Ces deux façons d'interpréter un même phénomène ne sont pas incompatibles, malgré leur différence comme le démontreront un jour des travaux plus approfondis.

Les quelques exemples – que nous venons de voir plaident en faveur d'une démarche orientée vers la recherche de modèles d'interprétation limités, mais significatifs. Car comment démontrer de façon péremptoire la réalité d'une perception extrasensorielle? Aucun des travaux énumérés ne constitue une preuve de l'existence formelle de l'E.S.P. Toutefois, les modèles se dégageant des échanges entre sujets et expérimentateurs nous en apprennent bien plus que des séries isolées et strictement contrôlées de tests exigeant d'un sujet qu'il devine la valeur de cartes à jouer. Deux caractéristiques font de la parapsychologie une discipline scientifique : l'analyse de modèles opératoires particuliers, et la curiosité d'esprit. Elle pousse les chercheurs à découvrir des phénomènes que nous serons un jour en mesure d'expliquer et de maîtriser pour le plus grand bénéfice de la société qui est la nôtre.

Le reste de ce chapitre inventorie les idées-forces sur lesquelles repose cette science qu'est la parapsychologie.

L'espace et le temps

La précognition, ou connaissance anticipée d'un événement, vient en tête des manifestations de perception extrasensorielle, à en juger par la multiplicité des cas que nous en rapporte l'histoire. On peut considérer la précognition comme une proche parente de la télépathie et de la clairvoyance. Ces trois phénomènes impliquent une communication apparente qui échappe à toute une intervention sensorielle. En outre, cette communication semble se jouer des contraintes temporelles, ce qui accroît considérablement son pouvoir de fascination et son mystère. Pour la télépathie ou la clairvoyance, on peut à la rigueur concevoir que le message soit véhiculé par une forme de radiation. Mais qu'en est-il des manifestations précognitives? Elles bravent les notions communément admises de libre arbitre et de déterminisme, sans pour autant être exclusives ni de l'une ni de l'autre. Considérée du point de vue du chercheur en parapsychologie, la précognition représente une forme d'E.S.P. de toute première importance, du fait qu'elle échappe totalement aux contraintes de temps qui régissent les opérations ordinaires de transmission de l'information.

Eleanor Sidgwick (1898-1899) compte parmi les tout premiers parapsychologues à avoir étudié la précognition (ou prémonition, comme on l'appelait à l'époque). Elle fit une analyse systématique des cas qui lui avaient été rapportés, opéra parmi eux un tri et isola ceux qui lui semblaient les plus convaincants. En Amérique du Nord,

Prince (1928) entreprit une étude du même ordre. Il ne retint que les cas de précognition survenus chez des sujets « dignes de foi » : scientifiques, ministres du culte, gens de lettres, juristes et personnages politiques. Prince ne tarda guère à découvrir que les hommes de science étaient aussi prédisposés que les hommes d'Église à expérimenter la précognition. Aussi en déduisit-il que les convictions et les systèmes de croyance ne jouaient pas un rôle de premier plan en ce domaine.

La démarche de J. R. Dunne (1927) fut différente : il consigna dans un journal ses propres rêves, parmi lesquels bon nombre étaient de nature précognitive. Besterman (1932-1933) continua sur cette lancée. Il demanda à quarante-trois volontaires de prendre en note leurs manifestations oniriques durant trois semaines consécutives, et de relever les événements qui leur semblaient présenter des analogies avec ces rêves passés. Sur quatre cent trente rêves enregistrés, dix-huit furent suivis d'événements se rapportant à leur contenu. Plus récemment, Sundow (1984) reprit à son compte cette méthode de consignation des rêves en la perfectionnant. Il fit faire une analyse détaillée du lien entre la pertinence du rêve (évaluée au moment où l'événement « pressenti » se réalise) et le laps de temps séparant le rêve de l'événement. Il lui apparut ainsi que, plus le temps passe, moins l'événement correspond avec exactitude à la précognition.

Saltmarsh (1934) a fait, jadis, le compte rendu analytique de trois cent quarante-neuf cas de précognition probable, tous authentifiés et publiés dans le *Journal of The Society for Psychical Research.* Les manifestations précognitives mentionnées s'étaient produites à la faveur de rêves éveillés, de sommeils profonds ou d'états hallucinatoires et, dans quelques cas seulement, à l'occasion de transmissions médiumniques ou de visions dans une boule de cristal. Cette étude fait apparaître que, dans plus de 50 % des cas, l'événement pressenti consistait en un décès, ce qui place cette forme de précognition largement en tête de toutes les autres révélations prémonitoires.

Le mérite de Louisa Rhine (1953) aura été de perfectionner la classification des manifestations précognitives. Après des années d'une analyse minutieuse portant sur chacun des innombrables cas qu'elle avait recensés, elle parvint à répertorier de façon systématique tous les types de phénomènes psi selon qu'ils relèvent de l'*intuition* (expériences vécues à l'état de veille et dépourvues de représentation en images), de l'*hallucination* (expériences vécues à l'état de veille et accompagnées d'une représentation en images), du *rêve réaliste* (modelé sur le réel) ou du *rêve paradoxal* (caractérisé par des éléments symboliques ou fantasmatiques). Son système fait de l'hallucination un moyen d'expression (parmi d'autres) de la psi à l'intérieur de l'activité consciente, et la dépouille de toute relation directe (comme on croit qu'il en existe) avec la question de la vie après la mort (L. E. Rhine, 1957). Environ 50 % des phénomènes psi répertoriés par Louisa Rhine, comme d'ailleurs en Allemagne par Sannwalds (1963), sont représentés par des précognitions. La plupart issues de rêves réalistes. Les procédures grâce auxquelles sont collectés les témoignages donnent des pourcentages différents de ceux qu'on obtiendrait sur un échantillonnage de sujets choisis au hasard. Comme le fait remarquer Louisa Rhine (1977), à partir du moment où un magazine publie un article de fond sur un sujet tel que le rêve, par exemple, la majorité des lettres de lecteurs spontanément adressées à la rédaction contiendront des comptes rendus de rêves. De la même façon, le volume des cas d'un certain type qui sont rapportés donne une indication approximative de leur importance réelle et ne reflète pas leur fréquence relative parmi l'ensemble de la population.

Bien souvent, après une catastrophe, on entend dire que certains l'avaient prévue. On imagine aisément quelle pourrait être l'utilité pratique de la précognition à l'échelle d'une société. Au lendemain d'une tragédie minière qui fit de multiples victimes à Aberfan, en Angleterre, J. C. Barker (1967) se rendit sur les lieux pour interroger les gens du voisinage. De nombreux témoignages de personnes ayant pressenti le désastre, bien souvent en se fiant aux rêves prémonitoires de leurs enfants, lui furent rapportés. Ce constat fut d'ailleurs à l'origine de la création, à Londres, du British Premonitions Bureau, et plus tard, à New York, du Central Premonitions Registry. Ces organismes publics ont pour mission d'étudier le rôle éventuel de la précognition dans la prévention des catastrophes. Ils se sont dotés de bases de données à partir de témoignages considérés comme fiables, afin de promouvoir une meilleure compréhension des phénomènes précognitifs.

Depuis les années trente, la précognition a également fait l'objet d'études en laboratoire. Comme, par exemple, une série d'expérimentations, au cours desquelles on demandait aux sujets d'illustrer par le dessin un thème qui leur était fourni. Carington (1940a, b) découvrit que, bien souvent, les dessins exécutés correspondaient étroitement à l'un des thèmes choisi par les expérimentateurs (ils les communiquaient lors d'une séance ultérieure). De son côté, J. B. Rhine (1938 b), testant les phénomènes précognitifs avec les cartes de Zener, demanda aux sujets - quarante-neuf en l'occurrence - de formuler leurs réponses *avant* que le jeu ne soit brassé. Après plusieurs milliers de tours en série, il observa que se dégageait, de la somme des réponses émises, une tendance faible, mais hautement significative, à fournir par anticipation l'ordre exact dans lequel seraient disposées les cartes après brassage. Celui-ci étant effectué à la main, Rhine n'exclut pas la possibilité d'un effet de psychokinèse provoqué par la personne qui manipulait les cartes. Pour lever cette indétermination conceptuelle, il reprit la série de ses expérimentations (1941 a), en faisant cette fois usage d'un dispositif mécanique de brassage et en modifiant la procédure du test original. Il demanda aux sujets de faire correspondre par paires les cartes (cachées) du jeu (lui aussi caché) avec d'autres cartes étalées sur une table. À chaque tour, seules les cinq premières cartes du jeu étaient brassées mécaniquement. Des tests antérieurs portant sur dix-neuf enfants et cinq adultes montrèrent que les premiers avaient tendance à fournir plus de bonnes réponses qu'en situation de tirage au hasard; alors que les seconds accusaient une tendance contraire. Ces deux tendances furent ensuite nettement confirmées par une expérimentation systématique. Le brassage mécanique des cartes n'excluant pas totalement la possibilité d'un effet de psychokinèse, nombre d'expérimentateurs adoptèrent une nouvelle technique de mélange, faisant appel à des tables de nombres aléatoires, pour distribuer les séquences de valeurs. Cette technique permit à divers chercheurs de démontrer l'existence de manifestations précognitives (Anderson, 1959; Mangan, 1955, 1957; Nielson, 1956 a; Osis, 1955).

Vers la fin des années soixante, les chercheurs adoptèrent la « machine de Schmidt » (nous en reparlerons au chapitre 4), appareil utilisant la désintégration d'un élément radioactif pour générer électroniquement des séquences de valeurs numériques aléatoires. Cette innovation, bien qu'elle n'élimine pas formellement tout risque d'effet de psychokinèse, faussant l'interprétation, autorisa divers chercheurs à corroborer l'hypothèse précognitive (Haraldsson, 1970; Honorton, 1971; Kelly & Kanthamani, 1972; Schmidt, 1969; Schmidt & Pantas, 1972).

Quant au contenu précognitif des rêves, il a, lui aussi, fait l'objet de fructueuses expériences de laboratoire. Fondées sur la méthode dite de « libre réponse », ces procédures se présentaient de la façon suivante : on demandait à des « juges » de désigner, parmi une collection d'objets ou cibles – généralement des reproductions de tableaux – celui qui, à leur sens, semblait correspondre au contenu des rêves recueillis parmi les sujets. Krippner, Honorton & Ullman (1971, 1972) ont pour leur part conduit deux expérimentations portant sur une personne (Malcolm Bessent). Chacune se déroulait sur une durée de huit séances nocturnes consécutives. Les cibles étaient choisies au hasard après consignation du contenu onirique. Là encore, il apparut que rêves et cibles accusaient des correspondances plus marquées que si les appariements avaient été dictés par les lois de la probabilité.

Des tests fondés sur la « vision à distance » donnèrent des résultats identiques. Les cibles (des lieux réels) étaient choisies au hasard après que les sujets, à l'état de veille, eurent formulé leurs impressions. Grâce à cette méthode, Putoff et Targ (1976), puis

Bisaha et Dunne (1977) ont pu démontrer des corrélations significatives entre représentations eidétiques et sites géographiques. Théoriquement, des résultats de ce genre peuvent être attribués à des effets de psychokinèse sur la distribution aléatoire des cibles (dans l'esprit des chercheurs plane d'ailleurs un doute sur la nature de la psi responsable de ces correspondances entre réponses et cibles); la technique des tests de précognition a pour avantage d'éliminer les sollicitations sensorielles dont doivent tenir compte les autres études sur l'E.S.P. En effet, les cibles n'ont pas encore d'existence réelle au moment où les sujets formulent leurs réponses, et la sélection de ces cibles s'opère selon une procédure de choix aléatoire prédéfinie : il est donc peu vraisemblable que des artefacts sensoriels soient à l'origine des écarts enregistrés entre résultats expérimentaux et moyennes probabilistes. Conjugués aux cas de précognition spontanément rapportés et au bilan des travaux sur le rêve éveillé, les résultats de ces études indiquent que certains individus, dans des circonstances particulières, perçoivent des informations extrasensorielles sur des événements du futur. De plus, ces recherches sur la précognition dégagent des figures de réponse identiques à celles des travaux contemporains sur l'E.S.P. Les scores sont eux aussi comparables par leur magnitude et leur fiabilité à ceux des phénomènes de clairvoyance et de télépathie. De la même façon, les modèles de répartition des « gains » et des « pertes » répondent à une courbe en cloche inversée (Humphrey & Rhine, 1942; Rhine, 1942). Enfin, les sujets particulièrement doués semblent s'acquitter aussi bien des tests de précognition que de ceux portant sur les facultés de clairvoyance (Beloff & Bate, 1970; Dean, 1972; Fahler, 1957; McMahon & Rhine, 1947; Zenhausern, Stanford & Esposito, 1977).

Divers travaux ont certes révélé que des sujets doués de précognition ne sont pas nécessairement clairvoyants (Buzby, 1963, 1967; Freeman, 1962; Thouless, 1949); mais les résultats enregistrés manquaient généralement de consistance et pouvaient donner lieu à différentes interprétations. (Souvenons-nous qu'à l'époque l'expérimentation sur les phénomènes précognitifs n'en était qu'à ses débuts.) Plus tard, presque tous les parapsychologues s'accordèrent à considérer que la précognition met en œuvre les mêmes processus que la clairvoyance.

Les effets de la distance sur l'E.S.P. posent une question comparable à celle que soulève l'abolition de la temporalité. Dans le premier cas, la question est en réalité double : il s'agit de savoir si l'E.S.P. peut s'exercer à de grandes distances et si ses effets *décroissent* à proportion inverse de cette distance, comme cela s'observe dans les phénomènes de transmission physique. Sur le premier point, la réponse est assurément affirmative. Quantité d'expérimentations fondées sur le choix forcé ont établi que certains sujets sont capables de percevoir des scènes ou des événements se déroulant à des centaines, voire à des milliers de kilomètres (Anderson, 1959; Bleksley, 1963; Gibson, 1937; J. B. Rhine, 1937). Pour étudier ce phénomène, on demanda au cosmonaute américain Edgar Mitchell (1971) d'essayer, tandis qu'il graviterait en orbite autour de la Lune à bord du module de commande Apollo-14, de transmettre à quatre terriens, dûment présélectionnés, des symboles répertoriés sur des cartes. En dépit de difficultés imprévues (synchronisation des périodes d'émission et de réception), les deux méthodes d'analyse mises au point après coup pour interpréter les résultats révélèrent (faiblement il est vrai) que les effets de la perception extrasensorielle semblent se faire sentir à cette distance considérable : celle qui sépare la Terre de son satellite. D'autre part, des expérimentations fondées sur des réponses non dirigées ont également montré que l'E.S.P. peut exercer ses effets à n'importe quelle distance (Putoff & Targ, 1976; Rush & Jensen, 1949). Sur le second point – plus intéressant puisqu'il s'agit de savoir si les effets de l'E.S.P. s'atténuent en raison inverse de la distance physiquement mesurable –, la question est loin d'être tranchée. Une série d'expérimentations conçues par Pratt, avec la participation d'un sujet particulièrement doué (Hubert Pearce), révéla que ce dernier réussissait relativement moins de perceptions extrasensorielles correctes à deux cent cinquante mètres de distance qu'à cent mètres; dans un cas comme dans l'autre, le score obtenu avait été remarquablement élevé (Rhine & Pratt, 1954). Gibson (1937) a, lui aussi, décrit une décroissance notable de l'E.S.P. après une expérimentation portant sur trois sujets choisis au hasard. Mais pareilles conclusions semblent faire exception.

Depuis une dizaine d'années, Osis et ses collaborateurs se sont livrés à de multiples tests comparés. Leur but : éliminer les affects de nature à perturber les résultats (Osis & Fahler, 1965; Osis & Turner, 1968; Osis, Turner & Carlson, 1971). Aucun des quatre tests réalisés n'a permis d'enregistrer une diminution quelconque des « coups réussis » avec la distance. Toutefois, trois expérimentations sur quatre ont montré que les sujets « déplacent » leurs réponses dans le sens rétrograde (– 1) ou antérograde (+ 1), de sorte que l'ordre général des réponses fournies demeure le bon, mais que chaque réponse fait l'objet d'un décalage de une unité par défaut ou par excès. Interprétant ces divers phénomènes, Palmer (1978) estime que l'E.S.P. ne décroît vraisemblablement pas avec la distance; de ce fait, on ne peut l'assimiler à un modèle de transmission énergétique tel qu'on en observe dans les sciences physiques. Cependant, ajoute-t-il, « [...] il serait déraisonnable d'en tirer des conclusions définitives : [...] certaines études, en dépit de leurs imperfections méthodologiques, ont montré une décroissance [de l'E.S.P.] avec la distance, alors qu'aucune n'a encore fait état du phénomène inverse » (p. 77). Il serait donc aventureux de porter un jugement péremptoire sur une question d'une telle importance.

Le rôle de l'agent télépathique

Divers facteurs psychologiques rendent malaisée la résolution du problème de la dépendance (ou de la non-dépendance) de l'E.S.P. à la distance.

Ils nous empêchent aussi de nous prononcer sur l'intervention ou la non-intervention d'un « agent » ou émetteur, dans les phénomènes d'E.S.P. associant deux personnes. Dans les cas spontanés de télépathie, il est tentant de comparer le phénomène à la transmission télégraphique : le message est acheminé de l'émetteur au récepteur, l'un et l'autre participant activement – et nécessairement – au processus de communication. D'ailleurs, les premiers travaux sur la télépathie s'attachaient à démontrer l'existence d'un agent « expéditeur » de l'information et d'un agent « destinataire » qui l'interceptait. En 1930, Upton Sinclair présenta les résultats d'une série d'expérimentations sur l'E.S.P. brillamment conduites avec la collaboration de sa femme. Il intitula son livre *Radio mentale*, recourant ainsi à une analogie qui parlait à l'imagination d'une société au seuil d'une révolution électronique appelée à consacrer l'avènement de la communication.

Mais en laboratoire, on constata que l'assimilation du message télépathique au modèle de la transmission radio reflétait davantage l'état d'esprit des temps que la matérialité des faits. Avant que se posât la question du rôle que jouait la distance dans la netteté de la transmission, on observa que les sujets soumis à des tests E.S.P. (selon la méthode du choix forcé) réussissaient aussi bien en l'absence d'un quelconque partenaire émetteur, ou encore quand ils ignoraient l'ordre dans lequel avaient été disposées les cibles, en l'occurrence des messages à déchiffrer (Rhine, 1934). Cette découverte amena les chercheurs à se poser une étrange question : si le message que l'agent envoie au récepteur est intercepté par clairvoyance, le rôle de l'agent ne devient-il pas superflu? Et c'est précisément ce qui incita Rhine (1946) à conclure que l'échange télépathique échappe à toute démonstration logique. La prédisposition du sujet et aussi celle de l'expérimentateur (tous deux associés à la même démarche) intervient dans le processus télépathique. Pour des raisons psychologiques, la présence d'un agent au cours d'une expérimentation sur l'E.S.P. peut influencer favorablement le sujet. Peut-être ce dernier juge-t-il le concept de télépathie préférable à celui de la clairvoyance? Des travaux sur la psychokinèse (Batcheldor, 1966) ont révélé que des sujets semblent se désolidariser des résultats qu'ils obtiennent en test E.S.P. comme s'ils refusaient d'être *eux-mêmes* responsables à part entière de ces résultats. Pour ces adeptes de la dérobade la présence d'un agent extérieur permet bien souvent de lever l'obstacle : ils partagent, en toute quiétude d'esprit, avec une tierce personne la responsabilité du score final. Il arrive encore que l'expérimentateur lui-même se sente plus à l'aise avec le modèle télépathique, ou encore préfère travailler avec une équipe de sujets plutôt qu'avec un individu isolé. Autant de facteurs qui, bien entendu, retentissent de façon indirecte sur l'atmosphère entourant l'expérimentation.

Quoi qu'il en soit, la présence d'un agent influence à coup sûr le déroulement et le résultat des études expérimentales. Pour différencier les tests (selon qu'ils se déroulent en l'absence ou en la présence d'un agent), il est aujourd'hui convenu de garder aux premiers l'appellation de tests E.S.P., et aux seconds celle de test G.E.S.P. (*General Extra-Sensory Perception*); sans préciser davantage si le phénomène étudié relève de la télépathie ou de la clairvoyance. Certains sujets aux performances particulièrement élevées obtiennent des résultats meilleurs aux tests G.E.S.P. qu'aux tests de clairvoyance (fondés sur la méthode du choix forcé) à partir du moment où ils prennent conscience d'être plongés dans des conditions expérimentales différentes (Birge & Rhine, 1942; Soal & Bateman, 1954). Lors d'une autre expérimentation, un sujet comptant lui aussi parmi les plus doués accusa la même « remontée » sitôt qu'il *crut,* mais à tort, que les épreuves se déroulaient dans les conditions d'un test G.E.S.P., conditions qu'il affectionnait tout particulièrement (Klein, 1972). Ce même sujet avait d'ailleurs obtenu, en d'autres occasions, des résultats remarquablement élevés lors de tests portant uniquement sur la faculté de clairvoyance (Roll & Klein, 1972).

Diverses études, reposant sur des sujets n'ayant pas été sélectionnés de façon particulière, ont abouti à des résultats identiques en la présence ou en l'absence d'un agent (Adcock & Quarterman, 1959; Beloff, 1969; Casler, 1962; Casper, 1952). De leur côté, Palmer, Tart et Reddington (1976) ont découvert que les tests G.E.S.P., chez les sujets dont les yeux n'avaient pas été bandés, donnaient de meilleurs scores; observation qu'avait déjà faite McFarland (1938), puis Bierman et Camstra (1973) en recourant, pour leurs expérimentations, à des étudiants dont on avait bandé les yeux.

Mentionnons aussi une série d'études fort ingénieuses menées par Kreitler et Kreitler (1972). Il s'agissait de vérifier le présupposé suivant : un agent G.E.S.P. induirait le sujet à identifier correctement les stimuli visuels qui lui sont présentés pendant une durée très brève, (à la limite du seuil de perception infraliminaire). Au cours d'une première série de tests, les sujets avaient la conviction de participer à une étude psychologique destinée à identifier les caractères présentés de façon infraliminaire. Pourtant, les résultats obtenus par ces sujets se révélèrent meilleurs dans les épreuves comportant un « aide » G.E.S.P. (dont ils ignoraient le véritable rôle) que dans les épreuves de contrôle. Lubke et Rohr (1975) devaient confirmer plus tard cette observation. Entre-temps, Kreitler et Kreitler (1973), faisant usage d'une version remaniée de leur procédure originale, avaient obtenu des résultats moins probants que lors de leur première expérimentation, mais qui révélaient tout de même l'influence positive d'un agent actif sur le déroulement du processus.

Raburn et Manning (1977) ont pu démontrer que la présence d'un agent (plus encore quand celui-ci était connu des sujets), représentait un facteur nettement positif. Voici comment : une étude fut conduite sur des volontaires prêts à participer à une expérimentation dite *ganzfeld* (c'est-à-dire où les stimulations visuelles et auditives sont contrôlées). On avait révélé à certains d'entre eux la véritable nature du test, et à d'autres non, de sorte que les premiers étaient seuls à connaître la présence d'un agent parmi eux. Ensuite, les sujets avaient été tirés au sort à leur insu, afin que l'agent envoie le message aux uns et pas aux autres. Il apparut que ces deux facteurs – l'intervention de l'agent et la connaissance de cette intervention – influençaient le score de façon significative, les performances les plus élevées s'observant quand les deux facteurs étaient réunis.

Mais si diverses études comme celle que nous venons de mentionner soulignent l'importance que prend l'agent dans les phénomènes E.S.P., cela n'explique en rien la nature de son intervention. Bien sûr, tout porte à croire que certains agents sont plus doués que d'autres, et les travaux de Palmer, Tart et Reddington (1976), puis ceux de Tart (1976) ont révélé que les scores psi les plus élevés s'observent quand le test se déroule en présence de tel agent ou de tel tandem agent-expérimentateur plutôt qu'en celle d'un quiconque autre. Divers tests G.E.S.P. réalisés dans des salles de classe (Anderson & White, 1958; White & Angstadt, 1963b) indiquent que les élèves obtiennent de meilleurs résultats quand c'est le maître, ou bien un condisciple aimé et apprécié de tous qui jouent le rôle d'agent. Mais ce n'est pas là une règle absolue, puisque d'autres études n'ont pas démontré ce point (White & Angstadt, 1963 a; Wiesinger, 1973).

Plusieurs chercheurs ont tenté d'approfondir le retentissement que peuvent avoir sur les scores obtenus des relations privilégiées telles que l'affection, la tendresse ou l'amour conjugal entre l'émetteur et le récepteur du message. Les résultats de leurs travaux sont souvent contradictoires. L'idée maîtresse qui s'en dégage est celle que nous suggère le sens commun : à savoir que le message passe mieux quand il est émis par une personne amie que par un inconnu (Palmer, 1978). La nature du lien affectif unissant le sujet à l'agent semble de première importance pour faire de celui-ci un bon émetteur; mais d'autres facteurs encore interviennent pour faire de celui-là un bon récepteur.

Le sujet dans la recherche sur l'E.S.P.

Le facteur qui semble le mieux garantir la réussite d'un sujet aux tests de perception extrasensorielle, c'est la conviction de réussir. À l'époque où elle conduisait des expérimentations E.S.P. fondées sur le choix forcé, G. R. Schmeidler se rendit compte que ses sujets, des étudiants d'université, exprimaient diverses opinions sur la perception extrasensorielle quand on leur demandait de se prêter à des tests. Certains affirmaient d'emblée qu'il ne fallait attendre d'eux que des résultats en tout point conformes à ceux que dictent les lois du hasard. D'autres n'excluaient pas la possibilité d'une révélation, par le test, de leurs propres facultés d'E.S.P. En dépouillant les résultats, G. R. Schmeidler constata que les premiers - les sceptiques - obtenaient des scores plutôt inférieurs à la moyenne probabiliste, et les seconds des scores supérieurs. Décidant de pousser plus avant cette question, elle reprit ses expérimentations.

Chacun des sujets devait préciser si oui ou non il admettait la *possibilité* d'être révélé « Psi » par le biais des résultats qu'il obtiendrait. Afin de départager les convaincus des incrédules, elle qualifia de *moutons* ceux qui répondaient oui, et de *chèvres* ceux qui répondaient non. Cent onze moutons et quarante chèvres furent ainsi testés individuellement, et à de multiples reprises, à l'aide de cartes de Zener. Là encore, il apparut que les résultats obtenus par les premiers et les seconds étaient respectivement supérieurs et inférieurs à la moyenne probabiliste. Des expérimentations de groupe ultérieures - quatorze au total - menées dans des salles de classe et portant sur six cent quatre-vingt-douze convaincus et quatre cent soixante-cinq incrédules vinrent corroborer ces résultats et confirmer l'existence de l'« effet mouton-chèvre » (Schmeidler & McConnell, 1958).

Plus tard, Palmer (1971) dressa le compte rendu critique de l'ensemble des expérimentations de ce genre ayant fait l'objet d'une publication entre 1947 et 1970 dans les principaux organes de parapsychologie (son compte rendu excluait les travaux originaux de G. R. Schmeidler) : sur dix-sept études fondées sur la procédure classique de choix forcé, treize confortaient - et pour six d'entre elles de façon particulièrement accusée - l'effet mouton-chèvre. Par ailleurs, sur un total de sept expérimentations reposant sur d'autres procédures, quatre dégageaient les mêmes tendances. Aucune de ces études n'accusait une tendance inverse (score des chèvres supérieur à celui des moutons). Comme le fait observer Palmer, cet ensemble homogène de résultats s'accorde précisément aux hypothèses de départ des expérimentateurs : la conviction des sujets est génératrice d'un effet positif discret, mais bien réel.

G. R. Schmeidler englobait dans les moutons tous les individus convaincus que l'expérimentation allait peut-être révéler leurs propres facultés d'E.S.P. Des travaux ultérieurs fondés sur ce postulat ont eux aussi produit des résultats identiques, même après 1970, date marquant le premier compte rendu critique de Palmer (1977, 1978). Mais croire en la réalité de l'E.S.P. comme le faisaient les moutons de G. R. Schmeidler ne revient pas nécessairement à croire en l'E.S.P. dans l'abstrait. Nombre de gens sont en effet convaincus de l'existence d'une perception extrasensorielle, mais ils doutent que l'expérimentation de laboratoire – ou qu'eux-mêmes – soient capables de la démontrer. Cette distinction capitale peut générer des réponses fort différentes selon qu'on demande aux sujets de préciser s'ils croient à l'E.S.P. de façon générale, ou s'ils croient que leur propre faculté d'E.S.P. va s'affirmer par la vertu de l'expérimentation.

De fait, certains travaux ont montré que la croyance ou la non-croyance en une perception extrasensorielle suffit à départager les sujets « performants » des « non performants » (Barrington, 1973; Eilbert & Schmeidler, 1950; Haraldsson, 1976; Moss & Gengerelli, 1968). Toutefois, d'autres études orientées dans le même sens ne font état d'aucune différence : entre doués et moins doués procédant de cette caractéristique : conviction ou absence de conviction. Avec un test évaluant directement l'incidence de la conviction personnelle sur le score, Palmer (1973) a confirmé l'effet mouton-chèvre; mais il n'établit pas si la croyance (ou la non-croyance) en l'E.S.P. était entendue en son sens le plus universel. En résumé, s'il apparaît que dans certains cas la croyance en l'E.S.P. *dans l'absolu* peut servir de critère pour expliquer des résultats élevés, ce critère demeure moins catégorique et moins fiable que celui formulé au départ par G. R. Schmeidler dans le cadre de ses propres expérimentations.

Pourtant, quelle que soit l'attitude d'esprit observée par l'expérimentateur vis-à-vis de cette question, les sujets se placent d'eux-mêmes dans une catégorie ou dans l'autre (celle des performants ou celle des non-performants) quand on leur demande de préciser leurs convictions. Il faut donc bien admettre que la croyance (en l'E.S.P., entendue dans un sens ou dans l'autre) induit des résultats concrets dans les tests de mise en évidence de la perception extrasensorielle. Cette corrélation est amplement confirmée par Taddonio (1975) qui conçut une procédure expérimentale dans laquelle une sélection aléatoire répartissait les sujets en deux groupes. Avant qu'ils ne s'acquittent des épreuves, on conditionnait les sujets du premier groupe en les persuadant de la réalité des phénomènes E.S.P., et ceux du second groupe en laissant planer dans leur esprit un sérieux doute sur l'existence desdits phénomènes. Ensuite, deux expérimentations successives donnèrent des résultats confirmant pleinement l'hypothèse mouton-chèvre.

Chez les sujets qui, avant d'être chapitrés par les expérimentateurs, déclaraient ne pas avoir d'idées précises sur l'E.S.P., l'effet suggestif fonctionna particulièrement bien. Dans le rapport Taddonio, on insistait auprès des sujets sur le pouvoir révélateur ou inhibiteur de l'E.S.P. dans l'*expérimentation* elle-même. Layton et Turnbull (1975) entreprirent la même année une étude semblable, en insistant expressément sur l'existence ou la non-existence de l'E.S.P. dans l'absolu. Or, fait surprenant, ils ne décelèrent aucune différence significative entre les résultats obtenus par chacun des deux groupes de sujets.

D'autres chercheurs se sont donné pour tâche de perfectionner, d'élargir ou d'approfondir les pistes tracées par l'effet mouton-chèvre. Van de Castle (1957), par exemple, a identifié une troisième catégorie de sujets : ceux dont les idées à propos de l'E.S.P. étaient indécises ou contradictoires. Ses travaux – ainsi d'ailleurs que ceux de divers expérimentateurs (Nash & Nash, 1958; Osis & Dean, 1964) – ont fait apparaître des variations de score plus étendues chez les moutons et chez les « conflictuels » que chez les chèvres. Pareilles variations se traduisent lors de chaque tour par une tendance chez le sujet à se rapprocher de la moyenne probabiliste en multipliant les « coups » aberrants (ou compensatoires), de sorte que ses « pertes » finissent par annuler statistiquement ses « gains ». Ce qui expliquerait pourquoi certains individus qui affirment croire en la réalité de l'E.S.P (ce qui les classe dans la catégorie des moutons) n'en réalisent pas moins les scores caractéristiques des chèvres, résultat qu'il conviendrait d'attribuer au conflit dans leurs convictions.

L'effet mouton-chèvre répond peut-être à un déterminisme fort simple, à savoir que les sujets moutons sont plus détendus, plus en accord avec eux-mêmes, et plus décidés à faire de leur mieux pour s'acquitter des épreuves d'un test E.S.P. Cette hypothèse semble étayée par les observations de G.R. Schmeidler (1960), selon lesquelles l'effet mouton-chèvre cesse de se faire sentir chez les sujets manifestant des signes de déséquilibre affectif (décelé grâce au test de Rorschach). Certes, le véritable mécanisme de l'effet mouton-chèvre reste à expliquer. Mais la distinction entre les deux typologies comportementales a démontré (dans les épreuves faisant appel au choix forcé), des différences sinon accusées, au moins effectives, entre sujets performants et moins performants. Le bilan de la recherche accomplie dans cette direction est plus frappant encore si l'on s'en tient à la définition primitive de G.R. Schmeidler : est mouton tout individu acceptant l'éventualité d'un phénomène révélé par l'expérimentation en cours. Quant à la croyance en l'E.S.P. dans l'absolu, elle peut jouer un rôle de discrimination non négligeable, mais les résultats ainsi obtenus semblent moins fiables.

Personnalité de Base et E.S.P.

De multiples études se sont proposé de faire ressortir les traits saillants des sujets particulièrement doués pour les expérimentations de laboratoire sur l'E.S.P. Parmi ces traits figure, avec une certaine constance semble-t-il, l'extraversion, que certains psychologues de la personnalité tiennent pour un facteur comportemental de première importance (Cattell, 1965; H. J. Eysenck, 1960). Divers rapports en ont depuis longtemps souligné le rôle dans les phénomènes de perception extrasensorielle. Humphrey (1951 a) par exemple, qui utilisait le *Personality Inventory* de Bernreuter pour attribuer une typologie caractérielle à ses sujets, a constaté que les extravertis obtenaient des scores supérieurs à ceux des introvertis dans les tests E.S.P. fondés sur le choix forcé. Casper (1952) – qui lui aussi recourait à l'échelle de Bernreuter – a fait des constatations identiques en procédant à une série de tests G.E.S.P. (cent épreuves au total), au cours desquels les sujets jouaient alternativement le rôle de récepteurs et d'agents émetteurs. Tentant une expérience avec un groupe d'enfants affectivement perturbés, Shields (1962) a découvert que les sujets réputés renfermés, ou introvertis accusaient aux épreuves de choix forcé des scores nettement plus médiocres que leurs camarades qualifiés de non renfermés. Nicol et Humphrey (1953, 1955) ont eux aussi établi qu'il existait une corrélation manifeste entre les scores obtenus aux tests E.S.P. fondés sur le choix forcé et les résultats fournis par deux des trois tests de personnalité reposant sur les échelles d'introversion-extraversion de Guilford (1959).

Il fallut attendre 1967 pour que soit proposée une explication théorique à la relation entre la perception extrasensorielle et l'extraversion. Cette année-là, H. J. Eysenck observa que l'éréthisme cortical des extravertis était passablement moins élevé que celui des introvertis. Il suggéra que le degré de réceptivité des stimuli E.S.P. était inversement proportionnel au niveau d'éréthisme cortical. Cette hypothèse, selon laquelle les extravertis devaient normalement surpasser les introvertis lors des tests E.S.P., fut expérimentalement vérifiée par divers travaux (Kanthamani & Rao, 1972). Pourtant, les choses sont loin d'être aussi lumineuses qu'il y paraît à première vue. Et cela pour la bonne raison que la supériorité des extravertis sur les introvertis (lors des tests E.S.P.) n'est pas nécessairement prouvée par une différence des niveaux d'éréthisme cortical, comme le suggérait

Eysenck. Pour confirmer cette hypothèse, il faudrait démontrer que l'éréthisme du cortex est réellement le facteur déterminant, donc le mesurer directement. De plus, pour dégager un tableau d'ensemble exhaustif de la relation entre les deux phénomènes, il faudrait également tenir compte de variables difficiles à cerner.

Un facteur potentiel de la relation E.S.P.-extraversion tient à la nature des tests en elle-même. Les extravertis, comme on peut s'y attendre, se sentent plus à l'aise que les introvertis lorsqu'on les place dans des conditions expérimentales de laboratoire. Nous l'avons déjà dit : dans les études fondées sur la discrimination mouton-chèvre interviennent des facteurs qui prêtent à confusion. Palmer (1977) a fait remarquer par exemple que la plupart des échelles de classement des individus dans la catégorie des introvertis ou des extravertis – échelles dont on fait couramment usage dans les expérimentations sur l'E.S.P. – mettent en évidence une étroite corrélation entre l'introversion et la prédisposition à la névrose. Donc, l'adaptabilité affective influence peut-être beaucoup plus les résultats des tests que la typologie caractérielle classant les individus en extravertis ou en introvertis.

Dans le *Personality Inventory* de Eysenck, par exemple (Eysenck & Eysenck, 1965), les échelles de mesure de l'extraversion et des tendances névrotiques sont relativement orthogonales ou indépendantes l'une par rapport à l'autre. Les études parapsychologiques qui ont fait usage de ce test n'ont trouvé aucune corrélation particulière entre le coefficient d'extraversion et le score E.S.P., au contraire de ce qu'on observe avec d'autres méthodes de mesure de l'extraversion. Seul Astrom (1965) a relevé une différence significative entre les scores E.S.P. des extravertis et ceux des introvertis en utilisant le *Personality Inventory* de Maudsley (une échelle de mesure antérieure et comparable à celle de Eysenck). Randall (1974) a noté une légère différence parmi des enfants d'âge scolaire; lui s'est servi d'une version (remaniée pour l'occasion) de l'échelle de Eysenck. D'autres chercheurs (Brodbeck, 1969; Freeman, 1970; Green, 1966 a, b; Nielsen, 1972 a, b; et l'équipe Osis-Turner-Carlston, 1971) n'ont remarqué aucune relation entre l'extraversion et les scores E.S.P.

D'autres études sont venues authentifier la relation entre l'équilibre affectif et les facultés extrasensorielles (toujours testées selon la méthode du choix forcé). Le D.M.T. *(Defense Mechanisms Tests)* consiste en une série d'épreuves de projections conçues pour évaluer les réactions défensives d'un sujet (plus le score est bas, plus ces réactions sont accusées) et pour évaluer aussi certains autres mécanismes spécifiques (Kragh, 1960). Les quelques études parapsychologiques ayant fait usage du D.M.T. ont révélé l'existence d'une corrélation sensible, (parfois très nettement accusée) entre le score E.S.P. et (l'absence de) réactions défensives (Carpenter, 1965;

Haraldsson, 1978; Johnson, 1974; Johnson & Kanthamani, 1967; Johnson & Lubke, 1977). Seule une étude de Johnson, Hartwell et Van den Brink (1979) contredit cette observation, encore que de façon peu significative. Divers autres travaux portant sur de nombreux traits de la personnalité (et dont Palmer a fait le compte rendu critique en 1977, 1978 et 1982) autorisent à conclure que les sujets bien équilibrés affectivement obtiennent, d'une façon générale, de meilleurs résultats aux tests E.S.P. fondés sur le choix forcé que les sujets prédisposés à la névrose. D'autres travaux nous apportent de passionnantes révélations en la matière.

Variables cognitives

Pourquoi certains sujets soumis à des tests de perception extrasensorielle obtiennent-ils des scores élevés? Les parapsychologues se sont demandé si certaines variables cognitives, liées aux aptitudes mentales et aux modes d'idéation de chaque individu, n'entraient pas en jeu. Les recherches menées en ce sens ont indiqué que l'E.S.P. ne semble aller de pair avec aucune faculté cognitive particulière. Tout au plus est-il apparu que les sujets qui s'acquittent honorablement des tests d'intelligence semblent les plus « performants » quand on les soumet à des tests de perception extrasensorielle, encore que cette corrélation demeure relativement discrète (Humphrey, 1945; Schmeidler, 1962; Vasse & Vasse, 1958). En revanche, les sujets situés au-dessus de la moyenne dans les scores E.S.P. disposent, peut-être d'autres facteurs tels que la décontraction au moment des épreuves (lesquelles se déroulent souvent dans une salle de classe), ou encore l'équilibre affectif (ce dernier facteur étant très nettement lié aux tests d'intelligence). Mais, là encore, rien n'est certain, puisque divers chercheurs (Bond, 1937; Drake, 1938) ont enregistré des scores E.S.P. honorables chez des enfants mentalement attardés. Tout autre a été la démarche de Kanthamani, Haight et Kennedy (1979) : ils ont demandé à des élèves en fin d'études secondaires de leur parler des expériences psi qu'il leur avait été donné de vivre spontanément. Ceux qui avaient vécu des expériences de ce genre, constatèrent les auteurs, ne faisaient preuve d'aucune différence de niveau intellectuel ou de réussite scolaire par rapport à leurs condisciples.

En revanche, les premiers accusaient une différence marquée avec les élèves qui déclaraient, eux aussi, avoir eu des expériences psi, alors qu'en réalité ces expériences relevaient très vraisemblablement d'une causalité normale et explicable.

Par ailleurs, quelques exprimentations ont établi qu'il existait une relation entre la faculté d'évoquer des souvenirs récents et le score E.S.P., mais les résultats enregistrés manquent quelque peu de consistance. De leur côté, Feather (1965, 1967), puis Kanthamani et Rao (1975) ont fait apparaître certaines corrélations entre la mémoire et le score E.S.P., bien que Parker (1976) ait tiré une conclusion inverse d'une des deux expérimentations réalisées pour vérifier ce point. Reprenant à leur compte ces études, Rao et ses collaborateurs ont tour à tour découvert qu'il existait une corrélation positive significative (entre la mémoire et le score E.S.P.), puis une corrélation négative significative, et enfin une corrélation non significative. Des résultats aussi contrastés laissent donc à supposer que d'autres facteurs incontrôlés interviennent pour infléchir les résultats.

Un autre facteur cognitif influence encore la perception extrasensorielle spontanée. Il s'agit de l'imagerie mentale. Dans la vie réelle, en effet, les expériences E.S.P. sont souvent médiatisées dans la conscience par une représentation imaginaire ou fantasmatique. On est donc en droit de supposer que c'est la plus ou moins grande prédisposition à se projeter mentalement des images qui départage semble-t-il les sujets en « bons » et en « moins bons » (lors de tests E.S.P. en laboratoire). Néanmoins, des expérimentations simples cherchant un parallèle entre réussite aux tests de représentation mentale et scores E.S.P. (choix forcé) n'ont fourni aucun résultat probant (Honorton, Tierney & Torres, 1974; Schecter, Solfvin & McCollum, 1975). Mais la procédure rudimentaire utilisée est peut-être en cause : il s'agit du questionnaire Q.M.I. de Betts, remanié par Sheehan (1967), dont le principal défaut tient à ce que les sujets s'attribuent eux-mêmes des notes (Honorton, 1975).

Ce qu'il faudrait incriminer en ce cas, c'est la conception même de ces premiers tests, dont l'objet, rappelons-le, est de vérifier l'hypothèse de départ (le retentissement de la faculté de représentation mentale en images sur la perception extrasensorielle). Une autre étude, qui ne se proposait pas de vérifier directement cette hypothèse n'en a pas moins jeté quelque lumière sur la question. Voici comment : Schachter et Kelly (1976) prirent pour sujets deux étudiants des Beaux-Arts, particulièrement enclins à l'imagerie mentale. L'un d'eux avait en outre appris, grâce aux techniques du bio-feed-back, à se plonger dans un état de rêverie hypnagogique – état comparable à celui du demi-sommeil. Il pouvait y demeurer pendant trente minutes au moins. L'autre étudiant transmettait mentalement à son partenaire plongé en état de rêverie hypnagogique des reproductions de tableaux. On s'aperçut ainsi qu'une correspondance significative existait entre les représentations mentales du récepteur en état de rêve éveillé et le contenu des reproductions observées par l'émetteur.

Ce résultat s'accorde parfaitement aux conclusions d'études plus récentes sur le mode de codage de l'information lors des processus psi. Weiner (1982) a relevé par exemple que certains sujets manifestent une préférence pour le mode *visuel,* et d'autres pour le mode *verbal.* Cette préférence semble jouer le rôle de catalyseur ou d'inhibiteur favorisant ou contrariant l'accomplissement du processus psi. Or, dans la grande majorité des tests, on ne tient pas compte de la préférence des sujets en matière de codage. Il se peut donc que telle ou telle procédure de codage de l'information stimule ou au contraire entrave leurs tendances naturelles. Cela, bien entendu, modifie le score à leur avantage ou en leur défaveur. Si l'assertion de Weiner est fondée, toute recherche sur la relation imagerie mentale-processus E.S.P. exige donc qu'on prenne en considération les préférences du sujet lorsqu'on lui demande de s'acquitter d'une tâche E.S.P., car elle n'est pas nécessairement taillée à sa mesure. Schachter et Kelly ont le mérite d'avoir démontré que faire participer harmonieusement les sujets à leur tâche et à la procédure à suivre, en une même expérimentation, générait des résultats positifs.

État d'esprit du moment et E.S.P.

Certes, l'aptitude à réaliser un score élevé aux tests E.S.P. de laboratoire est influencée par certains facteurs tels que les traits de personnalité, les variables cognitives ou les attitudes caractérielles; cela dit, cette aptitude varie grandement d'un sujet à l'autre et aussi, chez un même sujet, d'une circonstance à l'autre. Qu'un sujet réalise un score honorable tel ou tel jour ne garantit point qu'il renouvellera ce score un autre jour.

A l'évidence, certains facteurs viennent se superposer aux traits de personnalité individuels qui, eux, demeurent relativement constants. Pour Palmer (1978), ces traits idiosyncrasiques constituent de bons indicateurs de la *direction* que va prendre le score lors de l'épreuve E.S.P., alors que l'état d'esprit du sujet, son humeur du moment représentent le meilleur indicateur qui soit de la *magnitude* que va accuser le score.

Certains parapsychologues ont tenté de mesurer quantitativement ces composantes psychologiques conjoncturelles en tenant compte du sentiment de bien-être physique, mental et affectif éprouvé par le sujet au moment du test. Fisk et West (1956) ont démontré la relation entre l'état d'esprit du moment et le score E.S.P. Pour les besoins de la démonstration, Fisk demandait trois fois par jour, par téléphone, à cent soixante-deux sujets, de deviner l'heure qu'il affichait arbitrairement sur le cadran d'un réveil placé devant lui au moment où il les appelait. Et ce, pendant plusieurs mois. Les réponses fournies se révélèrent aberrantes dans leur ensemble, sauf quand les sujets se déclaraient d'excellente humeur à l'autre bout du fil. Auquel cas, les scores remontaient de façon significative. Rogers (1966, 1967b) réalisa deux expérimentations. À son tour, il remarqua que les performances variaient notablement selon que les sujets se déclaraient de bonne humeur ou d'humeur maussade. Dans les deux études en question, les individus de bonne humeur accusaient à chaque tour des écarts sensiblement accrus par rapport aux variations moyennes relevant de la probabilité. Carpenter (1968, 1969) s'est lui aussi intéressé à cette question, les sujets bien disposés au moment de se soumettre à un test de précognition affichaient des scores supérieurs à ceux qui se déclaraient d'humeur quelque peu chagrine. Nuance particulièrement insolite : cette différence de score n'est apparue que chez les « modérés » dans un sens ou dans l'autre. Ceux qui faisaient état d'un « moral exubérant » ou d'un « cafard terrible » obtinrent des résultats inversés. Pour sa part, Nielsen (1956 b, 1970) considère que les états d'esprit extrêmes sont étroitement liés à des résultats supérieurs aux moyennes probabilistes, quel que soit le sens dans lequel le sujet est conditionné par son humeur du moment (optimisme rayonnant ou abattement prononcé). Des études ultérieures ont également permis à Nielsen (1972 a, b) de révéler les interactions entre ces états d'esprit conjoncturels et certains traits de personnalité, en particulier, la prédisposition à la névrose. Ce qui démontrerait que l'« humeur » n'est pas le seul facteur relationnel en cause dans les scores E.S.P. (tests de choix forcé). Prenant un angle de vue plus général, G. R. Schmeidler (1971) contribue à nous éclairer sur les rapports complexes entre l'humeur du moment et les performances aux tests E.S.P. Recourant au « Pointage de Nowlis » (échelle d'évaluation de l'état d'esprit par choix sélectif d'une liste d'adjectifs), elle commence par établir une classification de ses sujets selon des critères tels que : concentration d'esprit, sentiment d'être apprécié par l'entourage ou besoin d'intégration grégaire. Elle constate alors que le bien entre les caractéristiques et le score E.S.P. varie d'un groupe de sujets à l'autre. Elle en déduit que d'autres variables doivent être prises en compte. Ainsi, Schmeidler associée à Craig (1972), cette fois, se fondant sur les résultats fournis par les prétests, tente de prévoir les conditions où se produit la relation « humeur »-E.S.P. À la faveur de tests parmi des groupes bien distincts de sujets (des étudiants et des hommes d'affaires), ces deux chercheurs réussissent une démonstration fructueuse : cette relation apparaît lors du test final, tout au moins, chez les sujets du second groupe (celui des businessmen), dont l'humeur associait un certain narcissisme au manque d'agressivité et d'angoisse.

Ces résultats montrent combien la nature de la relation score

E.S.P.–état d'esprit conjoncturel est subtile. Si elle existe bel et bien, elle n'en est pas moins sujette à d'amples variations selon les groupes de sujets, les procédures et les expérimentateurs. Comme le fait remarquer Palmer (1978), les innombrables tentatives statistiques effectuées pour éclaircir cette relation ont donné des résultats « consistants dans leur inconsistance ». Pourtant les parapsychologues ressentent la nécessité impérieuse de prendre la mesure de cette inconsistance afin de la maîtriser. Que les sujets sollicités déversent dans les expérimentations leurs angoisses, leurs états d'esprit et leurs motivations est inévitable. Il faut absolument que les paraspychologues découvrent les moyens de maîtriser les relations délicates existant entre la perception extrasensorielle et d'autres variables autonomes.

Les catalyseurs psychophysiologiques de l'E.S.P.

Inventeur, dans les années trente, d'une méthode d'enregistrement de l'activité électrique du cerveau humain, Hans Berger (1940) était convaincu d'avoir découvert l'authentique véhicule de la communication télépathique. Selon son interprétation théorique, l'énergie électrique produite par les cellules nerveuses serait transformée en une énergie psychique en tout point comparable aux ondes électromagnétiques. Bien entendu, l'appareil de Berger – qu'on appela par la suite électroencéphalogramme (E.E.G.) – trouva des applications cliniques et expérimentales fort éloignées de celles que son inventeur lui destinait. Et très vite l'E.E.G. s'imposa comme instrument privilégié de diagnostic des dysfonctions cérébrales. C'est toujours à ce titre qu'on l'utilise de nos jours.

Plus récemment, certains parapsychologues ont recouru à l'E.E.G. pour déceler la relation possible entre tracé électroencéphalographique et phénomènes de perception extrasensorielle. Bien que la théorie de la transmission télépathique, telle que l'a formulée Berger, soit aujourd'hui rejetée par la grande majorité des paraspychologues, l'E.E.G. n'en demeure pas moins un instrument qui permet d'identifier les états cérébraux favorisant l'E.S.P. Différentes ondes cérébrales, caractérisées par leurs fréquences, associées à des processus cognitifs et comportementaux particuliers, ont été découvertes par les psychophysiologistes. Le groupe ondulatoire le plus intéressant, dans notre perspective, est celui des fréquences alpha (longueurs d'ondes comprises entre 8 et 13 Hz). Ces ondes alpha sont associées à la détente, la passivité, mais aussi à l'éveil mental, états d'esprit qui accompagnent les phénomènes d'E.S.P., aussi bien en laboratoire que dans la vie de tous les jours. Un individu entraîné peut accroître ses émissions d'ondes alpha en maîtrisant le biofeed-back. Cela signifie que cette méthode, jusqu'ici essentiellement thérapeutique, peut fort bien servir à élargir le champ de la perception extrasensorielle. Supposons, qu'un état mental particulier, caractérisé par l'émission d'ondes cérébrales particulières, favorise la faculté de percevoir sans recourir aux sens ordinaires : on pourrait sans doute apprendre aux sujets à adopter et à maintenir cet état privilégié lors des séances de tests E.S.P. En dépit du faible nombre des chercheurs en parapsychologie et de l'indigence des équipements techniques dont ils disposent, de nombreuses études se sont engagées dans cette passionnante direction de recherche.

Wallwork (1952), l'un des premiers à explorer cette voie, a conduit une expérimentation prometteuse en soi. Un sujet procédait au test G.E.S.P. de choix forcé pendant que son tracé électroencéphalographique était enregistré. À tout instant, l'expérimentateur pouvait vérifier que l'émission alpha était intense, moyenne ou nulle. Hélas, Wallwork ne parvint pas à établir l'existence d'une corrélation manifeste entre l'E.E.G. et l'E.S.P. de son sujet. (Aucune conclusion particulière ne se dégageait des résultats.) Plus tard, Morris, Roll, Klein et Wheeler (1972) aboutirent à une démonstration beaucoup plus spectaculaire avec un sujet exceptionnellement doué, Lalsingh Harribance. Ledit surdoué réalisa, au cours de deux expériences consécutives, un score E.S.P. nettement supérieur à la moyenne probabiliste. Or, ses « records » révélaient une émission d'ondes alpha supérieure en intensité à l'émission moyenne enregistrée au moment des performances moyennes. En revanche, quand Kelly et Lenz (1976) testèrent à leur tour Harribance, celui-ci réalisa un score d'ensemble légèrement négatif. L'analyse spectrale de l'émission d'ondes alpha montra des différences significatives dans l'intervalle des fréquences 12-13 Hz : l'intensité semblant inversement proportionnelle au score. Autrement dit, les « coups perdants » s'associaient curieusement à une intensité accrue de l'émission. Plus tard, quand Kelly, Hartwell et Artley (1978) voulurent expérimenter à nouveau le phénomène, les scores d'ensemble obtenu par Harribance, s'ils reproduisirent à peu de chose près ceux qui avaient déjà été enregistrés par Kelly et Lenz, manquaient par trop de consistance pour qu'on pût en dégager des conclusions péremptoires.

D'autres travaux se sont attachés à étudier les effets de l'abondance de l'émission alpha. Ainsi, Honorton (1969) a observé un lien positif et consistant entre ce facteur et le score E.S.P. dans un groupe de sujets sélectionnés en raison de leurs facultés marquées de perception extrasensorielle. Chez d'autres sujets adultes entraînés par les expérimentateurs aux techniques du feed-back (Honorton & Carbone, 1971) et sélectionnés, eux aussi, pour leurs facultés de perception extrasensorielle, tout se passa comme si l'apprentissage du feed-back n'avait abouti qu'à inverser les résultats des tests! En fait, les auteurs de l'étude enregistrèrent une corrélation significative, mais en sens contraire. Une analyse des résultats obtenus par chaque sujet pris séparément ne révéla aucune relation particulière entre l'abondance de l'émission alpha et l'E.S.P.

Reprenant ces travaux, Stanford et ses collaborateurs, après avoir perfectionné les méthodes classiques d'enregistrement des scores, menèrent trois expérimentations successives. Sur les trois, une seule fit apparaître une corrélation négative entre le pourcentage des ondes alpha par unité de temps et la perception extrasensorielle. Les deux autres expérimentations n'établirent l'existence d'aucune relation de même nature (Stanford, 1971; Stanford & Lovin, 1970; Stanford & Palmer, 1975). Cependant, de la dernière en date de ces études se dégagea un indice de première importance: dans les épreuves de libre réponse, les sujets accusant une émission alpha soutenue n'obtenaient pas nécessairement des scores E.S.P. élevés; au contraire, les scores élevés s'accompagnaient d'une intense émission alpha. Autrement dit, la production des ondes alpha ne constitue pas *à elle seule* un facteur prévisionnel fiable, comme on l'a cru au départ. Vraisemblablement l'abondance de l'émission alpha se conjugue à d'autres éléments.

Honorton, Davidson et Bindler (1971) arrivent à point pour nous éclairer. D'après eux, l'un des éléments associés aux ondes alpha est la modification de l'état de conscience. L'ensemble des résultats que dégage leur rapport montre que les chances de succès sont accrues quand deux conditions sont réunies: l'abondance de l'émission alpha et la modification de l'état de conscience.

Venturino (1978) se reposant, lui aussi, sur la méthode de la libre réponse, conteste cette découverte. Mais les résultats de son étude n'étaient pas significatifs dans leur ensemble.

Même si la relation entre l'.E.S.P. et les ondes alpha semble plausible, la nature de cette relation est bien loin d'être claire. Peut-être saura-t-on la vérité sur l'hypothèse que cette relation serait conditionnée par une variation de la fréquence ondulatoire entre le moment du prétest et celui du test E.S.P. proprement dit.

Deux études sur les trois qui ont été conduites (Stanford, 1971; Stanford & Lovin, 1970; Stanford & Stevenson, 1972) font apparaître une corrélation négative manifeste entre le score E.S.P. et les fréquences alpha enregistrées au cours des prétests. L'interprétation de Stanford sur l'accroissement des moyennes de fréquence alpha entre le prétest et le test a de quoi retenir notre attention. D'après lui, ce phénomène s'explique par une élévation du niveau d'éréthisme cortical d'une séance à l'autre. Quant aux variations dans l'*abondance* de l'émission alpha durant une séance, elles laissent les parapsychologues perplexes, pour le moment. R. G. Stanford et B. E. Stanford (1969) ont cependant découvert (fortuitement) que les variations du score E.S.P. étaient d'autant plus prononcées que l'augmentation de l'émission alpha était plus importante.

Des travaux plus poussés s'imposent dans cette aire de la recherche parapsychologique, où quelques expérimentations isolées ne nous en apprennent guère sur la nature des phénomènes mis en œuvre; surtout si les procédures, les sujets, l'appareillage, les épreuves E.S.P. et les méthodes de mesure ne font l'objet d'aucune normalisation. Mais les résultats acquis indiquent clairement l'importance de cette direction de recherche qui, pour ardue qu'elle soit, devrait mettre au jour des interrelations complexes dont nous commençons tout juste à pressentir l'existence.

Autres composantes biologiques et physiologiques

À ses débuts à l'université Duke, Rhine (1934) nota que l'amytal de sodium, la fatigue ou la maladie semblaient réduire les scores des sujets les plus doués, alors que la caféine les majorait. Mais à l'époque, les expérimentateurs associaient étroitement les sujets à leurs expérimentations, de sorte que les uns et les autres étaient parfaitement conscients des détails de la procédure et de ce qu'on attendait d'elle. Plus tard, deux expérimentations en double aveugle vinrent confirmer l'effet réducteur des dépresseurs sur les scores E.S.P. Cadoret (1953), puis Huby et Wilson (1961) enregistrèrent une chute notable du score chez des sujets à qui on avait d'abord administré de l'amytal de sodium et du quinalbarbital, puis des stimulants ou des placebos. Mais il ne s'ensuit pas que la perception extrasensorielle repose sur un processus biochimique. Supposons que les drogues administrées aient retenti sur les motivations du sujet, sur sa concentration d'esprit ou sur l'intérêt qu'il portait à la tâche E.S.P.?

Les individus affectés d'une maladie mentale ou de troubles du comportement affectif semblent réaliser des scores E.S.P. en tout point comparables à ceux des autres groupes de sujets. Divers travaux attestent de performances significatives réalisées par des patients souffrant d'affections pathologiques diagnostiquées (Jampolsky & Haight, 1975; Bates & Noman, 1951). Shulman (1938) a enregistré une fréquence supérieure à la moyenne probabiliste (de « coups au but » attribuables à la psi) dans un groupe de sujets maniaco-dépressifs en état de crise aiguë. Il constate également une défaillance caractérisée de la psi chez neuf patients atteints de neurasthénie chronique. Mais, dans l'état actuel de nos connaissances, nous ne pouvons formuler de plus amples explications.

Les conditions physiologiques du cerveau donnent lieu à quelques surprises : Schmeidler et McConnel (1958) ont enregistré, chez dix-huit patients hospitalisés à la suite d'un état de choc émotionnel, des scores sensiblement supérieurs à la moyenne probabiliste. Riess (1937, 1939) et Drake (1938) ont eux aussi enregistré des scores exceptionnellement élevés chez deux patients atteints d'hyperthyroïdisme, lesquels scores ont dans les deux cas chuté après traitement. D'une façon générale, les tentatives effectuées pour faire ressortir (Palmer, 1978) une quelconque différence liée à l'âge ou au sexe dans les scores E.S.P. n'ont donné que des résultats inconsistants (en dépit de la croyance très répandue selon laquelle les femmes et les enfants seraient doués d'une « intuition » plus développée). D'ailleurs, cette croyance risque fort de ne jamais être ni confirmée ni infirmée par la recherche expérimentale, tant sont nombreux les facteurs (choix non aléatoire de l'échantillonnage, incidences psychologiques, attitudes d'esprit individuelles, aisance plus ou moins grande des sujets durant les procédures de test, nature de la tâche E.S.P. exigée... qui obscurcissent les tentatives pour appréhender ces variables biologiques. Les parapsychologues s'intéressent aujourd'hui moins à l'âge et au sexe considérés *en tant que tels*, qu'aux *interactions* de ces deux paramètres avec d'autres variables.

Facteurs maîtrisés par l'expérimentateur

D'une façon générale, les différents facteurs que nous venons d'énumérer échappent au contrôle de l'expérimentateur. Ce sont des variables psychologiques, cognitives, comportementales, physiologiques ou biologiques que les sujets introduisent d'eux-mêmes dans la situation expérimentale.

Les premières études sur la perception extrasensorielle reposaient sur des procédures que l'on pourrait qualifier de *quasi expérimentales.* L'expérimentateur se préoccupait au premier chef de découvrir d'éventuelles corrélations entre une (ou des) variables(s) indépendante(s) – nous venons d'en énumérer quelques-unes – et l'E.S.P. (la variable dépendante). Toutefois, nombre de facteurs peuvent être maîtrisés ou infléchis lors d'une étude expérimentale. Tel est le cas par exemple du *type* de procédure mise en œuvre durant le test (E.S.P., précognition ou G.E.S.P.). Nous en avons déjà parlé dans ce chapitre. Il est aussi un autre facteur que l'expérimentateur peut contrôler, tout au moins partiellement : c'est l'état de conscience du sujet au moment du test. Nous examinerons plus en détail au prochain chapitre certaines expérimentations *avant* lesquelles les sujets sont préalablement conditionnés par des procédures de relaxation ou d'inhibition sensorielle, ou durant lesquelles les réponses E.S.P. sont exprimées alors que les sujets sont plongés dans un état de rêve, de méditation ou d'hypnose.

Le chercheur peut encore contrôler la cible (le message ou la valeur de la carte à percevoir extrasensoriellement), le moment et le lieu du test, le mode de recrutement des sujets, le nombre des épreuves dont chaque sujet doit s'acquitter, ainsi que les conditions générales de déroulement des séances. Chacun de ces éléments risque de fausser dans un sens ou dans l'autre les résultats d'un test, donc d'amoindrir l'apparente fiabilité d'une expérimentation parapsychologique. La perception extrasensorielle, ce subtil, ce fragile effet, si difficile à révéler dans les conditions de contrôle du laboratoire, exige des expérimentateurs qu'ils choisissent avec le plus grand soin les procédures adéquates.

Un bon moyen de renforcer les motivations des sujets qui acceptent de se prêter aux expérimentations : stimuler leur intérêt pour la démarche à laquelle ils s'associent. Néanmoins, leur faire miroiter des « primes de rendement » (sous forme d'une rétribution en espèces proportionnée au score qu'ils réalisent) ne semble guère, si l'on en croit certains auteurs, encourager la manifestation de l'E.S.P. (Casler, 1976; Woodruff & Murphy, 1943). Bien que le sujet le plus performant de Rhine, Hubert Pearce, ait, semble-t-il, correctement deviné (et dans l'ordre) les valeurs d'un jeu de vingt-cinq cartes à la suite d'un pari (Rhine, 1934). Mais il s'agit là d'un exploit réalisé en dehors d'une situation expérimentale strictement codifiée. Divers chercheurs ont pour habitude de distribuer de menus cadeaux aux enfants qui participent à leurs recherches (Drucker, Drewes & Rubin, 1977; Shrager, 1978), mais il n'a pas été établi que ces récompenses favorisent ou non la manifestation de l'E.S.P., les tests ne se proposant pas explicitement de vérifier cette hypothèse.

Autre stimulant auquel nombre de chercheurs font appel : le feed-back. Systématisant les résultats de diverses expérimentations, Rhine (1938 a, 1941 a) relevait déjà que des scores positifs étaient souvent associés aux épreuves immédiatement suivies de feed-back (alors que des scores négatifs étaient plus volontiers associés aux épreuves suivies de feed-back différé dans le temps). Woodruff et Murphy (1943) dans leur étude ont observé que les sujets plongés dans des conditions de feed-back obtenaient des résultats supérieurs à ceux des sujets qui ne l'étaient pas.

Selon Schmidt (1975) et Walker (1972 a, b), le feed-back ferait beaucoup plus que motiver les sujets. Il les galvaniserait. L'élément déterminant de ce type d'expérimentation est l'*observation* directe, par le sujet lui-même, des résultats qu'il obtient, à mesure que se déroule l'épreuve. Si l'on admet ce point de vue théorique (sur lequel nous reviendrons plus en détail au chapitre 10), une influence causale interviendrait donc au moment du feed-back (observation directe des résultats), lequel exercerait un effet temporel rétroactif, retentissant à la fois sur les cibles (que le sujet doit percevoir extrasensoriellement) et sur ses « appels » (ou tentatives de perception). Considérée sous cet angle, l'E.S.P. apparente serait donc une forme authentique de psychokinèse. Il se peut aussi que l'effet psi soit médiatisé par une personne autre que le sujet (l'expérimentateur, par exemple), si cette personne prend connaissance de résultats E.S.P. avant que le sujet ne puisse lui-même le faire.

Une étude se proposant d'établir une distinction entre le feed-back considéré en tant que stimulant et le feed-back considéré en tant que facteur causal du score E.S.P. a été conduite par Schmeidler (1964 a, b). Les sujets étaient soumis à trois épreuves (trois tours, durant lesquels ils devaient percevoir extrasensoriellement une série de symboles). L'une de ces épreuves (mais les sujets ignoraient par avance laquelle) se déroulait dans des conditions de feed-back. Schmeidler ne releva aucune différence significative entre les tours « avec » et les tours « sans ». Schmidt fait remarquer que l'effet feed-back exercé sur l'expérimentatrice elle-même est peut-être responsable de la non-discrimination des résultats.

Tart (1966) a fait valoir qu'une condition doit être impérativement remplie pour que les sujets améliorent leurs scores E.S.P. en tests de choix forcé : ils doivent être renseignés (par feed-back) sur leurs gains ou leurs pertes après *chaque tentative.* Tart (1976) a encore avancé l'hypothèse suivante : un sujet doué doit être capable, à la faveur de cet apprentissage fondé sur le feed-back au coup par coup, d'améliorer ses scores E.S.P. Pour confirmer son hypothèse, il a sélectionné ses sujets en soumettant mille cinq cents étudiants d'université à une série de tests E.S.P. préliminaires se déroulant en deux temps. Sur les vingt-cinq sujets sélectionnés au terme de la phase finale de son étude (celle de l'apprentissage du feed-back), un seul a accusé une amélioration sensible de ses scores. La tendance inverse (diminution des scores) ne s'est pas présentée. Et dix sujets ont enregistré des scores supérieurs à la moyenne probabiliste. Autre fait riche d'enseignement : les sujets les plus doués étaient ceux dont le score E.S.P. avait été le plus stable durant la phase d'apprentissage.

Honorton (1970) a conçu une procédure permettant de tester directement les effets à court terme de l'apprentissage du feed-back sur un échantillonnage présélectionné. Cette procédure se déroule en trois temps : d'abord, les sujets doivent s'acquitter d'un certain nombre d'épreuves E.S.P. se déroulant dans des conditions d'expérimentation normales (tours sans feed-back); suit une série de tours avec feed-back fourni au coup par coup; vient enfin une série de tours (beaucoup plus nombreux que ceux des phases précédentes) sans feed-back. Sur un total de cinq expérimentations de ce genre (utilisant des cartes de Zener), trois firent apparaître une remontée significative des scores entre la première et la troisième phase (Honorton, 1970; Kreiman & Ivnisky, 1973; McCollum & Honorton, 1973). De par leur conception même, les études de ce genre ont l'avantage de supprimer toute cause de confusion entre le feed-back-stimulation et le feed-back-instrument d'apprentissage.

Un autre facteur encore reste sous la juridiction de l'expérimentateur : la quantité d'information fournie aux sujets *avant* le test E.S.P. On a longtemps considéré que la perception extrasensorielle était un processus inconscient : en règle générale, les sujets se révèlent incapables d'expliquer pourquoi ils formulent des réponses justes ou fausses, et tout aussi incapables de maîtriser volontairement les opérations mentales dont ils sont le siège. Donc, les mécanismes qui sous-tendent l'E.S.P. peuvent aussi bien fonctionner quand le sujet n'est pas conscient d'énoncer une réponse procédant d'une perception extrasensorielle. Stanford (1974) a proposé un modèle d'interprétation de l'E.S.P. tout entier résumé par la formule *réponse instrumentale médiatisée par la psi.* Il entend que le mode opératoire (inconscient) du phénomène a pour fonction de satisfaire (en qualité d'instrument) aux besoins spécifiques de l'individu. Les études expérimentales cherchant à percer la nature de ce modèle d'interprétation font appel à des sujets qui ne se doutent même pas que les tests auxquels ils participent portent sur l'E.S.P.

Stanford et ses collaborateurs ont par exemple cherché à vérifier la réalité de ce concept (celui de la réponse instrumentale médiatisée par la psi) en présentant leurs expérimentations comme de simples tests sur l'association de pensée (Stanford & Castello, 1977 ; Stanford & Stio, 1976). On fournissait aux sujets des listes de mots-stimuli à partir desquels ils en élaboraient d'autres, et on mesurait le temps écoulé entre l'énoncé du stimulus par l'expérimentateur et la formulation, par le sujet, du premier mot qui lui venait à l'esprit. A son insu, l'un des mots de la liste avait été choisi de façon aléatoire pour servir de cible E.S.P. Si le temps de réponse au stimulus E.S.P. répondait à certains critères clairement définis au départ (un allongement par rapport au temps de réponse moyen, par exemple), on demandait ensuite au sujet de s'acquitter d'une tâche agréable pour terminer la séance. Si, au contraire, la réponse fournie ne satisfaisait pas à ce critère, le sujet était pénalisé : il devait s'acquitter d'une tâche sans intérêt et fastidieuse. Encore une fois, les sujets n'avaient nullement conscience de participer à autre chose qu'à une classique expérimentation de psychologie, mais la performance qu'ils réalisaient à l'épreuve E.S.P. (amalgamée aux autres pour qu'ils en ignorent la véritable nature) servait à déterminer le caractère (agréable ou fastidieux) de la tâche qui leur incomberait ultérieurement.

Johnson (1973) a déguisé diverses expérimentations E.S.P. en les présentant à ses sujets – trois élèves du secondaire – comme s'il s'agissait de « colles ». Les épreuves étaient jointes à des enveloppes cachetées contenant la moitié seulement des réponses aux questions posées. Les épreuves étaient en outre tirées au sort. Les deux premières études de Johnson conduites selon cette procédure accusèrent des résultats sensiblement supérieurs pour les questions ciblées que pour les questions de contrôle. Il semble bien, à l'examen des données recueillies aussi par les autres chercheurs, que l'inconscient puisse servir d' « instrument » au service de l'individu. Autrement dit, œuvrer adéquatement pour satisfaire ses besoins spécifiques.

Divers expérimentateurs recourent à certaines manipulations du matériel. (Leur démarche consiste moins à tester directement le modèle de médiatisation psi des réponses « instrumentales » qu'à étudier les influences possibles de cibles ou de situations particulières sur l'E.S.P.) Par exemple, ils mélangent subrepticement aux cartes E.S.P. ordinaires, dont les sujets doivent deviner extrasensoriellement les valeurs, des figurations (le plus souvent de nature érotique) susceptibles de faire monter le niveau de l'éréthisme émotionnel, supputant que la perception de ces éléments affectivement « dérangeants » (dont les sujets ignorent la présence dans l'enveloppe scellée) va s'accompagner de réactions décelables (Ballard, 1975, 1977; Carpenter, 1972). Résultat : les individus anxieux ou coupables de nature obtiennent des scores médiocres avec les cibles émotionnellement perturbatrices ou menaçantes, qui semblent être délibérément ignorées.

L'étymologie du mot « télépathie » – lequel a pour racines grecques *têle* (au loin) et *pathos* (affection, maladie, et par extension ce qu'un individu ressent ou éprouve) – explique pourquoi ce mot est entendu de nos jours dans le sens de transmission à distance d'impressions ou de sentiments, bien que cette définition en soit venue à englober aussi, par connotation, le sens de transmission de pensée. À partir d'une hypothèse conceptuelle qu'avait formulée Figar (1959), Dean (1962) s'est servi du pléthysmographe pour évaluer le niveau d'éréthisme émotionnel d'un sujet « receveur », à qui un agent transmettait, à partir d'une autre pièce, des noms de personnes qu'on lui présentait écrits sur une carte. Ces patronymes avaient été choisis par les expérimentateurs en raison des réactions affectives qu'ils risquaient de provoquer sur l'émetteur ou sur le récepteur. De très longues séries de tests ont ainsi permis à Dean (1966 a, b, 1971 a, b), et aussi à Dean et Nash (1967), d'enregistrer des résultats significatifs. Les sujets récepteurs réagissaient de façon plus marquée quand la carte montrée à l'agent comportait un nom de personne. Les travaux de Barry d'une part (1968), ceux de Esser et ses collaborateurs d'autre part (1967), confirment cette découverte essentielle.

Tart (1963) avait déjà observé que les réponses (pléthysmographiques) du récepteur étaient sensiblement plus nombreuses quand les noms de personnes le « choquaient », que l'agent transmetteur fût lui-même affecté ou non par ces noms (quand on les lui dévoilait ensuite).

Quelques chercheurs ont préféré au pléthysmographe l'enregistrement des réponses galvaniques tégumentaires, mais cette méthode n'a pas donné de résultats encourageants (Sanjar, 1969; Schouten, 1976; Tart, 1963). Plus récemment, Brand (1978) a relevé des corrélations nettes entre les réactions galvanométriques de ses sujets et les opérations mentales d'un expérimentateur, se tenant dans une pièce voisine.

Les sujets ignoraient la véritable nature de l'étude à laquelle ils se prêtaient; quant à l'expérimentateur, il s'attachait à enregistrer les fluctuations de leur activité galvanique sans tenir compte de leurs réactions affectives aux stimuli produits. Vassy (1978), puis à leur tour Kelly et ses collaborateurs (1979) ont enregistré chez un sujet des effets galvaniques significatifs coïncidant avec les périodes durant lesquelles on projetait à l'agent émetteur, et à bonne distance de là, une séquence composée d'images chocs filmées à l'occasion d'un accouchement. Bien que ces études fondées sur l'enregistrement de l'activité électrique de l'épiderme diffèrent sensiblement, de par leur conception même, des autres études sur l'E.S.P., elles soulignent l'importance des processus physiologiques dans la détection des phénomènes de transmission mentale à distance. Un des principaux avantages de ces tentatives de mesure directe des phénomènes de perception extrasensorielle, c'est d'éliminer les facteurs psychologiques et comportementaux apparemment indissociables des procédures ordinaires d'identification des cibles E.S.P.

L'avenir de la recherche

Bien que la science parapsychologique ait célébré son centenaire en 1982, elle n'en reste pas moins une toute jeune science. Elle aura presque exclusivement consacré les cent premières années de son existence à se doter d'une identité propre en se forgeant des instruments méthodologiques appropriés à sa démarche et en révélant des modèles opératoires caractéristiques de l'E.S.P. Comme nous venons de le voir au fil de ce chapitre, chacune des tâches qu'elle s'est historiquement assignée a fait surgir un nouvel obstacle, ce qui a contrarié la progression des petites équipes d'explorateurs engagés dans cette voie. C'est pourtant aux efforts obstinés de ces pionniers que le champ de la parapsychologie doit à présent sa fertilité et sa vitalité. Sur ce terrain besogneusement défriché par leurs prédécesseurs, les parapsychologues d'aujourd'hui engagent la recherche dans de nouvelles directions fécondes.

Une tendance particulièrement prometteuse se dessine. Celle qui découvre des applications pratiques aux résultats enregistrés par la recherche en parapsychologie et dont pourrait bénéficier la société tout entière.

Le jour où il sera démontré que des applications fiables peuvent dériver de la perception extrasensorielle, les obstacles qui pour l'instant contrarient la démonstration expérimentale de la « réalité » psi tomberont d'eux-mêmes. L' « utilité pratique » est implicitement synonyme du critère d' « existence »! Une recherche orientée vers l'utilité de ce phénomène peut donc se révéler d'un grand secours : elle nous donnerait les moyens pratiques de gérer nos facultés E.S.P., de mieux distinguer le juste du fallacieux, d'identifier les circonstances propices, ou défavorables, à l'exercice de ces facultés.

Pour tirer bénéfice des expériences de ce genre, il est indispensable de savoir si elles traduisent un phénomène paranormal. Par exemple, celui de la *perception dermo-optique* (ou faculté de distinguer les couleurs sans participation du sens visuel). Nombre d'observateurs considèrent que cette faculté est en réalité une forme de perception extrasensorielle. Dans un cas comme dans l'autre, les procédures expérimentales sont les mêmes. Or, ce qui intéresse les chercheurs, ce n'est pas de savoir si cette perception dermo-optique résulte de facultés extrasensorielles, mais d'en tirer des applications pratiques au bénéfice des aveugles (Duplessis, 1984).

Autre exemple, celui des expériences dites « hors du corps », pendant lesquelles le sujet a l'impression de se distancier de son être physique. Si les parapsychologues attachent une importance particulière à ce phénomène, c'est, bien sûr, que des perceptions extrasensorielles les accompagnent; mais aussi parce qu'il soulève la question très controversée de la vie après la mort. Gabbard et Twemlow (1984) ont conduit une étude portant sur des témoignages troublants de voyage hors du corps. Ils en ont conclu que les phénomènes de ce genre relèvent d'une catégorie d'expériences plus vaste, caractérisées par une modification de la perception de l'esprit-corps. Établir une distinction entre le caractère pathologique ou non pathologique de ces phénomènes, dégager de ces expériences vécues des enseignements profitables aux cliniciens, voilà certains des objectifs poursuivis par les parapsychologues.

La perception extrasensorielle peut être d'un très grand secours pour les hommes d'affaires, par exemple, qui doivent prendre des décisions alors que l'information dont ils disposent est insuffisante. Le recours a un consultant « doué » (Harary, 1984; Schwartz, 1984), ou encore un apprentissage leur permettant d'exploiter plus pleinement leurs propres capacités de perccption extrasensorielle ou intuitive (Agor, 1984) sont des solutions éminemment souhaitables. Les futurs acquis de la parapsychologie viendront nous dire s'il est réaliste ou non d'engager plus intensément la recherche dans cette direction et si, dans l'affirmative, certaines méthodes sont à cet égard plus efficaces que d'autres. Ou encore si l'E.S.P. et l'intuition ont plus ou moins de chances d'accomplir ce qu'on attend d'elles dans certaines circonstances.

À l'occasion d'une enquête menée sous l'égide du *Graduate Parapsychology Program* de l'université John F. Kennedy, une personne questionnée sur trois a déclaré qu'elle « éprouvait le besoin de parler à quelqu'un » de ces phénomènes (l'E.S.P.), soit pour y voir un peu plus clair, soit pour se renseigner de façon précise, soit pour solliciter un conseil (Solfvin & Corwin, 1985). Hélas, notre société compte bien peu d'interlocuteurs compétents avec qui l'on puisse librement discuter de ces questions. Voilà un vide que la parapsychologie pourrait combler.

À mesure que la société prendra mieux conscience de cette lacune, les acquis de la recherche en parapsychologie seront considérés comme de précieux instruments, capables d'informer et de soigner. Sous la pression des circonstances, nous allons peut-être assister à la naissance d'une nouvelle spécialité : *la parapsychologie clinique,* discipline exigeant une formation de psychothérapeute et de parapsychologue. Là, encore, cette jeune science se sera mise au service de la société. Il se pourrait donc bien que le champ de la recherche parapsychologique s'élargisse, que sa progression s'engage vers une nouvelle étape de développement : l'ouverture délibérée sur les problèmes de société.

Chapitre 4

Les méthodes d'étude de la psychokinèse (P.K.)

On peut définir la psychokinèse (cette « influence exercée par l'esprit sur la matière ») comme un mouvement ou un changement d'état provoqué par l'activité de l'esprit dans le continuum physique; et ce, en dehors de toute mobilisation musculaire ou intervention des processus organiques ordinaires. C'est au siècle dernier que la science s'est pour la première fois préoccupée de psychokinèse. Plus précisément, à l'époque où les adeptes du jeune mouvement spirite ont attesté de phénomènes apparemment inexplicables tels que de mystérieux coups frappés à l'intérieur d'une maison, ou encore d'autres effets physiques survenus à l'occasion des séances de spiritisme. De multiples témoignages de ce genre ont amené la science à enquêter sur l'authenticité de ces phénomènes. Sur leur authenticité, mais non sur leur causalité. Car ce qu'il semblait important d'établir au premier chef, c'était – et c'est toujours – la matérialité des faits.

Dans leur grande majorité, les parapsychologues s'accordent aujourd'hui à considérer que la psychokinèse et la perception extrasensorielle participent de la même substance et opèrent en étroite corrélation. Au fil des années, on a pu constater, en effet, que beaucoup de sujets exceptionnellement doués se sont révélés capables de s'acquitter, avec un égal succès, de tâches E.S.P. et P.K. [1].

Cela dit, la recherche sur la psychokinèse recourt à une méthodologie qui, sur plus d'un point important, diffère de celle qui est mise en œuvre quand on étudie la perception extrasensorielle. L'objet de ce chapitre est précisément de passer en revue les méthodes propres à l'étude de la P.K. et de souligner les raisons de leur spécificité.

La psychokinèse n'est pas une invention des adeptes du mouvement spirite. Les premiers témoignages qui ont été rapportés de ce phénomène - ainsi d'ailleurs que de la perception extrasensorielle - remontent aux premiers documents écrits de l'humanité. Il n'est que de relire l'Ancien et le Nouveau Testament pour constater qu'on y relate un grand nombre de cas de psychokinèse attestés par de nombreux témoins visuels : ici, c'est Moïse qui commande aux eaux de la mer Rouge de se retirer pour livrer passage au peuple hébreu ; là, c'est Jésus qui multiplie les pains et les poissons ou ressuscite les morts. Au cours du Moyen Âge, et dans divers pays d'Europe occidentale, nombre de magiciens et d'alchimistes ont acquis une vaste notoriété du fait de leurs pouvoirs d'intervention sur l'univers physique.

Parmi les « prodiges » observés à cette époque, citons pêle-mêle la lévitation, la modification des conditions météorologiques, l'apparition simultanée d'objets ou de personnes en divers lieux, la faculté de « faire parler » les choses ou de leur faire émettre des sons, et aussi celle de les déplacer à plus ou moins grande distance. Tout au long du XVIe siècle (et probablement dès avant cette époque), ont été rapportés divers phénomènes physiques inexplicables - coups redoublés frappés aux portes ou sur un plancher, bruits spontanément émis, translations d'objets, apparitions et disparitions mystérieuses, feux, fumées, pour ne citer que les plus fréquents - auxquels on refusait généralement de croire, mais qui n'en terrorisaient pas moins toute la famille occupant les demeures que l'on disait « hantées ». Plus tard, avec l'avènement du spiritisme et l'apparition des médiums professionnels, on observa que divers individus ayant grandi dans une maison visitée par les « esprits » - et qui à ce titre avaient été au centre de phénomènes relevant de la psychokinèse - devenaient, à leur tour, médiums quand ils atteignaient l'âge adulte. On comprend donc pourquoi, tout au long de l'histoire, l'imagination populaire a étroitement assimilé la psychokinèse à des forces réputées surnaturelles attribuées à la divinité, aux esprits du mal, ou encore

1. De plus, les schèmes de réponse fournis par les sujets des expérimentations E.S.P. sont pratiquement identiques à ceux des sujets des tests P.K., les uns et les autres accusant un même fléchissement des performances enregistrées entre le début et la fin des séances. Enfin, les conditions psychosociologiques qui semblent favoriser les scores élevés sont également de même nature.

aux âmes de défunts s'efforçant de communiquer aux vivants des messages en provenance de l'Au-delà.

Les phénomènes spontanés

Les cas isolés de manifestations psychocinétiques spontanées semblent relativement peu fréquents. Louisa Rhine (1931), qui a recensé plusieurs milliers de cas spontanés de phénomènes psi survenus au cours d'une période de trente ans, n'en a relevé, après analyse, que cent soixante-dix-huit. Cette relative rareté tient peut-être à ce que les manifestations de ce genre – un tableau se décrochant tout seul, une assiette qui se brise, un appareil tombant soudain en panne – passent généralement inaperçus, si un événement émotionnel susceptible de mobiliser l'attention ne se produit pas simultanément. L'un des phénomènes les plus couramment décrits est l'arrêt subit d'une horloge au moment où quelqu'un trépasse dans la famille. Dans les cas semblables, il est exceptionnel que l'interruption du mouvement d'horlogerie soit remarquée et rapportée par quiconque. Autre exemple de psychokinèse, bien connu cette fois : celui du mystérieux coup frappé dans la demeure de Freud le jour où son disciple Carl Jung se sépara de lui. Les deux hommes s'étaient réunis chez Freud pour débattre de leurs conceptions respectives de l'inconscient et leur discussion, qu'on devine orageuse, fut brusquement interrompue par un choc violent provenant de la bibliothèque. Cette discussion devait précisément consommer la rupture entre le maître et l'élève, et consacrer le partage de la psychanalyse théorique entre deux courants. Si la situation n'avait pas été si affectivement bouleversante pour les deux interlocuteurs, il est probable que ce jour-là ni l'un ni l'autre n'eût prêté attention à l'inexplicable phénomène acoustique. Du fait même que la simultanéité d'un état émotionnel particulier semble indispensable à l'identification, par l'attention, des événements de ce genre, on comprend pourquoi ces derniers passent le plus souvent inaperçus. Il est bien rare que les deux conditions (bruits inexplicables et bouleversement affectif) soient réunies au même instant. Aucun critère décisif ne permet donc d'établir avec certitude une présomption de simultanéité entre les deux phénomènes.

Les rares témoignages de cas de psychokinèse spontanée dont nous disposons risquent donc d'être imputables ou faussement imputés au hasard.

Une nouvelle direction de recherche a ravivé ces derniers temps l'intérêt porté au recensement systématique des cas de ce genre. À l'âge de l'ordinateur, on attache une attention spéciale aux interactions de l'homme et de la machine. Tout naturellement, les parapsychologues se demandent pourquoi certaines personnes semblent plus disposées que d'autres à se trouver là quand un appareil tombe en panne, quand un fusible saute, quand un ordinateur se dérègle ou quand une montre-bracelet se met subitement à afficher une heure fantaisiste. Si pareilles défaillances s'expliquent parfois par des causes purement physiques, les anecdotes de cette nature, recensées par Robert Morris, un chercheur de l'université Syracuse à New York, indiquent qu'on ne saurait éliminer l'hypothèse d'une causalité psychocinétique. Morris et ses collaborateurs ont d'ailleurs bien compris toute l'importance que revêt pour la recherche le recensement préliminaire des « pannes » de ce genre (Morris, 1985). L'analyse des accidents et des défaillances mécaniques enregistrés dans l'environnement industriel et domestique, par exemple, permet souvent de déterminer si une intervention de nature psychocinétique dans le cours d'une activité quotidienne est plausible ou pas. Étant donné qu'on se souvient fort bien d'un accident ou d'une panne – événements qui font en général l'objet d'un procès-verbal ou d'un compte rendu d'archives – cette source de données peut compenser l'indigence des témoignages dont on dispose sur les manifestations de psychokinèse. Un traitement approprié de la masse d'informations ainsi recueillie permet ensuite d'évaluer statistiquement les chances de panne de tel ou tel équipement quand celui-ci fonctionne en présence d'un individu bien déterminé.

Les études sur le terrain

Nous avons parlé, au chapitre 2, des principales conditions que les chercheurs doivent réunir quand ils entreprennent une étude *in situ* avec la collaboration d'un médium ou d'un télépathe professionnel (ou de sujets qui décident de se prêter volontairement à des recherches parapsychologiques). Il est d'usage de faire appel à des médiums confirmés chaque fois qu'il s'agit d'étudier un phénomène relevant de la psychokinèse; mais nombre d'individus ne faisant pas profession de leurs facultés médiumniques se sont spontanément proposés pour participer aux études de ce genre, après avoir constaté qu'ils avaient eux-mêmes expérimenté des phénomènes psychocinétiques. Parmi les plus connus, citons Uri Geller et Matthew Manning. L'un comme l'autre affirment avoir été depuis leur enfance au centre de phénomènes qu'il semble malaisé d'expliquer autrement que par la psychokinèse. Bien que n'étant pas médium de métier, Geller vit de ses talents parapsychiques en se produisant sur les scènes et devant les caméras du monde entier; il réalise pour son public des numéros de nature psychocinétique. Les controverses que n'ont point manqué de faire naître les convictions qu'il affiche montrent à quel point la circonspection s'impose à quiconque entreprend l'étude sur le vif de cette question. Bien que de multiples témoignages viennent accréditer les extraordinaires facultés de Geller, à notre connaissance aucune étude exhaustive n'est venue démontrer que ses « talents » satisfaisaient à l'ensemble des critères énumérés au chapitre 2. La légende qui entoure Geller fait de lui une sorte de magicien hors du commun, un personnage véritablement « inspiré », mais qu'il est difficile de classer dans une catégorie d'activités parapsychiques bien délimitée. L'interprétation des témoignages sur ses dons véritablement prodigieux commande une certaine prudence; nous devons nous borner à considérer ces témoignages comme des présomptions de psychokinèse et non pas comme des constats d'authenticité. Des expérimentations de laboratoire, conduites avec la participation de Geller et avec celle de Manning, n'en ont pas moins conclu que l'un comme l'autre était capable de produire avec un minimum de plausibilité des phénomènes de psychokinèse apparente (Houtkooper & De Diana, 1977; Putoff & Targ, 1974; Whitten, 1974). Dans le cas de Geller, cette conclusion prête d'ailleurs à équivoque : on le soupçonne fort, à l'exemple d'Eusebia Palladino, célèbre médium du siècle dernier, de truquer ses prestations sitôt qu'il en a l'occasion (Rogo, 1977).

Deux catégories de phénomènes de groupe considérés comme relevant de la P.K. représentent pour les chercheurs un excellent terrain à défricher. Avant de décrire ces phénomènes, notons que la conception même de la séance d'expérimentation a passablement évolué ces derniers temps. Une tendance se dessine en faveur de la suppression des médiums au bénéfice de petites équipes, composées de personnes suffisamment passionnées de psychokinèse pour se réunir à intervalles réguliers afin d'explorer son mode de manifestation.

Constituer des équipes assez homogènes pour conduire la recherche de façon totalement autonome est la formule idéale. Son principal avantage : contourner quelques-unes des difficultés inhérentes à la présence de participants étrangers. Pareilles études exigent bien sûr un temps considérable (Owen & Sparrow, 1974), mais Batcheldor (1966) considère que ce mode d'expérimentation élimine les effets inhibiteurs que provoque la présence de témoins venus de l'extérieur; il évite aussi les blocages dus aux refus, de la part des sujets, d'endosser seuls la responsabilité des phénomènes produits. Nous avons déjà parlé de ces blocages au chapitre précédent. La structuration d'équipes homogènes, composées de volontaires qui visent le même but facilite grandement l'apparition des manifestations psychocinétiques. Rush (1977), lui, considère que ces manifestations sont généralement dues à la présence au sein du groupe d'un individu plus particulièrement doué, même si celui-ci ignore tout de ses facultés médiumniques. Quoi qu'il en soit, dans ces études de groupe les participants, persuadés qu'aucun médium véritable n'est à l'origine des phénomènes enregistrés, attribuent ces derniers à la persévérance de leurs tentatives.

Pour essayer de provoquer à court terme des effets de psychokinèse, un autre type de procédure a également été mis en œuvre. Des réunions, qu'il est désormais convenu d'appeler des « sauteries P.K. », ou plus familièrement des « parties de tord-cuiller », sont organisées sans protocole, entre amis, et dans la bonne humeur. Ces séances informelles sont orchestrées par un animateur expérimenté, dont le rôle est de mettre de l'ambiance tout en dirigeant les activités des invités. L'atmosphère surchauffée amène tel ou tel participant à tordre sans effort apparent diverses pièces d'argenterie et à leur donner les formes les plus biscornues. Plus l'excitation collective, nourrie des premiers exploits réalisés, croît en intensité, et plus il devient facile aux participants de renouveler ces tours, parfois même sans le moindre effort physique. Ces sauteries, sans authentifier la validité du phénomène P.K., permettent à l'expérimentateur (qui, en l'occurrence, se contente de jouer le rôle d'observateur impartial), d'analyser ses propres impressions et ses propres attitudes en présence des effets dont il est le témoin ; ainsi, il sélectionne parmi les participants les plus doués ceux qu'il se réserve de soumettre, plus tard, à des tests de laboratoire rigoureusement contrôlés. De plus, ces parties lui donnent l'occasion de saisir sur le vif la dimension psychosociologique de la psychokinèse. Cynthia Siegel (1984), par exemple, a pu assister à de multiples sauteries P.K., observer le comportement des invités, dresser l'inventaire de leurs convictions et analyser les retentissements provoqués en eux par les phénomènes psychocinétiques dont ils avaient été les témoins ou les protagonistes.

La psychokinèse récurrente spontanée (P.K.R.S.)

Le type d'étude sur le vif le plus largement répandu, le plus révélateur et le plus prometteur (il nous dote d'une meilleure compréhension de la psi dans les circonstances de la vie réelle) est de loin celui du *poltergeist,* ou psychokinèse récurrente spontanée. Entendons par-là l'ensemble des phénomènes paranormaux qui se produisent dans les lieux réputés hantés. Hans Bender (1974), le fondateur du laboratoire de Parapsychologie de l'université de Fribourg-en-Brisgau, a écrit de ce type d'étude qu'il était « ... la *via regia,* la voie royale vers une compréhension plus vaste de l'homme, de sa situation dans la nature et de la nature elle-même » (p. 142). Et pour William Roll (1977), l'étude directe de la psychokinèse récurrente spontanée ne se contente pas d'avancer des preuves. Elle ambitionne aussi de formuler des hypothèses vérifiables, de concevoir des procédures expérimentales originales.

Qu'est-ce qui convainc les chercheurs de l'intérêt tout particulier porté au phénomène poltergeist? Divers éléments. Tout d'abord, l'activité poltergeist se caractérise par des manifestations directement observables sur une assez vaste échelle. L'observateur n'a pas besoin de recourir à un test statistique pour essayer d'interpréter le mouvement d'un canapé qui se déplace tout seul ou la rotation à cent quatre-vingt degrés d'une réception de télévision sur son support. En outre, ces phénomènes ne sont pas perçus par un individu mais par toutes les personnes présentes au moment où ils se produisent, y compris par des observateurs venus là pour les observer. Pratt & Palmer (1976) par exemple, ou encore Roll (1969), ont assisté à des effets spontanés de psychokinèse récurrente dans des circonstances quasi idéales.

La plupart de ces phénomènes, que l'imagination populaire attribue traditionnellement aux « esprits », aux « revenants » ou aux « fantômes », sont rapportés par les membres d'une même famille. Mais il arrive que des amis, des voisins, des proches parents, des membres de la police ou d'autres personnes encore en témoignent également.

Un autre facteur facilite grandement les enquêtes sur ce type de psychokinèse : celle-ci ne se borne pas à une manifestation brève et isolée. Des événements se déroulent pendant une certaine période – de quelqucs jours à quelques semaines – tout au long de laquelle l'activité psychocinétique observée se répète à intervalles variables (d'où son appellation de récurrente) et souvent rapprochés, sous la forme de manifestations inexplicables. Ce caractère répétitif représente un atout majeur pour le chercheur ou le collectif de chercheurs.

Autre atout majeur de la psychokinèse : l'événement inexplicable semble se reproduire chaque fois que certaines conditions, toujours les mêmes, se trouvent réunies. Dans un cas observé par l'un de nous à Philadelphie, par exemple, le couvercle d'un réservoir de toilettes s'était littéralement « envolé », et ce, à deux reprises, pour franchir la porte de la pièce et atterrir bruyamment dans le vestibule. Or, chaque fois, le phénomène s'était produit alors qu'une fillette de treize ans se lavait les mains dans le lavabo de la salle de bains. Son père était assis près de la porte, sur une marche de l'escalier. L'équipe décida donc de recréer des circonstances identiques afin d'inciter le poltergeist à se reproduire. Mais, cette fois, le couvercle de céramique avait été nettoyé avec soin (et à l'insu des occupants de la maison) pour en éliminer toute trace d'empreintes digitales. On demanda alors à la petite fille et à son père de reconstituer la situation décrite en reprenant leurs places respectives dans la salle de bains et dans l'escalier. Aussitôt, le couvercle du réservoir se montra coopératif : il revint atterrir dans le vestibule, au même endroit. Après examen, il se révéla que ce couvercle ne portait aucune trace d'empreinte, ce qui semblait prouver que personne ne l'avait projeté; mais des tests ultérieurs amenèrent les enquêteurs à constater que l'œil n'est pas toujours capable de déceler des empreintes fraîchement déposées sur une surface lisse. À cette étape de l'enquête, la mère de la petite fille prit peur et demanda aux enquêteurs de cesser d'inciter le phénomène de poltergeist à se répéter (Krieger, Dal Corso & Solfvin, 1979). L'enquête en resta donc là. Cet exemple montre fort bien toute l'exploitation qu'une étude de ce genre peut faire d'un phénomène de psychokinèse récurrente qui a tendance à se manifester spontanément chaque fois que sont réunies certaines conditions bien précises.

Enfin, dernier avantage que présentent les cas de poltergeist pour la recherche psi : l'observateur peut d'emblée centrer son attention sur certains éléments spécifiques de chaque phénomène. Le plus souvent, on constate en effet que l'activité P.K.R.S. est étroitement associée à la présence d'une personne bien précise. L'événement semble s'organiser autour de cet agent et ne se manifeste pas en son absence. Plus encore, il semble que cet agent soit « plus proche » de l'événement que les autres individus témoins. Une fois que les enquêteurs ont identifié cet agent, dont la présence semble conditionner telle ou telle manifestation de poltergeist, ils disposent d'un moyen de prédire la vraisemblance de futures manifestations du même type, ainsi que le site dans lequel elles ont le plus de chances de se reproduire. Identifications leur permettant de recueillir de surcroît des informations d'ordre pathologique, physiologique, psychologique et sociologique plus pertinentes. Certes, les chercheurs n'ont pas systématiquement la partie belle à partir du moment où c'est sur un cas de psychokinèse récurrente spontanée que porte leur enquête. Souvent, les phénomènes rapportés qui les déterminent à venir en dresser le constat sur place s'interrompent avant même qu'ils n'arrivent sur les lieux. Et dans le meilleur des cas, c'est-à-dire quand les phénomènes se produisent en leur présence, il est rare qu'ils puissent les observer directement. Beaucoup d'enquêtes ne débouchent sur aucune conclusion péremptoire, en dépit du temps et des efforts considérables consacrés à l'entreprise.

Des considérations d'ordre éthique ou humanitaire entravent aussi le déroulement d'une étude rigoureuse sur le terrain. Pareille initiative est ressentie comme une intrusion par les différents occupants du foyer « envahi ». Car, dans la grande majorité des cas, les phénomènes de psychokinèse récurrente ont pour cadre une demeure familiale. Si l'équipe de recherche a été avisée de ces phénomènes, c'est généralement parce que la famille en question, troublée par les événements inexplicables dont elle est le témoin, a fini par chercher aide et réconfort, soit en faisant directement appel à un centre de recherche psi, soit en prévenant la police ou en consultant un ministre du culte. Parfois aussi, c'est par le truchement des médias que les enquêteurs prennent connaissance des événements. Quand ils arrivent sur les lieux, ils constatent que les occupants ne désirent qu'une seule chose : qu'un terme soit mis à ces activités incompréhensibles, alors que les arrivants, on le devine, souhaitent ardemment le contraire. Mais ces apparents conflits d'intérêts ne sont que de faux conflits. L'enquête menée par l'équipe de recherche prend valeur d'instrument de diagnostic, et aussi de praxis : elle permet de décider des mesures qui s'imposent pour mettre un terme aux phénomènes alarmants. L'intervention des enquêteurs permet *la plupart du temps* de restaurer le calme, et dans la maison, et dans les esprits de la maisonnée (Roll, 1977).

Avant même d'arrêter les modalités d'une enquête de ce genre, il faut chercher à déterminer les véritables raisons poussant le ou les intéressés à souhaiter que les phénomènes décrits soient pleinement confirmés. Nombre d'enquêteurs ont pu constater à maintes reprises que les membres d'une même famille attachent une grande importance à ce que leur parole ne soit point mise en doute. Ils n'ont de cesse que leurs interlocuteurs soient convaincus de l'authenticité des faits qu'ils rapportent. Pourquoi? Parce que, à partir du moment où ils appellent à la rescousse un enquêteur quelconque (un prêtre, la police, un parapsychologue ou toute autre personne), ils s'exposent à « défrayer la chronique ». Ils ne se risquent à le faire qu'en dernière extrémité, quand l'activité poltergeist est devenue si perturbatrice qu'elle ne laisse guère d'autre choix que d'appeler à l'aide. Les familles qui franchissent cet ultime pas attendent donc des enquêteurs qu'ils commencent par authentifier publiquement les faits.

Pareille exigence conduit souvent l'enquêteur, aussi désireux soit-il d'en apprendre davantage, à réfléchir sérieusement sur l'opportunité d'une enquête dont il ignore encore si elle sera profitable à ceux qui l'ont sollicitée, et à ceux qui vont la conduire. Il y a un élément positif dans l'affaire : l'enquêteur peut recueillir des informations de première main sur le phénomène poltergeist. Et pour peu qu'il compatisse à la détresse de ses interlocuteurs, il est en mesure de proposer des solutions qui mettent un terme à la situation perturbatrice, soit en éclairant la famille sur les tenants et aboutissants des phénomènes poltergeist (c'est-à-dire en l'aidant à départager le vrai du faux), soit en faisant appel à des personnes compétentes (médecins, assistantes sociales, psychologues, et dans certains cas ministres du culte) que les intéressés n'avaient point songé à solliciter. L'enquêteur se doit de subordonner ses propres intérêts à ceux, plus immédiats, de ses interlocuteurs.

En se livrant à une première analyse du phénomène récurrent, un effet poltergeist ou une apparition, les enquêteurs cherchent à s'entourer de certaines garanties. Ils ne poussent plus avant leur enquête que s'ils estiment avoir des chances de pouvoir observer le phénomène *in situ*. Trois questions déterminantes se posent : 1. Quelle est la fréquence des phénomènes décrits ? 2. À quelle date le dernier phénomène s'est-il produit, et en quoi consistait-il très exactement ? 3. Les faits rapportés par les membres de la famille sont-ils corroborés par d'autres témoins (amis et connaissances, voisins, proches parents) présents au moment où le phénomène s'est produit ?

Dans certaines situations, l'observation directe n'est pas la condition sine qua non, pour la mise en lumière d'un cas. Si les enquêteurs peuvent interroger des témoins extérieurs suffisamment nombreux, elle n'est pas indispensable. Mais ce n'est là qu'un pis-aller.

Le contenu descriptif des récits, la disposition des lieux, l'intensité avec laquelle le phénomène rapporté s'est manifesté dans telle pièce plutôt que dans telle autre, l'heure et les circonstances de sa manifestation, la confirmation des faits par des témoignages étrangers, les antécédents pathologiques et psychologiques des différents membres de la famille représentent autant d'éléments qu'il faut prendre en compte si l'on veut brosser un tableau symptomatologique complet, à partir duquel seront formulées des hypothèses de recherche et des mesures susceptibles d'aider la famille à « rétablir la situation ». Solfvin et Roll (1976), qui n'avaient pas observé directement le phénomène décrit, ont pu établir qu'il s'agissait vraisemblablement d'un effet poltergeist ; de plus, ils ont mis en évidence une corrélation temporelle entre le déroulement des faits considérés comme paranormaux, et l'évolution de crises épileptiformes chez un jeune homme (l'agent) qui, invariablement, s'était trouvé au centre des événements. Cette découverte entraîna une nouvelle analyse de divers cas antérieurs de même nature, laquelle aboutit à une constatation intéressante : les phénomènes de poltergeist sont corrélés de façon significative, à des troubles épileptiques diagnostiqués (ou à des tracés électroencéphalographiques épileptiformes) chez les agents dont la présence semble indispensable à la manifestation de ces phénomènes.

Dans un autre cas encore, l'audition des témoins et l'examen des lieux ont permis à Hastings et Krippner (1961) de conclure que l'agent (en l'occurrence le petit-fils d'un couple âgé) avait selon toute vraisemblance usé d'un artifice pour simuler le phénomène P.K.R.S., et ce afin de terroriser ses grands-parents, lesquels avaient fini par quitter leur maison qu'ils croyaient « hantée ». Chose curieuse, sitôt que cette présomption de fraude fut révélée par les enquêteurs à la famille, les effrayantes manifestations cessèrent d'elles-mêmes.

Pour recueillir un maximum d'informations sur les cas de ce genre, l'équipe enquêtrice doit être composée de chercheurs issus de différentes disciplines, doués de divers talents, et disposant pour les besoins de leur enquête d'un matériel approprié. Il est indispensable que plusieurs membres de l'équipe soient rompus aux techniques de l'interview : ils ont pour tâche d'interroger séparément chacun des membres de la famille et chacune des personnes extérieures à la famille présentes au moment des faits. Ils doivent également s'entretenir avec chacun des visiteurs de la maison (que ces derniers aient assisté ou non aux événements), ramener à leur juste proportion les dires des témoins et mettre en lumière les indices venant confirmer ou infirmer la plausibilité des manifestations décrites. Bien entendu, les interviews, non directionnelles, sont menées de telle sorte que les personnes questionnées répondent à leur guise. Il est préférable que les différents enquêteurs s'accordent au départ sur la durée moyenne des « interrogatoires », afin de conserver à l'enquête une certaine unité. Chaque phénomène P.K.R.S. survenant dans des circonstances particulières, les procédures d'interview doivent conserver une grande flexibilité. Il est toujours appréciable que l'un des enquêteurs au moins ait été formé aux techniques utilisées dans les tests psychologiques, en particulier dans les tests de projection tels que le Rorschach.

Que chacun des membres de la famille, et au premier chef l'agent, soient soumis à une batterie complète de tests (comprenant des tests de projection) par un psychologue de métier qui ne sache *rien* des événements survenus dans la maison : tel est le cas de figure idéal. Cette façon de procéder garantit l'objectivité des bilans psychologiques. Or, la nécessité de soumettre les témoins d'un phénomène poltergeist à des tests de cette nature pose parfois de délicats problèmes aux enquêteurs : les personnes questionnées ont le sentiment que, si on les interroge, c'est qu'on met en doute leur équilibre mental. Une mise en confiance préalable s'impose donc dans la plupart des cas, mise en confiance qui peut être amplement facilitée par la présence, lors des entretiens, d'une personne étrangère, par exemple un prêtre, un médecin ou un proche dont la famille respecte l'intégrité ou l'autorité.

L'équipe de recherche doit (idéalement) comprendre aussi un technicien : son rôle consiste à enregistrer, à l'aide d'un appareillage audiovisuel adéquat, les données liées aux phénomènes électriques ou électromagnétiques détectables dans l'environnement, ou d'autres données mesurables, variables selon la nature du cas étudié (mesures thermométriques des effets de chaud et froid, ou mesures dynamométriques des contraintes exercées sur tel ou tel meuble). L'appareillage utilisé ne doit pas perturber l'atmosphère psychologique des lieux, laquelle joue parfois un rôle de premier plan dans la manifestation du phénomène. Cette mise sous surveillance électronique peut, non seulement enregistrer les effets de psychokinèse récurrente physiquement décelables, mais aussi les interactivités et les interéchanges se produisant parmi les différents membres de la famille.

Bref, une équipe bien rodée munie d'une profusion d'appareils, telle serait la formule idéale. Dans la pratique, les cas de poltergeist sont le plus souvent étudiés par un seul chercheur, parfois deux, avec, pour tout matériel, un banal magnétophone. Car la mise sur pied d'une équipe répondant aux critères que nous venons de définir exige un certain temps et de solides moyens financiers! Alors que les phénomènes de P.K.R.S., eux, requièrent une intervention immédiate. Divers chercheurs ont bien envisagé la constitution d'équipes mobiles prêtes à intervenir à tout instant, mais cette ambition est demeurée jusqu'ici à l'état de projet. Faut-il, d'ailleurs, mobiliser de multiples ressources dans une entreprise qui risque fort de tourner à l'extrême ralenti? Les phénomènes de poltergeist justifiant une enquête sont relativement rares. De plus, l'intrusion intempestive d'un laboratoire sur roues peut interrompre le déroulement du phénomène en cours. Enfin, l'on peut se demander si les activités mises en jeu lors de ce phénomène ne menacent pas de perturber ou de faire tomber en panne les appareils d'enregistrement. Car qui nous prouve, par exemple, quand on enregistre des potentiels sur un voltmètre, que les mesures effectuées sont dues à des activités électriques et non pas à un effet P.K.R.S.? Quoi qu'il en soit, les parapsychologues doivent, pour l'instant, se contenter d'une formule de compromis.

La sagesse consiste, en un premier temps, à dépêcher sur les lieux deux enquêteurs expérimentés munis d'un simple enregistreur; ensuite, si les premières informations recueillies plaident en faveur d'une étude plus approfondie, une équipe plus lourde et mieux pourvue en matériel leur est envoyée en renfort. À supposer qu'un jour les parapsychologues disposent d'unités mobiles, c'est vraisemblablement cette même méthode d'intervention en deux phases qu'ils continueront d'appliquer.

Quand on entreprend d'étudier un cas de psychokinèse récurrente spontanée, les données colligées ne sont jamais trop nombreuses. Le dossier médical et psychologique de chacun des membres de la famille est une pièce capitale : un traitement récent peut avoir retenti d'une façon ou d'une autre sur le phénomène P.K.R.S. De la même façon, des biographies individuelles succinctes sont d'une aide précieuse si l'on veut se faire une idée précise des habitudes et des manies de chacun. Un plan fidèle de la maison, dessiné à l'échelle, auquel on puisse se reporter à loisir, est indispensable. (Il sert également de support visuel lors des interviews, quand les témoins décrivent les événements.) Quant aux événements eux-mêmes, ils font l'objet d'un compte rendu détaillé. Roll (1976) a d'ailleurs dressé une liste de questions types à poser aux témoins.

Premier objectif : qu'aucune explication ordinaire ne puisse rendre compte des faits rapportés.

La plupart du temps, les événements ont cessé de se produire au moment où l'équipe arrive à pied d'œuvre. Quand ils continuent de se dérouler, il est rare que quelqu'un, parmi les arrivants, occupe d'emblée la position requise pour les observer clairement. Le témoignage de personnes extérieures à la famille prend donc une importance considérable. Aucun critère décisif ne permet hélas de déterminer en toute circonstance la crédibilité de ces témoignages de seconde main. En règle générale, on s'efforcera donc de recueillir le plus possible de témoignages directs. Dans la pratique, les parapsychologues doivent fonder leur jugement sur des témoignages plus discutables, rapportés par des personnes qui, au moment des faits, n'étaient pas placées dans des conditions idéales d'observation.

Pour qu'un phénomène en apparence inexplicable soit considéré comme un cas de poltergeist, il suffit parfois qu'un observateur digne de foi, étranger à la famille, rapporte qu'il a été le témoin de faits dépourvus de toute causalité ordinaire survenus dans des circonstances apparemment normales.

Les témoignages de ce genre *n'établissent pas* pour autant qu'on ait affaire à un phénomène paranormal ! Estimer qu'un phénomène inexplicable relève du type poltergeist ne revient pas à démontrer sa nature paranormale, loin s'en faut. Sur le terrain comme au laboratoire, nulle équipe de recherche ne peut conclure catégoriquement que tel phénomène est paranormal et que tel autre ne l'est pas. Avant de formuler pareilles conclusions, bien des précautions s'imposent... En effet, nombre de faits attribués au départ à la psychokinèse n'ont pas résisté à une enquête approfondie. Phénomènes paranormaux et artifices frauduleux étaient subtilement combinés. Là, la tâche se complique. La découverte d'une ou de plusieurs fraudes ne doit cependant pas déterminer les enquêteurs à renoncer à leur enquête. Car il arrive qu'un membre de la famille, le plus souvent l'agent, s'efforce de prolonger cette manifestation pour que d'autres personnes aient le loisir de l'observer. On ne conseillera donc jamais trop la prudence sur ce terrain : les détracteurs de la parapsychologie se montrent prompts à proclamer que *tous* les phénomènes de poltergeist, sans exception, s'expliquent par des causes parfaitement normales ou bien relèvent de l'imposture.

Les sondages

La psychokinèse fait-elle partie de l'existence quotidienne ? Selon quelle fréquence se manifeste-t-elle ? À qui ? Sous quelle forme est-elle perceptible ? Peut-on chiffrer en pourcentage le nombre de gens qui, un jour ou l'autre, ont été témoins d'effets ostensibles de psychokinèse dans leur vie de tous les jours? Ces phénomènes ne se manifestent-ils qu'en présence de certains individus, à répétition et sous diverses formes? ou au contraire les humains, dans leur grande majorité, peuvent-ils les observer au moins une fois dans leur vie?

Nul ne peut répondre pertinemment à ces questions. Seuls des sondages d'opinion pourraient nous éclairer; or nous sommes à l'aube de ce type de recherche. Et puis, divers problèmes viennent compliquer la tâche des parapsychologues soucieux de projeter un peu de lumière sur ces zones d'ombre. Premièrement, aucune terminologie codifiée ne décrit les phénomènes de psychokinèse.

Ainsi, voulant dire la même chose, deux interlocuteurs recourent bien souvent à des vocables différents; ou, à l'inverse, interprètent différemment un même vocable. Palmer et Dennis (1975) ont demandé à un échantillonnage de sujets choisis au hasard parmi les habitants de Charlotteville, en Virginie, de répondre à la question suivante : « Vous est-il arrivé de voir un objet se déplacer sans que vous puissiez comprendre comment? » Environ 10 % des personnes questionnées ont répondu par l'affirmative. Mais, ce faisant, était-ce bien à la question des deux auteurs qu'ils répondaient? Difficile à dire. Cette même question ayant été posée aux habitants de la baie de San Francisco par un groupe d'étudiants de l'université John F. Kennedy (Orinda, Californie), les personnes questionnées pensaient souvent que les enquêteurs faisaient allusion à des O.V.N.I. ou à des soucoupes volantes. La plupart des gens ont plus d'une occasion de voir se déplacer des objets, sans pour autant connaître la nature exacte des causes, pourtant normales, de leurs déplacements. Pourquoi un tableau se décroche-t-il soudain du clou auquel on l'a accroché? Pourquoi une horloge avance-t-elle, retarde-t-elle, s'arrête-t-elle? Pourquoi cette bouteille se brise-t-elle, alors qu'elle a été à peine touchée? La grande majorité des gens ignorent tout de ce qui produit des effets cinétiques semblables. Ils se contentent de les admettre sans chercher à en approfondir les causes. Certains individus répondent peut-être par l'affirmative à une question du genre de celle qu'ont posée Palmer et Dennis simplement parce que cette question évoque des phénomènes explicables, dont ils ignorent ou n'ont pas compris la véritable causalité. À l'inverse, certains répondent peut-être par la négative du fait que, dans leur esprit, tout déplacement d'objet obéit nécessairement à des lois causales, même si ces lois leur sont inconnues.

Les réponses aux questions de cette nature révèlent tout de même une caractéristique importante : la propension des individus à enregistrer consciemment les événements qui surviennent dans leur environnement immédiat, surtout quand ces événements leur apparaissent comme des anomalies. Plus importantes encore sont les coïncidences relevées par les témoins de phénomènes anormaux entre la « chose inexplicable » et leur propre état affectif au moment des faits. Un tableau se décroche d'un mur au cours d'une querelle, des bruits bizarres, craquements, grincements ou autres, se font entendre dans la maison peu de temps après la mort d'un être cher, une bouteille se brise dans la main d'une personne au comble de la colère, autant d'événements physiques que l'esprit enregistre comme des phénomènes « anormaux ».

Si le vocabulaire de la perception extrasensorielle ne prête à aucune équivoque, celui qui décrit les manifestations de la psychokinèse pèche grandement par défaut. Des mots tels que « télépathie », « clairvoyance », « prémonition », « prophétie » sont intelligibles pour tout un chacun. Certes, on fait parfois usage du mot « intuition » pour désigner certains effets de perception extrasensorielle, mais la plupart des gens l'interprètent alors sans ambiguïté. Alors que le lexique ne nous fournit aucun substantif spécifique pour décrire le fait qu'un tableau chute tout seul lors d'une dispute. On peut bien sûr parler de coïncidence, de concours de circonstances, voire d'isochronisme; mais dans leur acception commune ces mots ou expressions ne sous-entendent pas que les « circonstances » sont insolites ou anormales. Alors : *coïncidence signifiante*? Plutôt pédant, sans être clair. *Synchronicité,* pour utiliser la terminologie de Jung (1969)? L'homme de la rue n'établit pas forcément de distinction entre ce néologisme et le mot synchronisme. Quant à *psychokinèse,* quel terme élitiste, destiné aux initiés! Cette absence d'une terminologie universelle pour désigner les phénomènes de poltergeist reflète notre incapacité à mesurer la véritable fréquence de leurs manifestations.

Lors d'une récente étude conduite par un groupe d'étudiants titulaires d'un diplôme de parapsychologie de l'université John F. Kennedy (voir les mêmes qui avaient posé la question : « Vous est-il arrivé de voir un objet se déplacer sans que vous puissiez comprendre comment? »), la question suivante était posée à l'échantillonnage, composé de personnes choisies au hasard parmi la population du comté d'Orinda : « Certains appareils ménagers, certaines machines ou autres dispositifs ont-ils tendance à fonctionner différemment (c'est-à-dire mieux ou plus mal) quand c'est vous qui les utilisez? » Là encore, environ une personne sur dix a répondu affirmativement. Reste à déterminer si ce sont *les mêmes* qui ont répondu « oui » dans les deux enquêtes, ou si les réponses affirmatives à l'une et à l'autre questions proviennent d'individus différents. Mais le sondage cité compte parmi les tout premiers de ce genre. Un remaniement du questionnaire s'impose si les enquêteurs entendent tirer du dépouillement des résultats statistiques plus élaborés. L'application des techniques de l'enquête d'opinion au domaine psi fournira des informations plus pertinentes sur le mode de perception des manifestations psychocinétiques dans la vie quotidienne.

Tout sondage sérieux se doit de définir clairement la catégorie de gens sur laquelle va porter l'investigation, puis de sélectionner avec soin un échantillonnage représentatif de la population considérée, enfin de formuler des questions de la façon la plus intelligible au plus grand nombre si l'on veut que les réponses fournies par l'échantillonnage soient précises. Dans le cas particulier de la psychokinèse, on pourrait ajouter aux sondages d'autres questions : « Vous est-il arrivé d'avoir une *période de chance?* », « Avez-vous eu un jour l'impression d'influencer par la pensée un objet ou un événement? » « Vous a-t-il jamais *semblé* qu'un objet avait disparu de l'endroit où vous *saviez* l'avoir placé? » Des questions de ce genre, d'autres encore, devront être posées, reformulées et reposées un grand nombre de fois avant que les parapsychologues ne commencent à mieux cerner la place que prend la psychokinèse dans notre vie de tous les jours. Par ailleurs, seules de multiples interviews en profondeur, portant sur une grande variété d'individus, viendront nous dire quelles questions provoquent les réponses désirées. En attendant, la parapsychologie ne peut guère fournir que des esquisses de réponse. Quelle part tient véritablement la psychokinèse dans les préoccupations et les convictions de nos semblables? Tout ce que l'on en sait pour l'instant, c'est qu'environ 10 % des personnes sondées en divers points du monde occidental affirment leur croyance en la réalité du phénomène psychocinétique, sans savoir au juste en quoi il consiste.

Les études expérimentales

J. B. Rhine, à qui nous devons le mot psychokinèse, ou P.K., aura été le véritable fondateur de la parapsychologie expérimentale. Impressionné par les déclarations d'un joueur qui se flattait de pouvoir influencer le résultat d'un coup de dés par sa volonté ou en faisant le vœu intense que telle ou telle combinaison « sorte », Rhine conçut diverses procédures pour vérifier les allégations de son interlocuteur, lequel avait accepté de se prêter aux expérimentations. Il enregistra ainsi les résultats de très longues séries de coups « influencés » par le sujet. Ces coups étaient joués avec des dés appartenant à Rhine et le sujet n'était pas autorisé à les lancer lui-même. Recourant au même principe que celui sur lequel reposent les tests de perception extrasensorielle, Rhine se proposa de vérifier si le chiffre cible « sortait » plus fréquemment – et selon quel pourcentage de fréquence – que ne le laissaient prévoir les lois du hasard. Étant donné qu'un dé comporte six faces et que chacune de ses faces représente un chiffre, le chiffre cible doit donc sortir une fois sur six. Il est donc relativement simple de calculer statistiquement la probabilité, ou plutôt l'espérance d'apparition moyenne d'une combinaison cible sur un grand nombre de coups. Rhine constata que son sujet tirait la combinaison choisie un nombre de fois supérieur à la moyenne probabiliste. Le joueur en question n'avait donc pas menti en affirmant qu'il pouvait influencer les coups par sa volonté d'obtenir tel ou tel résultat (L. E. Rhine & J. B. Rhine, 1943).

Tout au long des années quarante, les expérimentations de ce genre sur la psychokinèse suscitèrent un enthousiasme considérable chez les chercheurs qui entouraient Rhine au laboratoire de parapsychologie de l'université Duke. De multiples procédures y furent mises au point avant d'être testées sur d'innombrables sujets. Pour la plupart, ils ne faisaient preuve d'aucune aptitude particulière à gagner au jeu. La méthode expérimentale de base demeura longtemps la même (le lancement des dés). Divers perfectionnements lui furent apportés à mesure qu'on en décelait les défauts méthodologiques. Ainsi la main fut-elle relayée par le godet pour le lancement des dés, puis par des dispositifs purement mécaniques. En outre, on modifia la valeur du chiffre cible en cours d'expérimentation pour éviter la tendance que peuvent avoir certains dés à s'immobiliser sur telle face plutôt que sur telle autre après avoir roulé.

Ces travaux mirent en évidence, fortuitement, un phénomène qui stimula beaucoup la curiosité des chercheurs : l'effet de *déclin par quartiers* des scores, ou pour mieux dire de la *distribution* des scores sur les feuilles de marque utilisées pour les enregistrer. Ces feuilles standard comprenaient dix colonnes verticales de vingt-cinq carrés chacune. Après chaque coup, les points obtenus par les sujets étaient notés dans un carré. Si, en effet, on plie en quatre une feuille de ce type, selon deux plis médians perpendiculaires, l'un vertical et l'autre horizontal, on subdivise celle-ci en quatre quartiers d'égale importance. Cette double pliure fit apparaître l'effet de déclin dont nous venons de parler. Elle révéla, chez les sujets, une tendance très nette à accuser de meilleurs scores lors du premier quart de l'épreuve (le quartier supérieur gauche) que lors du dernier (le quartier inférieur droit). Manifestement, les scores allaient décroissant du début à la fin de la partie. Cette découverte fortuite incita Rhine et Humphrey (1944) à réexaminer les résultats de leurs expérimentations antérieures, réexamen qui confirma la réalité de l'effet de décroissance.

Quel est l'intérêt de cette découverte? Tout d'abord, cette caractéristique renforce la plausibilité des phénomènes psychocinétiques. En effet, même si l'on admet que le total des coups « justes » peut s'expliquer par certains défauts intrinsèques des dés, par un artefact minime et statistiquement indécelable, ou par un « effet de martingale », en aucun cas ce phénomène de décroissance générale des scores, observé chez de nombreux sujets, ne peut être imputé à une imperfection quelconque de la méthode expérimentale. Pour Rhine, donc, ces modèles de distribution des scores plaident bien davantage en faveur de la réalité P.K. que ne le font les scores d'ensemble, considérés dans l'absolu. Ensuite, ces mêmes modèles semblent démontrer que le mode opératoire de la psychokinèse obéit à certaines lois. Donc, ils suscitent une recherche scientifique plus approfondie.

Aux alentours de l'année 1950, Rhine était convaincu d'avoir réuni suffisamment d'éléments pour conclure à la réalité de la psychokinèse (et de la perception extrasensorielle). Il considérait que la recherche devait s'employer à démontrer les processus opératoires propres à ces phénomènes. À cette même époque, une nouvelle procédure expérimentale, dite *méthode du positionnement P.K.*, vint relayer celle qu'on avait substituée aux procédures originales reposant sur le tirage du « bon numéro ». Mise au point par un ingénieur suédois et un parapsychologue américain (Haakon Forwald & W. E. Cox), la méthode du positionnement P.K. reposait, elle aussi, sur le jeu de dés, à cette différence près que cette fois, le sujet n'avait plus à « tirer » une combinaison prédéfinie, mais à influencer mentalement la trajectoire des cubes, afin qu'ils viennent se positionner dans un emplacement prédélimité. Dans la procédure conçue par Forwald (1952), les dés étaient libérés par un dispositif mécanique, lequel les faisait chuter, puis rouler sur le plateau d'une table. Une ligne séparait en deux secteurs, gauche et droit, la surface de la table. Le sujet (en l'occurrence Forwald, car, au début, il testa lui-même sa procédure) devait choisir mentalement le secteur dans lequel les dés allaient tomber. Ensuite, il devait activer le mécanisme faisant chuter les dés. Enfin, il devait enregistrer le résultat du coup, autrement dit mentionner le côté de la table sur lequel le ou les dés venaient s'immobiliser. Une analyse statistique ultérieure se proposait de déterminer si des écarts significatifs (par rapport à la moyenne probabiliste) indiquaient que la volonté du sujet avait influencé le cours du roulement des dés. En outre, cette méthode d'évaluation de l'effet de psychokinèse permettait de mesurer quantitativement les déviations de trajectoire des dés par rapport à la ligne médiane, donc, de calculer théoriquement la *somme* d'énergie imputable aux facteurs psychocinétiques. Cette méthode du positionnement P.K. permit à Forwald et Cox de vérifier diverses hypothèses, en particulier si une variation de taille, de forme et de poids des objets dont les trajectoires étaient mentalement influencées avait un effet sur lesdites trajectoires; ou si le lancement d'objets multiples en un seul coup modifiait la fréquence du phénomène.

Vers le début de la décennie soixante, l'intérêt général des chercheurs pour la psychokinèse faiblit. Le compte rendu critique, dressé par Girden (1962), des travaux effectués dans ce domaine reflète l'opinion de certains parapsychologues de l'époque : pour eux, ce type de recherche livrait des résultats parcimonieux. Les travaux sur la perception extrasensorielle apportaient des éléments plus nets et plus sûrs. En tout cas, de nombreuses procédures nouvelles voyaient le jour.

La réalité de la psychokinèse se vérifiait dans l'influence de la pensée humaine sur la croissance ou les mouvements des plantes et des animaux. Cette découverte fut à l'origine de travaux expérimentaux d'un genre nouveau (ceux de Grad, Cadoret et Paul en 1961, par exemple). Les chercheurs étudièrent les effets des thérapeutiques dites « psychiques » sur la guérison de lésions épidermiques chez la souris.

Les clichés photographiques « paranormaux » de Ted Serios datent de cette époque. Il connut une certaine notoriété dans les milieux de la parapsychologie. Pourquoi Ted Serios attira-t-il à ce point l'attention des scientifiques? Il se montrait capable d'impressionner sur un film polaroïd ordinaire, à l'intérieur de l'appareil photo, des pensées et des images qui lui étaient suggérées par les meneurs (Eisenbud, 1967; Dehler, 1962; Stevenson & Pratt, 1968, 1969). Cette faculté extraordinaire fit de Serios, on le devine sans peine, la première des « superstars » de la psychokinèse expérimentale. Ce vedettariat s'explique par le nombre d'hypothèses que ses performances ont soulevées. Notamment, la possibilité d'interaction entre l'activité mentale de l'homme et certains processus chimiques.

Toujours à cette époque, Stanford (1969) conduisit une série d'expérimentations systématiques sur les aspects psychologiques associés aux fonctions psychocinétiques. Plus précisément, sur le mode opératoire de ces fonctions.

On découvrit encore que la psychokinèse exerçait peut-être ses effets sur les systèmes électromécaniques (Cox, 1965), hypothèse d'avenir, comme devaient le confirmer les multiples travaux orientés en ce sens durant la décennie suivante.

Mais dans les années soixante-dix, l'intérêt porté à la recherche sur la psychokinèse changea aussi de nature. Grâce à l'invention d'une petite merveille : le générateur électronique de nombres aléatoires. Son fonctionnement est fondé sur la décroissance exponentielle du rayonnement émis par les éléments radioactifs, celle de l'émission bêta du strontium 90, laquelle représente, de tous les phénomènes naturels, le plus aléatoire qui se puisse observer scientifiquement. Ce phénomène met en jeu des processus intervenant au niveau quantique, donc imprévisibles et incontrôlables. En enregistrant celle des deux valeurs équiprobables que prend une émission radioactive déterminée, on peut convertir le résultat en un nombre aléatoire, 0 ou 1, de sorte que la suite de valeurs binaires fournie par l'appareil échappe à toute structuration séquentielle. Autrement dit, la valeur de chaque émission enregistrée demeure à tout instant indépendante de la valeur prise par les autres émissions. Un physicien allemand émigré aux États-Unis, Helmut Schmidt (1970 a), a été le premier à construire un dispositif de ce genre adapté à la recherche sur la psychokinèse.

Dispositif remarquable, d'abord par l'enregistrement automatique des données et le choix authentiquement aléatoire des cibles qu'il permet, ensuite par l'indétermination théorique qu'il autorise, laquelle captive l'imagination de beaucoup de scientifiques : se peut-il que les phénomènes de psychokinèse retentissent sur le fonctionnement de l'appareil lui-même, autrement dit sur la production de valeurs choisies au hasard ? Qu'un processus quantique, imprévisible par définition, puisse être influencé, voire contrôlé intentionnellement ou volontairement par l'homme, voilà qui ouvre des perspectives si vastes, qui laisse entrevoir des applications si diverses, si prodigieuses, que seul un auteur de science-fiction eût pu imaginer pareil scénario.

L'adoption du générateur électronique aléatoire par les chercheurs a ouvert une ère nouvelle à l'étude de la psychokinèse, et d'une façon plus générale à la parapsychologie. D'autres facteurs encore ont bien sûr puissamment contribué à l'essor de la recherche, en particulier le développement des modèles explicatifs théoriques de la psychokinèse (nous y reviendrons au chapitre 10), et aussi la révélation au cours, des dernières années, d'un certain nombre de « vedettes » de la P.K., dont la notoriété tient à leur capacité, contrôlée dans des conditions expérimentales plus ou moins rigoureuses, à faire se mouvoir, sans intervention physique, des objets inanimés. Le cas le plus controversé est celui du « magicien » israélien Uri Geller. Sa gloire internationale remonte aux années soixante-dix, époque où il présentait sur les scènes et devant les caméras de télévision du monde entier des numéros de torsion de pièces métalliques (le plus souvent des cuillers et des fourchettes d'un modèle courant). Bien que ses extraordinaires talents aient passablement intrigué les scientifiques, Geller ne se prêta que très rarement à des recherches de laboratoire. Il n'en contribua pas moins, et de bien des façons, à l'essor de la parapsychologie, par exemple, en demandant aux spectateurs et téléspectateurs de s'associer à ses propres exploits. Chacune de ses prestations en public suscitait des milliers d'appels téléphoniques et de lettres rapportant que des couverts s'étaient tordus d'eux-mêmes, ou que des horloges détraquées s'étaient spontanément remises à fonctionner (Gruber-Wendlandt, 1977). Ce phénomène d'écho répercuté et amplifié par les médias, que d'aucuns baptisèrent « effet Geller », a rendu de signalés services à la recherche parapsychologique fondamentale. En France, en 1975, un physicien de l'université de Paris, Z. W. Wolkowski, lors d'une émission de radio, invita les auditeurs qui se sentaient doués de facultés comparables à celles de Geller à se manifester. Parmi les lettres que reçut Wolkowski figurait celle d'un certain Jean-Pierre Girard, un cadre d'entreprise âgé de trente-trois ans. Wolkowski et ses collaborateurs le convoquèrent et, pour mettre à l'épreuve ses déclarations, lui demandèrent de tordre une massive barre de métal. Girard commença, rapporte le physicien, «... par maintenir la barre d'une main, puis par la frapper légèrement de l'autre; et presque aussitôt la barre accusa une torsion» (Wolkowski, 1977, p. 207). Cette première épreuve s'étant révélée positive, Wolkowski procura ensuite à Girard des tubes de pyrex scellés contenant divers objets de métal (des trombones et des ressorts, entre autres). Les tubes avaient été préalablement pesés et mesurés de façon extrêmement précise. Ils le furent aussi après que Girard les eut manipulés. Cela pour prévenir toute tentative de fraude ou de substitution. Par ailleurs, un souffleur de verre fut requis pour examiner les tubes après l'expérimentation. Quand Girard restitua les tubes, rapporte Wolkowski dans son compte rendu, les objets métalliques qu'ils contenaient avaient été tordus ou étirés de façon très visible, phénomène de psychokinèse qui, en apparence, avait été provoqué par le sujet de l'expérimentation. Hélas Wolkoswki n'avait pas requis la présence d'un illusionniste pour procéder à l'examen des tubes, précaution pourtant indispensable dans les cas de ce genre. Le physicien se proposa ensuite de vérifier si les facultés que possédait Girard s'exerçaient à distance. Première constatation : son sujet pouvait modifier de quatre à cinq degrés la température enregistrée par un thermomètre à cristal liquide placé à un ou deux mètres de lui. Deuxième constatation : il pouvait mouvoir certains objets cylindriques à une distance atteignant parfois un demi-mètre. Après avoir collaboré avec l'équipe de Wolkowski, Girard accepta de se prêter à d'autres études conduites par différents scientifiques européens. Hans Bender (1977), un chercheur de l'université de Fribourg, put ainsi filmer une séquence au cours de laquelle Girard tordit apparemment sans effort une barre de métal « qu'une force musculaire considérable eût à peine suffi à plier », selon les propres termes de l'expérimentateur (p. 203). Richard Mattuck et Scott Hill (1977), deux physiciens de l'université de Copenhague, reprirent avec la collaboration de Girard, une série de tests portant sur des tringles de différents métaux, auxquels ils avaient fixé des dynamomètres, pour effectuer une mesure directe et très précise des forces mises en jeu. Ces deux chercheurs observèrent aussi, entre autres contraintes exercées sur le métal par Girard, l'étirement (qu'ils qualifient de « paranormal ») d'une barre d'aluminium. Ces effets remarquables furent encore confirmés par deux autres chercheurs français, Crussard et Bouvaist (1978), qui pendant près de deux ans ont étudié le cas de Girard.

Bien que les performances réalisées en public par Uri Geller aient suscité de multiples « vocations » de même nature, le cas Girard demeure original à plus d'un titre. D'abord, Girard était adulte en 1975, alors que la plupart des individus qui désiraient spontanément se prêter aux expérimentations étaient des enfants ou des adolescents. Ayant délibérément choisi de consacrer ses loisirs à ce hobby plutôt inhabituel, Girard jouissait par là même d'une liberté de mouvement beaucoup plus grande, et de ce fait pouvait aisément se déplacer pour se prêter ici et là à des tests de laboratoire. De plus, les effets de psychokinèse qu'il provoquait se révélaient nettement moins timides que ceux que l'on observait chez la majorité de ses émules plus jeunes que lui. Ces effets – la torsion d'objets métalliques le plus souvent – ont été observés par de nombreux témoins visuels, et dans certains cas filmés. Mais le fait même que Girard fût un adulte ne manqua pas non plus d'attirer sur lui certains soupçons. Car où voulait-il en venir, au juste? N'ambitionnait-il pas d'exploiter ses brillants talents de magicien et d'illusionniste pour se tailler une place de choix sur un marché neuf et passablement lucratif? Gageons que des considérations de cet ordre ne sont pas étrangères à sa décision de s'écarter du feu des projecteurs.

Il reste que Girard, Geller et de nombreuses autres vedettes de la torsion du métal auront fait à la parapsychologie un legs de première importance en éveillant la curiosité du grand public et de la communauté scientifique pour la psychokinèse. Malgré les doutes qui planent encore sur l'authenticité de ces phénomènes spectaculaires et inexplicables, ils n'en ont pas moins stimulé l'intérêt des chercheurs.

Vers la fin des années soixante-dix, l'étude de la psychokinèse était une activité en pleine effervescence. Des travaux exhaustifs comme ceux de Helmut Schmidt – travaux fondés sur l'application systématique de valeurs aléatoires à l'étude de la P.K. – ont soulevé bien des questions théoriques, lesquelles ont joué le rôle d'un levain pour la pensée scientifique. Grâce à une expérimentation remarquablement simple, Schmidt et Pantas (1972) ont pu démontrer par exemple que des sujets à qui on demandait de s'acquitter d'une tâche P.K. accusaient des scores honorables quelle que soit la complexité des procédures de choix aléatoires mises en œuvre pour générer les données. Autrement dit, les effets psychocinétiques ne semblent aucunement influencés par les procédures. Pareil concept devait plus tard servir de point de départ à plus d'un modèle d'interprétation théorique.

Au cours des années soixante-dix, il y eut aussi un regain d'intérêt pour la faculté humaine d'influencer le métabolisme des organismes vivants. À cette époque, différents chercheurs entreprirent d'expliquer les effets de la volonté humaine sur la croissance des végétaux, sur les niveaux d'activité et le développement des micro-organismes, sur les processus physiologiques de l'homme, et aussi sur le comportement de groupe des animaux et des êtres humains. Plusieurs études de ce genre se sont proposé de faire la lumière sur les phénomènes de guérison attribués au psychisme. Citons celles de G. Watkins et A. Watkins (1972) : elles mirent en évidence le rôle de la P.K. dans le coefficient d'éveil, exprimé en pourcentage d'individus, d'une population de souris anesthésiées.

Justa Smith (1972), elle, s'attacha à démontrer l'augmentation du niveau d'activité d'une enzyme (la trypsine) chez un sujet « traité » par un guérisseur de renom. La plupart des études de ce genre ont tracé les limites des nouvelles tâches psychocinétiques assignées par les chercheurs à leurs sujets d'expérimentation, et ont permis de vérifier jusqu'à quel point ces tâches étaient mesurables. Malheureusement, ces travaux pourtant fructueux et prometteurs demeurent des exceptions. Pourtant, si aucune des directions mentionnées ci-dessus n'a encore engagé l'ensemble de la parapsychologie dans la voie de l'expérimentation rigoureuse, le mouvement d'intérêt qu'elles ont créé a contribué à faire admettre une idée essentielle : la volition de l'homme peut exercer des effets mesurables sur les organismes vivants. Naturellement, cette idée, comme toute idée vraiment neuve confronte les parapsychologues à de nouvelles difficultés en même temps qu'elle leur ouvre de prodigieuses perspectives.

Tout d'abord, on est encore bien loin de pouvoir dresser une liste exhaustive de tous les stimuli (non psi) capables de provoquer une réponse de la part des organismes infra-humains. Pour tester l'influence exercée par la psychokinèse (et par la perception extra-sensorielle) sur un organisme cible, il est indispensable d'éliminer sans exceptions *toutes* les causes d'acheminement normal des signaux (c'est-à-dire tous les canaux de transmission physiques); or, l'entreprise est, dès le départ, hypothéquée par notre incapacité à définir la nature exacte et à dresser le répertoire complet des canaux « normaux ». Les enzymes sont-elles sensibles aux radiations émises par le corps humain? Et les souris au rythme respiratoire ou aux champs électromagnétiques perceptibles dans l'environnement immédiat de l'homme? Sur ces points, notre ignorance est totale. Et cette ignorance complique la mise en évidence de possibles effets psychocinétiques sur les organismes étudiés. Car, avant de considérer la psychokinèse comme l'agent le plus probable des phénomènes enregistrés, les parapsychologues doivent éliminer *tous* les vecteurs sensoriels virtuels.

Ce que nous venons de dire est admirablement illustré par les travaux de Robert Rosenthal sur ce qu'il appelle l' « effet non intentionnel lié aux attentes de l'expérimentateur ». Rosenthal a découvert que les psychologues expérimentaux faussent, sans le vouloir, les résultats de leurs études, en émettant, à leur insu, des signaux apparemment imperceptibles, mais qui sont interceptés par le sujet. À partir du moment où un expérimentateur attend de son sujet qu'il réponde de telle façon plutôt que de telle autre, il influence ce dernier sans même s'en rendre compte, en lui transmcttant de subtils signes d'incitation à réagir conformément à un certain modèle de réponse. Dressant le bilan de trois cent quarante-cinq études consacrées à l'effet non intentionnel lié aux attentes de l'expérimentateur, Rosenthal et Rubin (1978) relèvent que cet effet est plus marqué encore quand les sujets d'expérimentation appartiennent au règne animal (souris, rats, paramécies...). Il semble donc que les organismes infra-humains soient particulièrement prompts à réagir conformément aux attentes de l'expérimentateur, y compris quand ces dernières faussent l'authenticité des réponses.

Avant d'interpréter les résultats de leurs propres études sur les organismes vivants, les parapsychologues auraient donc tout avantage à méditer ces constatations tirées de disciplines connexes. Un autre exemple, emprunté cette fois à la botanique, vient justifier pareille prudence. Henk Könings (1982), un spécialiste de la physiologie végétale attaché à l'université d'Utrecht, aux Pays-Bas, a remarqué à quel point il est « traditionnel », dans un laboratoire de phytobiologie où l'on teste une nouvelle hypothèse, de constater qu'elle est confirmée par les premières expérimentations. Les plantes semblent réagir à des stimuli dont on ignore, pour une bonne part, la véritable nature. Ce qui explique pourquoi nombre de phytobiologistes chevronnés accueillent avec un certain scepticisme les premiers résultats de leurs études, qu'ils ne publient qu'après huit ou neuf contre-expérimentations de contrôle.

Donc, principale règle à observer : ne pas accorder trop d'importance aux conclusions de telle ou telle étude. Autrement dit, ne rien tenir pour assuré qui ne soit mainte et mainte fois vérifié. Instruits par la constatation que les attentes de l'expérimentateur peuvent subrepticement fausser les résultats, les chercheurs en parapsychologie doivent se dire à tout instant que si des effets de ce genre sont vraisemblablement dus à une composante psi, à l'inverse, les résultats expérimentaux qu'ils enregistrent peuvent aussi révéler l'existence de facteurs qui ne relèvent pas de la psi. Les parapsychologues aimeraient vivement comprendre le pourquoi des phénomènes paranormaux qui leur sont rapportés. Ils souhaitent tout autant que leurs travaux de laboratoire aboutissent à des résultats incontestables. Au fil de leur recherche, tel ou tel événement qu'ils étudient peut ne plus apparaître comme un phénomène psi dans la pleine acception du terme (c'est-à-dire de nature non physique); il peut résulter, par exemple, d'un processus sensoriel encore non identifié. Cela ne doit pas les empêcher de considérer que leur découverte revêt la même importance que n'importe quelle autre.

Nous l'avons dit plus haut, si ces questions méthodologiques soulignent l'ampleur des difficultés rencontrées par les parapsychologues, elles illustrent aussi l'immensité des perspectives qui s'ouvrent à eux. Par exemple : les animaux sont-ils doués, eux aussi, de facultés psychocinétiques? Peuvent-ils, comme les humains, modifier leur environnement par la psychokinèse? Pareille question a débouché sur une méthodologie de recherche passablement ingénieuse. Les études menées dans cette direction reposent sur le présupposé suivant : tout organisme vivant accorde ses conduites à certaines préférences, ou pour mieux dire à des exigences environnementales qui lui sont propres et qu'il cherche à satisfaire par tous les moyens. Ainsi, un chat recherche la chaleur, ce qui le pousse à somnoler au soleil. Pour tenter de savoir jusqu'à quel point son chat se révélait capable de contrôler par psychokinèse une production thermique, Helmut Schmidt (1970 b) eut l'idée de raccorder une lampe (dispensatrice de chaleur) à un générateur électronique aléatoire en tout point comparable à ceux qu'on utilise dans les études sur la P.K., afin que l'allumage et l'extinction de la lampe, commandés par les décisions du générateur, s'effectuent sans aucune périodicité. Schmidt constata que durant les périodes où son chat se tenait près de la source potentielle de chaleur (la lampe), le nombre des décisions d'allumage prises par le générateur était sensiblement supérieur à la moyenne probabiliste (Schmidt, 1970). Cette même méthode (consistant à placer la production d'un stimulus, agréable ou désagréable, sous le contrôle d'un générateur de valeurs binaires aléatoires) a servi à tester les capacités de psychokinèse de divers organismes vivants.

Avec ce mode d'expérimentation, les mesures ne portent pas sur les attitudes comportementales de l'animal, mais soulignent le caractère non aléatoire des décisions prises par un appareil, lequel ne génère que des valeurs aléatoires quand on lui demande de contrôler un stimulus.

Mais la recherche n'en est pas clarifiée pour autant : est-ce à l'influence de l'animal ou à celle de l'expérimentateur qu'il convient d'attribuer les résultats enregistrés? Pour lever cette indétermination, Watkins (1972) procéda à une deuxième analyse des résultats antérieurement obtenus sur le lézard en utilisant, lui aussi, une lampe commandée par un générateur aléatoire. Il démontra que la pression barométrique et le niveau hygrométrique (facteurs qui, lors des procédures, affectaient le lézard, mais pas l'expérimentateur) jouaient un rôle significatif sur le nombre de signaux d'allumage produits par le générateur. Certes la multiplication des initiatives expérimentales de ce genre nous aiderait grandement à déterminer qui, de l'animal ou de l'expérimentateur, est responsable des anomalies statistiques observées dans le fonctionnement du générateur. Mais tout porte à croire que cette question ne sera pas résolue de sitôt.

Une autre direction de recherche s'est encore dessinée dans les années soixante-dix, quand on a découvert que certains sujets semblaient capables d'exercer des effets macropsychocinétiques. Par macropsychokinèse il faut entendre divers phénomènes à grande échelle directement observables, eu égard aux effets spectaculaires qu'ils exercent sur la matière. Les manifestations poltergeist que nous avons discutées plus haut - déplacement de tables ou de chaises, chute soudaine d'un tableau, assiettes qui se brisent, mouvements affectant certains objets domestiques - relèvent pour la plupart de cette définition.

La macropsychokinèse, que certains préfèrent qualifier de psychokinèse statique du fait qu'elle exerce ses effets sur des objets inanimés et généralement immobiles, se prête à l'observation directe bien plus qu'à l'analyse statistique.

Supposons par exemple que sur une série de mille décisions binaires prises par un générateur aléatoire (la moyenne probabiliste étant alors de cinq cents coups « justes »), on enregistre un score de six cents. On en conclura que cette différence traduit très vraisemblablement un effet de psychokinèse. Mais rien ne nous indique lesquels, parmi ces six cents coups « justes », sont responsables de cet effet, ni quand celui-ci s'est fait sentir. Alors que l'observateur peut aisément isoler dans le temps et saisir sur le vif un effet de macropsychokinèse, qu'il serait malaisé de reproduire en laboratoire. Bien entendu, l'idéal serait de pouvoir transposer au laboratoire l'examen des cas de macropsychokinèse. On étudierait plus précisément la part prise dans les phénomènes observés par l'état physiologique, psychologique et affectif du sujet, ce qui permettrait d'élaborer et de tester des modèles d'interprétation théorique du processus P.K. beaucoup plus détaillés. En tout cas, la recherche porte aujourd'hui sur l'étude des effets immédiatement mesurables de la psychokinèse sur les systèmes physiques. Un psychologue britannique, Julian Isaacs (1983), a conçu un système de mesure instantanée des effets P.K. fondé sur les propriétés piézo-électriques du cristal de quartz. Lorsqu'on le soumet à des pressions ou à des déformations, le quartz produit un flux électrique mesurable. Dans le système d'Isaacs, on élimine les causes de contrainte normales; ainsi l'émission électrique (enregistrée en permanence par un piézomètre) ne peut être attribuée, quand on l'observe, à des phénomènes physiques. Grâce à ce feed-back *en temps réel,* il est donc possible d'étudier l'effet psychocinétique au moment même où il se produit, ambition que les parapsychologues n'avaient jamais pu satisfaire jusqu'alors. Cette question du feed-back au sujet d'une expérimentation (sur la psychokinèse ou la perception extrasensorielle, peu importe) joue un rôle d'une grande importance. Toutes les théories concernant l'apprentissage s'accordent sur ce point fondamental : l'acquisition de la connaissance ne peut progresser si l'« apprenti » n'est pas simultanément renseigné sur le résultat de ses efforts. De là à en déduire que l'amélioration des scores P.K. ou E.S.P. n'échappe pas à cette règle, et que les sujets s'acquittent d'autant mieux des épreuves auxquelles on les soumet qu'on leur fournit davantage de feed-back immédiat sur leurs réussites et leurs échecs, il n'y a qu'un pas. Pourtant, les tentatives expérimentales faites en ce sens ont montré que le fait de renseigner au coup par coup les sujets psi sur leurs performances n'améliore que très peu leur « apprentissage ». Sans doute cela tient-il à ce que les résultats des tâches qu'on leur demande d'exécuter sont de nature statistique, et qu'il est impossible de juger si un coup réussi résulte du hasard ou d'un effet psi. Autrement dit, quand on fournit à un sujet un feed-back qui lui apprend qu'il a « réussi », on ne lui fournit en vérité qu'un semblant de feed-back, puisque sa réussite ne résulte peut-être tout bonnement que d'un coup de chance. Alors que si on lui fournit un véritable feed-back en temps réel, un feed-back qui le renseigne non plus indistinctement sur les coups réussis, quelle qu'en soit la cause, mais uniquement (ou presque uniquement) sur les coups réussis par l'effet d'un phénomène psi, on dispose là d'un instrument d'apprentissage authentique.

Telle est l'ambition de l'appareil d'Isaacs. Mais ce dispositif, ainsi que plusieurs autres du même genre, tous très prometteurs, nécessitent d'être perfectionnés avant de pouvoir remplir les buts qu'on leur assigne. Pour qu'ils soient fiables, il faudrait s'assurer que les effets piézo-électriques enregistrés ne traduisent pas des facteurs physiques parasites (sons, vibrations, champs électromagnétiques). De la même façon, il faut isoler les facteurs P.K. qui influencent les cibles organiques ; et tout nouveau système de compilation des cibles utilisé en parapsychologie expérimentale doit faire l'objet de tests rigoureux avant de pouvoir être considéré comme un indicateur fiable (capable d'objectiver des influences de nature non physique). Même si tel ou tel système d'enregistrement a déjà donné ses preuves dans d'autres disciplines, la nature très particulière de la recherche parapsychologique exige qu'on prenne en compte *toutes* les influences physiques, si minimes soient-elles, susceptibles de fausser l'interprétation des résultats. Nulle démarche scientifique ne requiert de l'expérimentateur autant de sévérité dans les critères de contrôle des procédures. Or, de tels critères n'ont probablement jamais été appliqués aux instruments de mesure utilisés dans les autres disciplines.

Autre difficulté majeure à surmonter : placer les sujets dans de véritables conditions d'observation expérimentale. Cette difficulté tient pour une bonne part aux systèmes de croyance des sujets, puis aux motivations personnelles qui les inclinent à se prêter aux expérimentations. Ces facteurs ont amené Isaacs (1983) à réactualiser la méthode de groupe adoptée avec succès par Batcheldor (1966). Cette méthode consiste, on s'en souvient, à réunir diverses personnes ayant les mêmes motivations, afin de générer des phénomènes de macropsychokinèse. En sélectionnant des sujets hautement motivés et en recourant aux techniques préconisées par Batcheldor pour circonvenir leurs doutes, Isaacs a jeté les bases d'une technique d'apprentissage exceptionnelle qui, selon nous, est appelée à exercer de profonds retentissements sur la parapsychologie expérimentale.

Le plus important, dans les études conduites par Isaacs, c'est la globalité de leur démarche. En élaborant ses procédures, Isaacs a tenu compte de toutes les composantes pouvant entrer en jeu dans le phénomène, qu'il s'agisse des aspects purement électromécaniques du système de compilation des cibles, des facteurs psychologiques intervenant lors de la sélection et de la formation des sujets, des processus d'interaction dans l'échange entre expérimentateur et participants, ou encore des applications qui pourraient dériver des expérimentations au bénéfice de la société. Des travaux de cette nature marquent peut-être un tournant décisif pour l'avenir de la parapsychologie, science interdisciplinaire par excellence.

Les nombreux concepts formulés ces dernières années sont passés au crible. On s'interroge sur leur portée véritable, on les soumet à une analyse critique serrée et on corrige leurs imperfections à mesure qu'on les découvre.

Mais le principal atout de la recherche sur la psychokinèse tient à son caractère non directionnel.

La mensuration des phénomènes met en œuvre des procédures, des appareillages ou des réactions indépendantes du sujet (un générateur électronique de nombres aléatoires, par exemple, ou encore un cristal de quartz); ces procédures et ces appareillages échappent donc à la plupart des contraintes inhérentes à l'expérimentation de laboratoire. Alors que, dans les tests sur la perception extrasensorielle, le sujet fait inévitablement l'objet de mensurations précises (qui risquent toujours d'être faussées par un artefact quelconque), dans la recherche sur la psychokinèse, on déguise simplement les procédures pour tester le sujet à son insu, comme pour les expérimentations sur l'animal quand la production des stimuli aléatoires est assurée par un générateur électronique. Dans l'étude de la perception extrasensorielle, l'éternel risque du parasitage des réponses par une quelconque influence extérieure peut venir fausser les résultats.

La création du générateur électronique de valeurs aléatoires et l'apparition de supervedettes de la P.K. ont puissamment contribué à raviver l'intérêt pour la recherche psychocinétique (Stanford, 1977). Le corps de savoir qui se constitue apparente de plus en plus la parapsychologie aux sciences physiques. Par ailleurs, toute théorie expliquant la perception extrasensorielle se doit de prendre en compte partiellement au moins la psychologie : ce monde de perception est inextricablement associé à l'activité consciente et, à ce titre, représente un phénomène vivant. Mais les sciences humaines se prêtent beaucoup moins bien à l'élaboration de modèles théoriques, du fait que les phénomènes qu'elles étudient sont variables et subjectifs. Certains théoriciens de la parapsychologie ont récemment tenté d'enfermer toutes les manifestations de la psi (P.K. et E.S.P.) dans un même modèle d'interprétation (Walker, 1972 a; 1972 b). Selon cette conception unitaire, qui sera discutée en détail au chapitre 10, les phénomènes apparents de perception extrasensorielle seraient en réalité des effets produits par la psychokinèse sur les cibles et les réponses des tests E.S.P.

Ce que nous venons de dire augure plutôt favorablement de l'avenir d'une recherche qui n'en est encore qu'à ses premiers pas, et dont nous ferons le bilan au prochain chapitre. Mais à en juger par le continuel développement des méthodes et des théories, les parapsychologues sont en passe d'accéder à une compréhension de réelle envergure de phénomènes P.K. et de leurs retentissements considérables sur la société humaine.

Chapitre 5

Psychokinèse : le bilan de la recherche

On peut qualifier la psychokinèse de sœur jumelle de la perception extrasensorielle.

Les premiers travaux réalisés sur certains phénomènes paranormaux ont mis en évidence deux éléments. Le premier d'entre eux relève de la *communication* : une information véridique est échangée à la faveur de la séance médiumnique. Information qu'il semble impossible d'obtenir par aucun des procédés « normaux » de transmission de données actuellement connus. Le second élément est *l'effet de transmission* psychocinétique; aucune intervention physique normale ne peut en rendre compte : coups frappés au sol par une table, messages spontanément écrits sur une ardoise, « apparition » d'objets devenant visuellement perceptibles, sonorités spontanément émises par des instruments de musique, déplacements d'objets inanimés, impression d'images sur la pellicule photographique...

Les multiples résultats obtenus au laboratoire n'ont fait que confirmer cette relation gémellaire de dualité-identité, unissant l'une à l'autre la psychokinèse et la perception extrasensorielle. Nombre de parapsychologues s'accordent aujourd'hui à considérer qu'elles représentent deux facettes d'un même phénomène fondamental.

Dans un cas comme dans l'autre, on constate que les résultats obtenus relèvent d'un même ordre de grandeur et que les variations individuelles ou interindividuelles sont comprises dans des fourchettes statistiques en tout point comparables. De plus, ni la P.K. ni l'E.S.P. ne semblent affectées par l'espace (Dickstein & Davis, 1979; Nash & Richards, 1947) ou par la durée (Schmidt, 1976). Dans les deux cas encore, il apparaît que la fatigue et la maladie se traduisent par un fléchissement des scores (Rush, 1977). En outre, certains *effets de distribution* observés dans les performances E.S.P. par les chercheurs de l'université Duke (« déclin » et « remontée finale » caractéristiques des courbes de Gauss renversées) se retrouvent inchangés dans l'analyse graphique des scores P.K. (Rhine & Humphrey, 1944a, b).

Nous allons ici tenter de dresser le bilan de la recherche sur la psychokinèse.

La psychokinèse récurrente spontanée (P.K.R.S.)

De toutes les formes sous lesquelles la psi se manifeste, la plus spectaculaire demeure sans contredit celle du phénomène poltergeist.

Un physicien et chimiste irlandais du XVIIe siècle, Robert Boyle, compte parmi les tout premiers scientifiques à avoir publiquement affiché leur croyance en la réalité de ce phénomène. Un prêtre français, Francis Perrault, lui avait fait part d'étranges événements survenus dans sa paroisse de Mâcon en 1612. Voici, résumé, le récit qui avait impressionné Boyle : un notaire et procureur du roi dans cette même ville, François Tornus, avait été le témoin de ces « faicts estranges ». À diverses reprises, alors qu'il allait au presbytère rendre visite au curé Perrault, Tornus avait émis un sifflement, lequel, chaque fois, lui avait été renvoyé, avec les mêmes modulations, sans qu'il pût localiser le lieu de l'émission. Parfois aussi, une pierre avait volé vers lui pour chuter à ses pieds, sans l'atteindre. Un jour, Tornus avait fini par ramasser cette pierre et, après l'avoir marquée d'un trait au charbon, l'avait relancée dans le jardin du presbytère. La pierre lui était revenue par la voie des airs et, cette fois encore, était tombée à ses pieds sans le toucher. De nouveau, Tornus s'en était saisi, pour constater qu'elle était « ardente » (très chaude), « eschauffement » qui, dans l'esprit du notaire, ne pouvait signifier qu'une chose : que la pierre avait séjourné en enfer (Thurston, 1954, pp. 40-46).

Depuis cette époque, d'innombrables cas de poltergeist ont fait l'objet d'études rigoureuses. Différents chercheurs, intrigués par le caractère insolite des faits dont ils étaient les témoins, ont consigné par écrit leurs propres observations, avec l'espoir qu'un jour ou l'autre la science serait en mesure de les expliquer rationnellement. Cette méthode, et d'une façon plus générale les comptes rendus descriptifs des cas apparents de P.K.R.S. *ne suffisent pas* à établir, pour l'instant, le caractère paranormal des faits – de façon incontestable, tout au moins.

Grottendieck (1906), par exemple, a rapporté un cas de poltergeist caractérisé par des chutes de pierres intermittentes. Les projectiles semblaient tomber du ciel et traverser le toit de la maison avant d'atterrir à proximité d'un lit. Grottendieck, qui avait été le témoin direct de cet étrange phénomène, affirme avoir essayé de saisir les pierres au moment où elles tombaient, mais celles-ci semblaient se dérober à lui. Il avait ensuite inspecté la toiture, de l'intérieur et de l'extérieur. En vain. Aucun trou, aucune faille. Il avait fait une seconde tentative d'interception en plaçant la main sous l'emplacement exact par lequel les pierres semblaient traverser le plafond pour tomber près du lit. Sans résultat.

Dans un autre cas, rapporté plus récemment par Pratt et Palmer (1976), des bruits répétés et inexplicables se faisaient spontanément entendre à l'intérieur d'une maison, en provenance de divers endroits. Un jour où une proche parente des occupants de la maison vint en visite, Pratt eut l'idée de demander aux deux enfants de la famille de renouveler les activités auxquelles ils se livraient le jour où les bruits inexplicables s'étaient produits pour la première fois. N'existait-il pas de relation entre l'exercice de ces activités et la manifestation du phénomène acoustique? En ce cas, conjectura-t-il, la visiteuse entendrait, elle aussi, les fameux bruits. Pratt avait deviné juste : le phénomène eut lieu à deux reprises. Il put ainsi procéder à son « observation » directe, l'effet sonore provenant de l'endroit d'où il s'attendait à ce qu'il fût émis.

Roll (1976) a rendu compte d'un phénomène un peu différent survenu dans le Kentucky alors qu'il y enquêtait sur des événements domestiques étranges, se déroulant autour d'un enfant de douze ans. Roll suivait le garçon à l'intérieur de la maison, un mètre en retrait de lui ; celui-ci pénétra dans la cuisine et se retourna vers l'enquêteur. À cet instant précis, Roll put voir distinctement la table de la cuisine se projeter spontanément en l'air, tourner sur elle-même de quarante-cinq degrés et se reposer en équilibre sur les dossiers de quatre chaises qui l'entouraient. Les pieds de la table ne touchaient pas le sol. Or, Roll ne passait pas précisément pour un enquêteur facile à mystifier. Son expérience lui avait permis, à maintes reprises, de déceler des truquages en arrière-plan de diverses manifestations prétendument paranormales. Mais, en la circonstance, aucune cause ordinaire n'expliquait le phénomène dont il avait été le témoin. Différents auteurs ont décrit de façon détaillée plusieurs autres cas de poltergeist, ou en ont dressé un inventaire (Carrington & Fodor, 1951 ; Owen, 1964 ; Thurston, 1954 ; Zorab, 1964).

Des enquêtes plus récentes ont adopté l'hypothèse suivante :

peut-être existe-t-il des modèles opératoires communs à la plupart des manifestations de poltergeist. La psychokinèse récurrente spontanée semble privilégier certains lieux (ces demeures dites « hantées »), se dérouler en présence ou autour de certains individus (les agents) et influencer certains objets ou événements (les instruments). D'une façon générale, les lieux réputés hantés sont représentés par une maison familiale. Mais des phénomènes de poltergeist ont également été observés dans un cabinet d'avocat de Rosenheim, en Allemagne fédérale (Bender, 1969) et dans un entrepôt de Miami, en Floride (Roll & Pratt, 1971). Les objets sur lesquels l'activité psychocinétique semble se focaliser sont, dirait-on, toujours les mêmes (les pierres qui tombent du ciel à travers le toit dans l'exemple que nous avons cité plus haut), et les circonstances entourant la manifestation de P.K.R.S. sont le plus souvent identiques (dans le cas rapporté au chapitre précédent, le couvercle du réservoir des toilettes était projeté dans le vestibule dès lors que la petite fille et son père occupaient des emplacements respectifs bien précis). Enfin, la présence d'un individu appartenant à la famille – là encore toujours le même – paraît indispensable pour que le phénomène se reproduise. On est donc en présence d'événements doués d'une « personnalité » propre, variable selon le mode de conjugaison des trois facteurs que nous venons d'énumérer (le lieu, l'agent et l'instrument).

Le fait que la grande majorité des phénomènes de psychokinèse récurrente spontanée se déroulent en présence d'un agent placé au cœur des événements a donné naissance à diverses tentatives d'interprétation. Layard (1944) a formulé l'hypothèse selon laquelle le phénomène de poltergeist exercerait une fonction thérapeutique, au même titre que les manifestations psychologiques spectaculaires qui viennent résorber les tensions et les conflits. Fodor (1958, 1964) a encore élargi cette notion de catharsis après avoir constaté, à l'occasion de diverses enquêtes, l'existence de conflits irrésolus chez de nombreux agents. Interprétant ses observations dans une perspective psychiatrique, Fodor assimile l'effet de poltergeist aux manifestations organiques ou psychiques observées dans la névrose d'expression. Notons que cette conception n'est pas tout à fait nouvelle. En 1896, William James, dans ses conférences de Lowell, affirmait que les prétendues « sorcières » expédiées au bûcher par la justice médiévale sous l'inculpation de possession démoniaque n'étaient vraisemblablement que des hystériques banales (Taylor, 1984, pp. 113-130).

Dans une étude portant sur cent seize cas historiques de psychokinèse récurrente spontanée (tous bien documentés, et tous ayant fait l'objet d'un compte rendu publié), Roll (1977) remarque que sur quatre-vingt-douze agents associés aux phénomènes décrits, vingt-deux étaient sujets à des crises hystériformes ou présentaient une symptomatologie de dissociation mentale. Selon l'interprétation donnée par Roll de ces corrélations, les manifestations spectaculaires de psychokinèse récurrente seraient davantage imputables à une intervention du système nerveux central qu'à l'hystérie proprement dite. Solfvin et Roll (1976) ont étudié un cas de poltergeist dans lequel l'agent, un jeune homme de vingt et un ans, avait été saisi d'une crise de grand mal (épilepsie essentielle convulsive) à la même époque où, dans la maison, s'étaient manifestés les effets de P.K.R.S. En comparant soigneusement les étapes respectives d'apparition des deux phénomènes, ces deux auteurs ont pu constater qu'après les périodes de crises épileptiques les manifestations psychocinétiques alarmantes s'apaisaient d'elles-mêmes. En outre, les crises successives semblaient avertir que des phénomènes poltergeist allaient se produire et préparer leur enchaînement progressif. Leur intensité était allée croissant : d'abord des coups frappés; ensuite, des bruits d'explosions violentes; puis des déplacements d'objets; enfin des feux d'origine inexplicable s'allumant spontanément dans la maison. Solfvin et Roll avancèrent l'hypothèse d'une relation fonctionnelle entre les crises et les effets psychocinétiques, les unes comme les autres aboutissant à libérer les pulsions réprimées, à faire retomber les tensions affectives conflictuelles qui, à l'évidence, accablaient le jeune homme.

Élargissant cette première interprétation, Roll (1977) a proposé un modèle d'explication schématique de la relation entre l'activité du système nerveux central et les effets de psychokinèse récurrente spontanée. Martinez, Taboas et Alvarado ont remarqué que ce modèle d'interprétation théorique manque quelque peu d'assise, du fait qu'il ne repose que sur l'observation d'un cas particulier, voire unique en son genre.

Il n'en est pas moins vrai que sur les quatre-vingt-douze agents répertoriés par Roll dans son étude, quarante-neuf souffraient de troubles fonctionnels ou psychologiques plus ou moins prononcés. De plus, sur vingt-neuf agents recensés depuis 1950 dans cette étude, 79 % accusaient eux aussi des antécédents médicaux ou psychopathologiques. Fait intéressant : soixante et un agents sur l'ensemble – soit à peu près deux sur trois – étaient âgés de dix-huit ans au maximum. Parmi ces derniers, trente-huit vivaient éloignés de leurs parents naturels, et quatre avec un seul parent. Ces données statistiques semblent donc bien corroborer le point de vue de Roll, pour qui le stress affectif joue un rôle important dans la manifestation des perturbations dues aux effets de poltergeist; cet aspect des choses est d'autant plus vraisemblable que treize agents répertoriés avaient fait l'objet d'examens psychologiques ou psychiatriques, que ces examens avaient révélé chez eux de l'agressivité refoulée ou une prédisposition très nette à ne pas supporter les frustrations.

Soyons toutefois prudents. Un enfant ou un adolescent, même en état de stress du fait qu'il réprime son agressivité, n'en garde pas moins la possibilité de se « défouler » à tout instant par un éclat violent, une querelle.

En fait, ce dernier mode de catharsis apparaît dans de nombreux cas de psychokinèse récurrente (Eisler, 1975; Hastings & Krippner, 1961; Owen, 1964). Pour sa part, Cox (1961) établit une distinction très nette entre les cas de poltergeist résultant d'une manœuvre totalement frauduleuse et ceux qui ne sont le fait que d'une « imitation » frauduleuse. Par cette dernière expression, Cox désigne les phénomènes de P.K.R.S. artificiellement reproduits pour imiter des phénomènes antérieurs qui, eux, étaient de nature authentiquement psychocinétique. Les tentatives de ce genre, plus ou moins bien réussies, revêtent aux yeux du chercheur une importance toute particulière : elles prouvent qu'un individu au moins (généralement l'agent) *souhaite* que le phénomène se reproduise. Ce qui renforce l'hypothèse originale de Layard (1944), selon laquelle la manifestation de poltergeist exercerait chez l'agent un effet thérapeutique de relâchement des tensions stressantes.

Les distorsions introduites dans la description des événements rapportés, surtout quand ceux qui les rapportent se recrutent uniquement au sein d'une même famille troublée, compliquent la tâche. Or, toutes les enquêtes ont porté sur des phénomènes de poltergeist rendus publics, soit par les témoins directs, soit par le colportage de rumeurs. La publicité faite à ces phénomènes représenterait-elle, en soi, un artifice susceptible d'amoindrir la pertinence des modèles proposés par Roll?

Cet auteur, soucieux de doter ses démarches d'un maximum d'objectivité, a toujours sélectionné les cas de poltergeist les moins douteux et les mieux étayés par des témoignages extérieurs dignes de foi. Cela dit, pour valider son hypothèse de départ, des recherches encore plus scrupuleuses sont indispensables. Mais à supposer que des enquêtes psychodynamiques approfondies viennent démontrer que les phénomènes de poltergeist se conforment à certains modèles ou obéissent à certaines « lois », pareille démonstration ne nous expliquerait pas pour autant les effets physiques décrits. Voilà pourquoi les pionniers de la recherche en parapsychologie ont attaché si peu d'importance au contexte psychologique entourant les manifestations de psychokinèse récurrente : ces manifestations sont, en elles-mêmes, tellement spectaculaires et surprenantes!

Dans la plupart des cas on observe, comme on l'a vu précédemment : le déplacement de certains objets pesants et volumineux (grosses pierres, meubles, appareils électroménagers ou récepteurs de télévision); divers effets acoustiques de percussion (coups frappés sur une surface rigide, voire explosions bruyantes); des éclairs aveuglants

(Roll, 1976), des anomalies dans le fonctionnement d'une installation électrique ou téléphonique (Bender, 1969), des effets visuels suggérant une accumulation d'eau (Cox, 1961), ou encore des phénomènes de téléportation, c'est-à-dire d'apparition ou de disparition d'objets (Bender, 1969).

Les objets mis en mouvement à l'occasion d'un effet de psychokinèse suivent d'ailleurs les trajectoires les plus bizarres. Sur cent seize cas de poltergeist étudiés par Roll, cent cinq incluaient des déplacements de choses inanimées, parmi lesquels quarante-trois cas de « flottement dans l'air », d'« oscillation », de « vol plané », de « virevolte » ou de déplacement « en zigzag ». Thurston (1954, pp. 30-31) mentionne le récit d'un témoin visuel, professeur de physique, qui avait assisté à un phénomène de ce genre : une cuiller de métal s'était littéralement envolée, en ligne droite et à grande vitesse, pour aller violemment frapper la tête d'un de ses voisins de table avant de retomber à ses pieds. Contrairement à ce qu'on aurait pu supposer, le voisin en question avait déclaré ensuite ne rien avoir ressenti, sinon une impression de contact à peine perceptible. Ce même jour, la bonne de la maison avait vu une corbeille à pain se déplacer à travers la pièce en flottant mollement dans les airs avant de choir sur le plancher.

Les récits que nous font les témoins visuels de phénomènes de ce genre – surtout quand ces derniers surviennent à l'improviste – manquent de précision. Et quand les faits sont évoqués a posteriori, il se peut que des distorsions se glissent dans les comptes rendus, ce qui expliquerait la bizarrerie des trajectoires décrites.

Pour les parapsychologues, les cas de poltergeist sont précieux à plus d'un titre. Bien qu'ils n'apportent pas scientifiquement la preuve de l'existence de la psychokinèse, les comptes rendus qui en sont faits représentent le chaînon intermédiaire indispensable entre le théâtre des opérations et le laboratoire. De plus, ces comptes rendus indiquent que les événements psychocinétiques peuvent survenir dans la vie de tous les jours. Ils ne diffèrent donc en rien des phénomènes réels qui nous sont familiers. Ces cas permettent enfin que maintes hypothèses soient testées en laboratoire.

La recherche expérimentale

Les tests de perception extrasensorielle, par les procédures qui leur sont propres, se distinguent nettement des tests de psychokinèse. On s'attend donc à ce que les performances enregistrées dans chaque catégorie de tests soient associées à des facteurs distincts. Dans les procédures standard des tests E.S.P., on demande au sujet de s'acquitter d'une tâche précise, en général de fournir une réponse verbale. On fait donc appel à des processus cognitifs. Lors d'expérimentations sur la P.K., en revanche, on demande au sujet de se concentrer sur un processus physique bien particulier tel que le roulement d'un jeu de dés, la valeur binaire produite par un générateur électronique, ou le mouvement d'un objet bien précis. On n'attend donc pas du sujet qu'il formule une réponse articulée, bonne ou mauvaise, comme cela se passe dans les tests E.S.P.; ce qui fournit ici le résultat du processus physique considéré, c'est la mesure d'une variable dépendante (autrement dit, celle de l'écart enregistré par rapport à la moyenne probabiliste). Cette méthode a permis aux chercheurs de déterminer le rôle de la volition dans les processus psychocinétiques beaucoup plus aisément que n'ont pu le faire les études de perception extrasensorielle.

Ainsi, Camstra (1973) a découvert que des sujets à qui on demandait de *ne pas se concentrer* mentalement sur une tâche P.K. obtenaient des scores significatifs, au contraire de ceux à qui on demandait de se concentrer intensément sur cette même tâche. De leur côté, Honorton et Barksdale (1972) ont étudié les effets comparés de la concentration mentale active et de l'attention passive dans l'expérience suivante: réaliser une tâche psychocinétique faisant appel à un générateur électronique de valeurs aléatoires. Dans les deux situations expérimentales, on invitait les sujets à se détendre et à se contracter en alternance (la contraction musculaire étant produite par un mouvement des deux bras tendus vers l'avant en direction du générateur, un peu comme dans un rituel). Des scores significatifs étaient enregistrés quand, simultanément, les sujets tendaient les bras et n'accordaient qu'une attention passive à la tâche dont on leur demandait de s'acquitter. En revanche, une seconde série d'expérimentations du même type ne montra aucune différence liée aux conditions d'épreuve (relaxation ou contraction musculaire, concentration d'esprit ou attention passive).

L'idée que l'attention passive représente un meilleur atout stratégique que la concentration mentale intense ressort, malgré tout, de ces études. Voilà qui au premier abord pourra sembler insolite au lecteur. Mais cette contradiction n'est peut-être qu'apparente. Si l'on considère que les phénomènes P.K. sont plus communément observés lors de séances de groupe, quand personne en particulier n'assume la responsabilité d'événements inexplicables, tout porte à croire qu'il en va de même pour les cas de poltergeist, puisque celui qui semble au centre des événements a rarement conscience d'en être la cause. Très souvent en effet, des médiums confirmés, ou encore des sujets particulièrement doués, attribuent à des pouvoirs extérieurs à eux-mêmes (esprits, forces universelles) la paternité des divers phénomènes psychocinétiques qui se produisent régulièrement autour d'eux. Certains chercheurs vont encore plus loin. Ils considérent que toute situation dans laquelle un individu doit assumer la responsabilité de phénomènes inexplicables inhibe ou réduit à néant ses aptitudes psychocinétiques (Batcheldor, 1966; Stanford, 1977).

Pour circonvenir pareils « dénis de responsabilité » Batcheldor préconise la formule, déjà mentionnée, des groupes de gens ayant les mêmes motivations et qui se réunissent régulièrement afin de provoquer des manifestations de psychokinèse (telles que mouvement de la table autour de laquelle ils prennent place, ou encore frappement de coups audibles). Grâce à cette formule, Batcheldor a pu observer diverses manifestations du phénomène à relativement vaste échelle, apparemment dus à des effets de psychokinèse.

Brookes-Smith et Hunt (1970), puis Owen et Sparrow (1976) ont obtenu des résultats du même ordre. L'analyse acoustique, par Whitton (1975), de certains coups paranormaux frappés lors d'une séance de groupe a permis d'établir que ces effets sonores étaient qualitativement différents des bruits de percussion qu'on obtient normalement en frappant un objet à l'aide des mains ou des pieds.

Si l'hypothèse de Batcheldor (celle du déni de responsabilité) est exacte, on doit, a fortiori, la vérifier dans les situations expérimentales où le sujet est prévenu qu'on attend telle ou telle manifestation paranormale de lui, et de lui seul. Donc, quand on demande à un individu de *se concentrer* mentalement sur un phénomène pour essayer de le provoquer, cette mise en demeure doit normalement lui sembler plus redoutable que si on se contentait de l'inviter à souhaiter vaguement que le phénomène s'accomplisse, ou encore à jouer le rôle passif d'un spectateur.

Les premières expérimentations de Honorton et Barksdale consistaient précisément en des séries de tests de groupe, où toutes les conditions semblaient réunies pour empêcher l'inhibition du déni de responsabilité. Ce qui explique peut-être les résultats positifs obtenus. Encore que ce fameux mécanisme inhibiteur soit sujet à variantes. Dans une troisième série d'expérimentations conduites par Honorton et Barksdale, l'étude se proposait de vérifier si l'alternance de phases de contraction et de détente musculaire affectait ou non les résultats des tests P.K. L'unique sujet d'expérimentation était, cette fois, Honorton lui-même. Or, il enregistra des scores nettement positifs lors des phases de tension musculaire, et des scores nettement négatifs lors des phases de relaxation. Plus frappante encore, l'expérience faite en Union soviétique. Nombre de scientifiques du monde entier ont eu l'occasion de voir Nina Kulagina déplacer sur une table différents objets de petite taille, sans intervention physique; et ce par un effort de volonté couplé à une tension musculaire considérable (Keil, Ullman, Herbert & Pratt, 1976). Les objets qu'elle meut, apparemment par psychokinèse, sont des plus divers, pour la plupart de nature non ferreuse – ce qui élimine l'hypothèse d'un quelconque truquage magnétique. Cigarettes ou pochettes d'allumettes exécutent, sous la férule mentale de Nina Kulagina, des séries de sauts ou de mouvements extrêmement bizarres, faisant songer à des phénomènes de poltergeist. Comme, par exemple, une cigarette placée verticalement sur une table, et qui se déplace. Mais Nina Kulagina peut aussi diriger par la pensée un seul objet déposé sur la table au milieu d'autres qui, eux, demeurent immobiles. Or, elle revendique pleinement la responsabilité des effets qu'elle produit.

Impressionnée par des images filmées illustrant les étonnantes facultés de la Soviétique, une jeune Américaine (ayant déjà participé à des expérimentations sur la perception extrasensorielle), Felicia Parise, décida, elle aussi, d'essayer. Après diverses tentatives, elle déplaça de petits objets, sans intervention physique. Un enquêteur, présent dans la cuisine de la jeune femme au moment des faits, put observer le déplacement d'une petite bouteille (Honorton, 1974). Par la suite, Felicia Parise apporta la preuve, dans des conditions de laboratoire cette fois, qu'elle pouvait faire dévier l'aiguille d'une boussole.

E. Green et A. Green eux aussi décrivent dans leur livre un cas de psychokinèse intentionnelle, dont ils déclarent avoir été les témoins. À l'époque où ils étudiaient, avec la collaboration d'un maître yogi indien, Swami Rama, les phénomènes de contrôle volontaire de fonctions organiques internes, Swami leur affirma qu'il était capable de déplacer un objet par sa seule volonté. Ils décidèrent de le prendre au mot. Une aiguille à tricoter fut disposée sur un pivot muni d'un solide ressort, et dc fait, en la présence de plusieurs autres scientifiques de la Fondation Menninger, où avait lieu l'expérimentation, Swami Rama (qui s'était préparé à l'épreuve par le jeûne et la méditation) fit pivoter l'aiguille d'environ dix degrés.

Diverses études ont montré que des sujets choisis au hasard étaient également capables de produire des effets de psychokinèse par un effort de la volonté. Steilberg (1975), par exemple, a directement comparé les résultats obtenus selon que les sujets se concentraient intensément sur une tâche P.K. ou bien se contentaient d'en visualiser passivement la réalisation. Les conclusions de cette étude comparative peuvent se résumer de la façon suivante : dans les conditions d'attention passive, on enregistrait un écart positif (mais non significatif) avec la moyenne probabiliste (l'épreuve consistait à tirer un numéro en faisant rouler un dé); dans les conditions de concentration active, on enregistrait un écart négatif, mais *significatif* cette fois, par rapport à la moyenne probabiliste, comme si le sujet « évitait » de tirer le bon numéro. Donc, et c'est là le plus important, il n'y avait pas inhibition de la fonction psychocinétique, même si cette dernière semblait opérer à l'inverse de ce qu'on attendait d'elle.

Lors d'une autre expérimentation, Kuyper et ses collaborateurs (1972) imaginèrent de soumettre leurs sujets à un bruit désagréable dont l'émission pouvait être interrompue par un générateur de valeurs aléatoires. On avait expliqué à certains sujets seulement que pour influencer le générateur (et donc faire cesser le bruit désagréable), ils devaient faire usage de leurs facultés psychocinétiques. Or, ces sujets se révélèrent capables d'infléchir, dans le bon sens, et de façon significative, les décisions prises par l'appareil; alors que les sujets non avertis n'accusèrent aucun écart statistiquement significatif par rapport à la moyenne probabiliste (et donc n'abrégèrent pas la durée de l'émission sonore déplaisante). Ces résultats comparatifs semblent souligner l'importance prise par la *conscientisation* de la tâche à exécuter; mais il se peut qu'un autre facteur soit intervenu en la circonstance. Par exemple, que les sujets à qui on avait expliqué qu'il dépendait d'eux de faire cesser le bruit désagréable aient éprouvé, devant leurs échecs, un sentiment de frustration. Sentiment que les non-prévenus n'ont pas ressenti.

D'autres études encore ont révélé l'importance prise par le sentiment de frustration dans la mise en évidence expérimentale des effets de psychokinèse (Houtkooper, 1977; Mischo & Weiss, 1973). L'idée selon laquelle l'attention passive favorise peut-être davantage la manifestation d'un effet P.K. que ne le fait la concentration mentale active a été indirectement étayée par une série d'expérimentations de Braud, Smith, Andrew et Willis (1976). Dans cette étude de psychokinèse utilisant un générateur aléatoire, on demandait aux sujets (répartis par tirage au sort en deux groupes) de s'acquitter d'une tâche P.K., soit de façon « analytique » (pour les uns), soit de façon « non analytique » (pour les autres). Les premiers étaient soumis à des épreuves faisant appel à la conceptualisation verbale, aux mathématiques et à la logique; les seconds à des épreuves faisant appel à la représentation acoustique, spatiale et visuelle. Avant l'épreuve et durant celle-ci, on faisait écouter aux sujets de chaque groupe une bande sonore préenregistrée, dont le contenu correspondait aux tâches qu'on attendait d'eux. L'expérimentation comprenait trois épreuves successives. Dans les deux premières épreuves, le groupe des non-analytiques enregistra des scores P.K. sensiblement supérieurs à ceux des analytiques; dans la dernière épreuve, les scores obtenus par les deux groupes furent identiques. Le cumul des résultats d'ensemble mit en évidence deux tendances significatives : celle des non-analytiques à enregistrer des écarts légèrement positifs par rapport à la moyenne probabiliste, et celle des analytiques à marquer des scores sensiblement de même niveau que la barre probabiliste. On en revient donc à la dichotomie intention active-intention passive, puisqu'il semble bien que les tâches analytiques requièrent un intense effort de concentration, alors que les tâches non analytiques – les processus de création, par exemple – relèvent davantage de la volition passive.

Une autre hypothèse a encore été versée au débat intention active-intention passive. Une hypothèse qui tient tout entière à la notion de « relâchement de l'effort », Stanford (1974) pense que la croyance populaire selon laquelle l'homme doit d'abord peiner pour accomplir son œuvre, puis laisser la volonté de Dieu couronner ses efforts n'est peut-être pas sans fondements. « Aide-toi, le ciel t'aidera » ne revient-il pas à dire qu'après avoir œuvré activement dans un but précis, il est indispensable de « s'accorder le temps de souffler » au moment de la phase finale? Pour tester cette hypothèse, Stanford et Fox (1975) ont mis au point une procédure d'expérimentation P.K. requérant des sujets qu'ils influencent le flux électrique d'une cellule photosensible placée à l'intérieur d'une boîte. Au cours de l'expérimentation, on alternait les périodes d'effort et les périodes de lecture d'un magazine (les sujets avaient pour directive de ne pas faire le moindre effort en lisant). Stanford et Fox constatèrent que pendant les phases de distraction, l'influence exercée par les sujets sur le flux photoélectrique était sensiblement plus forte que pendant les phases de concentration mentale. Au contraire, Millar (1976) n'enregistra aucune différence significative entre les phases d'effort et de relâchement lors d'une expérimentation où il étudiait les effets P.K. sur la résistance d'un calorimètre. Mais ajoutons ceci : cette étude ne révéla aucun effet de cette nature, ni dans une condition expérimentale ni dans l'autre. Thouless (1951) a constaté un fait intéressant (il jouait simultanément le rôle d'expérimentateur et de sujet d'expérimentation) : lorsqu'il se lisait à lui-même des poèmes en lançant ses dés, il améliorait ses performances psychocinétiques, ce qui semble bien confirmer les résultats obtenus par Stanford et Fox.

D'autres chercheurs encore ont tenté d'objectiver par différents moyens le rôle de la volition dans les processus psychocinétiques. Cox (1051) fit une série d'expérimentations intéressantes.

La surface sur laquelle les sujets lançaient les dés avait été divisée en six cases numérotées de 1 à 6. Deux possibilités de marquer le point étaient offertes au lanceur : ou bien immobiliser les dés sur la bonne face (celle du chiffre cible), ou bien les immobiliser dans la case correspondant à ce chiffre. Une fois sur deux, on donnait au sujet pour premier objectif de tirer le bon numéro, et une fois sur deux pour premier objectif de positionner les dés sur la bonne case. Autrement dit, chaque coup se décomposait en une tâche prioritaire et une tâche secondaire.

Les sujets devaient se concentrer exclusivement sur la tâche prioritaire. En analysant les résultats d'ensemble, Cox constata deux choses : d'une part des écarts statistiques positifs, mais non significatifs, pour les objectifs prioritaires; et d'autre part des écarts statistiques négatifs, mais hautement significatifs, pour les objectifs secondaires. Une modification ultérieure des procédures (les dés avaient été remplacés par des cubes et des sphères que les sujets devaient lancer latéralement) permit à cet auteur de confirmer ses premiers résultats (Cox, 1954).

Diverses études ont adopté des procédures quelque peu différentes : on révélait par exemple aux sujets qu'ils allaient participer à des expérimentations sur la psychokinèse, mais on ne leur dévoilait pas la cible qu'ils étaient sensés atteindre à chaque épreuve. Ils ne pouvaient donc faire consciemment usage de leur volition pour essayer de tirer le bon numéro. Rubin et Honorton (1971) ont ainsi mis au point une procédure ingénieuse faisant appel au *I-Ching* (un ancien texte chinois plus connu sous le titre de *Livre des changements*). La divination se fonde sur un lancer de fragments d'une plante, la millefeuilles de l'espèce des achillées. En retombant, les fragments composent une figure. On convertit la figure en valeurs numériques, et ces valeurs servent à désigner l'un des soixante-quatre « hexagrammes » (interprétations) du *I-Ching.* L'hexagramme désigné par le sort fournit, dit-on, la clé de la situation au consulteur. À cette ancienne méthode laborieuse (qui suppose qu'on ait sous la main des achillées!) Rubin et Honorton avaient substitué celle du pile ou face, comme il est courant de le faire en Occident quand on interroge le *I-Ching.* Le sujet devait d'abord jeter la pièce un certain nombre de fois. En possession des résultats, l'expérimentateur passait dans une pièce adjacente pour y consulter les interprétations données par le livre. Celles-ci, mélangées à des révélations purement fantaisistes, étaient ensuite communiquées au sujet, à qui on demandait de les classer par ordre décroissant de pertinence, selon qu'elles lui semblaient plus ou moins bien s'appliquer à son existence personnelle. Les résultats enregistrés montrèrent que les sujets qui faisaient confiance à cette technique recevaient sensiblement plus de conseils appropriés et pertinents que ceux qui n'accordaient au *I-Ching* qu'un crédit mesuré.

Pour tenter de mettre un peu d'ordre dans cette moisson de résultats, Stanford (1974) a proposé un modèle d'interprétation des phénomènes de psychokinèse tenant compte de leur finalité. On s'en souvient, cet auteur avait défini conceptuellement ces phénomènes comme des *réponses instrumentales médiatisées par la psi.* D'après lui, l'organisme manipulerait activement son environnement pour le mettre au service de ses propres besoins. Remaniant par la suite ce concept original, Stanford a assimilé la psychokinèse à ce qu'il appelle un *comportement de conformance.* Il consiste en un processus médiateur inconscient qui met en jeu des interéchanges entre l'organisme, ses exigences propres et un environnement capable de pourvoir à ces exigences.

Pour Stanford (1977), quatre éléments interviennent dans les comportements de conformance. Quatre éléments indispensables et qu'il définit de la façon suivante. Il faut d'abord qu'existe un terrain ou *système prédisposé,* généralement un organisme vivant, qui tende à la satisfaction de ses propres besoins. Ensuite, il faut que soit possible la réalisation de l'événement favorable susceptible de satisfaire aux revendications organiques. De même, une source d'événements interchangeables et incomplètement déterminés doivent survenir dans l'écosystème, ce que Stanford appelle un *générateur d'événements aléatoires.* Il peut s'agir d'un véritable générateur électronique ou d'un appareil mécanique destiné à lancer des dés, ou encore de n'importe quel autre dispositif ou processus fournissant des résultats impossibles à prévoir. Enfin, une *relation contingente* doit associer ces résultats aux événements qui répondent aux besoins du *système prédisposé.* À partir du moment où ces quatre éléments sont réunis, affirme Stanford, le résultat fourni par le générateur d'événements aléatoires sera infléchi de telle sorte que la probabilité d'apparition d'un événement favorable s'en trouvera accrue.

Le concept de comportement de conformance acquiert une importance considérable du fait qu'il occulte le problème des responsabilités individuelles (« qui est à l'origine du phénomène? »). Aussi bien le sujet que l'expérimentateur ou tout autre observateur deviennent simples composantes du système prédisposé.

La question de savoir si certains effets de psychokinèse observés en cours d'expérimentation sont dus aux facultés psi de l'expérimentateur plutôt qu'à celles des sujets ne se pose plus. L'idée maîtresse de ce concept nous conduit à identifier, dans la vie quotidienne comme au laboratoire, les quatre éléments énumérés, puis à observer que leur conjonction exerce bien l'influence prévue sur les résultats statistiques fournis par le générateur d'événements aléatoires.

Étendue des phénomènes physiques influencés par la psychokinèse

Cette notion d'ajustement comportemental enrichit le répertoire des événements qu'on a de bonnes raisons d'attribuer à un effet de psychokinèse. Avec ce concept, tout phénomène, tout déplacement, toute conduite dont les conséquences ou les résultats ne peuvent être prédéterminés revêt virtuellement la qualité de générateur dès lors qu'il crée une situation satisfaisant aux revendications d'un quelconque système prédisposé. Les manifestations de poltergeist conduisent tout naturellement à ce concept, si on les considère à la lumière du modèle théorique de « relâchement de la tension » proposé par Layard (1944), car dans les manifestations de ce genre, les effets apparents de psychokinèse produisent des mouvements, des phénomènes électriques ou sonores (voix humaines, percussions, musiques), des apparitions et disparitions subites.

Alors que les premières études expérimentales se proposaient d'étudier les mouvements d'objets de faible volume (des dés, par exemple), des recherches récentes sur la psychokinèse ont tenté l'exploration systématique d'une gamme beaucoup plus étendue d'événements cibles. Ainsi, Putoff et Targ (1974) ont pu constater qu'un sujet particulièrement doué, Ingo Swann, provoquait des écarts atypiques dans une série de mesures de la courbe périodique d'un champ magnétique; mesures effectuées à l'aide d'un puissant magnétomètre blindé. Swann a également induit des anomalies statistiquement significatives dans les résultats obtenus à l'aide d'un calorimètre également blindé (Schmeidler, 1973), phénomène qui s'est répété lors d'une autre expérimentation portant sur des sujets sélectionnés au hasard (Schmeidler, Mitchell & Sondow, 1975).

Ces acquis expérimentaux laissent supposer que des effets de psychokinèse peuvent également s'exercer sur d'autres instruments de mesures physiques. Morris (1985) avance l'hypothèse qu'un jour notre industrie pourra peut-être tirer couramment parti de phénomènes de ce genre pour la prévention des défaillances du matériel. Car s'il se confirme que les pannes mécaniques sont comparables aux manifestations domestiques de poltergeist, il se pourrait fort bien que ces pannes soient associées à la tension, parfois explosive, qui règne parmi le personnel. Resterait alors à prendre les mesures qui s'imposent pour prévenir ces inutiles complications.

La désintégration des radioéléments compte sans doute parmi les processus physiques universels les plus imprévisibles et les plus aléatoires qui soient, du point de vue quantique tout au moins. Et si la psychokinèse influençait le cours de cette déperdition énergétique naturelle, qui par nature échappe à toute prédiction? Telle est la question que se sont posée Beloff et Evans (1961) en concevant une série de tests destinés à vérifier leur hypothèse de départ. Mais aucune de leurs expérimentations, pas plus d'ailleurs que celles de Wadhams et Farrelly (1968), n'a pu mettre en évidence un quelconque effet psychocinétique de ce genre. En France pourtant, Chauvin et Genthon (1967) ont observé que deux de leurs sujets (sur sept au total) se révélaient capables de modifier sensiblement le processus de désintégration du nitrate d'uranium, observation que Chauvin (1968) devait confirmer ultérieurement par deux autres séries d'expérimentations. Peu de temps après, Schmidt (1969, 1970*a*) mettait au point son générateur électronique de nombres aléatoires, dont le fonctionnement est précisément fondé sur la radioactivité d'un radioélément, le strontium 90. Depuis lors, cet appareil parfois désigné du nom de « machine de Schmidt » a envahi les laboratoires (où on l'applique indifféremment à l'étude de l'E.S.P. et de la P.K.); son existence a redonné toute son actualité à l'idée, émise pour la première fois voilà un quart de siècle, que la psychokinèse influence peut-être les particules subatomiques.

Une étude réalisée avec l'aide d'un générateur aléatoire mérite ici une mention toute particulière. Dans une série d'expérimentations conduites par Schmidt et Pantas (1972), deux générateurs de conception différente étaient utilisés. L'un des deux appareils était doté de circuits électroniques internes beaucoup plus complexes que l'autre. Tandis que les sujets s'efforçaient d'influencer mentalement les valeurs générées par l'un des appareils, on remplaçait celui-ci sans le leur dire par l'autre. Les séries de tests mirent en évidence des écarts statistiques significatifs par rapport aux moyennes probabilistes, mais révélèrent aussi que ces performances n'étaient nullement liées à l'utilisation d'un appareil plutôt qu'à celle de l'autre. Tout se passait comme si les substitutions d'appareils n'exerçaient aucun effet sur les résultats obtenus. Donc, la complexité de l'appareillage ne semblait pas affecter l'activité psychocinétique. Ce qui revient à dire que cette activité est vraisemblablement directionnelle. Autrement dit, qu'elle est orientée vers une finalité bien précise.

L'étude expérimentale de la psychokinèse a également tiré parti des propriétés piézo-électriques du quartz. On sait que le cristal de quartz, quand on le soumet à des contraintes (pressions ou déformations), émet un flux électrique d'intensité proportionnelle aux contraintes exercées. En utilisant pour système cible un oscillateur au quartz, on peut donc directement procéder à la mesure des « forces » psychocinétiques apparentes mises en jeu. Isaacs (1984) considère que les systèmes cibles exploitant la piézo-électricité du quartz présentent des avantages nettement supérieurs à tous les autres dispositifs expérimentaux utilisés par le passé, surtout quand la recherche porte sur les processus opératoires eux-mêmes. En effet, quand on effectue des expériences avec un générateur de valeurs aléatoires, les inductions psychocinétiques sont mesurées sous forme d'écarts statistiques par rapport à une moyenne probabiliste. Cela ne permet guère qu'une mensuration relativement grossière du phénomène étudié. Quant à la formule consistant à demander aux sujets de mouvoir psychocinétiquement des objets statiques, ou encore de dévier les trajectoires d'objets en mouvement, elle pèche aussi par défaut de précision, donc n'autorise pas davantage la mensuration des forces parfois très discrètes qui interviennent dans les effets observés. Alors que la piézo-électricité du quartz rend possible la mesure continue de la psychokinèse durant les périodes où elle exerce son influence. À ce dernier avantage vient encore s'en ajouter un autre : celui de faciliter grandement l'étude de l'apprentissage psychocinétique. Pour démontrer la supériorité des systèmes cibles piézo-électriques dans l'étude expérimentale de la psychokinèse, Isaacs (1984) se fonde sur les résultats qu'il a lui-même obtenus. Et ce, avec un petit nombre de sujets testés dans des conditions de laboratoire rigoureusement contrôlées. Cette formule semble donc appelée à stimuler grandement la recherche fondamentale sur la psychokinèse.

Les effets de la psychokinèse sur la vie organisée

La psychokinèse peut influencer aussi les organismes vivants. P. Vasse et C. Vasse (1954) ont été les premiers à observer des effets de ce genre sur de jeunes pousses végétales. Leurs observations ont plus tard été confirmées par Hickman (1979), par Nicholas (1977) et par Grad (1967). En revanche, Lenington (1979), Pauli (1973) et Munson (1979) ont obtenu des résultats nuls lors d'expérimentations semblables. Ce qui distinguait des autres la procédure expérimentale de Grad, c'est qu'elle consistait à faire arroser, à l'aide d'une même solution, différents semis tous identiques, les uns par des individus névrosés, les autres par des individus psychotiques, et les derniers par des individus considérés comme normaux au regard de la psychiatrie. Grad put ainsi constater que les plantes arrosées par les sujets normaux poussaient sensiblement plus vite que les autres.

Barry (1968 *a, b*), puis Tedder et Monty (1981) ont eux aussi observé une accélération de croissance significative après traitement psychocinétique d'une colonie de champignons. Les résultats étaient comparés à ceux obtenus sur un échantillonnage non traité de sujets de la même espèce. Des expérimentations semblables ont mis en évidence les mêmes effets sur le développement d'une colonie de bactéries (Braud, 1974; Nash, 1982), et sur la vitesse de reproduction d'une levure (Haraldsson & Thorsteinsson, 1973; Nash & Nash, 1967). Dans ces études, des résultats positifs ont été obtenus aussi bien avec des sujets sélectionnés selon certains critères qu'avec des individus n'ayant fait l'objet d'aucune sélection particulière. Divers comptes rendus expérimentaux font également état d'effets psychocinétiques apparents observés sur la croissance de plantes, d'enzymes, de bactéries, et sur des cellules cancéreuses mentalement traitées par des guérisseurs. Nous y reviendrons au chapitre 8.

La plupart des travaux conduits avec des sujets sélectionnés dans certains cas et pas dans d'autres (ce qui semble ne pas avoir influencé les résultats) se sont révélés positifs, dans une proportion impressionnante; en fait, très peu (ceux de Kief en 1972 représentent l'exception) se sont soldés par un échec. Faut-il attribuer le succès de ces études au regain d'intérêt ressenti par les sujets à la perspective de « travailler » sur de la matière vivante? Ou plutôt à d'autres facteurs intrinsèques de la vie organisée, le caractère capricieux des processus de croissance, par exemple?

Braud (1980) a conçu une procédure expérimentale. Grâce à elle, il a pu comparer l'impact des effets psychocinétiques sur deux types de processus physiques fort différents, à savoir la flamme d'une bougie (manifestation vacillante d'une combustion pourtant constante) et le flux électrique émis par une cellule photosensible (phénomène en apparence beaucoup plus stable). Il a pu ainsi constater que les sujets parvenaient plus aisément à influencer psychocinétiquement la flamme dansante que le flux électrique (mais avec une différence statistiquement peu significative entre les résultats enregistrés). Schmeidler et Borchard (1981) ont, eux aussi, recueilli des données expérimentales dont l'interprétation semble aller dans le même sens. Ce qui conforte l'idée que plus un système cible est fluctuant et capricieux de nature, et plus grandes sont les chances d'observer sur ce système des effets dus à la psychokinèse. D'autres études antérieures, dont les procédures étaient fondées sur la variation du poids de certains objets, avaient déjà abouti aux mêmes conclusions (Cox, 1971; Forwald, 1969), encore que dans ces cas particuliers les résultats enregistrés étaient peut-être imputables à divers facteurs psychologiques.

Les *conduites* humaines et animales accusent, elles aussi, leur caractère de variabilité et d'instabilité, caractéristique que les études de psychokinèse n'ont pas manqué d'exploiter. Des travaux déjà anciens, réalisés par Bechterev (1948) sur l'influence exercée par la volonté humaine sur le comportement du chien, avaient convaincu cet auteur, après maintes observations, que ses sujets (pour la plupart des chiens de cirque ayant été soumis à un dressage très poussé) obéissaient aux ordres mentalement donnés par les divers occupants de la salle d'expérimentation. Notons que les tests de Bechterev se déroulaient dans des conditions de contrôle peu rigoureuses, et que ses conclusions ne doivent être acceptées qu'avec circonspection. Les procédures consistaient généralement à demander à une personne présente dans la salle de prendre entre ses mains la tête du chien, puis de fixer l'animal droit dans les yeux en pensant intensément à quelque chose de précis qu'on voulait lui faire faire, ou plus précisément à une conduite qu'on voulait lui faire adopter. Dans certains cas, il apparaît que les chiens se révélaient capables d'exécuter des tâches comportementales dont la complexité ne laisse pas d'impressionner. Cependant, faute d'un contrôle expérimental sévère, rien ne nous dit que ces animaux n'obéissaient pas à des sollicitations sensorielles subtiles et indécelables. Hypothèse d'autant plus plausible quand on sait que les chiens de Bechterev se montraient extrêmement sensibles aux plus infimes signaux émis par l'homme.

Schmeidler (1977) fit une remarque judicieuse : en admettant même que des processus psi aient été mis en jeu dans ces influences exercées par l'homme sur l'animal, ces processus relèvent plus vraisemblablement de la perception extrasensorielle que de la psychokinèse. Cette remarque vaut pour toutes les expérimentations où la variable dépendante est représentée par le comportement d'un être organisé.

Des études de laboratoire assorties d'un rigoureux contrôle n'en ont pas moins montré des phénomènes troublants. Les humains, par exemple, ont le pouvoir d'influencer de façon significative, par psychokinèse, le comportement du chat (Osis, 1952), de la souris (Gruber, 1979 a, b), du rat (Extra, 1971), de la fourmi (Duval, 1971), du poussin (Nash & Nash, 1981) et de la paramécie (Richmond, 1952). Randall (1971, 1972) a, lui aussi, obtenu des résultats en demandant à des écoliers d'inciter mentalement des cloportes et des gerboises à se déplacer dans une direction bien précise. En revanche, la tentative qu'il fit de reproduire l'expérimentation de Richmond – mais cette fois sur un protozoaire différent de la paramécie – n'a donné aucun résultat concluant. Ces travaux sont prometteurs. Ils laissent entrevoir les applications qui pourraient en dériver en matière de guérison, de dressage et de communication entre espèces différentes. Rosenthal et Rubin (1978) considèrent pourtant que les études du comportement animal ont un défaut principal : leurs résultats vont dans le sens souhaité par celui qui dirige les procédures. Il faut vraisemblablement attribuer ce phénomène à des sollicitations sensorielles imperceptiblement transmises au sujet par l'expérimentateur, sans que celui-ci s'en rende compte. Pour circonvenir ce vice inhérent aux procédures, il faudrait, pour objectiver les effets de la psychokinèse sur le comportement animal, faire appel à un collectif composé d'expérimentateurs mus par des attentes individuelles différentes.

Certains travaux semblent accréditer le fait que, par psychokinèse, on peut également influencer les conduites humaines. Gruber (1979 b), par exemple, a conduit une série d'études dans lesquelles les cibles (à influencer par psychokinèse) étaient représentées par des itinéraires statistiquement suivis par des piétons ou des automobilistes durant des périodes comprises entre certaines fourchettes horaires. Le plus remarquable, dans cette série d'expérimentations, c'est que l'enregistrement statistique des données avait été effectué sur des bandes magnétiques *avant même* qu'on ne tentât de les influencer psychocinétiquement. Les résultats obtenus révèlent un fait surprenant : l'effet P.K. pourrait s'exercer rétroactivement pour influencer un phénomène passé. Schmidt (1976) a lui aussi relevé des influences psychocinétiques apparentes sur des séquences de cibles préenregistrées à mesure que ces séquences étaient produites par un générateur de nombres aléatoires. Mais attention, la psychokinèse rétroactive n'est pas le seul phénomène à rendre compte des effets de ce genre. On ne peut exclure a priori la possibilité que l'expérimentateur ait opéré en temps réel, c'est-à-dire au moment même où les séquences de cibles étaient enregistrées, pour produire les écarts statistiques observés. Cependant, l'hypothèse d'une psychokinèse rétroactive n'en demeure pas moins particulièrement intéressante, du fait que la démonstration de son existence s'accorderait parfaitement aux modèles théoriques de la mécanique quantique. Nous aurons l'occasion de revenir plus en détail sur ces questions au chapitre final de ce livre.

Une série d'expérimentations a fourni des résultats spectaculaires. On demandait à un sujet d'influencer, par psychokinèse, les réponses physiologiques d'un autre sujet. Les procédures se déroulaient de la façon suivante : sous prétexte de le soumettre à un test de perception extrasensorielle, on installait confortablement le premier sujet – le sujet cible – dans une pièce séparée. On le faisait asseoir dans un fauteuil moelleux. Afin de prendre des mesures électriques au niveau de son épiderme, on lui fixait des électrodes sur un doigt ou sur la paume d'une main. On l'invitait ensuite à se détendre le plus possible avant le prétendu test E.S.P. Pendant ce temps, on avait introduit le second sujet – l'« influenceur » – dans une autre pièce, où il pouvait observer sur un écran l'enregistrement de l'activité électrique tégumentaire du sujet cible. Le test consistait pour le second sujet à essayer d'influencer par psychokinèse l'activité électrique du premier, dans un sens ou dans l'autre, pendant des périodes de trente secondes chacune; le « récepteur », lui, se relaxait. C'est à Braud (1978) que nous devons cette ingénieuse extension du bio-feed-back, qu'il a lui-même baptisée *allo-bio-feed-back*. Grâce à elle, il a pu constater expérimentalement que l'activité électrique enregistrée était sensiblement plus intense durant les périodes où l'influenceur s'efforçait de l'accroître par psychokinèse que durant les périodes où il s'efforçait de la faire décroître. Une étude ultérieure permit à Braud, avec la participation d'un sujet particulièrement doué (Matthew Manning) et de différents volontaires non sélectionnés, de reproduire des effets tout aussi significatifs sur des personnes cibles qui ne savaient rien de la véritable nature de l'expérimentation à laquelle elles se prêtaient (Braud, 1979).

Les résultats de ces travaux accréditent indirectement la réalité des effets physiologiques constatés en diverses occasions après les traitements « psychiques » des guérisseurs (nous en reparlerons au chapitre 8). Ils nous aident également à comprendre les mécanismes sous-jacents déclenchés par ces traitements fondés exclusivement sur l'activité mentale du thérapeute. Si un être humain se révèle capable d'influencer à distance les fonctions physiologiques de ses semblables, on peut assurément concevoir que les changements ainsi institués dans le métabolisme sont également capables d'accélérer ou de stimuler les processus organiques de la guérison. Dans certaines affections pathologiques – l'hypertension, par exemple – l'influence exercée peut s'avérer immédiatement bénéfique pour le malade. Naturellement, le phénomène inverse risque également de se produire, si l'on en juge par les résultats de ces travaux : il nous faut admettre que la psychokinèse peut se traduire aussi par des influences négatives ou potentiellement nocives.

Ces différents tests reposant sur la technique de l'allo-biofeed-back ont amené Braud et ses collaborateurs à se demander si le sujet cible avait le pouvoir de « bloquer » les influences mentales exercées sur lui à distance par un autre individu. Pour lever cette indétermination, Braud (1985) a conçu une expérimentation lors de laquelle on divisait par moitié le groupe des sujets cibles. Le premier sous-groupe était composé de sujets que l'on entraînait à se représenter visuellement un écran qui fasse obstacle aux influences mentales dirigées vers eux de l'extérieur, ou encore à s'opposer intentionnellement à la manifestation de ces influences. Le second sous-groupe était composé de sujets à qui on demandait au contraire de coopérer avec l'influenceur pour potentialiser mentalement l'influence psychocinétique exercée sur eux-mêmes. Les influenceurs – au nombre de deux – ignoraient pour leur part qui, parmi le groupe des personnes cibles, avait reçu pour directive de contrer leurs tentatives d'influence, et qui allait, à l'inverse, coopérer avec eux. Il apparut que pour l'un des deux influenceurs le blocage mental qui lui était opposé se révéla efficace, puisque l'influence qu'il exerçait se faisait sensiblement sentir sur les coopérants, et pas du tout sur les récalcitrants. Les résultats enregistrés avec l'autre influenceur se révélèrent en revanche beaucoup moins nets. Les expérimentateurs n'enregistrèrent aucun effet significatif de psychokinèse, ni dans un sous-groupe ni dans l'autre. Les résultats d'ensemble de cette étude accréditent tout de même l'idée que les influences de cette nature peuvent être, dans certains cas, contrariées par un blocage mental.

Encore faut-il noter, à propos de ces influences, qu'elles résultent peut-être d'un processus de perception extrasensorielle et non pas d'un effet de psychokinèse. Qui nous dit qu'elles ne sont pas médiatisées par la détente, ou au contraire par l'éréthisme communiqué au sujet cible par l'influenceur? Pour vérifier pareille hypothèse, Braud, Schlitz, Collins et Klitch (1985) ont testé la spécificité de cette influence en tenant compte non seulement de l'activité électrique tégumentaire des sujets cibles, mais encore de différentes variables psychologiques. Ils demandèrent donc aux influenceurs de s'efforcer, par des tentatives alternées, d'intervenir psychiquement soit pour modifier l'activité électrique des cibles, soit pour leur apporter le calme psychologique. Or, les résultats obtenus ne montraient aucune différence entre les deux conditions expérimentales. Ce qui laisse supposer que l'effet mental s'exerce de façon indistincte et généralisée.

Dans cette dernière série d'expérimentations, ni les tentatives d'influence spécifique, ni les tentatives d'influence indistincte n'ont mis en évidence un effet quelconque.

Mais on relèverait peut-être des différences entre les deux conditions expérimentales dans des situations où seraient observés des effets à relativement vaste échelle. En outre, les dernières expérimentations de ces auteurs différaient considérablement des expérimentations originales, du fait des modifications introduites dans les procédures. Par exemple, les sujets cibles étaient désormais parfaitement conscients des influences qu'on tentait d'exercer sur eux; ce facteur joue peut-être un rôle non négligeable sur l'ampleur des effets. Mais d'autres études s'imposent si nous voulons en apprendre davantage sur la nature de l'influence mise en jeu, sur sa spécificité, sur la faculté que détient le sujet cible de contrarier cette influence, et, d'une façon plus générale, sur l'application de l'allo-bio-feed-back aux thérapeutiques fondées sur les pouvoirs de l'esprit.

La psychokinèse chez l'animal

Les êtres organisés inférieurs à l'homme possèdent-ils des facultés de psychokinèse? Si l'on s'en tient strictement au modèle comportemental de la conformance, il n'est en effet nullement nécessaire que le « système prédisposé » soit représenté par un être humain. Car les animaux ont, eux aussi, des besoins propres. Ils les comblent en exploitant à leur bénéfice les ressources d'un écosystème assimilable à un générateur environnemental d'événements aléatoires. Il leur faut, par exemple, assurer en permanence la couverture de leurs besoins nutritionnels et caloriques; il leur faut aussi satisfaire à d'autres conditions liées à leur milieu, hors desquelles ils ne pourraient ni croître ni se reproduire. La question est donc de savoir si ce système prédisposé que représente l'animal en situation de manque a le pouvoir de plier par psychokinèse son environnement à ses exigences vitales; de l'amener à lui procurer certains facteurs de bien-être et de survie.

Pour vérifier expérimentalement cette hypothèse, Schmidt (1970 b) enferma son chat dans une pièce froide après y avoir disposé un coussin sous une source de chaleur (une lampe ordinaire) dont l'allumage et l'extinction étaient contrôlés par un générateur de valeurs binaires aléatoires. À intervalles de quelques minutes, le générateur prenait une « décision » par laquelle la lampe demeurait allumée ou bien s'éteignait jusqu'à la décision suivante. À la fin de l'expérimentation, Schmidt fit le total en deux colonnes des décisions prises dans un sens ou dans l'autre par le générateur et constata que le résultat avait été sensiblement faussé en faveur de la position « allumage ».

Schmidt (1970 b) répéta plus tard son expérimentation, non plus avec son chat cette fois, mais avec des blattes, en laissant le générateur décider, à intervalles réguliers, d'administrer ou non un choc électrique aux insectes. Or, il apparut à l'analyse des résultats que le nombre des chocs administrés était *plus* élevé que ne le laissait prévoir la probabilité. Ce résultat surprenant montre combien il est malaisé pour un chercheur de déterminer à coup sûr si un animal est cause d'un écart statistique relevé dans le fonctionnement d'un générateur de valeurs aléatoires. Car en la circonstance, et compte tenu du fait que les cafards redoutent les chocs électriques, la seule cause possible de l'écart statistique enregistré semblait de toute évidence imputable à l'expérimentateur lui-même (Schmidt avoue ressentir une répulsion intense pour les blattes). Avec cet exemple, nous touchons à un problème qui se pose à répétition dans toutes les études de la psychokinèse animale, à savoir l'impossibilité de localiser catégoriquement la source à partir de laquelle s'exerce l'influence – de nature apparemment psychocinétique – capable de perturber statistiquement l'activité décisionnelle d'un générateur de valeurs aléatoires.

On peut déduire des résultats observés qu'ils sont dus au comportement de conformance d'un système prédisposé particulier, mais d'un système dont l'expérimentateur représente une composante importante. Dans l'expérimentation dont il vient d'être question, il se peut donc que la « prédisposition » du système soit bien davantage due à l'intervention active de Schmidt qu'à celle des blattes.

Les études de ce genre soulèvent d'ailleurs d'autres considérations théoriques de première importance. Par exemple, l'expérimentateur prête, dès le départ, à tel ou tel animal, des prédispositions bien précises, et ces prédispositions supposées dictent bien entendu les procédures. Ainsi le chat, réputé frileux, est sensé rechercher la chaleur. On est donc en droit d'attendre de lui qu'il tente, consciemment ou inconsciemment, d'augmenter son propre bien-être en influençant les décisions du générateur commandant la lampe, source de chaleur. Mais dans la seconde expérimentation de Schmidt, il était bien difficile de supposer que les blattes tenteraient de se soustraire le plus possible aux décharges électriques. Car rien n'autorisait à croire que ces décharges provoquant des réactions comportementales massives et spectaculaires telles que des tressautements ou des crispations (à l'exemple de l'électrochoc chez les humains) s'accompagnaient *nécessairement* de douleurs chez les insectes. Par ailleurs, rien n'interdisait non plus de penser que les chocs électriques dispensaient peut-être aux blattes certains bénéfices que l'expérimentateur n'était pas en mesure d'observer directement.

Pour vérifier si l'animal était bien à l'origine des déviations statistiques enregistrées, Watkins (1972) imagina une autre procédure, fondée sur l'analyse soigneuse des conditions physiques entourant l'expérimentation. S'inspirant de la méthode de Schmidt, il enferma des lézards dans une cage à basse température, à l'intérieur de laquelle il plaça un radiateur commandé par un générateur de valeurs binaires aléatoires. La pression barométrique montra une variable de première importance pour le contrôle thermique. Fait remarquable quand on sait que les changements de pression du baromètre conditionnent chez le lézard les mécanismes d'hydratation et de déshydratation responsables de l'équilibre thermique. Watkins observa encore que les mâles qui, dans leur cage, affirmaient le mieux leur dominance sur leurs congénères enregistraient les scores P.K. les plus accusés. On ne peut déduire catégoriquement de cette analyse que les lézards étaient à l'origine des écarts statistiques constatés dans l'activité décisionnelle du générateur. Mais elle n'en renforce pas moins l'hypothèse que les besoins spécifiques des animaux jouent un rôle important dans le déterminisme prédisposant l'organisme animal à adopter un comportement de conformance.

Braud (1976) s'est, lui aussi, penché sur la question. Son expérimentation portait sur des poissons combattants. Si l'on dispose un miroir dans un aquarium contenant des combattants, ils sont attirés par la surface réfléchissante, dans laquelle ils peuvent observer leurs déploiements d'agressivité. Dans l'expérimentation de Braud, la mise en place et le retrait du miroir étaient réglés par un mécanisme asservi aux décisions d'un générateur de valeurs aléatoires. Restait à vérifier l'hypothèse que les combattants seraient « récompensés » si, par un effet de psychokinèse, ils amenaient le générateur à disposer le miroir dans leur aquarium plus souvent que ne le laissait prévoir la probabilité. Or, les résultats furent hautement probants. Les combattants se montraient capables de fausser, à leur avantage, l'activité décisionnelle du générateur. Une étude ultérieure de Braud et Kirk (1978) vint confirmer ces premières hypothèses. La procédure utilisée différait, cette fois, de la précédente : à chaque épreuve, l'un des deux expérimentateurs avait pour rôle de « souhaiter » intensément que le combattant fût « récompensé » (par le déploiement du miroir dans l'aquarium). Analysant les bilans de ces deux études, Schmeidler (1982) considère que le poisson est vraisemblablement responsable de l'effet P.K. observé dans les différentes séries de tests. Mais comment expliquer alors que la psychokinèse humaine, dirigée vers un objectif bien précis, se révèle opérante même si l'opérateur ne *souhaite* pas expressément que le résultat obtenu vienne confirmer ses attentes?

Edge (1978) a réalisé une étude semblable en prenant pour sujets non plus des animaux, mais des végétaux. Recourant lui aussi à un générateur de valeurs binaires aléatoires pour contrôler la quantité de lumière dispensée aux plantes, il observa un fléchissement significatif, dans le sens prévu, des résultats enregistrés (l'activité décisionnelle du générateur ayant provoqué un accroissement de l'illumination par rapport à la moyenne probabiliste). Mais là encore, les modèles de réponse enregistrés amenèrent Edge à supposer que l'influence exercée par l'expérimentateur avait peut-être joué un rôle déterminant.

Tentons de faire le point sur la question de l'identification de la source des effets observés : si l'hypothèse selon laquelle les animaux détiennent le pouvoir intrinsèque d'influencer leur environnement par psychokinèse est avérée, elle nous ouvre des horizons extrêmement prometteurs. Mais rien ne nous permet encore de l'étayer rationnellement. La notion de comportement de conformance permet d'avancer que les organismes infra-humains influencent apparemment la « prédisposition » d'un système, ledit système incluant les humains qui ont conçu et réalisé l'expérimentation à des fins spécifiques. De même, les écarts statistiques infléchissant l'activité décisionnelle d'un générateur semblent bien se produire conformément à la prédisposition du système considéré.

On pourrait aujourd'hui concevoir des procédures expérimentales où les prédispositions de l'expérimentateur et de l'animal se contrarieraient ou s'harmoniseraient. Pareilles procédures, si elles étaient testées, nous éclaireraient grandement sur la nature des effets de psychokinèse observés par l'homme en présence de l'animal.

La nature de la psychokinèse

Bien que la recherche psi ait accrédité l'effet psychocinétique, sa véritable nature reste mystérieuse. Les enquêtes menées sur les cas de poltergeist incitent à croire que les manifestations sporadiques et spectaculaires de phénomènes inexplicables sont fréquemment associées au stress, aux tensions refoulées. Le sentiment de frustration éprouvé par les sujets placés dans des conditions expérimentales pourrait aussi jouer son rôle dans la psychokinèse. Rush (1977), par exemple, suggère ceci : la manifestation d'un processus psychocinétique semble parfois facilitée quand le sujet est empêché de faire aboutir, malgré tous ses efforts, telle ou telle action physique qu'il a entrepris de mener à terme.

«... L'état d'esprit prédisposant l'individu à la psychokinèse réunit deux sentiments : l'ambition de réussir et l'acceptation des contraintes liées à la tâche imposée » (Schmeidler, 1984). La dichotomie qu'on observe selon que l'effet de psychokinèse se produit de façon spontanée ou au laboratoire tient peut-être à la différence de motivation des sujets. Ou bien à la différence entre volition consciente et intention inconsciente. Les effets spontanément observés se distinguent peut-être de ceux qu'on enregistre en laboratoire par la forme que prend la manifestation psychocinétique. Les données dont nous disposons plaident plutôt en faveur d'une seule et même forme de psychokinèse que divers processus peuvent matérialiser.

Quant à l'hypothèse dite du relâchement de l'effort, elle ne s'applique peut-être pas aux deux types de psychokinèses mentionnés : expérimentale et spontanée. La détente due au relâchement d'un effort soutenu peut en effet jouer un rôle dans la manifestation impromptue et inconsciente des phénomènes observés. Toute étude de laboratoire sur la psychokinèse exige donc que les sujets soient, d'une façon ou d'une autre, distraits de leur tâche après une certaine période d'effort conscient. Or, à notre connaissance, aucune étude n'a jusqu'ici, comparé les retentissements de l'effort interrompu et de l'intention directionnelle passive (qui a donné on l'a vu des résultats expérimentaux positifs), sur l'activité psychocinétique.

L'étude du fameux effet de relâchement de l'effort apportera peut-être une preuve supplémentaire de la supériorité des procédures qui font appel à l'intention passive des sujets. En d'autres termes, la phase active de l'alternance activité passivité n'est pas nécessairement d'un réel secours dans l'étude expérimentale de la psychokinèse. Les effets de « retard » ou de « rémanence » observés récemment dans certaines manifestations psychocinétiques sont liés au relâchement d'un effort mental soutenu par le sujet. Divers expérimentateurs (Tedder & Monty, 1981 ; Varvoglis & McCarthy, 1982 ; G. Watkins & Wells, 1973) ont constaté un fait surprenant : certains phénomènes, vraisemblablement dus à la psychokinèse, continuaient d'influencer physiquement les cibles pendant un certain temps après que le sujet se fut totalement acquitté d'une tâche P.K. De semblables effets-retards ont été observés à l'occasion de cas spontanés étudiés *in situ.* Alors qu'il enquêtait sur un cas de poltergeist, Joines (1975), par exemple, s'est servi d'un appareillage spécial pour détecter une « boule » d'énergie électromagnétique qui apparemment se déplaçait dans une pièce immédiatement *après* que certains objets se furent spontanément mis en mouvement. Même chose lorsque Felicia Parise eut fait dévier, à distance, l'aiguille d'une boussole en présence de plusieurs expérimentateurs : la déviation dura plusieurs minutes, bien que le sujet eût quitté la salle, avant que l'aiguille ne revînt progressivement s'orienter vers le nord magnétique. Certes, ces effets de rémanence résultent peut-être du brusque relâchement d'un effort soutenu. Mais il se pourrait aussi qu'ils soient dus à l'énergie physique accumulée dans l'espace environnant. Pareille hypothèse va totalement à l'encontre de divers arguments (l'indépendance de l'espace et du temps, entre autres) déniant toute causalité physique à la psychokinèse et à la perception extrasensorielle.

La découverte de cet effet de rémanence a fait rejaillir la question suivante : une quelconque énergie physique détectable intervient-elle dans les processus psychocinétiques?

Assurément le déplacement spontané de certains objets ou les transformations physiques observées dans la matière inanimée inclinent à conclure que la psychokinèse consiste en un processus énergétique. Mais cette conclusion n'est pas nécessairement la bonne. Car des opérations mentales comme la volition ou l'intention, ou bien des systèmes prédisposés, s'immiscent peut-être dans les formes d'énergie physique que nous connaissons, pour les diriger ou les guider. L'importance capitale de cette question est appelée à retentir profondément sur l'orientation que prendra la recherche en parapsychologie dans les années futures. Soit les effets de psychokinèse sont produits par une énergie non détectable, non physique, et donc immatérielle au plein sens du terme; soit ces effets résultent d'un système spécifique de guidage, avec intention bien déterminée, des diverses formes d'énergie physique disponibles. Cette dernière hypothèse permet de concevoir que l'énergie est « recrutée » et « organisée » selon des modèles totalement originaux, puisqu'elle accomplit des tâches irréalisables par le simple recours aux forces physiques et aux ressources énergétiques que nous connaissons. Pour certains, une preuve irréfutable de l'existence d'une énergie de nature psychocinétique serait apportée le jour où un individu se révélerait capable de produire, par la seule entremise de ses facultés mentales, un objet « paramorphique », c'est-à-dire un objet unique ne ressemblant à aucun autre, que nul ne pourrait fabriquer par un procédé physique ou chimique connu. À titre d'exemple d'objet paramorphique, on peut imaginer un élément de chaîne comprenant deux maillons de bois d'espèces différentes, taillés dans la masse et entrelacés. Un maillage de ce genre n'est en effet concevable que par un passage de matière à travers la matière, comme cela semble se produire dans de multiples phénomènes de poltergeist, quand, par exemple, des pierres traversent le toit d'une maison sans l'endommager. Mais à notre connaissance, aucun objet paramorphique répondant aux conditions que nous venons d'énoncer n'a encore été créé.

L'hypothèse du système de guidage sous-entend que les effets psychocinétiques ne peuvent outrepasser les limites assignées par diverses formes d'énergie physique mobilisées, puisque ces seules potentialités énergétiques sont libérées lors de la phase finale du processus. Ce modèle d'organisation psychique de l'énergie permet des applications différentes de celles qui procéderaient du précédent modèle (celui qui suppose l'existence d'une énergie psychique autonome et « immatérielle »). En particulier, l'apparente indépendance des processus psychocinétiques par rapport à l'espace-temps pourrait largement être exploitée si nous étions en mesure de contrôler ces processus plus rigoureusement que nous ne pouvons le faire aujourd'hui.

Que l'une ou l'autre possibilité existe est important. Mais les répercussions philosophiques qu'éveille la conceptualisation de la psychokinèse ont quelque chose d'ahurissant. Car quelle que soit la nature des mécanismes qu'elle fait intervenir, elle bouscule les idées conventionnelles attachées à la relation qui unit l'esprit à la matière. L'affirmation de la réalité psychocinétique ne peut que revaloriser l'impact de la pensée et de l'affectivité individuelles sur le quotidien social, leur conférer, à l'une comme à l'autre, une dignité nouvelle. Nous ne pouvons désormais plus croire que nos activités pensantes et nos émotions restent confinées à l'intérieur de nos propres limites ontologiques. Elles exercent un effet sur le monde physique qui nous entoure, sur la physiologie de nos semblables, sur l'arsenal électromécanique dont la société occidentale dépend de plus en plus. S'il arrive que certains individus, en certaines circonstances, se montrent capables de provoquer, consciemment ou inconsciemment, des effets de psychokinèse qui retentissent sur leur environnement physique, alors il est parfaitement concevable que chacun d'entre nous puisse détenir ou *exercer* des pouvoirs en tout point comparables. L'un des objectifs prioritaires que s'assigne la parapsychologie contemporaine est précisément de faire prendre conscience à chaque individu des pouvoirs cachés qu'il porte en lui, et à inventer des moyens constructifs de libérer ces pouvoirs au bénéfice du genre humain tout entier.

Sur ce point, les travaux entrepris par le laboratoire de la C.G.E., en France, sous la direction d'Ambroise Roux, apportent des résultats de la plus haute importance, dans le domaine de la psychokinèse. Nous avons choisi le parti de reproduire intégralement le rapport qui nous a été fait.

Les recherches récentes en psychokinèse en France

Jusqu'à une date récente, les travaux faits sur la psychokinèse n'avaient révélé que de faibles progrès par rapport aux expériences antérieures. Seules des expériences soviétiques ont fait état de sujets qui seraient capables de faire mouvoir, presque à la demande, les objets les plus divers. Mais les informations correspondantes ne semblent pas reposer sur des bases très sérieuses.

Il faut dire qu'une des difficultés essentielles des expériences de psychokinèse venait du fait que l'on n'avait pas mis au point d'appareils particulièrement aptes à de telles expériences. Cela m'a poussé à intervenir activement dans ce domaine. Persuadé du caractère fondamental des phénomènes psi, un peu lassé par l'attitude de la science officielle française, frappé par l'insuffisance dramatique des laboratoires français dans ce secteur par rapport à l'étranger, j'ai finalement décidé de créer à l'intérieur de la Compagnie générale d'électricité un laboratoire d'électronique spécialisé pour faire progresser la connaissance des phénomènes psi.

J'ai pensé que la télépathie était largement démontrée et que la psychokinèse méritait au contraire qu'on s'y attarde. Or, de nouveaux travaux dans ce domaine étaient rendus possibles par l'apparition d'un appareil tout à fait révolutionnaire qui est le tychoscope, dont la conception de base est due à un brillant ingénieur français, Pierre Janin.

Quelle est l'idée de base du tychoscope? Indiscutablement les forces psi sont faibles. Si elles ne l'étaient pas, il y a longtemps qu'on observerait des déplacements spectaculaires d'objets. Comme elles sont faibles, elles sont difficiles à mettre en évidence sur un mobile au repos, puisqu'il faut d'abord vaincre les forces de frottement; d'où l'idée d'un mobile en mouvement constant et aléatoire sur lequel les forces psi qui s'exercent modifient la trajectoire parce que les forces de frottement ont été vaincues au préalable. Une comparaison le montre. Une voiture soumise à l'arrêt à un fort vent transversal vibrera mais ne se déplacera pas. Si l'on prend la route, la voiture aura tendance à quitter sa trajectoire dès qu'elle subira une rafale de vent. Pourquoi? Parce que les forces de frottement ayant été vaincues par le mouvement imprimé à la voiture, la force extérieure qui s'exerce sur le véhicule donne lieu à un mouvement complémentaire. Alors que ce mouvement complémentaire n'a pu être créé sur un véhicule au repos, dans lequel il fallait vaincre au départ les forces de frottement.

Le tychoscope est donc un appareil qui se déplace sur une table en traçant une courbe de fonctionnement totalement aléatoire. Bien entendu, on ne se contente pas de dire qu'elle est aléatoire du fait que le tychoscope a été construit pour qu'elle le soit; on vérifie à chaque instant qu'elle est aléatoire au moyen de l'ordinateur. On le vérifie au départ, puis de façon régulière pour être certain qu'il n'y a pas un élément anormal qui introduirait dans le fonctionnement du tychoscope une perturbation systématique. De telles trajectoires aléatoires sont les *trajectoires libres.* Quand un sujet intervient pour modifier la trajectoire par la force de sa volonté on enregistre des *trajectoires asservies.* Faisant fonctionner l'appareil sur une table, on demande à un sujet de regarder le tychoscope et de tenter de lui imprimer un mouvement, par exemple de l'attirer.

On se trouve alors dans quatre cas différents. Dans le premier cas il ne se passe rien. La trajectoire visiblement ne change pas et l'ordinateur indique que la courbe est restée aléatoire.

Le deuxième cas assez fréquent, c'est celui où il n'a pas l'air de se passer grand-chose, où l'on ne détecte rien de spécial à l'œil nu mais où la courbe, passée à l'ordinateur, montre que le phénomène n'est plus aléatoire.

Le troisième cas, moins fréquent, est celui où la force psi est appliquée dans des conditions où il y a une action perturbatrice qui est parfaitement visible. Par exemple, le sujet peut, sur une durée de dix à quinze minutes, amener progressivement le tychoscope vers lui tout en lui laissant naturellement parcourir une courbe très complexe et qui pourrait donner l'impression d'être aléatoire, s'il n'y avait cette direction privilégiée qui lui est imposée.

Le quatrième cas qui est le plus frappant – réservé je dois le reconnaître à certains sujets d'élite – est celui où la manifestation prend une ampleur spectaculaire. J'ai vu personnellement le cas d'une jeune femme qui n'avait jamais participé à des expériences de parapsychologie, et qui a été capable de faire traverser en ligne droite au tychoscope une table de 3,50 m et de le faire tomber sur ses genoux. Lorsqu'on assiste à une expérience de cet ordre il est difficile de ne pas être convaincu de l'existence de la parapsychologie.

Ce laboratoire a travaillé pendant trois ans, et nous avions l'intention de travailler encore pendant au minimum deux ans, pour réaliser des travaux complémentaires avec l'idée de faire une communication à l'Académie des sciences.

Mais la C.G.E., une fois nationalisée, a pris la décision d'arrêter les travaux de ce laboratoire. Fort heureusement, cet arrêt s'est produit à la fin d'une première série d'expériences importantes et significatives; en sorte que c'est à partir des rapports d'expériences, et du rapport de synthèse que j'ai fait dresser, qu'il m'est possible de présenter les conclusions auxquelles nous avons abouti.

Nous avons examiné deux cent quinze sujets au total. Moitié hommes, moitié femmes : 60 % de cadres, 10 % d'employés, 15 % d'étudiants, 15 % de femmes au foyer. Nous avons évité systématiquement d'avoir recours à des « monstres sacrés » style Uri Geller ou autres, en sorte que 214 sur 215 de ces sujets n'avaient jamais participé à des expériences de parapsychologie. J'ajoute que le tychoscope étant construit dans les laboratoires de la C.G.E., je ne vois pas très bien quelle possibilité de trucage on pourrait imaginer à cette occasion.

Nous avons trouvé au total des anomalies indiscutables pour environ 40 % de nos sujets d'expérience. Mais nous n'avons voulu retenir que les anomalies de forte improbabilité, que nous avons définies comme les improbabilités supérieures à 10^{-5}, c'est-à-dire au

1/100 000; 18 % des sujets répondent à cette condition ; 6 % des sujets ont réalisé des expériences dont les improbabilités vont de 10^{-5} à 10^{-6}, c'est-à-dire que leur improbabilité s'étale entre 1/100 000 et un millionième. Nous en avons 8 % entre 10^{-6} et 10^{-9}, c'est-à-dire que l'improbabilité de leur trajectoire est comprise entre un millionième et un milliardième. Enfin, nous en avons 4 % dont l'improbabilité des trajectoires va de 10^{-9} à 10^{-18}. 10^{-18} n'est pas un nombre facile à appréhender : c'est en gros le nombre de secondes depuis le début de l'univers. Ce qui veut dire que si on avait fait une expérience de cet ordre, chaque seconde, depuis la création de l'univers, qui soit soumise à la loi du hasard, on aurait une petite chance de retrouver la même courbe. Indiscutablement nous sommes dans le domaine des très hautes improbabilités.

Je dirai, en résumé, qu'un sujet sur cinq crée dans la trajectoire du tychoscope, par la force de sa volonté, des anomalies dont l'improbabilité s'étage entre 10^{-5} et 10^{-18}. Je considère donc que cette première phase d'expérimentation, qui a été menée par une équipe scientifique travaillant avec une grande rigueur expérimentale, a permis de mettre en lumière, dans des conditions infiniment supérieures aux expériences antérieures, l'existence de la psychokinèse.

Nous avions préparé une deuxième série d'expérimentations destinées à mieux mettre en lumière les variations du facteur psi en fonction de l'environnement. Je souhaite très vivement qu'un autre laboratoire prenne la relève sur ce point.

A.R.

Chapitre 6

La psi et les modifications de l'état de conscience

En 1882 naissait à Londres la Society for Psychical Research (S.P.R.), première des assemblées se donnant pour mission d'étudier scientifiquement les phénomènes paranormaux. Principales questions sur lesquelles devaient porter les travaux de la jeune société de recherche : la vie après la mort, les fantômes et l'activité médiumnique (Kelly & Locke, 1981). Autres objets de curiosité et de discussion inscrits à son calendrier : l'hypnose, que depuis Mesmer on associait à la psi. En 1885 fut fondée l'American Society for Psychical Research (A.S.P.R.), qui manifesta un vif intérêt pour les médiums et pour le pouvoir qu'on leur prêtait, de « faire parler les esprits ». L'information qu'ils dispensaient dans des circonstances psychologiques particulières – désignées aujourd'hui par le nom d'états de conscience modifiés – captivait les chercheurs.

L'évolution des procédures

À l'époque où Mina Crandon, l'un des médiums les plus célèbres des États-Unis, fut convaincue d'imposture, William McDougall enseignait la psychologie à Harvard. L'affaire fit grand bruit. L'American Society for Psychical Research, qui avait jusqu'au bout pris fait et cause pour Mina Crandon, faillit bien ne pas survivre au scandale. Pour sa part, McDougall avait toujours émis des doutes sur l'authenticité des pouvoirs du médium, tout comme J.B. et Louisa E. Rhine, deux biologistes que passionnaient les travaux de McDougall sur la psi. Ils étaient venus collaborer avec lui en 1927 à l'université Duke. Tirant la leçon de l'affaire Crandon, les trois scientifiques décidèrent de reconsidérer toute la méthodologie de recherche. Leur objectif: fonder la parapsychologie sur des bases quantitatives et statistiques.

L'idée de faire appel aux probabilités n'avait, en soi, rien de neuf. Déjà le physiologiste français Charles Richet (1884, 1889) s'était servi de cartes à jouer ordinaires pour conduire ses expérimentations sur le métapsychisme. Vers la même époque – c'est-à-dire aux alentours des années 1880 – William Barrett et d'autres chercheurs britanniques recouraient exactement à la même procédure (Beloff, 1977, p. 18).

À l'université Duke, on testait les sujets dans leur état de conscience habituel, en tenant compte des composantes affectives mises en jeu au moment des épreuves (la motivation, l'optimisme quant au résultat du test et la qualité de l'échange avec l'expérimentateur, entre autres). J.B. Rhine put ainsi constater qu'un médium célèbre, Eileen Garrett, obtenait aux épreuves de perception extrasensorielle des scores très supérieurs aux moyennes probabilistes (Birge & Rhine, 1942). Pourtant, ces scores ne semblaient nullement affectés par les dispositions mentales d'Eileen Garrett : elle réussissait tout aussi bien dans les états de conscience normaux que dans la transe médiumnique. Cette constatation conduisit Rhine à renoncer à cette direction de recherche. En revanche, J.G. Pratt, un de ses collaborateurs, intrigué par le phénomène médiumnique, entreprit l'analyse statistique des « révélations » faites par Eileen Garrett. Il demanda à ses clients (elle faisait profession de sa clairvoyance) d'évaluer le degré de pertinence des révélations qu'elle leur livrait. Jusqu'à quel point le contenu des messages d'Eileen Garrett s'appliquait-il à leur propre existence? Pratt se heurta tout d'abord à certains problèmes de mise en forme statistique (car les messages du médium n'étaient pas indépendants les uns des autres). Après avoir surmonté cette difficulté (Pratt & Birge, 1948), Pratt put élaborer une méthodologie permettant d'évaluer le contenu des réponses verbales spontanément fournies par le sujet d'expérimentation. Cette méthodologie, fondée sur la « libre réponse » (cf. chapitre 2), conserve toute son actualité. De son côté, Eileen Garrett continua de se consacrer à la parapsychologie. Elle créa même, en 1961, la Parapsychological Foundation, chargée d'étudier les phénomènes paranormaux, on s'en doute.

À l'instigation de la S.P.R., l'université Duke réalisa, pendant un certain temps, divers travaux sur l'hypnose. Mais vers la fin des années trente, Rhine mit un terme à ce type de recherche. Il justifia ainsi cette décision : à l'époque, affirma-t-il, le collectif de Duke n'avait pu définir clairement les directives à donner aux sujets sous hypnose pour qu'ils améliorent leurs scores aux tests de perception extrasensorielle (Rhine et coll., 1940-1946). Le groupe estimait que l'état d'éveil et la motivation des sujets représentaient des facteurs infiniment plus appropriés à la démarche expérimentale. Pour des raisons un peu différentes, Rhine (1977, p. 35) se détourna également des expériences hors du corps ou voyages dans l'astral; à ses yeux les états de conscience qui en découlaient présentaient de dangereux risques. En fait, diverses expérimentations de ce genre avaient été menées avec un Suédois, John Björkhem; malgré ces tentatives, Rhine et ses collaborateurs n'avaient pu découvrir une méthode simple pour distinguer entre les voyages hors du corps et des performances psi moins extravagantes. Aux dires de certains, Rhine a doté la recherche en parapsychologie d'une certaine respectabilité en renonçant délibérément à l'exploitation expérimentale de l'hypnose et de la médiumnité. (Parker, 1975 b, p. 15.) Après tout, la psychologie n'a-t-elle pas, elle aussi, redoré son blason scientifique le jour où elle a cessé de se proclamer « étude de la conscience » pour devenir « étude du comportement »? Elle restreignait ainsi son champ d'investigation à des événements observables du dehors. Comme Rhine (1977) devait lui-même le déclarer plus tard, si la parapsychologie a gagné ses lettres de noblesse, « elle le doit en grande partie à la discipline qu'elle s'est imposée : en choisissant des problèmes qu'il était possible de résoudre par la logique en faisant appel aux méthodes de résolution existantes » (p. 35).

Les rêves et la psi

L'équipe de recherche de l'université Duke ne s'est pourtant pas totalement désintéressée des phénomènes paranormaux spontanés, lesquels, dans bien des occasions, se caractérisent par une modification particulière de l'état de la conscience. Bien que les cas de ce genre ne constituent pas en eux-mêmes des preuves de l'existence de la psi, J.B. Rhine (1948) n'en a pas moins décidé, par probité scientifique, de les étudier expérimentalement, afin d'en vérifier la validité. À cet effet, il sollicita le témoignage de personnes ayant vécu des événements inexplicables. En réponse à son appel, des milliers de lettres affluèrent à l'université Duke. Louisa Rhine entreprit de les recenser et de les analyser. Tâche considérable : il lui fallut un quart de siècle pour en venir à bout. En 1973, elle avait répertorié quelque 12 659 cas de perception extrasensorielle et 178 cas de psychokinèse. Bel exemple de persévérance.

Louisa Rhine (1962) constata que 65 % des anecdotes rapportées consistaient en des manifestations oniriques. Or, fait particulièrement important, le contenu des rêves fournissait sur les événements rapportés une information plus vaste et plus complète que celui des expériences vécues à l'état d'éveil. Louisa Rhine (1981) cite par exemple le cas d'une femme du Minnesota employée dans une résidence pour personnes du troisième âge. Un jour, elle vit en rêve sa fille Mary Jane (laquelle vivait en Californie) marcher derrière elle et venir l'embrasser. « Seigneur, mais c'est Mary Jane! », s'était écriée la mère, en remarquant avec effroi le teint grisâtre et les traits tirés de sa fille. Elle semblait transie de froid. Tourmentée par sa vision, la mère raconta en détail à son employeur ce qu'elle avait rêvé. Or, trois jours plus tard, Mary Jane fit irruption impromptu chez sa mère. Partie de Los Angeles, elle avait conduit d'une traite jusqu'au Minnesota. Durant le voyage, elle avait essuyé une terrible tempête de neige, frôlé deux fois l'accident. Ce qui l'avait glacée, rendue grise, et mise au bord de l'épuisement (p. 18).

Ce travail analytique de Louisa Rhine a révélé certains traits exactement comparables à ceux que l'on retrouve dans les comptes rendus cliniques signés de psychothérapeutes sur les rêves prémonitoires à caractère paranormal de leurs patients (Devereux, 1953). Sigmund Freud, que l'existence des phénomènes psi intriguait, a beaucoup spéculé sur les relations de la psychanalyse avec les rêves prémonitoires et précognitifs (Freud, 1922).

Certes, Freud reste le premier des grands noms de la psychiatrie à avoir reconnu l'importance scientifique de la perception extrasensorielle dans l'onirique. Mais Montague Ullman, lui, réalisa les premières procédures expérimentales permettant de tester la réalité de l'E.S.P. Sa méthode transpose en laboratoire de multiples traits relevant des phénomènes observés dans la vie de tous les jours, ce qui la rend très attrayante. Renonçant délibérément aux procédures classiques – deviner la valeur de cartes à jouer –, Ullman se servit de reproductions de gravures ou de tableaux, considérant que le contenu émotionnel ou symbolique de ces cibles représentait un meilleur stimulus de l'E.S.P. dans le processus onirique (Parker, 1975 b, pp. 87-88). Premier sujet d'expérimentation : Eileen Garrett. Il lui appliqua des électrodes sur le cuir chevelu afin d'enregistrer par électroencéphalographie les phénomènes accompagnant l'état onirique (fibrillation des muscles orbitaires, modifications des ondes cérébrales). Le rôle de l'agent inducteur était joué par Ullman lui-même. Cette expérimentation pilote fut conduite durant toute une nuit à deux reprises. Dans un cas comme dans l'autre, Ullman put relever des correspondances frappantes entre les reproductions choisies pour cibles et le contenu des rêves de son sujet (Ullman, Krippner & Vaughan, 1973, pp. 85-89).

À partir de 1962, Ullman poursuivit ses recherches au Maimonides Medical Center de Brooklyn, où un laboratoire spécialement destiné à l'étude du rêve venait d'être créé (Tolaas & Ullman, 1979). Stanley Krippner l'y rejoignit en 1964. Au cours des dix années suivantes, les deux collaborateurs procédèrent à treize études expérimentales sur le rêve et la perception extrasensorielle (Ullman, Krippner & Vaughan, 1973). Sur ces treize études, neuf fournissent des résultats statistiquement significatifs. Quatre sujets particulièrement doués y avaient participé. Ils avaient le choix entre deux formules : soit de se prêter, seuls, à l'expérience pendant sept nuits consécutives au moins, soit de s'intégrer à un groupe de sujets sur lesquels on n'expérimentait que durant une seule séance nocturne. Dans sept études (sur les neuf ayant fourni des résultats statistiquement significatifs), leur tâche était de nature télépathique (ou G.E.S.P.) ; elle était de nature précognitive pour les deux autres études.

Pour l'essentiel, les travaux de Ullman et Krippner sur la télépathie (ou G.E.S.P.) furent réalisés avec William Erwin, un sujet fort doué, psychanalyste de profession. Un soir qu'on tirait au sort la cible qu'un agent devrait ensuite transmettre télépathiquement au sujet, le hasard désigna la reproduction d'une toile de Chagall. Cette peinture représente un homme contemplant de sa fenêtre Paris, qu'on voit en contrebas. (C'est d'ailleurs sous l'appellation de *Paris par la fenêtre* que cette œuvre a connu la célébrité.) La vision onirique du Dr Erwin transmise à distance est éloquente : « Le rêve a commencé par une promenade. Je marchais... je crois que c'était dans le Quartier français [1], mais je ne saurais dire pourquoi... Je passais devant de grands magasins... je m'arrêtais pour échanger quelques mots avec un groupe de Shriners [2]... Ils portaient des chapeaux qui faisaient penser à un képi de policier français... vous voyez de quoi il s'agit... c'était cela... cela ressemblait aux képis des policiers français... à présent que j'y repense... cela devait se passer dans la France d'autrefois... dans la France d'avant la République... parce que les chapeaux n'étaient pas tout à fait des tricornes, mais plutôt des bicornes.

« Je revois une autre image. Une image très brève... Le souvenir qui me revient en mémoire est celui d'un homme qui se promenait

1. *French Quarter* dans le texte. L'expression désigne le vieux quartier colonial de La Nouvelle-Orléans, Association avec une ville française sous l'Ancien Régime ? Sous l'Empire ? *(N.d.T.)*

2. Confrérie américaine plus ou moins apparentée à la franc-maçonnerie, et dont l'appellation officielle est Ancient Arabic Order of Nobles of The Mystic *Shrine* (Ancien Ordre Arabe des Nobles de la Mystique Châsse). La confrérie est en principe secrète, mais ses membres passent difficilement inaperçus quand ils se réunissent en congrès – généralement dans un grand hôtel – du fait qu'ils portent tous un couvre-chef tronconique de couleur rouge ou pourpre, orné de symboles étincelants, en forme de chéchia ou de fez. *(N.d.T.)*

lui aussi dans un de ces villages... Ce devait être au début du XIXe siècle. Oui, sûrement au début du XIXe siècle. Il était vêtu comme à cette époque. À la française. Il traversait une ville... une des villes de là-bas... on eut dit qu'il voulait gravir une colline pour dominer les autres quartiers de la ville... Une ville italienne ou française... près de la mer. (Ullman, Krippner & Vaughan, 1973, appendice B.) »

Quant aux études sur la précognition, elles furent réalisées avec un sujet anglais lui aussi très réceptif, Malcolm Bessent; il avait déjà vécu diverses expériences suggérant une intervention de phénomènes extrasensoriels. Dans une pièce isolée se tenait un technicien chargé d'enregistrer pendant toute la nuit, les déclarations de Bessent. Il ne pouvait, en aucune façon, communiquer avec lui, pas plus qu'avec les expérimentateurs. Ceux-ci surveillaient sur un écran l'enregistrement électroencéphalographique du sujet, pour le réveiller, au moment où le tracé et la fibrillation des muscles orbitaires indiquaient qu'il venait de rêver. Là aussi, on procédait en deux temps : (Ullman & Krippner, 1978), d'abord l'enregistrement du contenu des rêves de Bessent; ensuite la sélection par un autre expérimentateur (qui n'était pas présent au moment de l'enregistrement, donc qui ignorait ce que Bessent avait rêvé) d'un numéro. Choisi au hasard, ce numéro correspondait à une boîte, contenant divers objets susceptibles de provoquer des réponses sensorielles. (Le numéro était communiqué au technicien, qui, à son tour, allait chercher la boîte.) Le choix aléatoire, répétons-le, s'opérait après que les rêves de Bessent eurent été enregistrés sur bande magnétique. Un matin, par exemple, la boîte tirée au sort contenait un carrousel Kodak chargé de diapositives représentant des oiseaux, et une cassette sur laquelle étaient enregistrés différents cris d'oiseaux. Là encore l'interview de Bessent suscite l'admiration :

> « Je me souviens d'avoir vu des pigeons. Différentes sortes de pigeons. Des ramiers, des bisets, des colombes. Et aussi des oies du Canada [...]. Plusieurs canards et d'autres oiseaux encore. C'est un peu trouble, mais il me semble avoir vu toute une compagnie d'oies sauvages et différents oiseaux qui barbotaient au milieu d'ajoncs et de roseaux... quelque chose me dit que la prochaine cible qu'on va tirer aura un rapport avec les oiseaux. [...]. J'ai écrit il y a deux jours un poème sur la liberté. Un poème où il était question d'oiseaux. Les deux derniers vers étaient les suivants... : " Les oiseaux non plus ne sont pas libres; il leur faut eux aussi vaincre la pesanteur. " » (pp. 414-415).

Malcolm Bessent fut enregistré, rappelons-le, *avant* de procéder au tirage au sort du numéro correspondant à la boîte. Ce numéro fut ensuite communiqué au technicien qui alla chercher la boîte. Enfin on projeta les images à Bessent, qui écoutait les cris d'oiseaux à l'aide d'un casque. Trois juges ignorant tout de l'expérimentation en cours et procédant séparément notèrent les correspondances plus ou moins manifestes entre les huit transcriptions des révélations oniriques de Bessent et les huit programmes audio-visuels conçus pour les besoins de l'expérimentation. Après analyse statistique du cumul des notes attribuées, les résultats obtenus par Bessent apparurent nettement supérieurs à la moyenne probabiliste. Ils ne pouvaient manifestement résulter du hasard (Ullman & Krippner, 1978).

D'autres chercheurs (entre autres Sargent & Harley, 1982) ont conduit des expérimentations calquées sur les travaux du Maimonides Medical Center de Brooklyn. Mais ils ont, pour la plupart, obtenu des résultats ambivalents, même avec deux sujets exceptionnellement doués (Van de Castle, 1977). J.B. Rhine (1977), toujours très rigoureux, s'interroge sur la valeur de ces différents résultats, obtenus à partir d'une notation en principe impartiale fondée sur les correspondances relevées entre des contenus oniriques et des tableaux cibles : sont-ils « dus au sujet, à l'expérimentateur ou aux cibles » ? (p. 44). D'un point de vue purement pratique, les recherches sur la précognition onirique (avec électroencéphalographie) se révèlent longues et coûteuses. Surtout si elles sont menées de façon systématique et continue. Les procédures mises au point par Ullman ont été saluées par la grande majorité des parapsychologues. Elles ont éveillé la curiosité expérimentale qui s'assoupissait pour les phénomènes psi, liés aux modifications de l'état de conscience (Krippner & George, 1985).

L'hypnose et la psi

Dans les années trente, le développement de la parapsychologie suivait à peu près le même cours que celui de la psychologie. Laquelle venait de renoncer à l'approche introspective et subjective au bénéfice de l'étude expérimentale et scientifique du comportement. Nouveau changement de cap pour les deux disciplines dans les années soixante : la psychologie, restituant aux événements internes l'importance qu'elle leur avait retirée trente ans plus tôt, se redéfinit en ces termes : « étude du comportement et de l'expérience vécue ». Ce n'est donc pas par hasard que l'électroencéphalographie fut adoptée par l'équipe du Maimonides Medical Center afin d'étudier la perception extrasensorielle associée aux états oniriques. (Elle en était à ses débuts, venant à peine de donner aux béhavioristes [1] la

1. De l'anglais *behaviour,* signifiant : comportement. Les béhavioristes sont les chercheurs, écrivains, médecins qui s'attaquent au comportement pour cerner l'être profond.

possibilité d'objectiver les composantes psychologiques du rêve.) La grande purge behavioriste des années trente condamna sans appel tout ce qui relevait de la subjectivité. Mais elle épargna les phénomènes d'hypnose : psychologues et parapsychologues continuèrent d'être captivés par eux (Honorton & Krippner, 1969). Bien avant le début du siècle, Charles Richet, physiologiste français et lauréat du prix Nobel de médecine (il fut le premier à appliquer la statistique aux études de perception extrasensorielle) avait déjà réalisé des travaux d'avant-garde sur la psi associée à l'hypnose; (à l'époque on qualifiait ces phénomènes de supranormaux ou de métapsychiques). Parmi les exemples de perception extrasensorielle, Richet cite le cas d'une jeune femme « réceptive » à qui il avait demandé, tandis qu'elle était sous hypnose, de surveiller son propre laboratoire et de lui rapporter ce qui s'y passait. Au bout d'un certain temps, la jeune femme annonça qu'elle voyait des flammes. Un début d'incendie s'était en effet déclaré dans le laboratoire. Au cours d'une autre séance d'hypnose, Richet lui demanda de décrire les faits et gestes d'un de ses collègues physicien. Elle lui rapporta qu'elle voyait celui-ci « se brûler la main avec un liquide brun ». Or, à peu près au même instant, une projection d'acide bromhydrique brûlait accidentellement la main du collègue en question (Richet, 1889).

J.J. Grela fut le premier à se servir systématiquement de l'hypnose. Son étude date de 1945. Les sujets d'expérimentation avaient été répartis en deux groupes sensiblement égaux en nombre. Selon qu'ils appartenaient au premier groupe (11 sujets) ou au second (10 sujets), on les influençaient par « suggestion sous hypnose » ou par « suggestion à l'état de veille ». Les uns et les autres devaient identifier des cibles (en l'occurrence, des cartes à jouer) par perception extrasensorielle. Les sujets du premier groupe devaient s'acquitter de cette tâche dans trois conditions expérimentales successives : d'abord, identification à l'état de veille des cibles susmentionnées; ensuite, même opération sous hypnose (l'expérimentateur les avait suggestionnés avant l'hypnose pour les convaincre de la réalité de l'E.S.P. et les assurer de leur capacité à réussir les tests d'identification); enfin, alors qu'ils étaient toujours sous hypnose, on leur demandait d'opérer de nouvelles tentatives, après que l'expérimentateur les eut à nouveau suggestionnés, mais cette fois négativement, en émettant de sérieux doutes sur la réalité de l'E.S.P.). Quant aux sujets du second groupe, on les conditionnait par des suggestions positives, sans hypnose.

Les résultats obtenus par le premier groupe furent de loin les plus significatifs statistiquement parlant. Il y avait des différences très nettes entre les sujets suggestionnés positivement (seconde condition) et ceux qui avaient été suggestionnés négativement (troisième condition). Quant aux scores de ces mêmes sujets testés à l'état de veille (première condition), quand on n'avait tenté de les influencer ni dans un sens ni dans l'autre, ils s'alignèrent à la moyenne probabiliste. De même pour les sujets du second groupe (qui, eux n'avaient reçu que des suggestions positives, et seulement à l'état de veille).

Charles Honorton (1977) a fait la synthèse de cette étude de Grela et de quinze autres expérimentations du même genre conduites par divers chercheurs entre 1945 et 1976. Toutes reposaient sur l'identification de cartes à jouer par perception extrasensorielle; il s'agissait alors de comparer les résultats obtenus sous hypnose et ceux qui avaient été obtenus à l'état de veille. Soit seize expérimentations au total. La comparaison révéla pour dix cas sur seize, des performances globales E.S.P. supérieures dans l'hypnose. Honorton ne releva des résultats d'ensemble contraires (inférieurs chez les sujets hypnotisés) que dans une seule expérimentation.

Dans cette étude, Honorton (1977) passe également en revue les procédures faisant toujours appel à l'hypnose, mais fondées sur l'identification de tableaux ou de gravures et non plus de cartes à jouer. Dans certaines procédures répertoriées par cet auteur, on demandait aux sujets de se représenter « en rêve » la cible à identifier. Enfin il analyse quelques études ayant utilisé l'hypnose pour « développer la psi » ou pour « accroître le pouvoir de discrimination de la psi ».

Donc la rétrospective de Honorton porte sur quarante-deux expérimentations. Or, sur ces quarante-deux études vingt-deux accusent des résultats stupéfiants (là où la probabilité en concéderait deux ou trois, tout au plus). « Il est aujourd'hui impossible de ne pas conclure, écrit-il, que les procédures d'induction hypnotique augmentent la réceptivité psi » (p. 450).

Les études portant sur l'identification de cartes à jouer ont été comparées à celles qui reposent sur l'utilisation de cibles figuratives (des reproductions de tableaux le plus souvent). Honorton constate que l'information accompagnant la perception extrasensorielle autour des cibles figuratives est nettement plus abondante. D'où son commentaire : ces données confirment pleinement « ce que nous révèlent les cas spontanés, [à savoir] que la psi est le plus souvent médiatisée par la représentation en images et par d'autres opérations mentales s'accomplissant d'elles-mêmes » (p. 451).

Divers travaux sur l'hypnose et la perception extrasensorielle – ceux de Fourie (1977), par exemple, ou encore ceux de Sargent (1978 a) – ont été réalisés depuis Honorton. Une expérimentation particulièrement ambitieuse se distingue du lot. Elle a été conduite par John Palmer et Ivo van de Velden (1983) aux Pays-Bas. La procédure consistait à tester individuellement les sujets – cent cinquante au total, tous volontaires – à l'aide de l'échelle d'absorption de Tellegen et de l'échelle d'imagination créative de Wilson-Barber [1]. On leur demandait également d'évaluer eux-mêmes en pourcentage, selon un barème établi d'avance, le niveau hypnotique le plus profond auquel il leur semblait être parvenus lors de l'induction initiale. Palmer et Van de Velden relevèrent des corrélations significatives entre les différentes mesures d' « imagination hypnotique », ainsi d'ailleurs qu'avec quatre mesures de « croyance en la psi ». D'une façon générale, les sujets qui reflétaient une forte capacité d' « imagination hypnotique étaient les mêmes qui croyaient intensément en la réalité des phénomènes psi, dont ils avaient parfois fait l'expérience dans le passé, Phénomène dont nous avons déjà parlé au chapitre 4, à propos de psychokinèse. Naturellement, l'inverse était vrai aussi : les sujets à faible imagination hypnotique montraient, presque toujours une circonspection plus ou moins accusée vis-à-vis des phénomènes psi. Fourie (1982) a mis l'accent sur l'importance capitale que, selon lui, va prendre la relation entre hypnotiseur et sujet dans les futures études de parapsychologie.

Relaxation, méditation, ondes alpha et psi

Il arrive que la publication d'un article théorique contribue aussi puissamment qu'une technique originale à nous ouvrir de nouvelles perspectives de recherche. Tel fut le cas, par exemple de la communication de R.A. White [2]. Cet auteur, analysant les expériences introspectives des sujets « doués », concluait que le succès de ces expériences était presque toujours associé à la relaxation physique et mentale; relaxation qui, bien souvent, était précédée d'une montée de tension. R.A. White nota également la répétition de mots tels que « abstraction », « détachement » « relaxation » chez les sujets les plus performants de l'université Duke lorsqu'ils décrivaient leurs expériences introspectives. Honorton (1977) qualifie de « volition passive » ce type de relaxation. Elle consiste à « laisser les choses venir spontanément » (p. 452). Il considère encore que ce « silence de l'esprit » s'apparente étroitement aux techniques d'apaisement intérieur que préconisait Patanjali, le codificateur du Raja-Yoga (Mishra, 1967).

La première étude expérimentale systématique du rapport entre la relaxation et les performances psi nous la devons à G. R. Schmeidler (1952). Testant des malades hospitalisés, les uns à la suite d'une commotion cérébrale, les autres à la suite d'affections pathologiques diverses, elle constata que les premiers obtenaient des scores

1. Images de ces échelles?
2. *Journal of the American Society for Psychical Research,* 1964.

sensiblement plus élevés que les seconds dans une épreuve de clairvoyance. Plus tard, sur des femmes hospitalisées dans un service d'obstétrique, elle vit son hypothèse confirmée : les patients commotionnés obtiennent de meilleurs scores. Pourquoi? leur relaxation plus poussée, leur plus grande réceptivité aux procédures et leur volonté plus affirmée de réagir positivement aux sollicitations du monde extérieur en sont les trois raisons. Sur les quinze femmes en état de relaxation que Schmeidler soumit aux tests psi, douze accusèrent des scores nettement supérieurs à la moyenne. On peut donc considérer comme hautement significatifs les résultats d'ensemble de cette seconde expérimentation. Aucune des femmes en état de non-relaxation n'enregistra de score positif. Au contraire : Schmeidler observa chez elles un phénomène de défaillance de la psi; nous avons parlé au chapitre 3 de ce phénomène, caractérisé par un nombre de « coups réussis » tellement faible que le score se situe largement *au-dessous* de la moyenne probabiliste, de sorte que c'est l'écart statistique enregistré par défaut qui devient significatif (Gerber & Schmeidler, 1957).

William et Lendell Braud (1974) ont cherché à vérifier une hypothèse captivante : les effets de la relaxation sur l'identification de cibles, les sujets ne pouvant deviner la nature de ces cibles autrement que par perception extrasensorielle (il s'agissait, en l'occurrence, de reproductions de tableaux). On commençait par faire asseoir commodément chaque sujet dans un fauteuil. Puis il fermait les yeux et écoutait une bande magnétique sur laquelle avaient été enregistrées des directives de relaxation. Il devait garder présent à l'esprit le fait qu'un agent allait lui « transmettre » des impressions se rapportant à un tableau de maître. Un juge extérieur notait les performances en fonction des concordances observées entre les cibles et les tentatives du sujet pour les identifier. Après chaque tentative, on fournissait au juge cinq reproductions de tableaux – celle qui avait servi de cible après tirage au sort, et quatre reproductions de contrôle. Et le juge parvenait ainsi à identifier le tableau cible. Cette étude donna d'encourageants résultats largement confirmés par une autre équipe de chercheurs qui fit les mêmes expériences selon les mêmes procédures (Stanford & Mayer, 1974).

Dans un compte rendu critique, Honorton passe en revue treize études expérimentales visant à démontrer le lien entre processus psi et relaxation induite. Sur ces treize études, dix ont accusé des résultats significatifs. « Il apparaît donc très clairement, écrit Honorton, que les procédures de relaxation par induction augmentent la réceptivité psi » (p. 457).

Schmeidler entreprit aussi de vérifier une idée originale : la méditation pouvait-elle exercer une influence sur la psi? Son expérimentation consistait à soumettre, à deux reprises, six étudiants en psychologie à une épreuve d'identification de cible par perception extrasensorielle, avant et après qu'un swami les eut initiés aux techniques de méditation et de respiration du yoga. Alors que les scores E.S.P. enregistrés avant l'initiation restaient sensiblement proches de la moyenne probabiliste, ils accusèrent une remontée spcctaculairc quand les sujets eurent appris à méditer. Karlis Osis et Edwin Bokert, en 1971, découvrirent après deux ans de recherches assidues que la méditation activait la perception extrasensorielle en éveillant chez le sujet trois états d'esprit : le sentiment de la transcendance du moi, la conscience de l'enrichissement apporté par l'expérience, celle de l'intensité de cette expérience vécue. Mais à ces trois composantes se superposaient des différences individuelles, d'où la découverte que la relation de la méditation à l'expérience extrasensorielle était des plus complexes.

D'autres chercheurs ont exploré l'influence de la méditation sur la psychokinèse. Charles Honorton et Edward May (1976), par exemple, ont demandé à dix sujets de s'acquitter individuellement d'un même nombre d'épreuves psychocinétiques, en les renseignant au coup par coup sur leurs réussites et leurs échecs. Un feed-back auditif leur révélait les écarts enregistrés dans un sens ou dans l'autre par rapport à la moyenne probabiliste, et un feed-back visuel leur fournissait des informations directionnelles. On s'aperçut que lesdites informations provoquaient une stimulation significative de l'activité psychocinétique. Voilà qui démontre clairement que la volition peut être contrôlée. Sur les dix sujets recrutés par Honorton et May, six étaient des habitués de la méditation. Quatre parmi ces six obtinrent des scores remarquables, scores qui ne furent atteints que par un seul des quatre sujets « non méditants ». Sur les seize études expérimentales répertoriées par Honorton (toujours dans son compte rendu critique publié en 1977), neuf permettaient de tirer des conclusions réellement troublantes quant au pouvoir de la méditation sur les facultés psi. Dans son langage austère, Honorton prononce sa sentence : « La méditation est un moyen effectif de produire des interactions psi contrôlées » (p. 442).

À côté des travaux expérimentaux sur la relaxation et la méditation, d'autres études de la même veine se sont intéressées à dégager des rapports entre état physiologique et perception extrasensorielle. Avec des sujets sélectionnés pour l'intensité exceptionnelle de leur émission d'ondes alpha, Charles Honorton, Richard Davidson et Paul Bindler (1971) ont démontré une relation lumineuse entre l'abondance des ondes alpha et le pourcentage de réponses justes fournies lors d'épreuves psi d'identification de cartes à jouer. Leur emboîtant aussitôt le pas Robert Morris et ses collaborateurs (Morris, Roll, Klein & Wheeler, 1972) décrivirent un lien semblable (entre l'abondance de l'émission alpha et le pourcentage des réponses justes) dans un test très amusant : les sujets devaient deviner le sexe de personnages représentés sur des photographies retournées. Pour cette expérimentation, les chercheurs sollicitèrent le concours d'un sujet exceptionnellement doué, Lalsingh Harribance. Bien leur en prit : Harribance atteignit des scores jamais atteints au cours d'une séance d'enregistrement électroencéphalographique (Parker, 1975 b, p. 174). À l'analyse de son tracé, on constata un accroissement d'intensité de l'émission alpha avant et pendant le moment où il identifiait avec succès les cibles. En revanche, lorsque ses tentatives d'identification se soldaient par un échec, il y avait bien accroissement de l'intensité alpha avant la tentative, mais le tracé accusait une baisse d'intensité très nette au moment même où il formulait son choix.

D'autres chercheurs ont observé des corrélations négatives entre l'abondance de l'émission alpha et la pertinence de l'identification des cibles (Stanford & Lovin, 1970). D'autres encore n'ont pu établir aucune relation entre les deux phénomènes (Morris & Cohen, 1969). Devant de telles certitudes contradictoires, il faut prendre en considération le point suivant : ce qui complique l'organisation des différentes données recueillies en un tableau cohérent, c'est que les expérimentateurs n'ont pas tous adopté les mêmes normes pour mesurer l'activité alpha (Parker, 1975 b, p. 153). Il n'empêche que les sujets sélectionnés du fait de l'abondance de leur émission alpha, ou parce qu'ils avaient déjà montré des capacités psi particulièrement pertinentes ont permis en se prêtant aux expérimentations des chercheurs, de renforcer la corrélation entre les deux phénomènes, et d'établir sa grande vraisemblance.

Substances pharmacodynamiques et psi

L'intérêt que l'on porte à l'expérience subjective a été vivement aiguisé par « la drogue » ; notamment par l'usage de substances de type L.S.D. (Parker, 1975 b, p. 125).

Stanley Krippner et Richard Davidson ont rendu compte dans une étude critique publiée par le *Journal of Altered States of Consciousness* (1974) de travaux portant sur la psi et les drogues dites psychédéliques. Selon ces deux auteurs, la plupart des travaux usaient de procédures plus ou moins rudimentaires, d'où des résultats qui ne nous convainquent guère. Un facteur, pensent-ils, hypothèque l'issue de toute expérimentation faisant appel aux substances pharmacodynamiques du type L.S.D. : la nature instable de l'expérience psychédélique elle-même. Dans la plupart des cas, l'administration de ces substances provoque un véritable kaléidoscope d'impressions sensorielles, en particulier eidétiques ; le sujet sous l'effet de l'extase, de la terreur, de la curiosité avide ou d'autres états d'esprit ne facilite guère les tests sur l'activité psi.

Robert Masters et Jean Houston (1966) ont astucieusement tourné cette difficulté méthodologique : ils ont mis en condition soixante-deux sujets en leur administrant du L.S.D. Les résultats obtenus sont apparemment remarquables dans une série de tests d'identification de cartes à jouer et de perception télépathique de tableaux cibles. Dans le compte rendu qu'ils ont publié de leurs travaux, on peut relever des récits pour le moins troublants : après que le « guide » se fut concentré sur un tableau représentant un coin de forêt amazonienne sous la pluie, le sujet déclara qu'il « voyait une végétation exubérante, des fleurs exotiques, une verdure extraordinaire, tout cela à travers un rideau de brume épaisse » (p. 120). Un tableau représentant une plantation du Sud à l'époque coloniale provoqua chez le sujet la vision mentale d'« un nègre faisant la récolte dans un champ de coton » (p. 121). Faisons toutefois une réserve : les épreuves étaient loin de se dérouler dans des conditions idéales, puisque le guide et le sujet se tenaient la plupart du temps dans la même pièce. Pareille promiscuité n'élimine donc pas la possibilité d'une communication non verbale ou infraliminaire.

Déjà, dans les années trente, J. B. Rhine (1973) avait remarqué que l'amytal de sodium abaissait nettement les performances de trois sujets habitués à des scores élevés et que la caféine ramenait leurs scores à leur niveau antérieur.

D'autres parapsychologues ont exploré cette voie. Brenio Onetto-Bächler, par exemple (1983), a constaté que la ritaline semblait améliorer les scores E.S.P. de façon significative. Du bilan de ces différentes études, Palmer (1977) tire la conclusion suivante : « Tout semble indiquer de façon relativement consistante que les dépresseurs dont l'action se fait sentir sur le système nerveux central abaissent le niveau des scores E.S.P. dans les épreuves d'identification de cartes à jouer. Il semble beaucoup moins évident que les stimulants exercent un effet inverse » (p. 123).

Dans l'intervalle, nombre de comptes rendus nous rapportent des expériences apparemment paranormales vécues après ingestion de drogue. Charles Tart (1971) a enquêté auprès d'un grand nombre de consommateurs de marijuana : 31 % d'entre eux déclarent avoir fait des expériences télépathiques. Stanley Krippner et Don Fersh (1970) se sont intéressés à vingt-deux communautés hippies : les membres de la communauté évoquaient fréquemment des phénomènes vécus ou des « voyages » paranormaux. Mais les lois actuellement en vigueur interdisent que soit menée sur ce sujet une véritable enquête, qu'il sera peut-être indispensable de poursuivre un jour.

Tart (1971) révéla que 33 % des individus interrogés déclaraient avoir fait des « voyages hors du corps » lors d'un état de modification de la conscience provoqué par la marijuana. Soit, à peu près, le même pourcentage qu'on enregistre pour l'ensemble de la population.

Ces expériences confèrent, semble-t-il, la capacité de percevoir, à partir d'un poste d'observation extérieur à son enveloppe charnelle, des objets ou des événements impossibles à appréhender par les seules facultés de son organisme physique. Bien que l'étude de ces phénomènes ait fait l'objet de rares expérimentations, les résultats obtenus sont impressionnants. Charles Tart (1968) rapporte par exemple le cas d'une femme capable de déchiffrer correctement un nombre de six chiffres tirés au hasard. Performance sidérante quand on sait que la feuille de papier portant ce nombre était placée sur une étagère au-dessus de son lit. En outre, l'enregistrement électro-encéphalographique simultané révélait une « activité de type alpha » dominante à l'instant du « voyage ». Or, on sait que le rythme alpha de basse fréquence s'observe très rarement durant le sommeil.

Janet Mitchell (1978) tenta, elle aussi, une expérimentation de ce genre avec le peintre Ingo Swann. L'épreuve psi consistait en l'expérience suivante : il devait reproduire en les dessinant huit tableaux placés hors de sa vue. Un juge extérieur à la procédure était chargé d'apparier respectivement chacun des dessins de Ingo Swann à l'un des huit tableaux cibles. Il obtint huit couplages sur huit : combinaison prodigieuse. Statistiquement elle ne se produit qu'une fois sur quarante mille. Swann contribua à la mise au point de nouvelles procédures pour tester la « vue à distance », les états de clairvoyance analogues à ceux qui accompagnent les voyages hors du corps (Schlitz & Gruber, 1980). En parapsychologie, comme dans toute discipline scientifique se proposant d'étudier le comportement individuel et social, l'expérimentation isolée ne peut être considérée comme concluante. Aussi spectaculaires soient-ils, les résultats obtenus par les rares auteurs ayant exploré ce domaine commandent plus ample recherche, d'autant que les données recueillies jusqu'ici indiquent qu'avec les voyages hors du corps on a davantage affaire à un continuum d'expériences qu'à une expérience unique.

L'inhibition sensorielle et la psi

Les sujets dont la perception sensorielle est particulièrement inhibée font souvent état de modifications de l'image du corps, de sentiments de dépersonnalisation et de représentations fantasmatiques.

Les expériences de ce genre aboutissent à des résultats fort contrastés, en raison du fait que les sujets sont en général très impressionnables.

Des sujets placés expérimentalement en état d'inhibition perceptuelle, à qui on faisait entendre un enregistrement « démontrant » la réalité des phénomènes psi, manifestaient vis-à-vis de ces phénomènes un revirement d'attitude beaucoup plus prononcé que les sujets de contrôle qui écoutaient le même « plaidoyer » dans des conditions perceptuelles normales.

La première étude expérimentale de stimulation des facultés psi dans des conditions d'inhibition sensorielle a été conduite par Charles Honorton et ses confrères du Maimonides Medical Center (Honorton, Drucker & Hermon, 1973). Les sujets (au nombre de trente, au total) étaient enfermés dans une nacelle rotative aveugle, totalement insonorisée, dont le mouvement réduisait leurs sensations kinesthésiques. Les séances duraient trente minutes. Toutes les cinq minutes, on demandait aux sujets d'évaluer, selon une échelle comportant cinq graduations, les changements constatés dans leur propre état de conscience. On leur demandait ensuite d'identifier, par perception extrasensorielle, comme dans les procédures ordinaires, des tableaux cibles. Dans l'ensemble, les sujets dont l'état de conscience à l'intérieur de la nacelle avait le plus varié étaient les mêmes qui réalisaient des scores E.S.P. prometteurs. Bien mieux : ceux dont la variation de leur état de conscience s'était manifestée par une *intériorisation* de l'attention obtenaient des résultats exceptionnellement élevés lors des épreuves d'identification des cibles.

Grâce à Honorton encore on a découvert des corrélations manifestes entre la perception extrasensorielle et la modification de l'état de conscience avec des expérimentations fondées sur l'enregistrement électroencéphalographique des ondes alpha – (Honorton, 1969); il coupla plus tard cette technique au biofeed-back pour renseigner le sujet sur son activité alpha (Honorton, Davidson & Bindler, 1971) – et aux « rêves par induction hypnotique » (Honorton, 1972). Dans ce dernier cas, l'expérimentateur demandait aux sujets, après les avoir hypnotisés, de se représenter « en rêve » le tableau cible.

Le groupe des « hypnotisés » obtint des scores nettement plus éclatants que les sujets dont l'imagination s'exerçait à l'état vigile; autre constatation surprenante : parmi les sujets du premier groupe, ceux qui déclaraient avoir perçu un profond changement dans leur état subjectif (entre la phase de préhypnose et la phase de rêve hypnotique) réussissaient beaucoup plus de coups (en identifiant correctement les cibles) que ceux qui avaient eu peu de variations dans leur état de conscience.

L'importance des changements de l'état de conscience a été fortement soulignée par Adrian Parker (1975 a) : son exploration du rêve hypnotique, et des fluctuations de fréquences alpha observées expérimentalement en témoignent.

Parker (1975 b), appliquant l'hypothèse du « changement d'état » (Murphy, 1966) aux expériences hors du corps, découvre un fait nouveau : si de rapides déplacements de l'attention surviennent pendant un état de conscience donné « dans lequel les processus logiques persistent alors que les attaches au réel sont rompues, [alors] les expériences de ce genre sont interprétées comme des voyages hors du corps : [en cette circonstance] la réalité est perçue à travers la lentille des impressions extrasensorielles » (p. 83).

La modification du champ de conscience devient particulièrement manifeste dans la rêverie hypnagogique, cet état intermédiaire entre la veille et le sommeil. Dans 95 % des cas, les déclarations sont enregistrées au moment où le sujet émerge de cette phase hypnagogique. Les expériences décrites dans ces conditions de laboratoire se distinguent des rêves, en ce sens qu'elles sont visuelles et dépourvues de contenu émotionnel (Foulkes & Vogel, 1965). L'équipe de recherche du Maimonides Medical Center décomposa systématiquement toutes les transcriptions de rêves télépathiques en « unités signifiantes ». Puis, elle demanda au juge de noter chaque unité d'après ses similitudes avec le tableau cible de l'expérimentation. Résultat : à l'état vigile les sujets identifiaient moins bien les cibles que dans la rêverie hypnagogique. Et, détail particulièrement significatif en état de rêverie hypnagogique, ils réussissaient leur tâche bien mieux encore que dans la représentation onirique. (Pour les besoins de l'analyse, la rêverie hypnagogique avait été combinée à la rêverie hypnopompique, caractéristique de l'état qui sépare au matin le sommeil de l'éveil.)

Un autre chercheur, William Braud (1977) a élaboré deux types de conditions expérimentales. Dans un cas, les sujets en état de rêverie hypnagogique devaient identifier des tableaux cibles qui leur étaient « transmis ». Dans l'autre, les messages leur étaient « envoyés » plus tard dans la nuit. Conclusion : les scores psi montèrent très haut dans la première condition expérimentale, mais pas dans la seconde.

Cet ensemble de résultats donne une certaine force à l'hypothèse du « changement d'état ». Avant même que Braud n'ait conduit à bonne fin ses travaux, Honorton (1977) avait effectué des expériences dans ce sens, en recourant à une « stimulation ganzfeld » qui rend homogène et uniforme le champ de vision de ses sujets. On crée une stimulation de ce type en recouvrant les cavités orbitaires des sujets de deux demi-balles de ping-pong et en disposant devant leur visage une source d'éclairage monochromatique, de sorte qu'ils n'interceptent plus qu'une lumière diffuse et non directionnelle. En règle générale, leur tracé électroencéphalographique montre alors un accroissement des fréquences alpha. Cette procédure semble tout particulièrement satisfaire aux cinq conditions qui, selon Honorton

(1977), favoriseraient la manifestation de la psi, à savoir : a) un apaisement sensoriel induit par la régulation des perceptions afférentes; b) une focalisation de l'attention sur des processus mentaux internes susceptibles de véhiculer les impressions psi; c) l'établissement, facilité par le coup de fouet du stimulus, d'un lien affectif entre le récepteur psi et une source d'information éloignée (la cible, par exemple); d) l'enregistrement des informations se rapportant à la cible par l'intermédiaire des opérations mentales continues du récepteur; et e) la confirmation de l'interaction entre transmetteur et récepteur par une évaluation objective des correspondances entre cible et processus mentaux (pp. 459-460). Des études ganzfeld ont été entreprises par un grand nombre de laboratoires de parapsychologie. Rex Stanford (1984) a dressé un bilan exhaustif de dix-sept expérimentations de ce type sélectionnées selon des critères statistiques rigoureux. Sur ces dix-sept expérimentations retenues, sept montraient des résultats extrêmement probants. Stanford en conclut que cette direction de recherche offre des perspectives prometteuses.

Pour répondre aux critiques toujours promptes à proclamer que les parapsychologues ne publient que les résultats expérimentaux propres à démontrer la justesse de leurs hypothèses, Susan Blackmore (1980) a envoyé un questionnaire à tous les chercheurs qui, à sa connaissance, avaient collaboré à des études ganzfeld. Ce faisant, elle désirait obtenir des précisions sur les travaux qui n'auraient pas été menés à terme, ou bien n'auraient pas fait l'objet d'une publication. Quarante-sept questionnaires lui furent retournés. En les dépouillant, Susan Blackmore put ajouter trente-deux études ganzfeld, décrites par quinze correspondants, à la liste de celles qui sont notoirement connues. Sur ces trente-deux études supplémentaires, vingt avaient été menées à bonne fin (parmi lesquelles une seule n'autorisait, pour diverses raisons, aucune conclusion cohérente). Sur les dix-neuf autres, sept avaient fourni des données statistiquement remarquables. Certes ce coefficient de réussite est inférieur à celui des études rendues publiques. Mais l'écart entre les deux coefficients est statistiquement infime. Susan Blackmore en conclut donc que « la publication sélective des études ganzfeld sur la perception extrasensorielle ne fausse pas de façon prononcée la proportion d'ensemble des résultats probants » (p. 217).

La schizophrénie et la psi

Depuis l'aube de la recherche sur les phénomènes psychiques, on s'est posé la question de savoir si certaines affections psychopathologiques sévères ne jouaient pas un rôle déterminant dans les manifestations de la psi (Alberti, 1974). On s'est souvent demandé, par exemple, si cette forme paroxystique de dissociation de la personnalité qualifiée de schizophrénie ne représentait pas une modification de l'état de conscience particulièrement favorable à l'expression des phénomènes psi. Car les schizophrènes relatent des expériences de nature paranormale. Le *Diagnostic and Statistical Manual* de l'Association psychiatrique américaine (A.P.A., 1980) fait d'ailleurs figurer la croyance en la réalité des phénomènes paranormaux au nombre des critères à prendre en compte dans le diagnostic des désordres de la personnalité! Et nombre de cliniciens rompus au traitement des troubles psychotiques ont observé en bien des occasions que les schizophrènes se révèlent particulièrement disposés aux manifestations paranormales, spécialement durant leurs crises aiguës (Ehrenwald, 1947; Ullman, 1953). De plus, la schizophrénie semble présenter certaines analogies avec d'autres états de conscience soupçonnés d'induire en E.S.P. Entre la désintégration psychique et les états de transe observés dans le shamanisme (Silverman, 1967) existent des ressemblances frappantes, bien qu'on ait prouvé que le shaman n'est nullement schizophrène (Noll, 1983). Existe-t-il aussi des similitudes phénoménologiques, voire biochimiques, entre la schizophrénie et certaines modifications de l'état de conscience provoquées par les drogues psychédéliques? Cela se pourrait.

En tout cas, les recherches formelles - dont Rogo (1982) a dressé le bilan critique - entreprises par divers psychologues sur des sujets atteints de schizophrénie ont abouti à des résultats plutôt décevants. Les études se proposant de tester la faculté de perception extrasensorielle des schizophrènes ont très rarement livré des données intéressantes. À notre connaissance, aucune expérimentation n'a encore testé la capacité de psychokinèse des sujets schizophrènes. Peut-être convient-il d'imputer les divergences relevées entre les comptes rendus anecdotiques et les observations expérimentales de la relation entre schizophrénie et psi au fait que ces comptes rendus sont interprétés à partir de présupposés erronés?

De toutes les études scientifiques du comportement, celle de la schizophrénie compte parmi les plus ardues qui soient, du fait de la multitude des problèmes logistiques et conceptuels qu'elle soulève. Tout d'abord, il est souvent difficile d'obtenir, tant des institutions psychothérapeutiques qui prennent en charge les schizophrènes que des malades eux-mêmes, l'autorisation de conduire des expérimentations avec la collaboration de ces derniers. En outre, à supposer que cet obstacle soit levé, les sujets de cette catégorie se révèlent souvent incapables de se plier aux exigences des procédures, quand ils ne refusent pas tout simplement de coopérer avec les expérimentateurs. Ensuite, il est d'usage dans le monde occidental de calmer l'agitation des schizophrènes en leur administrant à doses filées de puissants tranquillisants, dont l'action pharmacodynamique masque en permanance les processus pathologiques sous-jacents. Troisième difficulté : jusqu'au milieu des années soixante-dix (alors que la plupart des expérimentations sur les facultés psi des schizophrènes avaient été réalisées), les procédures de diagnostic de la schizophrénie étaient plus qu'incertaines. Aujourd'hui encore, leur fiabilité demeure douteuse (Fenton, Mosher & Matthews, 1981).

La plupart des études psychologiques ou parapsychologiques sur la schizophrénie n'établissent pas de distinction entre les différentes catégories, les différents niveaux des désordres de la personnalité, alors que des distinctions ont été observées, tant dans la connaissance que l'on a de ces états (George & Neufeld, 1983), que dans leur évolution pathologique (Tsuang, Woolson, Winokur & Crowe, 1981). La question de savoir si certaines formes ou étapes de la schizophrénie s'accompagnent d'états de conscience de nature à favoriser la manifestation psi demeure donc totalement ouverte.

Le shamanisme et la psi

Depuis qu'on applique à l'étude du psychisme et des états de conscience modifiés des technologies perfectionnées, on oublie que durant des millénaires, le shamanisme a exploité la psi à des fins pratiques. On qualifie généralement de shaman un individu capable de modifier ses processus conscients à des fins précises : pour capter de la réalité « non ordinaire » (et non consensuelle) un savoir, un pouvoir bénéfiques aux membres de la collectivité qui lui a conféré ce rôle. Selon les croyances de cette collectivité, le shaman peut donc, en modifiant son état de conscience, avoir accès à des informations particulières ou exercer des pouvoirs spécifiques (analogues aux pouvoirs psychocinétiques). Les shamans ne sont donc pas simplement des « techniciens du sacré », pour reprendre l'expression de Mircea Eliade (1966), mais aussi des « maîtres de magie ».

Les anthropologues ont, pour la plupart, attribué les démonstrations de « puissance » des shamans à leur dextérité manuelle. Pourtant, fait remarquer Mircea Eliade,

> « Nous sommes ici en présence d'un problème de première importance [...] puisqu'il touche à la question de la réalité des capacités extrasensorielles prêtées aux shamans et aux sorciers guérisseurs. Bien que l'étude de ces questions n'en soit qu'à ses débuts, un nombre impressionnant de témoignages ethnographiques ne laisse d'ores et déjà aucun doute sur l'authenticité de ces phénomènes. »

Diverses études consacrées respectivement aux « devins » africains (Gorer, 1935, p. 222) ou jamaïcains (Long, 1977, p. 380), aux sorciers zoulous (Callaway, 1884) et à un prêtre vaudou haïtien (Métraux, 1959, p. 63) rapportent des phénomènes ostensiblement imputables à la psi. Un psychiatre sud-africain (Laubscher, 1938) relate une anecdote intéressante : après avoir enfoui son porte-monnaie dans le sol, il le recouvrit d'une pierre brune, sur laquelle il plaça une pierre grise. Ensuite, il se rendit en voiture chez un shaman qui vivait à une centaine de kilomètres de là, pour lui demander de l'aider à retrouver son porte-monnaie. L'homme se livra d'abord à une danse rituelle, qui modifia son état de conscience, raconte Laubscher; puis, il lui décrivit de façon très précise le porte-monnaie et les deux pierres superposées au-dessus du trou. Certes cette « révélation » fut faite en présence du psychiatre, ce qui n'élimine pas l'éventualité d'une communication non verbale ou infraliminaire. Bien des années plus tard, Adrien Boshier (1974) se fit initier au shamanisme zoulou; et il rapporta divers phénomènes divinatoires reliés, selon lui, aux facultés E.S.P.

Les groupes humains dit primitifs ont fait l'objet d'un certain nombre d'études expérimentales (Van de Castle, 1974). Mais c'est tout récemment qu'un chercheur (Patric Giesler, 1983) a centré son enquête sur les modifications de l'état de conscience observées dans le shamanisme. À cet effet, il a mené des expérimentations, à São Paulo, sur dix sujets qui, tous, consultaient régulièrement des shamans umbanda (une secte « spirite » brésilienne). Mais les résultats jusqu'ici ont été peu concluants.

E. F. Kelly et R. G. Locke (1981) pensent qu'une analyse systématique comparant et différenciant les spécificités des diverses cultures nous permettrait de mieux comprendre et de mieux contrôler la psi et les modifications de l'état de conscience (p. 84). On sait d'ailleurs que 90 % des quelque mille organisations socioculturelles recensées à travers le monde pratiquent au moins une forme institutionnalisée de modification de l'état de conscience par induction (Bourguignon, 1974). Voilà qui ouvre bien des perspectives aux enquêtes *in situ* sur le shamanisme et autres processus mentaux de même nature.

Mais, pour l'instant, aucune étude systématique n'a été entreprise sur les effets psi dans le rêve lucide, le dédoublement de la personnalité, l'hypnose réciproque, l'expérience mystique, les révélations *ante mortem* ou l'extase sexuelle, et cela en dépit de l'intérêt accru de la science pour ces phénomènes.

Méthodologie critique et facteurs de médiatisation

En récapitulant l'ensemble des publications traitant du phénomène psi, ne perdons pas de vue que la parapsychologie, de par sa nature même, prête éminemment à controverse. Mais les chercheurs spécialisés affirment que les critiques aboutissent à un perfectionnement incessant de la méthodologie expérimentale, Krippner (1974) a dressé l'inventaire des précautions indispensables dont la recherche en parapsychologie doit s'entourer :

1. Pour éliminer toute communication sensorielle non verbale ou infraliminaire, le sujet et la cible E.S.P. ou P.K. devront être rigoureusement isolés l'un de l'autre;
2. Toutes les précautions devront être prises pour que la personne qui enregistre les réponses du sujet ne sache rien de la nature ou de l'identité de la cible;
3. Le choix de la cible devra procéder d'une sélection au hasard;
4. Le nombre des épreuves ou des tentatives devra être déterminé avant le début de l'expérimentation;
5. Dès qu'un sujet accuse des scores élevés, il est impératif de confirmer ses résultats en le testant à nouveau dans d'autres laboratoires;
6. Toutes les mesures adéquates devront être prises pour prévenir la dégradation des données d'expérimentation.

La parapsychologie a fait l'objet d'attaques gratuites et inconsidérées [1]. Il incombe donc aux chercheurs de demeurer constamment sur leurs gardes : l'accumulation du savoir humain ne peut procéder que de méthodes expérimentales irréprochables dans leur conception et leur exécution.

Un autre type de critique mérite considération quand on évalue les données se rapportant à la psi et aux modifications de l'état de conscience : nous ne savons pas très clairement quelle part prennent ces modifications dans les performances psi; et la bibliographie dont nous disposons rassemble des études montrant les corrélations entre hautes performances psi et conscience modifiée plutôt que les liens entre conscience modifiée et processus de conscientisation ordinaires (Kelly & Lucke, 1981, p. 4). Rares sont les études qui aient comparé entre eux les différents états de conscience modifiés.

À la lumière de ces observations les résultats expérimentaux présentés dans les pages qui précèdent conduisent à la constatation suivante : la perception extrasensorielle est accrue dans les procédures qui la relient à une modification de l'état de conscience. Pour mieux comprendre et contrôler ces phénomènes, les parapsychologues doivent donc s'efforcer d'identifier les états de conscience modifiés susceptibles de favoriser la manifestation de la psi, d'étudier leurs caractéristiques psychologiques et physiologiques, et aussi les

1. Les jugements critiques les plus pertinents qui aient été portés sur la recherche psi émanent des membres de l'Association parapsychologique eux-mêmes (Akers, 1984).

facteurs qui facilitent l'activité psi. Ainsi, ils ont pu déceler que les états de conscience associés à l'hypnose, à la méditation, à l'inhibition sensorielle, au rêve, potentialisent les manifestations psi. Ce qui vient compliquer d'une façon générale l'étude des activités conscientes modifiées, ce sont les difficultés que pose l'interprétation de ces différents processus mentaux. Certaines inconnues (nos typologies de la conscience sont-elles fondées? Devons-nous considérer le concept d'état de conscience modifié comme un postulat méthodologique utile ou comme un simple artifice descriptif?) soulèvent des questions d'importance.

Si les typologies qu'on applique aux états de conscience modifiés sont inexactes ou exagérément simplistes – si, par exemple, il n'existe pas un, mais des milliers d'état modifiés susceptibles de jouer un rôle dans la méditation – alors l'énoncé suivant: « l'état de méditation stimule la psi » perd pratiquement toute signification. Nous devons donc accorder à ces états de conscience modifiés une valeur descriptive et non pas nécessairement causale.

Les caractéristiques des états de conscience modifiés que nous évoquons dans ce chapitre ont fait l'objet de recherches intensives pendant des années. Elles ont également alimenté bien des débats contradictoires. On s'accorde aujourd'hui à considérer que la relaxation musculaire, la prédominance accrue des ondes alpha sur le tracé électroencéphalographique et l'intensification de la représentation visuelle sont communes à la plupart des états modifiés. Évidemment, d'autres aspects de la question demeurent sujets à controverse. Certains états de méditation s'accompagnent-ils de conditions psychologiques particulières (Schuman, 1980)? Est-il possible de différencier l'hypnose de l'état vigile à l'aide d'autres critères que celui de la distinction subjective établie par le sujet lui-même (Barber, 1979)? Qu'est-ce qui différencie les états de conscience suivant l'ingestion de drogues psychédéliques des états de conscience accompagnant la psychose aiguë (Fischman, 1983)? Autant de questions encore irrésolues.

En outre, les facteurs qui semblent induire les manifestations psi ne sont pas non plus délimités clairement. Tout laisse supposer que la relaxation modérée, la représentation eidétique, l'extraversion, la conviction et la motivation personnelles jouent un rôle de premier plan dans la manifestation psi, mais rien ne nous éclaire sur l'influence véritable exercée par chacune de ces variables. Il nous faut donc admettre que les processus qui sous-tendent l'activité psi, quels qu'ils soient, sont de nature infiniment subtile et complexe; que nos tentatives d'approche scientifique des phénomènes psi n'ont pas encore abordé le caractère intime de ces processus.

En attendant, il reste que des conjectures nettement définies nous sont d'une aide précieuse pour engager nos recherches dans les directions les plus vraisemblablement prometteuses.

Caractéristiques générales des états de conscience modifiés considérés comme inducteurs de l'activité psi

La déstabilisation de l'état de conscience normal

Divers théoriciens de la conscience ont proposé une interprétation du processus grâce auquel l'état de conscience vigile ordinaire se modifie. D'après Tart (1975), par exemple, tout état de conscience normal est une construction complexe qui, pour demeurer fonctionnelle dans un environnement en perpétuel changement, fait appel à divers processus stabilisateurs.

À l'inverse, toujours selon Tart, l'induction d'un état de conscience modifié met en jeu deux opérations. D'abord interviennent des processus dont l'action contrarie, par inhibition ou désactivation, celle des précédents (les processus stabilisateurs). L'état de conscience ordinaire se trouve alors déstabilisé. Ensuite interviennent des processus organisateurs qui remodèlent les structures de conscience potentielles en un nouvel état, doté de caractéristiques propres. Dans l'intervalle qui sépare les deux processus de démodélisation-remodélisation s'installe une phase transitoire de chaos. Durant cette phase, la conscience se restructure. Et toutes les capacités virtuelles de conscientisation sont potentiellement disponibles. De même les processus de structuration peuvent recruter les capacités qui vont caractériser le nouvel état et inhiber les autres.

Milton Erickson et ses collaborateurs (Erickson, Rossi & Rossi, 1976) décrivent, en des termes quelque peu différents il est vrai, un processus analogue dans l'hypnose par induction. Pour ces auteurs, la conscience normale serait puissamment balisée de restrictions acquises par apprentissage : préventions, préjugés, interdits, intervenant pour empêcher l'individu d'exploiter librement ses vastes ressources potentielles. D'où l'importance que prennent deux principes en matière d'induction hypnotique. Premier principe : « dépotentialiser le cadre habituel de référence » en confrontant le sujet à des informations contradictoires, à des situations déroutantes ou harcelantes. Second principe : réorienter l'attention du sujet vers ses processus de conscience internes pour le sensibiliser aux ressources dont il dispose quand tombent les barrières de la conscientisation normale. Ce principe recoupe le modèle de structuration de la conscience décrit par Tart (1975).

Dans le compte rendu qu'il fait de ses fructueux travaux sur la méditation, Arthur Deikman (1966) fait une observation fort intéressante : les sujets fixent pendant un certain temps leur attention sur un objet; le souvenir qu'ils rapportent de cette expérience indique qu'en la circonstance leur perception s'est désautomatisée. Autrement dit, les processus structurants de l'expérience vécue, processus si habituels qu'ils opèrent en dehors de toute conscientisation, ont intégré le niveau conscient. On en déduit donc que, dans l'état de conscience modifié qui était le leur au moment de cette expérience, le balisage restrictif limitant d'ordinaire l'activité consciente a cessé de jouer son rôle. Cette désinhibition des mécanismes de blocage, caractéristique des modifications de l'activité consciente, a-t-elle un rapport avec les apparentes propriétés d'induction de la psi qu'on prête aux états de conscience modifiés? D'après ce qu'on peut observer dans différents domaines de la parapsychologie, tout semble confirmer l'importance de cette désinhibition. La psi compte probablement parmi les ressources potentielles de l'homme. Son exploitation semble limitée par les contraintes de l'état de conscience normal, et facilitée par la déstabilisation de cet état.

Gardner Murphy (1966) a émis une hypothèse extrêmement pertinente : ce serait le passage d'un état de conscience à un autre qui favoriserait la manifestation de la psi, et non la stabilisation d'un état de conscience particulier. Constatant que certains parallèles parapsychologiques existent entre les actes de création et les phénomènes psi, cet auteur considère que :

> « ni l'état de motivation, ni l'état de relaxation, ni l'état de dissociation ne sont *en eux-mêmes* inducteurs à la fois de créativité intense et de scores paranormaux élevés; mais le rapide *passage* d'un état de non-motivation à un état de motivation, ou d'un état de relaxation à un état d'hyperactivité, ou encore d'un état d'intégration prononcée à un état de dissociation semble, lui, inciter au phénomène psi et à la création. Il se peut que nous exploitions des formes d'énergie qui résultent d'une *transition* du passage d'un mode fonctionnel à un autre » (p. 20).

Cette hypothèse, selon laquelle le « changement d'état » faciliterait la manifestation de la psi, ne contredit en rien les points de vue de Tart et d'Erickson.

Les travaux de Honorton (1872), de Parker (1975 a), de Stanford (1971) notamment, apportent une confirmation empirique de cette hypothèse.

La théorie du fonctionnement de la psi proposée par Rex Stanford (1977), puis développée par William Braud (celle du comportement de conformance) s'accorde elle aussi à la notion de stimulation de la psi par déstabilisation d'un état de conscience établi. La voici : quand coexistent deux systèmes, dont l'un (le système cible), organisé de façon relativement aléatoire, opère sans contrainte, alors que l'autre, relativement ordonné, contient une « prédisposition » (ou, si l'on préfère, comporte un besoin) qui détermine le précédent, le premier système – l'aléatoire – a tendance à se conformer aux exigences du second. Un exemple concret en psychokinèse : Supposons un premier systèmc, rclativement aléatoire, représenté par un dispositif (tel que le roulement des dés sur une table) permettant de tirer au hasard les cibles. Le second système, celui qu'on qualifie de « prédisposé », est l'esprit/cerveau de l'expérimentation : son intention d'amener les dés à s'immobiliser sur telle face plutôt que sur telle autre quand ils s'arrêtent de rouler. Si l'on constate que la distribution statistique des points marqués s'écarte de la moyenne probabiliste, alors on peut raisonnablement en déduire que c'est là un comportement de conformance. Le comportement de conformance semble indépendant de la complexité du système sollicité. Il semble ne pas s'accompagner non plus d'un transfert d'énergie ou de force véhiculant des données d'information d'un système à un autre au cours de l'étape intermédiaire. Pour Braud (1980), qui a dégagé certaines conséquences essentielles de ce modèle théorique, « la magnitude de l'influence psi exercée sur un système serait directement proportionnelle à la variabilité dudit système, et inversement proportionnelle aux contraintes exercées sur lui ». La facilité avec laquelle un système peut passer d'un état à un autre, et la quantité de libre variance contenue dans ce système déterminent, semble-t-il, l'intensité avec laquelle il agit sur un autre système (p. 301). Donc, la probabilité de s'acquitter avec succès d'une tâche psychocinétique croît à proportion de la labilité du système receveur, à savoir l'esprit/cerveau du récepteur.

Le cadre d'explication théorique que nous fournit ce modèle de conformance a démontré sa solidité et stimulé puissamment la recherche (Braud, 1981). Certaines découvertes, telle celle de l'apparente induction de la perception extrasensorielle alors que le sujet fournit des réponses pourtant négatives (Stanford, 1967; Kreitler & Kreitler, 1973), sont autant d'éléments qui plaident fortement en faveur de l'activité psi et s'accordent à la théorie du comportement de conformance.

Considérons en accord avec cette théorie que les procédures conduisant à une modification des états de conscience créent en raison du fait qu'elles réduisent les contraintes de la conscientisation ordinaire un système mental éminemment labile; lequel est sans doute beaucoup plus sensible à l'influence structurante du système cible que ne le serait un système stable et normal.

Cette théorie comportementale de la conformance laisse entendre que les procédures inductrices de psychokinèse sont celles qui opèrent sur la structure et la disposition de l'esprit/cerveau du sujet.

En d'autres termes, les déplacements d'un état de conscience à un autre seraient favorables à la perception extrasensorielle, alors que les états de conscience établis le seraient à l'activité psychocinétique. Pareille hypothèse n'a pas encore été systématiquement vérifiée. Mais diverses études portant sur l'apprentissage de la représentation mentale et sur la psi ont fourni des données qui plaident en sa faveur. Ce mode d'apprentissage, par lequel le sujet s'entraîne à intensifier et à contrôler ses images fantasmatiques, a probablement pour effet de structurer plus fortement le système mental en instituant un état de conscience stable caractérisé par le contrôle de la représentation. Différentes études se sont proposé d'effectuer des mesures de perception extrasensorielle avant et après que les sujets se furent entraînés à maîtriser leurs représentations mentales (Mockenhaupt, Robblee, Neville & Morris, 1977; Morris, Robblee, Neville & Bailey, 1978; Morris & Bailey, 1979; Morris, 1980; George, 1982). Une seule de ces études (George, 1982) s'est attachée à mesurer les effets positifs exercés sur la représentation mentale à la fois par l'apprentissage et par la psi. Les résultats inclinent à conclure que l'un et l'autre des facteurs intensifient cette représentation. En revanche, nulle augmentation de la faculté de perception extrasensorielle chez les sujets entraînés à intensifier la production de leurs images mentales n'est apparue. Sur l'activité psychocinétique, Hornaday (1983) a mesuré simultanément les effets de l'apprentissage sur la représentation visuelle et sur l'activité psychocinétique; résultat : accroissement sensible de l'une comme de l'autre.

L'intériorisation de l'attention

Une caractéristique semble également commune aux différents états de conscience modifiés : sitôt qu'une déstabilisation de l'activité consciente normale s'opère, l'attention tend à se retourner sur soi, à se focaliser sur les processus internes plutôt que sur la réalité consensuelle.

Un modèle d'interprétation de la psi calqué sur le traitement de l'information a d'abord été esquissé par Honorton (1977, 1978). Ce modèle est fondé sur la distinction, initialement établie par Broad (1958), entre les *interactions* de la psi (lors desquelles l'information serait acquise de façon paranormale, en dehors de la conscientisation lucide) et les *expériences* vécues liées à la psi (par lesquelles l'information acquise serait conscientisée). Mais alors se pose une question de première importance : qu'est-ce qui distingue ces fonctions l'une de l'autre? Comment l'information acquise par l'activité psi devient-elle consciente après avoir été « introduite » dans le système de traitement humain?

Une nouvelle interprétation mérite attention : la conscientisation psi est conçue comme la détection d'un signal. L'information est en concurrence avec les nombreuses données de nature différente qui affleurent à la conscience, et ce n'est qu'à partir du moment où nous souhaitons consciemment accéder à cette information qu'elle se transforme en un signal, lequel nous est transmis par un canal passablement « bruyant » puisqu'il est le plus souvent saturé par de multiples signaux. Il s'ensuit que pour augmenter le plus possible la probabilité d'une manifestation de la psi, il faut accroître la valeur du signal psi par rapport aux autres, le rendre plus « audible ». Ce qui s'obtient généralement par la réduction de la « rumeur » ambiante. Honorton (1977), se référant aux conclusions de ses études sur le *Yoga Soutra* de Patanjali (voir aussi : Mishra, 1967), a émis l'hypothèse que les états de conscience modifiés réduisent ce « bruit de fond » en redirigeant l'attention (c'est-à-dire l'affectation de la faculté de traiter l'information), laquelle serait détournée des stimuli extéroceptifs et proprioceptifs pour se focaliser sur l'expérience intérieure susceptible de rendre audible le signal psi. C'est d'ailleurs pourquoi Honorton (1977) qualifie d'« états d'attention intériorisée » les états de conscience modifiés inducteurs d'activité psi.

Braud (1978) a encore élargi ce modèle d'interprétation fondé sur la réduction de la rumeur sensorielle. Il a établi des catégories entre les différentes sources potentielles de « bruit » et a répertorié les moyens d'obtenir un relatif silence par diverses modifications de l'activité consciente. Selon lui, bien des processus que l'on considère comme caractéristiques de la conscientisation normale, et qui ont tendance à s'atténuer ou s'éliminer dans les états de conscience modifiés, alimentent ce bruit de fond venant occulter le signal psi : stimulation extéroceptive, activité ostéomusculaire, hyperactivité des fonctions neurovégétatives, activités cognitives diverses (pensée analytique, effort excessif pour « réussir » telle ou telle tâche, distraction de l'attention par la représentation fantasmatique ou l'idéation). Braud (1978) a tenté d'intégrer le modèle comportemental de la conformance dû à Stanford au modèle d'interprétation de la psi par la réduction de la rumeur sensorielle. « Les procédures de réduction des sollicitations mentales, écrit-il, sont peut-être inductrices de psi : elles libèrent le système nerveux des contraintes externes et internes qui le grèvent. Ledit système, ainsi affranchi peut exploiter des solutions de rechange; il est donc prédisposé à adopter un comportement de conformance » (p. 26).

Pourtant, les deux modèles d'interprétation ne s'accommodent pas si aisément l'un de l'autre. Si le pouvoir d'induction de la psi, qu'on prête aux états de conscience modifiés, est attribuable aux procédures qui augmentent la labilité du système nerveux, il est difficile de qualifier ces procédures de « réductrices du bruit de fond ».

Ces deux types d'opérations (réduction du bruit et augmentation de la labilité) sont distincts. Reste que le modèle comportemental de la conformance et le modèle de la détection du signal nous fournissent des cadres d'interprétation fort utiles.

Autres facteurs susceptibles de stimuler l'activité psi

Il est possible que la stimulation de l'activité psi qu'on observe dans les états de conscience modifiés ne résulte pas de facteurs exclusivement associés à ces états, mais de processus conjugués occasionnellement à eux. Les parapsychologues ont identifié diverses variables de ce genre. Nous allons en examiner quelques-unes.

La représentation eidétique

Les chercheurs en parapsychologie s'intéressent depuis longtemps, et pour diverses raisons, aux relations éventuelles qui relient la psi à la représentation en images. Ainsi, Tyrrell (1943) a subdivisé le processus de perception extrasensorielle en deux phases, la première consistant en l'acquisition de l'information par l'inconscient du percipient, la seconde étant représentée par le transfert de cette information dans la conscience claire par le biais de structures psychologiques qu'il qualifie de « véhicules médiateurs ». L'analyse psychologique du rêve, de la rêverie et de l'hallucination indique elle aussi que la représentation mentale est le vecteur privilégié grâce auquel l'information inconsciente affleure à la conscience lucide.

Sur les cinq travaux analytiques d'importance majeure portant sur des cas de manifestations paranormales spontanées, quatre (Rhine, 1954; Sannwald, 1959; Green, 1960; Prasad & Stevenson, 1968) ont relevé que les expériences psi ostensiblement amenées par la représentation en images (y compris les expériences oniriques et hallucinatoires) sont plus fréquemment rapportées que les autres. Seule une étude (celle de Haigh, 1979) fait état d'observations contraires. White (1964) a examiné les comptes rendus subjectifs d'individus exceptionnellement doués ayant pris part aux toutes premières études sur la psi (les procédures étaient alors fondées sur la libre réponse des sujets); il a constaté qu'une intense représentation eidétique était associée aux manifestations ostensibles de la psi.

Rappelons que dans la plupart des états de conscience modifiés dont on pense qu'ils peuvent induire en psi, il est généralement admis que l'activité eidétique représente une composante majeure de l'expérience vécue. Qu'il s'agisse de l'hypnose (Hilgard, 1977; voir aussi : Wadden & Anderton, 1982), des états consécutifs à l'ingestion de drogues psychédéliques (Masters & Houston, 1966), de l'inhibition sensorielle (Bertini, Lewis & Witkin, 1964), de la schizophrénie (Slade, 1976), de la relaxation mentale (Luthe & Schultz, 1969), de la méditation (Kornfield, 1979) ou du rêve (Foulkes, 1978). Il est donc fort possible que ces états prêtent à la psi en focalisant l'activité mentale sur la représentation en images.

L'éréthisme nerveux

Cette variable n'a pas manqué d'attirer l'attention des parapsychologues. Plusieurs chercheurs ont, en effet, supposé qu'une activation corticale ou sympathique pouvait favoriser la manifestation psi.

Hans Eysenck (1967, 1975) a émis l'hypothèse qu'un niveau modéré d'éréthisme cortical faciliterait l'activité de la psi. Les extravertis se distinguant des introvertis par un abaissement chronique du niveau d'éréthisme cortical, ils devraient réaliser des performances psi supérieures (Eysenck, 1973). Cette hypothèse s'appuie sur un certain nombre de résultats expérimentaux démontrant que les extravertis obtiennent des scores supérieurs à ceux des introvertis dans les épreuves de laboratoire portant sur la perception extrasensorielle (Kanthamani & Rao, 1972). Honorton (1978), à la différence de Eysenck, établit une distinction nette entre l'éréthisme d'origine corticale et l'éréthisme dû au système nerveux autonome. La coexistence d'un éréthisme cortical relativement élevé et d'un éréthisme sympathique relativement bas chez un individu serait la condition optimale pour induire en psi. L'abaissement du niveau d'éréthisme du système autonome est, en effet, considéré comme un bon moyen de réduire la rumeur psychophysique, quand on veut faciliter la détection du signal psi. Mais lorsque les sollicitations sensorielles sont réduites, une certaine intensité d'éréthisme cortical est nécessaire pour maintenir l'activité de la conscience, dans l'éveil comme dans le rêve.

Une troisième interprétation théorique de la relation de l'éréthisme à la psi est due à Braud (1978, 1981). Se basant sur ses propres travaux (Braud, 1981) et sur ceux de Soji Otani (1955, 1958) il considère qu'une réduction de l'éréthisme sympathique entraîne toute une chaîne de changements internes. Les structures neurophysiologiques mises à contribution dans le traitement de l'information venues de l'hémisphère gauche, et destinées aux structures limbiques du cerveau moyen et à l'hémisphère droit ne dominant plus les mêmes zones. Pour Braud, ce transfert de dominance induit vraisemblablement l'activité psi.

On sait par ailleurs que divers états de conscience modifiés dont il a été question dans ce chapitre, et qui passent pour inducteurs de l'activité psi, sont caractérisés par une activité réduite du système sympathique, laquelle se traduit physiologiquement par divers phénomènes tels que la détente neuro-musculaire (Matthews & Gelder, 1969), la fibrillation oculaire pendant le sommeil (Rechtschaffen,

Vogel & Shaikun, 1963) ou encore par certains types de méditation (Shapiro, 1980). Le tableau est moins clair avec l'inhibition sensorielle et l'hypnose, mais on a observé que l'une et l'autre s'accompagnent également d'une réduction de l'éréthisme sympathique (Braud, 1981). On peut donc raisonnablement conclure que si ces états induisent l'activité de la psi, c'est peut-être par l'effet de leur association à un facteur général d'éréthisation qui, lui, serait inducteur de l'activité psi.

Les attentes

On sait de longue date dans les laboratoires de parapsychologie expérimentale que la foi du sujet et de l'expérimentateur en la réussite de leur entreprise commune prépare grandement le terrain à la manifestation de la psi. À l'inverse les effets de la psi sont notablement hypothéqués par l'idée que l'expérimentation va échouer.

Si l'expectative tient une place importante dans notre perspective, c'est précisément parce qu'elle s'amalgame à divers états de conscience dont nous avons de bonnes raisons de penser qu'ils induisent l'activité psi. Bien des données semblent conforter cette interprétation. Certains résultats expérimentaux (Hevoh, 1961 ; Palmer, 1979), par exemple, indiquent que les sujets en état d'inhibition sensorielle attendent davantage de leurs propres performances psi que les sujets de contrôle. Mais nous ne disposons que de rares données à propos des effets exercés par les attentes sur les autres états de conscience modifiés. De nouvelles recherches s'imposent donc si nous voulons en apprendre davantage sur la relation de l'expectative à la psi et aux modifications de l'état de conscience.

La sélection des sujets

D. Scott Rogo (1976) a émis l'idée que l'apparent pouvoir d'induction de la psi qu'on observe dans les états de conscience modifiés pourrait fort bien résulter du fait que les sujets ne sont généralement pas choisis au hasard. En effet, les expérimentateurs en parapsychologie font le plus souvent appel à des volontaires, et il n'est pas exclu que le fait même de se prêter volontairement aux expérimentations de ce genre témoigne d'une qualité de conscientisation particulière, que l'on peut considérer comme modifiée par rapport à la norme. Compte tenu de ce mode de recrutement par volontariat, il se peut que les sujets sélectionnés soient plus ou moins névrosés, ou plus prédisposés que d'autres à tenter de nouvelles expériences, ou encore plus doués que la plupart des individus pour la représentation mentale en images, facteurs qui risquent de retentir sur le processus psi indépendamment de toute influence imputable aux états de conscience modifiés.

Conclusion

Il est possible que les divers états de conscience modifiés conduisent à l'activité psi pour différentes raisons. Rien ne nous dit que les drogues psychédéliques et la méditation, par exemple, à la faveur de mécanismes qui leur sont propres, provoquent des perceptions extrasensorielles par des mécanismes radicalement différents les uns des autres, exactement comme les psychothérapies verbales ou l'ingestion de barbituriques exercent l'un et l'autre, et pour des raisons causales fort différentes, des effets apaisants qui désarment l'angoisse.

Pour l'instant, la compréhension des phénomènes psi dépend probablement d'une compréhension concomitante des états de conscience modifiés. Il se pourrait fort bien que la psi ne soit pas un phénomène perceptuel, mais qu'elle résulte plutôt d'un partage d'expériences liées les unes aux autres par des associations et des sentiments de mutuelle compréhension, partage que faciliteraient les états de conscience modifiés (Parker, 1975 b, p. 170). Il se pourrait encore que la psi représente des formes de perception infraliminaire encore ignorées (Nash, 1971), ou résulte de champs énergétiques (Persinger, 1975) dont les effets se manifestent plus aisément lorsque l'état de conscience se déstabilise. Là encore, seule une étude plus approfondie de la psychologie de la conscience peut nous doter d'une meilleure compréhension du phénomène psi.

Chapitre 7

La psi et la représentation mentale

Depuis l'époque lointaine où les hommes ont appris à conserver la trace de leurs expériences vécues, leurs écrits nous rapportent des songes par lesquels le rêveur semble capter la pensée d'autrui. Rêveries révélant des événements qui se déroulent fort loin, rituels auxquels on prête la vertu de faciliter la prédiction de l'avenir, et méthodes de méditation capables d'exercer à distance une action sur un objet physique. Ces descriptions relèvent de ce que les parapsychologues modernes qualifient respectivement de télépathie, de clairvoyance, de précognition et de psychokinèse. Les phénomènes décrits mettent vraisemblablement en œuvre un processus de représentation mentale, autrement dit un mode de perception proche de l'expérience sensorielle directe, mais enregistré par la conscience lucide en l'absence de tout stimulus provoquant d'ordinaire une réponse sensorielle spécifique (Richardson, 1969, p. 2).

L'étude des cas spontanés

Vers la fin du siècle dernier, nombre d'études scientifiques ont cherché d'éventuelles relations entre les phénomènes paranormaux et la représentation mentale. Fruit d'une initiative de la Society for

Psychical Research de Londres, le *Rapport sur le recensement des hallucinations* (Sidgwick, Sidgwick & Johnson, 1894), par exemple, a analysé et répertorié quelque dix-sept mille réponses à la question : « Vous est-il jamais arrivé [...] d'avoir l'impression très nette de voir, ou d'être touché [...], ou d'entendre des voix [...] et de constater, autant que vous pouviez en juger, que cette impression ne procédait d'aucune cause extérieure? » Marks et McKellar (1982) ont récemment fait la synthèse de cette « mine de données » (p. 19), en même temps que celle de l'enquête menée à peu près à la même époque par Gurney et Myers (1888-1889) sur les apparitions, et qui elle aussi avait été publiée par la Society for Psychical Research. Les pionniers de ce type d'enquête attachaient une importance toute particulière à l'authentification des cas individuels de phénomènes relevant de la psychokinèse, de la clairvoyance, de la précognition ou de la télépathie. (Ces trois derniers phénomènes furent plus tard regroupés sous l'appellation commune de perception extrasensorielle.) Mais du fait des distorsions – coïncidences, déductions inconscientes, interférences sensorielles, exagérations; altérations de la mémoire, voire affabulation pure et simple –, qui souvent faussaient l'interprétation des faits, il est malheureusement bien rare que les cas spontanés aient été convenablement interprétés. Il reste pourtant que la Society for Psychical Research aura contribué non seulement à l'étude des phénomènes psi, mais aussi à celle de la représentation mentale. Son grand mérite est d'avoir recensé de nombreux exemples suggérant une intervention de la perception extrasensorielle ou de la psychokinèse, dans lesquelles les images mentales (sous la forme d'apparitions, d'hallucinations, de représentations perçues dans l'onirique ou le rêve éveillé) jouent un rôle de premier plan.

Plus récemment, Louisa Rhine (1953, 1954, 1962, 1978, 1981) a étudié de façon systématique de très nombreux cas spontanés d'E.P.S. ou de P.K. (elle en a recensé plus de quinze mille), qui s'accompagnaient de représentation mentale. Une de ses analyses (1953) précise que 64 % des cas décrits associaient un phénomène de nature eidétique (rêve paradoxal, rêve éveillé ou hallucination), contre 29 % de cas de nature intuitive et 7 % de nature indéterminée. Dans une analyse ultérieure, Louisa Rhine (1954) rapporte 81 % de cas de précognition ostensible, 65 % de cas de clairvoyance ou de télépathie. D'autres analyses plus récentes établissent que dans 78 % des cas ceux qui rapportaient ces expériences vécues déclaraient que l'information médiatisée (semble-t-il) par la psi leur avait été délivrée sous forme d'un tout relativement complet. Ce caractère de complétude du message psi ne s'observait que dans 45 % seulement des cas d'intuition recensés.

Louisa Rhine (1981) cite le témoignage d'une femme dont le premier mari s'était engagé dans l'U.S. Air Force. La mère de cette femme, qui vivait dans le voisinage, appela un jour sa fille. Celle-ci sanglotait à l'autre bout du fil. La mère s'enquit des raisons de ses larmes. « Maman, je somnolais à demi sur un siège et j'ai fait une sorte de rêve. Pourtant, je ne dormais pas. J'ai vu comme sur un écran de télévision un avion qui tombait. Je suis sûre que Hal s'est tué ou qu'il est gravement blessé. » La mère fit de son mieux pour rassurer sa fille. Mais celle-ci demeura convaincue du bien-fondé de ses craintes. La nouvelle leur parvint un peu plus tard : alors que Hal volait en tête de son escadrille, son appareil avait été abattu. On l'avait hospitalisé... à la suite de blessures fort graves, puisque plus tard il fut réformé (p. 75). En l'occurrence, il s'agit donc bien là d'une représentation visuelle relativement complète survenue lors d'un rêve éveillé.

Sur un ensemble de témoignages recueillis en Allemagne fédérale, Sannwald (1959) conclut que 73 % des phénomènes rapportés étaient accompagnés de représentation mentale. Les 27 % restants relevaient de l'intuition.

Pour les besoins d'une enquête sur les cas spontanés de perception extrasensorielle, Irwin (1979) élabora un questionnaire destiné à un groupe d'étudiants, mais ne procéda au dépouillement des réponses qu'après avoir soumis aux mêmes étudiants un autre questionnaire, dû à Paivio (1971). Celui-ci cherchait à établir si, dans les circonstances ordinaires de la vie courante, un individu marque une préférence pour les processus mentaux reposant sur la formulation verbale, ou au contraire sur la représentation en images. S'appuyant sur une analyse de variance, Irwin put objectiver une interaction significative ($p < 0{,}01$) entre le type prédominant de perception extrasensorielle (représentation en images ou intuition) et le mode informationnel prédominant (visuel ou verbal). Il put ainsi établir que les cas de perception extrasensorielle associés à la représentation mentale survenaient plus volontiers chez les individus accusant une préférence marquée pour les processus visuels.

Des constatations du même ordre ont été faites par Wilson et Barber (1982) lors d'une étude sur la représentation mentale et le phénomène psi. Procédant par analyse différentielle, ces deux chercheurs ont comparé les résultats obtenus avec vingt-six sujets familiers de la projection mentale en images aux résultats enregistrés sur vingt-cinq sujets de contrôle. Il leur apparut que les sujets du premier groupe – qu'ils qualifient d' « eidéticiens » – étaient non seulement plus sensibles à l'induction hypnotique, plus volontiers enclins à la représentation fantasmatique, et cela depuis leur enfance, mais encore qu'ils revendiquaient davantage d'expériences vécues de clairvoyance, de précognition et de télépathie que ceux du groupe de contrôle. De surcroît, on enregistrait chez les eidéticiens plus de récits de voyages hors du corps, de rêves à l'état lucide, de phénomènes d'auras ou d'apparitions et de visions mystiques.

La recherche en laboratoire

La psi et la représentation mentale ont suscité nombre d'études qualitatives conduites avec la participation de sujets présumés capables de perception extrasensorielle. La méthode expérimentale la plus communément adoptée comportait une phase préliminaire de relaxation suivie d'une phase de production des images.

Upton Sinclair (1930-1951) prit pour principal sujet d'étude sa propre femme, Craig. Celle-ci a d'ailleurs décrit de façon très précise sa technique de visualisation (pp. 124-140), comme on pourra en juger par cet extrait :

> « Enregistrez systématiquement par écrit tout ce qui vous apparaît comme un fragment d'activité mentale important, car il s'agit peut-être de la vision parfaite d'une partie de l'image réelle » (p. 132).

Craig Sinclair attirait également l'attention du lecteur sur certaines difficultés risquant de perturber l'observation, comme par exemple :

> « La perception visuelle d'objets qu'on vient d'observer autour de soi immédiatement avant d'avoir fermé les yeux. Quand je ferme les yeux pour faire le prochain test, je constate invariablement que la dernière image que j'ai saisie, et que la figuration que j'en garde [...] surgissent immédiatement à l'horizon de mon esprit. Il faut souvent un certain temps pour éliminer ces souvenirs fantômes » (p. 133).

Dans sa préface au livre de Sinclair (1930-1951), Albert Einstein, qui affichait une certaine circonspection vis-à-vis des phénomènes psychiques, n'en affirme pas moins que l'ouvrage méritait « la plus sincère considération ». Car « à supposer que les faits rapportés ne relèvent pas de la télépathie, mais de quelque influence hypnotique inconsciente exercée de personne à personne, cela n'en serait pas moins du plus haut intérêt psychologique » (p. X).

Parmi les pionniers de la recherche expérimentale en parapsychologie, il convient de mentionner René Warcollier (1921, 1928), un chimiste français du début de ce siècle. La Première Guerre mondiale devait interrompre ses travaux sur la télépathie, qu'il ne put reprendre qu'en 1919. Les résultats de ses études ont fait l'objet de différents comptes rendus analytiques publiés par la *Revue métapsychique*, tous consacrés à la nature du processus télépathique.

L'un des principaux mérites de Warcollier (1948-1963) aura été de nous laisser une description précise des divers modes de manifestations télépathiques. « L'image télépathique, écrit-il, ne se transmet pas à la façon d'un dessin par phototélégraphie. L'image télépathique, elle, est brouillée, dissociée en éléments qui souvent se recombinent en une configuration nouvelle. Rarement cette image est interceptée telle quelle, complète et organisée. Elle s'apparente à une molécule chimique. D'abord, la molécule se décompose en divers éléments. Ensuite, ces éléments s'intègrent et se recombinent en une nouvelle structure moléculaire. La molécule psychique contient des éléments affectifs et intellectuels qui tendent à [...] préserver la stabilité de l'organisation interne » (pp. 28, 30). Pour Warcollier, l'intégration du message psi s'opère selon des modalités indispensables. Il en fait l'énumération et donne des exemples tirés de ses expérimentations.

1. *Le parallélisme.* L'image reçue n'est pas à proprement parler identique, mais plutôt parallèle à l'image émise. A l'appui de cette assertion, il cite le cas d'un sujet qui « reçut » un carré sous la forme de deux angles droits, et aussi un rectangle renfermant cinq cercles sous la forme de cinq cercles et quatre angles droits dispersés dans l'espace.

2. *La latence.* L'image est reçue avec un certain retard, après que celui qui l'intercepte a fait diverses tentatives pour en deviner la nature. Ainsi, après qu'un cercle, un triangle et un carré eurent été « envoyés » à un sujet, celui-ci dessina d'abord un cercle, puis un triangle, dont il modifia la base pour le convertir en un polygone. Il dessina ensuite un autre cercle qu'il finit par transformer en un octogone. L'image du carré, fixée dans son esprit à l'état de latence, semble avoir influencé à la fois le triangle et le cercle final.

3. *La dissociation.* Parfois, l'image globale semble se décomposer irrationnellement et mécaniquement en éléments fragmentaires. Warcollier décrit par exemple une expérimentation lors de laquelle l'image transmise était celle d'un drapeau américain flottant sur sa hampe. L'image reçue fut celle d'une combinaison de deux lignes verticales et de six lignes horizontales surmontées d'un petit cercle.

4. *L'analyse.* L'image reçue suggère parfois une fragmentation explosive dans l'espace. Après qu'un agent eut envoyé une image représentant la planète Saturne, rapporte Warcollier, le sujet dessina les lignes fragmentées des pôles de l'image cible, et aussi des anneaux tels qu'ils figuraient de part et d'autre de cette image. Il dessina également un axe de transmission, qui, peut-être, évoquait graphiquement l'idée d'une rotation.

5. *La synthèse.* Les éléments de l'image cible sont parfois réagencés en un tout signifiant. Ainsi, l'image d'un œil circonscrit

dans un triangle fut reçue sous la forme d'une figure triangulaire délimitée par une ligne double entourée de cercles plus petits.

6. *Le syncrétisme.* L'image peut encore être interceptée globalement alors que ses parties constitutives demeurent floues et dissociées. Warcollier en donne l'exemple suivant : l'image envoyée est celle d'un dirigeable, et l'image reçue celle d'un ovale entouré de petits éléments évoquant les différentes parties de ce même dirigeable.

7. *Le mouvement.* Parfois encore l'image cible est reçue sous la forme d'une ou de plusieurs images en mouvement. L'exemple fourni est celui d'une image d'athlète tournoyant autour d'une base fixe et reçue sous la forme d'un ventilateur en fonctionnement.

Warcollier (1948-1963) a également relevé le rôle que peuvent jouer dans le phénomène télépathique les facteurs perceptuels, affectifs et linguistiques. Dans son esprit, la psychologie pourrait grandement tirer parti des études de télépathie, dont l'acquis, soulignait-il, ne suppose « aucune considération d'ordre métaphysique » (p. 102).

Spécificités individuelles de la représentation mentale

Nous avons regroupé dans cette rubrique différentes études tendant à démontrer l'éventuelle relation entre les caractéristiques, mesurables et variables d'un individu à l'autre, de la représentation mentale, d'une part, et d'autre part les performances réalisées au laboratoire lors des tests psi.

Le questionnaire de Galton

Schmeidler (1964) a réalisé le compte rendu de la première des expérimentations fondées sur cette méthodologie. Rappelons que le questionnaire de Galton (1880) se propose de mesurer sur une échelle graduée l'intensité de la représentation mentale, au sens le plus large du terme. Après l'avoir remaniée pour ne plus mesurer que la représentation proprement visuelle, Schmeidler enregistra les réponses apportées à ce questionnaire par un groupe d'étudiants d'université. Elle conclut qu' « aucune relation claire n'a pu être mise en évidence entre les scores obtenus aux tests de représentation en images et les scores obtenus aux tests de précognition ».

Les associations attributives

Dans le test d'association de Jung (1919), la procédure consiste pour l'expérimentateur à lire un mot, auquel le sujet doit enchaîner le premier mot qui lui vient à l'esprit. C'est de ce test que s'est servi

Stanford (1969) pour faire le décompte des associations attributives obtenues par chaque sujet. Par exemple, la réponse « rouge » fournie au mot stimulus « pomme » représente une association attributive, en ce sens que la couleur rouge compte parmi les attributs de la pomme. Tel ne serait pas le cas si la réponse fournie était « poire ». Selon Jung (1919), le résultat obtenu, évidemment variable d'un individu à l'autre, permet de « mesurer le degré de conditionnement des processus d'association individuels par la richesse de la représentation mentale ». Stanford soumit chacun de ses sujets à un test de psychokinèse utilisant un dé à jouer. Dans certains essais (et avant de lancer le dé), le sujet devait se représenter visuellement celui-ci tandis qu'il roulait, puis s'immobilisait sur la face cible prédéfinie. Dans d'autres, on lui demandait (toujours avant de lancer le dé) de procéder par libre association à partir de la face cible, puis de détourner son attention de l'épreuve psi dès que le dé avait été lancé. Les résultats d'ensemble enregistrés par Stanford ne s'écartaient pas sensiblement de la moyenne probabiliste, et les performances réalisées dans les deux conditions expérimentales n'accusaient pas de différences significatives. Cependant, et pour un même sujet, les scores positifs obtenus dans les épreuves d'association attributive affichaient des corrélations nettes avec les scores au-dessus de la moyenne obtenus dans les épreuves de visualisation ($p = 0{,}02$ bilatéral). Ces résultats laissent supposer que les sujets doués pour la représentation mentale tirent vraisemblablement bénéfice des procédures de visualisation quand ils doivent s'acquitter d'une tâche psi.

Stanford (1981) a conduit une autre étude de psychokinèse ressemblant à celle que nous venons de décrire, sauf que les cibles n'étaient plus tirées au sort à l'aide de dés, mais d'un générateur électronique de valeurs aléatoires. Les sujets devaient lire à haute voix, au moment de l'épreuve P.K., un texte destiné à distraire leur attention (alors que dans l'expérimentation précédente on leur demandait simplement de « penser à autre chose »). Cette étude n'a pas permis de corroborer la corrélation significative établie entre scores de visualisation et scores d'association.

L'échelle de Betts

Mis au point par Betts, le questionnaire sur la représentation mentale (Betts, 1909; Richardson, 1969, pp. 45-49, 148-154) demeure, sans conteste, le plus célèbre des instruments de mesure de l'activité mentale visuelle utilisé en parapsychologie – spécialement dans sa version remaniée par Sheehan (1967). Palmer et Vassar (1974) ont fait appel à cette échelle d'évaluation entre autres procédures, lors d'une étude de clairvoyance fondée sur la libre réponse. Le premier objet de cette étude était d'examiner l'effet exercé sur les performances psi d'un sujet par une induction le conditionnant à faire un voyage hors du corps. Les expérimentateurs constatèrent une corrélation positive sensible entre scores psi et scores obtenus en réponse au questionnaire de Betts (p < 0,01, bilatéral). Mais aucune interprétation catégorique ne se dégage de cette expérimentation, étant donné que les sujets avaient eu connaissance de leurs résultats psi avant d'être testés à l'aide de l'échelle d'évaluation de Betts.

Les scores de l'échelle de Betts semblent influencés par les attentes générées par certaines situations expérimentales; cette échelle devient un instrument sensiblement précaire quand il s'agit de mesurer diverses dispositions individuelles, l'intensité de la représentation mentale, par exemple.

Honorton, Tierney et Torres (1974) se sont servis de l'échelle de Betts pour départager leurs sujets en deux groupes, les « forts » et les « faibles », selon leurs dispositions plus ou moins prononcées pour la représentation en images. Chaque sujet était ensuite soumis à un test de clairvoyance fondé sur le choix forcé et devait s'acquitter des épreuves tantôt en faisant appel à ses images mentales, tantôt en énonçant « la première chose qui [lui] venait à l'esprit ». Les forts obtinrent des résultats sensiblement supérieurs à la moyenne probabiliste ($p < 0{,}005$, bilatéral) quelle que soit la procédure de réponse imposée par l'expérimentateur.

Dans une étude G.E.S.P. en réponse libre conduite par Smith, Tremmel et Honorton (1976), on se servait de l'échelle de Betts pour tester à la fois les capacités de visualisation de l'agent et du récepteur. Ensuite, l'un comme l'autre étaient soumis à un test psi fondé sur une procédure *ganzfeld*. Les résultats d'ensemble se révélèrent nettement positifs ($p = 0{,}015$, unilatéral), mais aucune corrélation significative ne fut relevée, ni chez les agents ni chez les récepteurs entre les scores psi (le total des messages cibles correctement restitués) et la capacité de visualisation mesurée sur l'échelle de Betts.

Honorton (1975), qui a fait le compte rendu critique des travaux utilisant l'échelle de Betts, se pose certaines questions à propos de la validité de cet instrument de mesure. Il fait remarquer par exemple que l'échelle ne permet pas d'établir de corrélations significatives avec divers autres indices d'évaluation de la représentation en images – les scores obtenus aux épreuves d'évocation visuelle et les mesures de l'activité psychophysiologique, par exemple –, et il préconise, pour l'avenir de la recherche sur la psi et la représentation mentale, une méthodologie regroupant diverses techniques exploratoires, et reposant sur différentes mensurations concomitantes.

L'étude critique de Honorton porte sur des travaux antérieurs à l'année 1975. Mais d'autres comptes rendus d'expérimentations parapsychologiques utilisant l'échelle de Betts ont été publiés depuis cette date. R. V. Rao, P. V. K. Rao et K. R. Rao ont eu l'idée de projeter sous forme de flashes tachistoscopiques une série d'images et de silhouettes indécises que les sujets devaient identifier à mesure qu'on les leur projetait (en formulant une réponse par choix forcé). Chaque épreuve comportant l'identification d'une image consistait en un test de perception infraliminaire, et chaque épreuve comportant l'identification d'une silhouette floue en un test de perception extrasensorielle. Lors de ces derniers tests, les images cibles servant de stimuli E.S.P. étaient tirées au sort parmi les cibles utilisées au cours du test de perception infraliminaire. Dans l'ensemble, les scores psi enregistrés par les expérimentateurs se révélèrent nettement positifs ($p < 0,05$, bilatéral). Tous les sujets avaient été soumis à l'échelle de Betts, et on les avait répartis en deux groupes selon leur plus ou moins grande capacité de visualisation. Mais aucune relation n'est clairement apparue entre les résultats obtenus sur l'échelle et la perception extrasensorielle.

Sargent (1978), lui, s'est attaché à mettre au point des épreuves intégrées à une tâche globale d'évocation verbale dans laquelle les images suggérées par les mots évocateurs variaient de façon systématique. Or, les « doués » montrèrent des scores sensiblement plus bas dans les épreuves faisant appel à des stimuli visuellement peu évocateurs que dans les épreuves faisant appel à des stimuli hautement évocateurs ($p = 0,022$, bilatéral). Sargent attribua cette interaction au facteur motivation. « Il se pourrait, écrit-il, que les sujets doués d'une grande capacité eidétique aient une préférence marquée pour la représentation et la mémorisation visuelles, mais qu'à partir du moment où on leur fournit des stimuli dont le pouvoir d'évocation visuelle est trop faible pour qu'ils puissent exercer cette capacité, ils soient obligés de recourir à leur mémoire sémantique » (p. 818). Supposant que les résultats enregistrés sur l'échelle de Betts étaient peut-être influencés par le souci de se conformer à certains facteurs individuels et culturels, Sargent a pris la précaution de faire remplir par chacun de ses sujets le volet B du questionnaire de Cattell, Eber et Tatsvoka (1970)[1], dont les résultats reflètent l'intensité de ces facteurs. Il ne trouva, hélas, aucun lien notoire entre les scores respectivement obtenus sur l'échelle de Betts et en réponse au questionnaire de Cattell, Eber et Tatsvoka.

Le test de contrôle de la représentation visuelle (Gordon)

Price (1973) a considéré la représentation mentale sous un tout autre aspect : celui du contrôle plus ou moins prononcé que l'individu exerce sur elle. D'après lui, mieux un sujet gouverne ses images mentales, moins les scores qu'il réalise lors d'une épreuve psi doivent être élevés (l'information psi jaillissant des couches profondes de

1. *The Sixteen Personality Factor Questionnaire.*

l'inconscient). Donc, les sujets accusant des scores élevés doivent exercer un contrôle relativement lâche sur le flot d'informations échangées entre leur activité consciente et leur inconscient. Pour vérifier cette hypothèse, Price s'est servi du test de Gordon sur le contrôle de la représentation visuelle (Gordon, 1949; Richardson, 1969, pp. 50-51, 155-156) [1]. Il répartit ses sujets en deux catégories, selon les résultats obtenus. Après quoi, les sujets s'acquittèrent d'une épreuve de clairvoyance en choix forcé faisant appel à des symboles cibles, de contenu érotique pour les uns, et non érotique pour les autres. Chaque sujet notait ses réponses sur un formulaire. Les formulaires furent ensuite échangés et la notation s'effectua tandis que l'expérimentateur donnait à haute voix l'ordre d'enchaînement des cibles. Au fil de la séance, les sujets les plus aptes à contrôler leurs images mentales diminuaient leurs scores alors que les moins aptes à le faire augmentaient les leurs.

La matrice de confusion visuelle

La dernière étude aborde, de façon originale, la question du rôle que joue l'activité eidétique dans les processus psi. Kelly, Kanthamani, Child et Young (1975) se sont servis d'un sujet exceptionnellement doué, qui attribuait ses performances psi à la richesse de ses représentations visuelles. Ce sujet s'acquitta avec succès de deux tâches expérimentales : une épreuve de choix forcé au cours de laquelle les cibles (en l'occurrence des cartes à jouer ordinaires) lui étaient présentées sous forme de flashes tachistoscopiques pendant une durée voisine du seuil de perception infraliminaire; et une épreuve de clairvoyance, également en choix forcé, toujours avec des cartes ordinaires. Pour chacune de ces conditions expérimentales avait été élaborée une matrice permettant de mesurer, par comparaison des structures de distribution des « erreurs », les tendances accusées par le sujet à confondre régulièrement certaines cartes, le roi avec la reine, par exemple. À partir du moment où ces tendances à commettre certaines erreurs types se confirment statistiquement, on a vraisemblablement affaire à une distorsion systématique du système de traitement informationnel du récepteur.

La matrice perceptuelle conçue par les expérimentateurs révéla donc chez le sujet un modèle caractéristique de confusion visuelle. En outre, une matrice de perception extrasensorielle permit de déceler une ressemblance structurelle avec la matrice de perception visuelle, ce qui est extrêmement important, car un même système assurerait le traitement de l'information E.S.P. et celui de l'information visuelle. Enfin, les expérimentateurs relevèrent des scores E.S.P. particulièrement élevés ($p <$ 10-30).

1. Conçu pour que les sujets se notent eux-mêmes, ce test repose sur un questionnaire qui permet d'évaluer le degré de contrôle exercé sur la représentation en image.

L'impact des directives sur les sujets psi

Divers travaux ont proposé d'étudier l'impact exercé sur les performances psi par les directives ou instructions verbales données aux sujets durant les expérimentations.

La représentation visuelle

Un aspect de la question a fait l'objet d'études particulièrement exhaustives, à savoir la comparaison des scores psi enregistrés dans trois contextes expérimentaux bien distincts : a) quand les instructions données aux sujets stimulent leurs capacités de visualisation; b) quand ces instructions inhibent leurs capacités de visualisation; c) quand elles les engagent à adopter une tactique qui exclut toute représentation visuelle.

Steilberg (1975) a usé de procédures différentes. Il demandait à ses sujets d'influencer psychocinétiquement le roulement d'un jeu de dés, soit en visualisant le résultat du coup, soit en faisant un effort conscient, accompagné de tension musculaire, pour amener les dés à s'immobiliser selon une combinaison prédéfinie. Conclusion, la première procédure aboutissait à des résultats conformes à la moyenne probabiliste, et la seconde à des scores sensiblement inférieurs à cette moyenne.

Morris (1980), lui, entreprit une autre étude. Les sujets devaient s'y préparer pendant dix semaines. On les entraînait soit à la visualisation, soit à la concentration mentale. L'expérimentation comprenait, au total, six séances de tests psi, trois avant et trois après la phase d'entraînement. La tâche psi dont chacun des sujets devait s'acquitter consistait à identifier lequel des deux tableaux présentés avait été projeté sur un mur, sous la forme d'un éclair tachistoscopique, lors d'une période antérieure de relaxation. On découvrit que les scores élevés semblaient davantage favorisés par la pratique de la visualisation que par celle de la concentration mentale. Cette conclusion, qui aurait une portée considérable sur la compréhension du phénomène psi, doit être énoncée avec prudence : il se pourrait que ces résultats soient dus à l'incompatibilité des épreuves de concentration avec le mode de cognition propre aux sujets de l'expérimentation. Ceux-ci avaient en effet été recrutés principalement pour « leur aptitude à créer et décrire des images visuelles ».

Kreiman (1980) s'est proposé de vérifier dans quelle mesure l'activité psi était stimulée par les stratégies de visualisation ou de « contrôle de l'idéation ». Il demanda aux sujets soit de faire appel à la représentation en images pour déterminer si les enveloppes cibles contenaient des dessins structurés ou des figurations informes, soit de

« penser » ou de « ne pas penser » pour déterminer si oui ou non les enveloppes contenaient un mot imprimé. Kreiman enregistra des résultats d'ensemble prometteurs ($p < 0,01$, bilatéral), dus en grande partie aux scores positifs enregistrés dans les épreuves de visualisation ($p < 0,01$, bilatéral). Les scores enregistrés dans les épreuves de contrôle de l'idéation manquaient en revanche de consistance.

Visualisation du processus opératoire et visualisation du résultat

Divers parapsychologues se sont préoccupés d'étudier l'influence exercée sur les scores psi selon que les sujets recevaient pour directives de visualiser le processus opératoire lui-même, ou plutôt le résultat de ce processus.

Stanford (1969) a été le premier à examiner cette question. Lors d'une épreuve de psychokinèse, le sujet devait ou bien visualiser le roulement des dés (*process-oriented strategy*) ou bien procéder par libre association pour se concentrer sur le numéro cible (*goal-oriented strategy*). Comme on l'a vu, il ne retira aucune information pertinente de cette épreuve.

Par ailleurs, Morris, Nanko et Phillips (1982) ont conçu une épreuve de psychokinèse dans laquelle les sujets avaient pour tâche d'influencer des lampes dont l'allumage et l'extinction étaient commandés par un générateur de valeurs binaires aléatoires. Dans les différentes épreuves de cette étude pilote, on leur imposait soit une stratégie de visualisation du processus opératoire (en se représentant l'énergie électrique sous la forme d'un flux généré à l'intérieur de leur corps et se déversant dans la lampe), soit une stratégie de visualisation du résultat (en se représentant la lampe cible allumée). Dans la seconde des conditions, les expérimentateurs enregistrèrent des scores significatifs ($p < 0,01$, bilatéral).

Plus tard, Morris et ses collaborateurs renouvelèrent leur expérimentation, mais cette fois en répartissant les sujets en deux catégories – celle des « néophytes » et celle des « chevronnés » – selon qu'ils avaient ou non suivi par le passé un cours de « développement mental ». Une analyse de variance révéla que les scores enregistrés dans les deux stratégies accusaient une différence significative ($p < 0,05$), les sujets ayant reçu pour directive de visualiser le résultat marquant au-dessus de la moyenne probabiliste, et les sujets ayant reçu pour directive de visualiser le processus opératoire marquant au-dessous de cette moyenne.

Levi (1979) a lui aussi comparé l'impact différentiel des deux stratégies de visualisation dans une épreuve de psychokinèse. Les sujets devaient s'efforcer de produire des grands nombres en influençant un générateur de valeurs aléatoires utilisées comme incréments numériques. Les sujets étaient répartis en trois groupes. Le premier groupe avait reçu pour directives de se représenter visuellement le processus par lequel les impulsions électriques activaient la lampe. Le deuxième devait visualiser la lampe allumée. On faisait écouter aux sujets du troisième groupe – le groupe de contrôle –, et pendant l'épreuve même, une bande magnétique comportant des discussions sur divers sujets « peu évocateurs d'images », afin d'atténuer leur activité eidétique spontanée. Les sujets étaient placés dans des conditions expérimentales variables : on les renseignait ou non sur leurs performances, en leur fournissant un feed-back au coup par coup, et on leur demandait ou non de presser eux-mêmes la touche commandant au générateur de produire des nombres aléatoires (quand on leur demandait de ne pas le faire, c'était l'expérimentateur qui actionnait le générateur).

Les résultats d'ensemble de cette expérimentation peuvent se résumer de la façon suivante : le feed-back semble bien faciliter l'activité eidétique des sujets ayant reçu pour instruction de visualiser le résultat, et inhiber celle des sujets ayant reçu pour instruction de visualiser le processus lui-même. Tout se passe donc chez ces derniers comme si le fait d'être renseignés au coup par coup sur leurs performances augmentait leurs efforts de cognition.

Représentation passive et représentation active

Palmer et Lieberman (1975) ont étudié l'incidence que pouvaient avoir sur l'activité psi les instructions expérimentales selon qu'elles engageaient les sujets à user d'une stratégie de représentation mentale passive ou active. On demandait aux sujets soit de projeter activement leur activité consciente sur une cible cachée et de se représenter cette cible de façon détaillée, soit de laisser passivement affleurer à leur conscience les impressions liées à cette cible. Aucune différence significative ne fut enregistrée d'une condition expérimentale à l'autre, mais certains sujets du groupe passif déclarèrent ensuite avoir fait une expérience de projection, alors qu'au contraire certains sujets du groupe actif déclarèrent ne pas en avoir fait.

Représentation visuelle et représentation auditive

Dans leur grande majorité, les études axées sur la représentation mentale n'ont tenu compte que de l'aspect purement visuel de ce processus. À cet égard, les travaux de Kesner et Morris (1978) font figure d'exception. Ils comparèrent les deux modes de représentation, visuel et auditif de la façon suivante : les sujets recevaient pour directives de se détendre, puis d'écouter une musique de disque qu'on leur ferait entendre une semaine plus tard, ils devaient aussi visualiser la pochette du disque, qui ne leur serait dévoilée qu'ultérieurement. Après avoir consigné les expériences visuelles et acoustiques rapportées par leurs sujets, les expérimentateurs demandèrent à un juge impartial, ne sachant rien de l'étude en cours, de classer les disques en fonction des analogies plus ou moins accusées qu'ils présentaient avec les réponses fournies. Le résultat est troublant : les descriptions exclusivement visuelles ou exclusivement auditives faites par les sujets ne suffisaient pas à les écarter de la moyenne probabiliste, ni même à les différencier d'un cas à l'autre. En revanche, la combinaison des informations visuelles et auditives donnait des résultats extrêmement brillants ($p < 0,02$, bilatéral).

Les situations propices à la représentation mentale

Nous devons à Dale, Taves et Murphy (1944) le compte rendu d'un des tout premiers travaux de cette veine.

Ils conçurent une série de tests de perception extrasensorielle fondés sur le choix forcé, durant lesquels les sujets devaient contempler « un champ visuel non structuré » : une boule de cristal ou des points lumineux distribués sur une surface uniforme, par exemple. Ou encore, écouter la rumeur émise par une conque marine. Aucun résultat significatif ne se dégagea de cette série de tests.

Le rêve propice à la représentation psi?

Depuis longtemps, l'intérêt des parapsychologues est attiré par cette hypothèse : l'information psi apparaîtrait dans les processus oniriques de façon déterminante. Van de Castle (1977) a tenté de faire le point sur cette question.

On a souvent prêté à certaines drogues psychédéliques (telles que l'acide lysergique diéthylamide ou la psilocybine) le pouvoir d'induire chez l'individu un état caractérisé par une intense activité de représentation mentale (Masters & Houston, 1966).

Mais les restrictions apportées depuis quelques années par le législateur à la consommation des hallucinogènes a porté un brutal coup d'arrêt à ce type de recherche.

Manipulation de l'environnement

Depuis quelque temps, ce sont les techniques dites « ganzfeld », auxquelles on prête le pouvoir de plonger le sujet dans des situations expérimentales particulièrement propices à l'activité psi, qui semblent prendre le pas sur les autres. La première en date de ces techniques de manipulation de l'environnement a été introduite en parapsychologie par Honorton et Harper (1974). Le but recherché consiste à fournir au sujet des perceptions afférentes relativement homogènes. En l'occurrence, Honorton et Harper coiffaient leurs sujets d'un casque d'écoute diffusant un son neutre et lui recouvraient les cavités orbitaires de deux demi-balles de ping-pong laissant filtrer une lumière uniforme à travers la totalité de son champ visuel. Ensuite, le sujet était invité à se détendre et à se représenter mentalement, avec le plus possible de détails, une cible cachée qu'il devait s'efforcer d'identifier. La procédure était fondée sur la libre réponse. Nombre d'expérimentations de ce genre ont fourni des résultats significatifs (Blackmore, 1980).

Sargent (1980) avança l'hypothèse que les procédures ganzfeld favorisent les réponses « indifférenciées » ou « substitutives » (quand par exemple un sujet à prédominance visuelle fait appel à des représentations auditives), et que les réponses de ce type sont vraisemblablement des véhicules mieux appropriés à la médiatisation de la psi. S'il en était ainsi, on devrait donc s'attendre à ce que la psi accuse une tendance plus nette à s'associer aux représentations visuelles, étant donné que la faculté de représentation auditive semble nettement plus répandue dans la population générale (Mintz & Alpert, 1972).

Psi et relaxation

Nombreux sont les expérimentateurs qui plongent leurs sujets dans un état de relaxation profonde avant de leur demander de se représenter mentalement un tableau cible qu'ils ne peuvent percevoir visuellement. Ce type de procédure a donné des résultats impressionnants. Honorton (1977) a également fait le bilan critique de ces études faisant appel à la relaxation.

Psi et voyage hors du corps

Tout un ensemble de résultats expérimentaux donne à penser que les voyages hors du corps activent la fonction psi (Alvarado, 1982); certains chercheurs supposent que l'expérience vécue lors de ces voyages relève effectivement d'un état d'intense représentation visuelle. S'il en est ainsi, on peut donc supposer que les familiers de ces expériences sont davantage enclins à exploiter leur capacité de visualisation en images que les individus étrangers à ces mêmes expériences. Or, une expérimentation due à Irwin (1980) semble démontrer que tel n'est pas le cas. Après avoir soumis aux tests de Marks (1973) et de Paivio (1971) des sujets affirmant avoir vécu des expériences hors du corps, Irwin observa que leurs scores de visualisation étaient nettement *inférieurs* à la moyenne générale ($p < 0,05$, unilatéral).

On ne peut donc établir de parallèle entre l'intensité de l'activité eidétique observée lors des voyages hors du corps et l'aptitude individuelle à visualiser. Autrement dit, si les expériences hors du corps s'accompagnent réellement d'une intense représentation visuelle, l'activité eidétique normale des individus familiers de ces expériences semble considérablement plus modeste.

Psi et modifications de la cible

Les études dont nous allons parler dans cette rubrique se proposaient toutes d'influencer le score psi en modifiant les caractéristiques eidétiques du matériel cible.

La première des études consistant à faire systématiquement varier le pouvoir évocateur de mots pris pour cibles psi est due à Morrison (1979). Tous recrutés pour leurs aptitudes artistiques visuelles, ses sujets étaient soumis, pour commencer à une relaxation. Puis ils devaient s'acquitter de plusieurs épreuves consistant à deviner un mot cible qu'on leur cachait. À chaque tentative, le sujet essayait d'identifier la cible en libre réponse. Ensuite, on lui présentait trois mots, parmi lesquels figurait le mot cible qu'il devait s'efforcer de deviner en procédant cette fois par choix forcé, les mots cibles étaient classés en trois catégories – forts, moyens et faibles – selon leur pouvoir plus ou moins prononcé d'évoquer des images. En raison de la « nature informelle du test », les résultats ne firent l'objet d'aucune évaluation statistique. Cependant, pour ce qui concerne l'épreuve en choix forcé (dans laquelle l'espérance était de 33,3 %), les résultats enregistrés pour les trois catégories de mots cibles présentent une certaine pertinence : 39 % pour les mots à fort pouvoir évocateur; 27 % pour les mots à moyen pouvoir évocateur; 35 % pour les mots à faible pouvoir évocateur.

En émettant toutes les réserves d'usage sur des conclusions hâtives, on peut quand même reconnaître que les mots fortement chargés et ceux qui sont particulièrement pauvres en pouvoir évocateur semblent attirer la psi.

Pour leur part, Kanthamani et Rao (1979) ont recouru à deux ensembles de mots cibles lors d'un double test de clairvoyance et de précognition en choix forcé. Chacun des mots était classé selon trois dimensions : le pouvoir évocateur, la tangibilité et la signifiance. Aucune relation significative ne put être établie entre les scores psi et l'une ou l'autre de ces variables.

La pratique de la représentation mentale

White (1964) a souligné le rôle essentiel que peut prendre, dans le développement de l'activité psi, la pratique régulière de la représentation mentale. Il fait observer que nombre de sujets particulièrement doués cultivaient « religieusement » en eux cette faculté de représentation par des exercices quotidiens.

Ryzl (1962) a été le premier à concevoir un programme intensif de développement de la psi associant les images mentales. Sa méthode consistait à plonger ses élèves dans un état de transe hypnotique et, après les avoir suggestionnés pour provoquer une inhibition de leur activité motrice, à induire en eux des hallucinations auditives, auxquelles il substitua plus tard des hallucinations visuelles :

> « Au début, nous suggérions au sujet la vision d'objets qu'il connaissait bien. Ensuite, nous lui suggérions celle d'objets qui lui étaient moins familiers, voire d'objets inexistants. Nous prenions soin de doser progressivement ces hallucinations visuelles, en commençant par suggérer des objets complexes et polychromes, pour finir par des scènes complètes. Les tableaux visualisés sous l'influence de la suggestion doivent être pour le moins clairs et distincts, comme dans la perception visuelle normale, de sorte que le sujet doit pouvoir les inclure en entier dans son champ de vision pendant une durée indéterminée, mais toujours sous le contrôle de l'hypnotiseur. Car à tout instant il [le sujet] doit pouvoir passer d'un tableau à un autre quand l'expérimentateur le lui suggère » (pp. 240-241).

À partir du moment où le sujet était en mesure de maîtriser cette technique, on lui demandait de se représenter, sous forme d'impressions visuelles, des cibles cachées par les expérimentateurs. Une suggestion sous hypnose l'aidait à visualiser plus nettement l'image de ces cibles. La méthode de Ryzl connut une grande notoriété, grâce aux performances exceptionnelles d'un élève vedette, Pavel Stepanek, ce qui en soi commande une certaine circonspection à l'égard des vertus prêtées à la technique elle-même. En effet, Stepanek obtint des résultats spectaculaires dès la première séance : ses aptitudes n'étaient donc pas le fruit d'un apprentissage (Pratt, 1973). Par ailleurs, aucun des autres élèves de Ryzl ne réalisa jamais de performances notoires. Enfin, tous les essais ultérieurs de vérification de cette technique par d'autres expérimentateurs (Beloff & Mandleberg, 1966; Haddox, 1966; Stephenson, 1965) se sont soldés par des échecs. Précisons un détail important : les procédures utilisées par ces différents auteurs s'écartaient pour la plupart considérablement de la technique originale de Ryzl (Honorton & Krippner, 1969).

Dans ce domaine de recherche – l'étude de l'influence exercée sur la psi par la représentation mentale –, Robert Morris demeure sans conteste celui qui aura tenté le plus d'expérimentations. La première des études auxquelles il a prêté son nom (Mockenhaupt, Robblee, Neville & Morris, 1977) consistait en une épreuve G.E.S.P. en libre réponse, avec feed-back fourni au sujet (unique) au coup par coup, et renouvelée en moyenne deux fois par semaine durant quatre mois. Ce feed-back devait renseigner le sujet de façon plus pertinente sur les aspects de son activité eidétique induite en psi. Les données expérimentales étaient ordinairement collectées le lundi et le mardi de chaque semaine, puis examinées par un juge extérieur à l'expérimentation. Ce dernier remarqua que les résultats du lundi étaient légèrement inférieurs à la moyenne probabiliste alors que ceux du mardi étaient *nettement* supérieurs à cette moyenne ($p < 0,05$, bilatéral). Mais aucune amélioration du score imputable à une pratique répétée sur plusieurs mois ne fut relevée.

Lors d'une autre étude faisant appel à la représentation mentale, Morris et Bailey (1979) imposèrent à leurs sujets cinq séances hebdomadaires. Chaque séance débutait par une procédure de relaxation progressive. Ensuite, on donnait aux sujets des instructions qui les engageaient à se vider l'esprit et à générer des images mentales se rapportant à un tableau cible qu'ils ne pouvaient percevoir visuellement. Après quoi, on leur montrait deux tableaux (l'un d'eux étant la cible), entre lesquels ils devaient choisir. Enfin, on les renseignait sur la pertinence ou la non-pertinence de leur choix. Après la deuxième séance, les sujets furent départagés en deux groupes d'égale importance : on demanda aux uns de s'astreindre à un exercice quotidien de visualisation, et on assigna aux autres un exercice de concentration mentale excluant toute visualisation. L'étude ne fournit pas de résultats d'ensemble vraiment remarquables. De plus, aucune amélioration significative des scores ne fut observée d'une séance à l'autre.

Morris et Hornaday (1981) publièrent ensuite le compte rendu d'une étude dans laquelle les sujets étaient soumis à une séance de tests psi comportant une épreuve de psychokinèse (il s'agissait d'influencer l'allumage d'une lampe). On leur demandait ensuite de consacrer chaque jour, et pendant huit jours consécutifs, un peu de temps pour se représenter eux-mêmes en train de s'acquitter avec succès de cette même épreuve. Une autre séance de tests de laboratoire eut lieu la semaine suivante. Les résultats furent plutôt décevants. Scores fades, écarts médiocres d'une séance à l'autre.

Aucune de ces études se proposant d'accroître par la pratique la capacité de représentation mentale des sujets n'a tenté de vérifier si les procédures d'apprentissage provoquaient des changements quantitatifs dans les processus de représentation. Pourquoi l'apprentissage ne retentirait-il pas de façon significative sur l'activité eidétique? Auquel cas les résultats de ces études sont sans doute impropres à corroborer ou infirmer directement l'existence d'une hypothétique relation entre la représentation mentale et la psi.

Braud (1983) s'est servi de la méthode mise au point par George pour développer et évaluer la capacité de représentation mentale, dans une étude de pyschokinèse dont les épreuves, qui se déroulaient respectivement avant et après l'assimilation du programme d'apprentissage, consistaient à essayer d'influencer paranormalement un affichage numérique asservi à un générateur de valeurs aléatoires. En s'aidant de l'échelle d'évaluation du test de Gordon, Braud put constater que tous les scores de représentation visuelle avaient progressé de façon significative entre les périodes de préapprentissage et de postapprentissage ($p = 0{,}026$, bilatéral). Avant l'apprentissage, en effet, les scores P.K. ne s'écartaient pas sensiblement de la moyenne probabiliste, alors qu'après ils se révélaient nettement supérieurs ($p = 3{,}66 \times 10^{-6}$, bilatéral). Ils avaient donc été considérablement accrus ($p = 0{,}0044$, bilatéral) ce qui suppose l'intervention possible d'un effet potentialisateur dû à la psi. Braud observa également une forte corrélation entre l'assiduité des sujets durant la phase d'apprentissage et l'amélioration des scores P.K. ($p < 0{,}02$, bilatéral).

Discussion

La suractivation des images mentales joue un rôle de premier plan dans l'ensemble des techniques communément considérées comme inductrices de l'activité psi (George, 1982 b). Quant à savoir quel mode d'apprentissage est le plus propre à provoquer cette activation, il faudrait pour cela que nous disposions de bilans de recherche un peu moins confus.

Certes, les comptes rendus des expérimentations conduites avec des sujets manifestement doués pour la perception extrasensorielle, ou encore les données fournies par l'étude des cas spontanés, semblent témoigner de l'importance prise par l'alacrité de la représentation en images dans la manifestation de la psi. Mais d'autre part les expérimentations parapsychologiques conçues pour mesurer les différences individuelles d'activité eidétique, ou pour influencer cette activité par des directives appropriées, n'ont livré jusqu'ici que des résultats inconsistants (George, 1981).

Tout semble également indiquer qu'en prédisposant les sujets, par des exercices adéquats, à évoquer des images mentales, on améliore le score E.S.P. Mais, là encore, l'expérimentation de laboratoire ne fournit guère que des bilans inconsistants (George, 1981). Pourtant, certains champs de recherche nous livreraient probablement des données de première importance si on les exploitait adéquatement. Mais c'est à peine si les chercheurs en parapsychologie ont porté intérêt à ces gisements. Par exemple, nul ne semble encore s'être soucié de la relation qui unit la fonction psi au pouvoir d'évocation eidétique du matériel cible, alors qu'en faisant systématiquement varier ce dernier facteur on pourrait vraisemblablement répondre à la question de savoir s'il influence ou non le score E.S.P.

Cette situation frustrante à laquelle sont confrontés les parapsychologues dont les recherches sont axées sur la représentation mentale n'est pas sans rappeler celle de leurs confrères qui travaillent sur l'hypnose. Depuis des années, les études se proposant d'objectiver la relation entre la richesse de l'activité de visualisation (mesurée sur une feuille de questionnaire remplie au crayon) et la prédisposition à la transe hypnotique, ont livré des résultats inconsistants (Spanos & Radtke, 1981-1982).

Le questionnaire de Betts, plus ou moins remanié, a servi à ces études destinées à évaluer l'intensité de la représentation mentale. Quatre d'entre elles ont établi des corrélations significatives, chez les hommes comme chez les femmes, entre richesse de visualisation et prédisposition à l'hypnose. Deux autres (Diamond & Taft, 1975; J. R. Hilgard, 1970), ont confirmé de très nettes corrélations chez les femmes. Une autre étude encore (Spanos, Valois, Ham & Ham, 1973), réalisée avec des sujets exclusivement féminins, a fourni des résultats tout à fait semblables!

Enfin, trois études de même nature (Perry, 1973; Spanos, McPeake & Churchill, 1976; Morgan & Lam, 1969) n'ont donné aucune corrélation ni chez les hommes ni chez les femmes, entre le degré de visualisation et la prédisposition à l'hypnose.

Pourquoi tant d'inconsistance dans les résultats expérimentaux? À vrai dire, on n'en sait trop rien. Convient-il d'imputer ces contradictions au fait que les différents expérimentateurs ne s'aident pas des mêmes instruments de mesure pour quantifier les deux variables? Les spécificités culturelles des groupes sociaux dans lesquels les sujets sont recrutés ont-elles une influence sur les résultats? L'échantillonnage, souvent restreint, est-il représentatif? Traduit-il la prédisposition à l'hypnose de la population générale? D'autres encore ont remis en question la validité instrumentale de l'échelle de Betts : les évaluations fournies par cette échelle seraient faussées par certains facteurs comme le besoin de conformation aux normes socioculturelles dominantes ou l'environnement expérimental.

L'inconsistance de ces données procède peut-être d'une cause plus profonde, liée à l'idée même que nous nous faisons des phénomènes paranormaux, de l'hypnose, et aussi de la représentation mentale. Pendant des années, les progrès de la recherche sur la relation de l'hypnose à la psi ont été contrariés par la fraude et l'absence de rigueur.

Certains chercheurs ont fait valoir que le mot « hypnose », – du grec *hypnos*, le sommeil – est en soi, parfaitement impropre. Au sens où nous l'entendons aujourd'hui, l'hypnose a peu de chose en commun avec le sommeil; en revanche, elle englobe divers phénomènes tels que la création d'images induites par suggestion, la mise en situation psychique, la production d'effets résultant des attentes interpersonnelles et la formulation de réponses à des stimuli imperceptibles de nature non verbale. De la même façon, il se pourrait fort bien que ce que nous appelons « perception extrasensorielle » n'ait strictement rien d'« extrasensoriel ». Que le phénomène consiste plutôt en une conjugaison de perceptions hypersensorielles, d'effets indécelables dérivant des attentes interpersonnelles et de phénomènes de champ dont nous ne savons à peu près rien encore. Sans parler de la visualisation mentale, que nous avons longtemps conçue comme une simple transposition psychique du modèle photographique. C'est assez dire que ce modèle d'interprétation aurait grand besoin d'être rajeuni. Quant à savoir si la visualisation en images représente une constante, un état, un don ou un mode d'expression, bien malin qui pourrait trancher.

Compte tenu de ces obscurités, il est déjà surprenant que les chercheurs aient réussi à donner une certaine consistance à la relation entre représentation mentale et structures aussi peu cohérentes que l'hypnose et la psi.

Zlokazov, Pushkin et Shevchik (1982) ont proposé de rendre compte des mécanismes de la psi en les incluant dans le cadre d'interprétation purement physique que nous fournit le modèle analogique de l'hologramme. Cette interprétation théorique a pour centre le concept de *forme* et sous-entend implicitement que les formes sont dotées d'une « structure matérielle définie » qui les rend accessibles à l'« étude scientifique concrète » (p. 13).

Autrement dit, les formes se différencient de la substance. Nous pouvons classifier ces formes selon qu'elles sont celles d'objets inanimés, d'objets animés, ou qu'elles sont le support d'images mentalement perceptibles. On peut alors imaginer que le cerveau crée des structures de champ correspondant à ces trois catégories de la forme. Ce qui expliquerait pourquoi les images perceptuelles nous apparaissent comme des images réelles : comparables à certaines structures de champ, elles représentent des formes dépourvues de substance. À l'appui de cette interprétation théorique, ses auteurs fournissent un certain nombre de données d'observation. En revanche, ils ne nous renseignent guère sur les mécanismes précis par lesquels le transfert holographique de l'information se rapportant aux formes donne à ces mêmes formes le pouvoir de transcender nos modèles spatio-temporels ou énergétiques ordinaires.

On le voit, les sciences du comportement ont aujourd'hui compris toute l'importance de l'activité eidétique (Ahsen, 1968; Wolpin, 1982-1983). Désormais, la curiosité des chercheurs impatients d'en savoir davantage sur la représentation mentale ou sur la psi leur ont fait prendre aux uns et aux autres la pleine mesure des obstacles qui restent à surmonter. Espérons que ces obstacles ne seront pas insurmontables.

Chapitre 8

Les guérisons paranormales

Commençons par définir ce qu'on appelle communément le pouvoir des guérisseurs. C'est celui de traiter la maladie sans recourir à un agent thérapeutique connu. Ce pouvoir curatif est indifféremment qualifié de psychique, de spirituel, de shamanique, d'invocatoire, de miraculeux, de paranormal. De lui relève aussi l'imposition des mains. Bref, l'expression recouvre toute une gamme de pratiques et de techniques spécifiques dont les plus connues consistent à promener les mains sur le corps du malade, à invoquer l'aide ou l'intercession de guides spirituels ou d'ancêtres défunts, à prier Dieu ou ses saints, à administrer des médecines réputées magiques ou bénéfiques, ou encore à exorciser le mal par la concentration mentale. Certains lieux saints – la grotte de Lourdes, en France, la basilique Sainte-Anne de Beaupré, au Québec – passent pour procurer les mêmes bénéfices thérapeutiques aux croyants qui les visitent. Krippner (1980) a établi un répertoire typologique de ces pratiques multiples, qu'il répartit en cinq catégories. Le répertoire peut servir de guide de recherche et de base de discussion.

Des recettes de guérison par les pouvoirs de l'esprit nous sont rapportées, depuis l'origine des temps, dans toutes les sociétés humaines. On peut considérer comme paranormale toute thérapeuthique dont les effets curatifs se manifestent de façon anormalement rapide ou complète, ou qui semble résulter d'une intercession divine, d'un pèlerinage à quelque lieu saint, des soins prodigués par un guérisseur, un sorcier, ou encore de l'intervention d'une entité spirituelle. Ainsi, est paranormale toute guérison survenue sans qu'on ait recouru à un acte thérapeutique classique ou à une médication physico-chimique quelconque. Pour bien des gens, cette définition recouvre encore des cas de guérison très proches des précédents, quand par exemple un diagnostic est posé ou un traitement prescrit à distance par un intermédiaire de nature paranormale, un message psychique ou médiumnique, par exemple. D'une façon générale, nous considérerons les cas de ce genre comme des manifestations probables de perception extrasensorielle et réserverons l'appellation de guérison mentale aux cas où la restauration de la santé semble due à un *traitement* hétérodoxe de nature ostensiblement paranormale.

Les premières tentatives d'interprétation de la guérison mentale procèdent essentiellement de l'observation directe. Goddard (1899), par exemple, a enquêté sur de nombreux cas de guérisons de ce genre, particulièrement nombreux en Amérique du Nord au tournant de ce siècle. Ils sont dus, pour la plupart, à Mary Baker Eddy et au mouvement de la Science chrétienne. Goddard a dressé un répertoire complet des effets thérapeuthiques observés chez des malades traités dans des centres qui se qualifiaient eux-mêmes de « foyers de la guérison divine » ou de « foyers de la guérison par la Science chrétienne »; il a établi un parallèle entre ces pratiques et l'hypnothérapie de Berheim, de Esdaile ou de certains autres. Son étude, regroupant quantité de cas cliniques, fait état des antécédents pathologiques des patients.

Les pourcentages de guérison nous sont livrés par le menu. Cette étude souligne le rôle probable de l'esprit dans l'étiologie et le traitement de la maladie. Il en conclut que les thérapeuthiques psychiques, plus particulièrement la pratique par les malades d'une « science mentale » telle que la Science chrétienne, ont le pouvoir « de soulager bien des maux devant lesquels le praticien ordinaire demeure impuissant, voire de reculer pour beaucoup de gens l'échéance de la mort, et de maintenir en bonne santé d'innombrables êtres humains » (p. 499). Goddard s'empresse d'ailleurs d'ajouter qu'à ses yeux il n'est rien dans ces guérisons qu'on puisse attribuer à des pouvoirs occultes, et qu'il convient plutôt de les imputer à « la loi de suggestion [...] selon laquelle toute idée qui prend possession de l'esprit a tendance à se matérialiser dans le corps : (p. 500). Pour Goddard, la principale vertu thérapeutique des cures mentales serait due à l'hypnose, qu'il considérait comme le plus parfait des instruments de suggestion (voir aussi Mason, 1953).

Plus récemment, un psychiatre anglais, L. Rose (1955), a enquêté sur quatre-vingt-quinze cas de guérison plausiblement attestés, tous dus à divers guérisseurs « spirituels » établis en Grande-Bretagne. La plupart d'entre eux soignaient à distance. Les malades dont il rapporte les cas n'avaient jamais eu de contact direct avec le guérisseur, si ce n'est parfois à l'occasion d'une apparition publique de ce dernier. Presque toujours, l'interrelation s'était bornée à un échange de lettres. Éliminant de son enquête les cas de guérison de troubles fonctionnels, Rose ne prit en considération que les malades guéris de désordres organiques diagnostiqués de façon indiscutable et attestés par un solide dossier médical. Ce premier critère l'amena à éliminer dès le départ cinquante-huit cas reposant sur des données insuffisamment consistantes. Il constata ensuite que les effets thérapeutiques rapportés dans les cas de guérison définitivement sélectionnés – vingt-deux au total – étaient si disparates qu'il devenait inutile de poursuivre l'enquête. En fait, la présomption d'une amélioration de la condition organique après traitement par le guérisseur pouvait être indiscutablement établie sur dossier médical dans deux cas (celui d'une cataracte et celui d'un cancer du larynx). Dans un autre cas, l'incapacité provoquée par le désordre organique (une hernie) avait totalement disparu après « quatre ou cinq » séances de traitement direct. Sept autres cas témoignaient d'une amélioration purement fonctionnelle (les troubles organiques, eux, n'avaient pas rétrocédé), amélioration apparemment durable chez certains malades, mais suivie d'une rechute chez d'autres. Dans quatre cas encore, l'amélioration observée était très nette, mais les malades recouraient simultanément à des thérapeutiques médicales orthodoxes, ce qui interdisait ipso facto d'attribuer le mieux-être organique aux pouvoirs du guérisseur. Dans un cas enfin – celui d'un petit garçon de neuf ans atteint de dystrophie musculaire progressive –, le mal, selon le médecin de famille, semblait au contraire s'être aggravé après traitement psychique.

Un autre chercheur (Strauch, 1963) a entrepris une enquête de même nature, mais plus rigoureusement conduite, en s'entourant de la collaboration de deux médecins qui procédaient à un bilan clinique complet des malades avant et après traitement par un guérisseur allemand, Kurt Trampler. Sur deux cent quarante-sept patients examinés dans ces conditions, vingt-six (soit 11 %) témoignaient d'une amélioration, temporaire ou permanente, plus prononcée que ne l'aurait laissé prévoir l'évolution clinique normale de la maladie dont ils étaient atteints. Chez trente-quatre autres patients (soit 14 %), on observait le phénomène inverse (amélioration moins prononcée que ne le laissait espérer l'évolution clinique). En outre, une amélioration « plus nette que celle qu'on attendait » était plus souvent observée dans les désordres fonctionnels (16 % des cas) que dans les désordres organiques (8 %); lesquels, pour la plupart, révélaient une tendance contraire (amélioration « moins nette que celle qu'on attendait »). Un autre chercheur (Fitzherbert, 1971) rapporte un cas inexpliqué de croissance osseuse consécutive à l'intervention d'un guérisseur.

Si la littérature anthropologique fait état d'innombrables observations se rapportant aux pratiques des guérisseurs exerçant leur art sous toutes les latitudes, rares sont celles qui font véritablement le bilan thérapeutique rigoureux de ces pratiques. À cet égard, une récente étude de Finkler (1980-1981), spécifiquement axée sur les résultats du traitement dans ses rapports avec certaines variables culturelles, fait figure d'exception. Enquêtant dans une communauté rurale du Mexique, Finkler a procédé par interviews répétitives pour étudier l'évolution des phénomènes de guérison chez des malades qui se soignaient psychiquement en cherchant secours à leurs maux dans un temple spirite. Les réactions au traitement étaient évaluées par Finkler à l'aide du *Cornell Medical Index*, dont les cent quatre-vingt-quinze rubriques (sous forme de questions auxquelles la personne interrogée doit répondre par oui ou non) ont été conçues pour apprécier le degré d'évolution d'une affection pathologique. Les malades étaient interviewés une première fois alors même qu'ils se soignaient. Ensuite, Finkler les interrogeait de nouveau à deux reprises, approximativement deux semaines et cinq semaines plus tard. Il put ainsi constater que dans 25 % des cas environ le traitement se révélait efficace, et dans 36 % des cas inefficace. Le plus souvent, les maladies guéries consistaient en diarrhées banales, en troubles gynécologiques bénins, en syndromes à retentissement somatique ou en désordres psychiatriques mineurs. En revanche, les désordres psychotiques se révélaient particulièrement rebelles au traitement, comme ils le sont, d'ailleurs, aux cures psychiatriques classiques. Finkler attribue ces succès thérapeutiques à la « manipulation symbolique »; autrement dit à des réponses résultant du conditionnement culturel exprimées à travers des symboles culturellement déterminés.

Les données recueillies par Finkler incitent à penser que cette pratique spirite se montre au moins aussi efficace que la psychiatrie ou la psychothérapie pour réduire la pathogénie, restituer au malade ses aptitudes comportementales et chasser de son esprit le sentiment d'être diminué par la maladie.

Vers la fin des années soixante, une autre série d'études a été réalisée par un groupe de guérisseurs dans un « sanctuaire de guérison » londonien. Le compte rendu de cette étude, dressé par Turner (1969) dans un manuscrit non publié, n'accorde guère de place aux antécédents médicaux des malades traités et apporte peu de précisions sur le résultat du traitement lui-même. Mais il a un intérêt capital : il passe en revue quelques-uns des problèmes que soulève le succès ou l'échec des thérapeutiques psychiques. Dans ce même manuscrit, Turner (1969) a également compilé les résultats d'une enquête rendant compte des impressions ressenties pendant les séances de traitement à distance par plusieurs centaines de sujets. Dans leur grande majorité, les malades guéris rapportaient qu'au moment même où ils savaient qu'on les traitait « en leur absencc », ils éprouvaient des sensations de chaleur, de froid ou de picotement. Ceux qui déclaraient n'avoir « rien ressenti », constata Turner, étaient pour la plupart atteints d'une forme quelconque de névrose. Dans d'autres expérimentations, Turner interposa lors des séances des plaques photographiques entre les mains du guérisseur et le malade. Dans cinquante-sept cas (sur quatre-vingt-dix-sept), rapporte-t-il dans son compte rendu, les plaques avaient été impressionnées par des dessins de « radiations ». D'autres tests furent encore entrepris pour étudier l'effet produit sur des fleurs coupées, sur la croissance d'un semis de graines, sur des vaches infestées et sur des femmes enceintes. Ces différents tests révélèrent tous, à un degré plus ou moins prononcé, un effet positif. Une étude ultérieure, toujours due au même groupe de guérisseurs londoniens, se proposa d'expérimenter sur les malades apparemment rebelles à la thérapeutique psychique (ceux sur lesquels le traitement initial à distance n'avait fait semblait-il aucun effet). Douze malades relevant de cette catégorie envoyèrent leur photo aux guérisseurs. Ils acceptèrent de lire le vingt-troisième psaume et de regarder une image représentant une scène champêtre pendant les séances de « traitement en leur absence », dont l'heure avait été arrêtée à l'avance. De leur côté, les guérisseurs se concentraient eux aussi sur les mêmes activités (lecture du psaume et contemplation du paysage champêtre) immédiatement avant les séances de traitement. Ce n'est qu'après avoir fait appel à ces adjuvants télépathiques qu'ils traitaient le malade à distance, en concentrant leur attention sur sa photo. Sur les douze sujets sélectionnés, onze réagirent (et, dans deux cas, de façon spectaculaire) à ces procédures thérapeutiques. L'expérience fut renouvelée avec douze autres « rebelles », mais cette fois les guérisseurs ne leur communiquèrent pas l'horaire des séances. Deux malades seulement montrèrent une amélioration sensible de leur état; l'un et l'autre affirmèrent avoir « senti » le traitement agir sur leur organisme au moment précis où, à distance, le guérisseur leur envoyait un « message thérapeutique ». Ces différentes observations manquent malheureusement trop de rigueur et de précision pour que nous puissions les considérer comme des bilans expérimentaux. Les résultats qu'elles rapportent autorisent les interprétations les plus diverses et nous en apprennent bien peu sur l'efficacité des traitements spécifiques mis en œuvre. Elles soulignent toutefois l'importance de la collaboration du sujet dans le processus de guérison, quelle que soit la thérapeutique choisie.

Le dépouillement des questionnaires utilisés lors d'une enquête conduite aux Pays-Bas par Attevelt (1981) a révélé que les traitements psychiques sont tout aussi capables d'opérer sur les troubles organiques que sur les troubles fonctionnels, si l'on en juge par les réponses des personnes interrogées. Au cours de cette enquête, qui s'est déroulée sur deux ans, Attevelt a recueilli les témoignages de trois mille patients. Tous avaient été traités par l'un des soixante-cinq guérisseurs en exercice inscrits à la Nederlandse Federatie van Paranormale en Natuurgenezers (N.F.P.N.). Les deux tiers des malades ayant répondu au questionnaire déclaraient avoir constaté une amélioration très nette après traitement (qu'ils aient été soignés pour une affection d'origine organique ou fonctionnelle, peu importe). Notons que les témoignages enregistrés n'étaient pas vérifiés par la consultation des dossiers médicaux. Attevelt releva une corrélation très nette entre les témoignages des malades et l'opinion du guérisseur sur leurs progrès thérapeutiques. En revanche, le sexe des malades et le nombre des séances de traitement n'exerçaient apparemment aucune influence sur la nature des réponses fournies.

Cette étude en recoupe étroitement une autre, réalisée elle aussi aux Pays-Bas à la même époque (1979-1980), mais à l'initiative du gouvernement cette fois, et qui était destinée à évaluer l'impact des médecines parallèles sur la société néerlandaise. Nommée à cet effet, la commission Muntendam (1981) dressa une nomenclature des pratiques considérées comme parallèles. Elle y inclut les traitements paranormaux (c'est-à-dire les thérapeutiques mentales telles que nous les avons définies au début de ce chapitre), au même titre que l'acupuncture, la naturothérapie, la médecine anthroposophique, l'homéopathie et la manipulation spinale. L'enquête révéla que les traitements psychiques (presque deux millions par an, chiffre fort élevé pour un pays aussi modeste) tenaient une part appréciable du marché paramédical. Bien que la commission ne dût pas se prononcer formellement sur l'efficacité des traitements, elle n'en conclut pas moins que les techniques des guérisseurs, considérées dans leur ensemble, remplissent une fonction manifestement bénéfique à la société. Elle faisait accessoirement valoir que le corps médical ressentait comme un signal d'alarme le succès croissant des médecines parallèles auprès du grand public. Ce qui n'a rien d'étonnant.

La commission établit également que ce qui décidait les patients à choisir telle ou telle thérapie hétérodoxe, ce n'était pas l'attrait que pouvait exercer sur eux la tradition philosophique de laquelle cette thérapie se recommandait. En revanche, il n'était pas exceptionnel qu'un traitement réussi transformât le patient en un converti.

De plus, le fait « d'y croire » ou « de ne pas y croire » ne semble guère influencer les chances de succès des thérapeutiques mentales, si l'on en juge par les témoignages des malades eux-mêmes. Haraldsson et Olafsson (1980), par exemple, ont réinterrogé, en Islande, des personnes ayant déjà été interviewées (en 1976) lors d'une première enquête portant sur un échantillonnage tiré au hasard; ces auteurs ont constaté que ceux qui affirmaient se sentir beaucoup mieux depuis qu'ils avaient requis le secours d'un guérisseur n'étaient pas nécessairement ceux qui, quelques années auparavant, avaient déclaré croire en l'efficacité des thérapeutiques mentales. Dans cette contre-enquête de Haraldsson et Olafsson, deux personnes questionnées sur trois estimaient que le traitement administré les avait considérablement soulagées, proportion qui recoupe à peu près les bilans de Attevelt (1981) aux Pays-Bas (55 % d'améliorations constatées par les malades) et de Turner (1969) en Grande-Bretagne (70 %).

Geddes (1981) fournit des pourcentages du même ordre au terme d'une enquête sur des cas de guérison obtenus par quatre groupes de guérisseurs appartenant à l'entourage de LeShan (1974) et utilisant le traitement « Type I ». Cette technique repose sur la méditation et ne requiert pas la présence physique du malade. Sur soixante-dix-neuf cas examinés, quarante-quatre témoignaient d'une accélération très nette des processus de guérison à partir du moment où le traitement avait été institué. Ces quatre groupes de guérisseurs avaient également traité cent vingt-sept autres patients, mais Geddes ne put recueillir aucune donnée consistante sur les résultats observés. Dans son compte rendu d'enquête, il insiste sur la circonspection qui s'impose quand on interprète des résultats fournis par des interlocuteurs ayant tendance à donner de « bonnes nouvelles ». Il n'en souligne pas moins les changements spirituels et affectifs qui se produisent, chez le malade *comme* chez le guérisseur, lors de l'échange thérapeutique. C'est là un aspect fort important du traitement psychique, et qui bien souvent passe inaperçu de l'enquêteur. L'interprétation des bilans d'enquête, conclut Geddes, risque donc à tout instant d'être faussée par excès d'optimisme ou par défaut de perspicacité.

Ces données ne nous garantissent pas que nous avons affaire à des phénomènes paranormaux. Rose (1955), par exemple, mentionne le cas d'un homme ayant soudain recouvré la vue de son œil gauche, alors qu'il était affligé de cécité depuis cinquante ans : il s'était fait traiter à distance par le célèbre guérisseur britannique Harry Edwards. Or, l'ophtalmologiste qui suivait cet homme ne sembla pas le moins du monde impressionné par cette guérison d'une lésion manifestement organique. « Il n'y a pas de miracle, écrivit-il à Rose. Il s'agissait là d'un cas de déplacement spontané du cristallin opacifié par une cataracte. Le cristallin avait pivoté vers l'arrière dans la chambre postérieure de l'œil. On traitait jadis cet accident qualifié de luxation ou de bascule par un exercice violent ou une secousse brutale, ce qu'on a souvent tendance à oublier dans les guérisons de ce genre, apparemment miraculeuses. Pour rare qu'il soit, ce phénomène est bien connu des cliniciens» (Rose, 1955, p. 112). Cependant, Rose se pose la question suivante: «Se peut-il que la suggestion ait guéri une cécité fonctionnelle consécutive à une luxation du cristallin, et que le malade ait recouvré la vue simplement parce qu'on l'avait encouragé à voir?» (p. 112).

Rose cite encore le cas d'un homme à qui on révéla, après une biopsie, qu'il était atteint d'un cancer du larynx requérant une intervention chirurgicale majeure. Après traitement direct (toujours par Harry Edwards), un second examen de laboratoire n'objectiva plus aucun processus cancéreux. «À mon opinion, écrit l'un des chirurgiens qui avait examiné le malade, c'est par une pure et heureuse coïncidence qu'on fit à cet homme un prélèvement destiné à une biopsie, et qu'il s'avéra que les tissus prélevés contenaient la totalité du carcinome» (Rose, 1955, p. 112). Et Rose d'ajouter le commentaire suivant:

> «J'ai eu connaissance d'un cas analogue à celui de Mr. R. B., avec cette différence que cette fois la guérison n'était pas attribuée à un traitement paranormal. En juin 1953, Mr. X.Y. fut examiné dans un hôpital. Il se plaignait depuis le mois de février précédent d'un enrouement intermittent. On localisa un nodule discret sur la partie gauche des cordes vocales. Après biopsie, le diagnostic fut formel: début de carcinome. Or, depuis cette date, l'état du malade n'a cessé de s'améliorer, au point que le 6 juin 1955 on le considérait comme totalement sain» (p. 112).

Des explications du même ordre ont été avancées pour rendre compte des guérisons observées à Lourdes, petite ville rendue célèbre par une source dont les eaux réputées miraculeuses ont attiré des millions d'êtres venus des quatre coins du monde. Un bureau médical y assure l'observation clinique des malades avant, durant et après le pèlerinage. Ensuite, l'Association des médecins de Lourdes et une Commission médicale internationale procèdent à d'autres examens de contrôle. Sur les mille deux cents cas de guérison répertoriés (chiffre de 1954), quarante-neuf avaient satisfait à tous les critères de vérification permettant à l'Église de les considérer comme miraculeux (Leuret, 1957). Toutefois, un enquêteur particulièrement scrupuleux (West, 1957) estimait qu'il était possible d'attribuer dix de ces cas à des causes non miraculeuses (effets placebo, suggestion, erreur de diagnostic ou nosographie inadéquate).

La science n'admet pas aisément les miracles. Le fait même que des facteurs comme ceux que nous venons d'énumérer puissent parfois rendre compte de la guérison impose la plus grande vigilance. Aussi convient-il d'éliminer toutes les explications possibles (lesquelles ne sont pas nécessairement plausibles) avant d'attribuer l'effet curatif à telle ou telle thérapeutique mentale. Pareille discrimination ne peut se faire qu'en laboratoire, étape naturelle complémentaire et indispensable sitôt que les données d'observation plaident en faveur d'une explication thérapeutique apparemment paranormale.

Observons les diverses caractéristiques des comptes rendus d'observation. Bien qu'ils ne « démontrent » pas en eux-mêmes l'efficacité des traitements psychiques, ces comptes rendus ont le mérite de soulever des hypothèses. La richesse des détails qu'ils rapportent attire l'attention sur certains adjuvants du processus de guérison. Et la description écrite de la régression d'une maladie après traitement par un guérisseur facilite la compréhension de cette maladie pour les praticiens qui l'ont traitée.

Mentionnons un exemple concret de cas de guérison qui se démarque nettement des autres, en ce sens que le malade appartenait à une catégorie d'individus qui d'ordinaire ne font pas appel aux guérisseurs [Barlow, Abel & Blanchard, 1977]. Depuis sa plus tendre enfance, John avait toujours considéré qu'il était de sexe féminin. Vers la fin de son adolescence, il présentait tous les caractères sexuels secondaires caractéristiques d'une jeune fille, y compris des proéminences mammaires bien développées. On l'avait depuis longtemps préparé à l'idée qu'une intervention sur ses organes génitaux ferait de lui une « vraie » femme. Tous les tests auxquels on l'avait périodiquement soumis dans une clinique qui le suivait s'étaient conjugués pour ne plus laisser aucune doute : John, ou plutôt « Judy » était bel et bien de sexe féminin. Quand vint le moment où l'on jugea opportun de le faire opérer, on le dirigea sur un service hospitalier spécialisé d'une autre ville américaine. Pour les médecins de la clinique, l'affaire était close. On referma donc le dossier. Plus d'un an s'écoula. Un jour, l'un des médecins de la clinique rencontra, par hasard, Judy dans un restaurant. Une Judy qui de toute évidence était, aujourd'hui un homme, et qui accepta bien volontiers de revenir à la clinique pour conter son histoire.

Peu avant la date prévue de l'opération, sur les conseils insistants d'un ami, Judy s'était décidée à consulter un autre docteur – un de plus; lequel, après examen complet, avait diagnostiqué un cas de « possession par les esprits du Mal ». Ensuite, le praticien avait entrepris une longue série d'exorcismes pour libérer John des vingt-deux démons qui le corrompaient. Dès lors, John avait renoncé à porter des vêtements de femme, s'était coupé court les cheveux et avait adopté un comportement masculin. Quelques semaines plus tard, le traitement avait été parachevé par un guérisseur mystique fort connu. John raconta aux médecins de la clinique qu'après la cérémonie thérapeutique incantatoire (durant laquelle il avait perdu connaissance) les derniers reliquats de la féminité de Judy – ses seins – avaient disparu à tout jamais.

Comme on peut le deviner, John fut de nouveau soumis à de multiples examens. Il apparut qu'il avait indubitablement recouvré toutes les caractéristiques de la masculinité, et de façon apparemment définitive : aucune régression ne fut observée durant les deux années suivant sa métamorphose. « Ce qui nous paraît important dans ce cas, notent les auteurs dans leur compte rendu, c'est que le changement de sexe ne peut être attribué à une quelconque procédure psychothérapeutique comportant un élément de suggestion ou de persuasion. Seul le comportement semble avoir été influencé dans ce cas » (Barlow, Abel & Blanchard, 1977, p. 394).

Les études expérimentales

Nous avons récapitulé au chapitre 5 ce que la recherche nous a appris des effets biologiques de la psychokinèse sur les êtres organisés. Nombre d'études de ce genre ont été réalisées. On demandait à des guérisseurs d'influencer, dans des conditions expérimentales strictement contrôlées, l'activité ou la croissance d'organismes vivants. Ces travaux ont révélé des effets significatifs sur les levures (Grad, 1965), les enzymes (Edge, 1980; Smith, 1968, 1972, 1977), et la *Salmonella typhurium* (Rubik & Rauscher, 1980). Kmetz (1980) et Snel (1980) ont également décrit des effets significatifs observés *in vitro* sur des cellules cancéreuses : mais il apparut plus tard que ces effets étaient peut-être dus à des artefacts.

Smith (1972) a tenté de reproduire une de ses expérimentations antérieures sur les effets de l'« imposition des mains » appliquée aux processus enzymatiques sans succès. À leur tour, Snel et Millar (1982) ont entrepris des travaux de même nature après avoir perfectionné les techniques de mesure utilisées par Smith. Pour cela, ils s'entourèrent de la collaboration de dix membres inscrits à l'une des principales associations néerlandaises de guérisseurs, de dix guérisseurs indépendants (des Hollandais également), et de vingt non-guérisseurs. Ils leurs demandèrent à tous d'influencer la croissance d'une enzyme partiellement désactivée (en l'occurrence, la trypsine). Seuls les guérisseurs indépendants influencèrent sensiblement les échantillons expérimentaux : ceux-ci montrèrent moins d'activité que les échantillons de contrôle. Pour leur part, MacDonald et ses collaborateurs n'ont observé aucun effet de stimulation sur la croissance de bactéries après traitement par un guérisseur, et Knowles (1954), qui est lui-même guérisseur, n'a obtenu aucun succès en essayant d'influencer le temps de coagulation et la vitesse de sédimentation du sang humain, pas plus qu'en s'efforçant d'accélérer la cicatrisation de brûlures tégumentaires.

Grad (1963, 1964), Loehr (1959) et Miller (1972) ont observé un développement vertical significatif chez des plantes arrosées avec une solution mentalement traitée par des guérisseurs. Harary (1975) et Knowles (1954), eux, n'ont observé aucun effet de cette nature lors d'études analogues; quant à MacDonald, avec ses collaborateurs (1976), il a obtenu, des résultats mitigés bien qu'il ait pratiqué l'expérience avec deux guérisseurs connus.

Les études résumées jusqu'ici reposaient sur le présupposé suivant : l'énergie mentale peut directement influencer des processus physiques. Or, il ne s'agit là que d'un aspect de l'activité des guérisseurs.

L'expérimentation sur l'animal

Bernard Grad, un chercheur de l'université McGill à Montréal, a été le premier à étudier expérimentalement l'action exercée par un guérisseur sur l'animal atteint d'une affection pathologique. Grad entreprit ses travaux avec la collaboration d'un unique guérisseur, Oskar Estebany : toute sa vie, il avait pratiqué sur des malades *l'imposition des mains.* C'est cette même technique que Grad lui demanda d'appliquer au laboratoire, mais sans toucher directement les animaux malades. Estebany devait simplement promener ses mains au-dessus de leurs cages. Il s'agissait en l'occurrence de souris chez lesquelles on avait provoqué un goitre en leur imposant un régime alimentaire sans iode et en leur administrant du thiouracil dissous dans de l'eau. Lors d'une première expérimentation (décrite par Grad en 1977), les souris – dix par cage – avaient été réparties en trois lots selon qu'elles étaient traitées par Estebany, qui tenait alors la cage entre ses mains, qu'elles étaient placées dans une cage chauffée par une résistance électrique, ou qu'elles ne recevaient aucun traitement. Ces conditions de laboratoire permirent à Grad de constater que le développement du goitre était sensiblement plus lent chez les souris traitées par le guérisseur que chez les souris des deux groupes de contrôle.

Pour éliminer toute possibilité de contact physique entre les mains d'Estebany et les animaux, Grad entreprit une seconde expérimentation, en demandant cette fois au guérisseur de ne traiter que des boules de coton hydrophile qui, deux fois par jour, étaient introduites dans les cages expérimentales. Des boules de coton de même nature, mais non traitées. étaient placées aux mêmes heures dans les cages des sujets de contrôle. Les résultats enregistrés vinrent confirmer les précédents : le goitre se développait plus lentement chez les animaux (indirectement) traités par Estebany. Avant de conduire une troisième expérimentation, Grad laissa passer plusieurs semaines afin de laisser évoluer les goitres. Ensuite, il répartit comme précédemment les souris en plusieurs groupes. Pendant la période de traitement, on administra à tous les sujets un régime alimentaire normal. Grad enregistra une réduction pondérale de la thyroïde chez tous les animaux indistinctement. Cependant, cette réduction se révéla beaucoup plus rapide chez les sujets traités par le guérisseur que chez les sujets du groupe de contrôle placés dans des cages chauffées.

Une autre étude, assortie d'un contrôle encore plus rigoureux, fut entreprise sur trois cents souris femelles, toujours selon les mêmes procédures (Grad et coll., 1961). Cette fois on réséqua chez tous les sujets un fragment d'épiderme dorsal. Après avoir mesuré la taille des plaies, on procéda par tirage au sort à la répartition des sujets en trois groupes. Puis on demanda à différentes personnes (des étudiants en médecine) de tenir entre leurs mains les cages contenant les sujets du second groupe (les cages chauffées), exactement comme le faisait le guérisseur. En outre, les cages avaient été placées dans des sacs de papier, de sorte que les traitements étaient administrés soit en introduisant les mains dans le sac (condition A), soit en prenant entre les mains le sac et son contenu (condition B). Les cages, contenant dix souris, étaient rangées sur trois rayonnages différents séparés les uns des autres, chaque rayonnage correspondant à l'une des trois conditions expérimentales. Les animaux étaient nourris par des aides ignorant tout de l'objet de l'étude. Les résultats furent probants : les animaux traités par Estebany accusèrent les quinzième et seizième jours une cicatrisation plus nette que ceux des deux groupes (confondus). Malheureusement, la disparité des écarts types ne permit pas la comparaison des données obtenues dans les deux conditions expérimentales A et B.

Bien que cette série de travaux ne laisse pas d'impressionner par la fiabilité de ses résultats, on ne peut en généraliser les conclusions : ils associaient invariablement deux mêmes personnes, Grad et Estebany.

Ailleurs, une autre équipe de chercheurs s'est proposé de vérifier l'influence que pouvait exercer la psychokinèse sur l'activité physiologique de la souris. Conscients de l'avantage psychologique que représentait le fait d'inviter des guérisseurs confirmés à exercer leurs talents naturels sur des organismes vivants, G. Watkins et A. Watkins (1971) ont mis au point une procédure par laquelle les sujets (les guérisseurs) devaient s'efforcer de disposer les effets d'une anesthésie administrée à la souris. Deux souris étaient simultanément anesthésiées à l'aide d'un même éthérisant, puis placées dans des pièces séparées, le guérisseur était alors introduit dans l'une des pièces, mais ne pouvait avoir de contact physique direct avec l'animal anesthésié. Les durées de réanimation respectives étaient chronométrées. Il apparut que les souris « réanimées » par les guérisseurs revenaient à elles sensiblement plus vite que les autres. Lors d'une seconde expérimentation, les deux souris anesthésiées étaient placées dans la même pièce et disposées chacune à l'extrémité d'une table. Un écran vertical séparait la table en deux, de sorte que le guérisseur ne pouvait observer qu'un seul animal à la fois, celui qu'on lui demandait de réanimer. Là encore, la période de réanimation des animaux traités se révéla nettement écourtée par rapport à celle des sujets de contrôle.

Plus récemment, Schlitz (1982) a entrepris de reprendre des études de même nature en les assortissant d'un contrôle expérimental rigoureux. Mais d'autre travaux de ce type s'imposent pour clarifier bien des questions laissées irrésolues par les précédents chercheurs.

Diverses expérimentations isolées ont cependant tenté de vérifier les effets des thérapeutiques mentales sur la souris atteinte d'une affection pathologique, et l'une d'entre elles en particulier, due à Heaton (1974), a étudié ces effets sur une espèce spontanément atteinte d'une forme de cancer létale. La procédure consistait en un traitement incantatoire à distance. Une première expérimentation révéla que le taux de mortalité des animaux traités pendant quatre mois était dans l'ensemble sensiblement abaissé, mais tout autant chez les sujets de contrôle que chez les sujets « expérimentaux ». Étant donné que les deux échantillonnages séjournaient dans le même lieu, Heaton décida ensuite de les distancier l'un de l'autre de plusieurs kilomètres et de recommencer l'expérimentation selon les mêmes procédures. Cette fois, seul l'échantillonnage traité accusa après quatre mois une baisse sensible du taux de mortalité, lequel demeurait inchangé pour le groupe de contrôle. Le phénomène observé dans la première condition expérimentale – à savoir la diffusion apparente, dans la périphérie des animaux traités, d'une influence thérapeutique qui leur était exclusivement destinée – rappelle par certains aspects l'effet-retard mis en évidence par Watkins.

Nous mentionnerons enfin une étude sur le rat, fort intéressante mais malheureusement interrompue, menée par MacDonald et ses collaborateurs (1976). Ces auteurs observèrent, en cours d'expérimentation, un phénomène passablement étrange. La procédure consistait à fixer à la queue d'un rat un dispositif de mesure de la pression artérielle, pression que le guérisseur devait s'efforcer de modifier à distance. Mais dès l'instant où le guérisseur en question apprit que c'était sur des rats qu'on lui demandait d'exercer ses pouvoirs, il en éprouva un profond dégoût. Le mauvais souvenir qu'il gardait de ces rongeurs depuis son enfance new-yorkaise expliquait, de toute évidence, l'aversion qu'il avait pour eux. Il accepta de poursuivre l'expérimentation en faisant de son mieux pour réussir. Quelques minutes plus tard, quand l'expérimentateur pénétra dans la pièce où se trouvait le rat, ce fut pour constater que la pression sanguine de l'animal avait bel et bien diminué, et pour cause, le rat était raide mort!

L'expérimentation sur l'homme

C'est à l'initiative de la Society for Psychical Research de Londres que fut entreprise, dans les années quarante, la première étude expérimentale des effets exercés par les thérapeutiques mentales sur la pathologie humaine, les sujets (des malades affligés de céphalées chroniques) étaient répartis en deux groupes : un groupe de contrôle et un groupe expérimental proprement dit (celui qui serait traité par un guérisseur, F. W. Knowles). Les malades ne savaient pas à quel groupe on les affectait. Malheureusement, la mort prématurée du principal enquêteur vint mettre un terme à cette étude. Seuls ont été publiés à titre posthume (Richmond, 1946) les résultats des premiers tests, fondés sur les témoignages des sujets. Ces résultats révélaient que l'effet thérapeutique était sensiblement plus prononcé chez les malades traités mentalement que chez les sujets de contrôle. L'étude permit également de mettre en lumière divers problèmes méthodologiques spécifiques liés à l'expérimentation sur l'homme. D'une part, en effet, il est malaisé de contrôler les travaux cliniques faisant appel à des thérapeutiques mentales appliquées dans les conditions ordinaires de la vie quotidienne : les résultats enregistrés ne peuvent être tenus pour des preuves de l'efficacité du traitement. D'autre part, l'expérimentation de laboratoire rigoureusement conduite pèche par défaut de naturel et, à la différence des observations cliniques, ne permet pas de tirer des conclusions générales.

Certains chercheurs ont tenté de concilier les deux méthodologies et de jeter un pont entre le laboratoire et la clinique. Intriguée par les travaux de Grade (1970) sur l'imposition des mains, une infirmière qui fait également de la recherche en parapsychologie, D. Krieger (1971), écrit dans *Psychoenergetic Systems* :

> « Pour les infirmières qui [comme moi] font de la recherche, ce sont les individus vivants qui représentent le premier enjeu, et non pas les spécimens observés *in vitro*, les plantes ou les animaux. À cet effet, et pour déterminer l'efficacité des thérapeutiques par imposition des mains sur l'être humain, nous

avons entrepris en 1971 une étude pilote fondée sur la comparaison des observations préexpérimentales et post-expérimentales recueillies à la fois sur des sujets traités et sur des sujets de contrôle, et portant sur une variable dépendante représentée par l'hémoglobine humaine *in vivo.* L'année suivante, une expérimentation systématique vint confirmer les premiers résultats enregistrés par cette étude pilote » (Krieger, 1976, p. 122).

Dans les deux études dont il vient d'être question (et aussi dans une troisième conduite en 1973, toujours avec le même guérisseur), les patients étaient atteints des affections les plus diverses. On les répartissait invariablement par tirage au sort en deux groupes, le groupe expérimental proprement dit et le groupe de contrôle, sans rien leur cacher de leur appartenance à un groupe ou à l'autre. Mais les mesures post-expérimentales de l'hémoglobine ne faisaient pas l'objet d'un contrôle suffisamment rigoureux : c'était à Estebany qu'on laissait le soin de juger si le traitement avait fait son effet, et certains malades n'avaient pas la patience de revenir régulièrement au laboratoire pour se prêter à de nouveaux tests. Cependant, les analyses d'hémoglobine révélèrent au bout de quelques jours des variations sensiblement plus élevées chez les sujets traités que chez les sujets de contrôle. En dépit de leur manque de rigueur, ces expérimentations n'en démontrent pas moins leur utilité pratique. En tout état de cause, les premiers résultats obtenus ont encouragé Krieger à pousser plus avant cette étude en initiant un groupe réduit de jeunes infirmières à la technique de l'imposition des mains, rebaptisée en l'occurrence *toucher thérapeutique.* Dans différents comptes rendus, Krieger décrit les effets bénéfiques de cette technique sur l'hémoglobine et sur le sentiment de mieux-être éprouvé par les malades après traitement par les infirmières de son service (Krieger, 1975; 1979).

Des résultats analogues ont également été enregistrés par un médecin (Knowles, 1974; 1956) après traitement, par la concentration mentale ou la volonté, de patients affligés de douleurs chroniques. Dans ce cas particulier, il est intéressant de noter que la procédure semble venir très aisément à bout des algies d'origine ostéo-arthritique, et pas du tout des douleurs artificiellement provoquées. Knowles expliquait au préalable à ses malades qu'il allait tenter de les soulager par une thérapeutique mentale, mais durant les séances de traitement il s'abstenait de leur parler et se tenait hors de leur champ de perception visuelle. Il put observer dans ces conditions que les malades se sentaient effectivement soulagés quand il le voulait, et pas dans le cas contraire.

Bien que Knowles ait toujours affirmé qu'il n'avait pas qualité pour conduire une expérimentation exhaustive, la minutie de ses observations, échelonnées sur des années de pratique médicale, satisfait à tous les critères de l'objectivité scientifique. Science et rigueur expérimentale ne sont pas nécessairement synonymes, encore que celle-ci compte certainement parmi les traits distinctifs de celle-là, à côté de l'observation attentive, de l'interprétation claire, sans parti pris, et de la formulation de modèles opératoires exploitables ailleurs. Knowles a précisément esquissé un modèle d'interprétation des thérapeutiques mentales – que l'expérimentation est venue consolider par la suite (Solfvin, 1983) – fondé sur ses propres observations cliniques. Un modèle dans lequel il souligne l'importance que prennent la relation patient et thérapeute et les processus de communication (incluant peut-être des échanges psi) mis en œuvre à la faveur de cette relation. Knowles soutient que le crédit apporté par le malade aux thérapeutiques mentales ne joue qu'un rôle secondaire dans la guérison, devançant en cela les conclusions de l'enquête de Haraldsson et Olfasson (1980) dont nous avons déjà parlé dans ce chapitre. Tout aussi accessoires seraient les méthodes et les techniques spécifiques auxquelles recourt le guérisseur. Ce qui, pour Knowles, représente le facteur déterminant, c'est « l'intention mentale de guérir » le malade qui anime le thérapeute. Il s'ensuit que les soins mentalement prodigués peuvent jouer un rôle bénéfique dans *n'importe quel type de thérapie.* Knowles ne croit pas que des processus psi soient mis en jeu dans les thérapeutiques de ce genre. Pour lui, ces processus relèvent vraisemblablement bien plus de la communication (télépathie) que d'un quelconque modèle d'interprétation par la psychokinèse. En cela il se distingue nettement de beaucoup d'autres chercheurs. La conception des thérapeutiques mentales qu'a proposée Knowles a devancé d'une bonne longueur l'apparition, dans les années soixante-dix, d'un autre cadre d'interprétation selon lequel le traitement psychique jouerait le rôle d'un déclic libérant les potentialités autothérapeutiques du malade. L'avenir nous dira si ce modèle explicatif élaboré par Knowles est pertinent ou non. En tout état de cause, il n'aura cessé de faire des adeptes depuis que son auteur l'a proposé.

Toute autre est la démarche de Joyce Goodrich, qui dirige à New York le Consciousness Research and Training Project. Il a tenté d'expliquer les mécanismes de la guérison paranormale dans les circonstances de la vie quotidienne. Cherchant à déceler une relation psi entre patient et guérisseur, Goodrich (1974) a mis au point un questionnaire qu'il faisait remplir à l'un et à l'autre, avant et après chaque séance de traitement. Les réponses à ce questionnaire étaient sensées apporter des précisions sur les impressions, les sensations, l'état de santé et les dispositions d'esprit des deux partenaires de l'échange thérapeutique. Les patients ne faisaient l'objet d'aucune sélection préalable et Goodrich les dirigeait arbitrairement vers différents guérisseurs, qui tous appliquaient à distance la technique « Type I » de LeShan (1974).

Une première séance de traitement « direct » avait lieu quand, pour la première fois, le guérisseur était mis en présence du malade. Ensuite, plusieurs autres séances thérapeutiques étaient organisées, à distance cette fois, avec la participation active et du guérisseur et du malade (lequel devait rester assis dans le calme, ou méditer pendant qu'on le traitait en son absence). Ces séances se déroulaient selon un calendrier préétabli par Goodrich, à l'insu des deux intéressés, de telle sorte que la moitié des séances étaient synchrones (les heures communiquées au malade et au guérisseur étaient les mêmes), et l'autre moitié des séances asynchrones. Quand toutes les séances avaient eu lieu, les réponses au questionnaire en deux temps étaient collectées (aucune indication d'horaire n'y figurait) et remises à des juges extérieurs à l'expérimentation. On demandait à ces juges de coupler les réponses (celles du guérisseur et celles du malade) qui leur semblaient démontrer que les deux processus subjectifs s'étaient déroulés de façon synchrone. Le nombre des couplages fournis par les juges se révéla supérieur à la moyenne probabiliste. Ce résultat recoupe parfaitement les observations antérieures de Turner (1969) faites à l'occasion d'une expérimentation dans laquelle certains sujets connaissaient et d'autres ignoraient l'heure à laquelle on les traiterait à distance. Cette étude de Goodrich confirme bien l'importance prise dans le processus thérapeutique par la relation entre guérisseur et malade.

Selon Winston (1975), il n'est pas indispensable que cette relation repose sur un lieu physique. Poursuivant les travaux de Goodrich sur les traitements à distance faisant appel à la technique de LeShan « Type I », cet auteur a étudié la relation entre guérisseur et malade en imposant à l'un comme à l'autre quatre « paliers de contact », c'est-à-dire en faisant varier l'intensité de la communication physiquement établie entre eux. Il ne releva aucune différence significative entre les succès thérapeutiques observés dans chacune des quatre conditions expérimentales. Il semblerait cependant que *moins* le contact physique est prononcé, plus l'effet curatif du traitement s'accentue. C'est de cette tendance que Winston s'autorise pour assimiler la thérapeutique mentale à un événement transpersonnel que la communication interpersonnelle risque de contrarier.

Voilà qui semble contredire formellement l'interprétation de Knowles, pour qui le processus de guérison mentale représente une extension ou une dimension supplémentaire des communications interpersonnelles établies entre le guérisseur et son patient. Toutefois, ces deux conceptions ne sont pas nécessairement inconciliables. Si l'on accepte le point de vue selon lequel la thérapeutique mentale a pour fonction de catalyser chez le malade des processus autothérapeutiques, on accepte aussi que, dans certains cas, la communication interpersonnelle suffise à déclencher cet effet de catalyse, comme cela s'observe dans les traitements par placebos. Mais on peut imaginer qu'à partir du moment où cette communication « physique » ne suffit pas à faire jouer le déclic, des processus psi interviennent pour provoquer le même effet.

Cette interprétation s'accorderait au modèle proposé par Stanford (1974) pour expliquer les phénomènes psi par l'ambition de les voir se manifester. La communication psi vient alors se superposer aux processus normaux de la communication sensorielle pour provoquer le résultat souhaité.

Comme l'étude de Winston ne permettait pas de contrôler les changements survenant dans la condition pathologique des malades, que les résultats enregistrés manquaient de netteté, cette question du rôle exact joué par la communication interpersonnelle entre patient et guérisseur est bien loin d'être résolue.

La littérature parapsychologique ne compte qu'une étude de cette nature dans laquelle toute forme de communication interpersonnelle a été éliminée : celle de Collip (1969). Ce dernier fit appel à un guérisseur procédant par incantations pour traiter à distance, et complètement à leur insu, dix enfants atteints de leucémie (sur un groupe de dix-huit au total). Pas un instant ces enfants ne surent qu'ils faisaient l'objet d'une expérimentation. Prenant pour critère le nombre de mois de survie après que le diagnostic de leucémie a été formellement posé, Collip mit en évidence une tendance sensible, mais non significative, à survivre plus longtemps que les autres chez les enfants traités par le guérisseur.

On a également cherché à vérifier si les thérapeutiques mentales avaient le pouvoir de soulager des malades après des traitements classiques (c'est-à-dire allopathiques) inopérants. À cet effet, Knowles (1956) a comparé les uns aux autres les résultats obtenus sur les algies ostéo-arthritiques par l'allopathie et par sa propre thérapeutique mentale fondée sur la volonté de guérir le malade. De cette observation différentielle il conclut que la thérapeutique mentale s'avère – dans le cadre de son étude pour le moins – plus efficace, plus fiable et plus durable dans ses effets que tous les traitements classiques à la disposition du thérapeute (en 1956). De la même façon, Hubacher et ses collaborateurs (1975) ont étudié les effets de « passes magnétiques » pratiquées par un guérisseur psychique de talent sur onze malades; divers praticiens, qui avaient vainement soigné les patients, avaient prévenu le guérisseur qu'aucune amélioration de leur état n'était à espérer. Ces malades, atteints d'affections plus ou moins graves allant de la dermatose à certaines pathogénies dans leur phase terminale, n'en demeuraient pas moins sous surveillance médicale. Les passes du guérisseur ne firent aucun effet sur deux patients. Deux autres accusèrent tout d'abord un mieux, puis rechutèrent. En revanche, l'état de six malades se révéla « considérablement amélioré », amélioration qui fut attestée par les médecins traitants. Cette étude ne nous éclaire pas sur l'intervention possible de facteurs psi dans le processus thérapeutique. (Ses auteurs se proposaient seulement de vérifier le retentissement clinique des passes magnétiques.)

On a longtemps soupçonné que les réactions aux placebos étaient en corrélation avec la capacité d'autosuggestion. Or, si ce lien semble confirmé par les études conduites en milieu hospitalier, les expérimentations de laboratoire ne le confirment pas (Shapiro, 1971 ; 1978). Rien n'indique que l'étude des thérapeutiques mentales appliquées à la souris de laboratoire expérimentalement contaminée nous autorise à tirer des conclusions de même nature quand ces thérapeutiques sont appliquées à l'homme.

Certains chercheurs ont préféré s'en tenir à une solution de compromis consistant à tirer parti des avantages distinctifs des deux méthodologies. Une étude rigoureusement contrôlée, conduite en milieu hospitalier par Joyce et Welldon (1965), nous en fournit un exemple. Après avoir réparti par paires des individus hospitalisés (chaque paire comprenant un malade souffrant de désordres psychiatriques et un malade affligé de troubles articulaires d'origine arthritique), ces deux auteurs tirèrent au sort le malade qui, dans chaque paire, recevrait un traitement incantatoire à distance, prodigué par plusieurs guérisseurs, et celui qui ne recevrait aucun traitement de cette nature. Durant ce temps, tous les malades, sans exception, continueraient d'être soignés par des thérapeutiques classiques. En outre, on appliquera la formule du double aveugle. Ainsi, ni les médecins hospitaliers ni les malades ne savaient qui serait soigné par les guérisseurs et qui ne le serait pas. Chaque malade devait être soumis à un bilan clinique complet dans les huit à dix mois suivant le début de l'expérimentation. Les six premières paires de malades examinés témoignèrent d'une nette amélioration de la condition pathologique chez le malade de chaque paire ayant reçu le traitement incantatoire à distance. Sur les six paires restantes, ce résultat ne fut confirmé que chez un seul individu. Le bilan global de cette étude n'a donc rien d'impressionnant. Mais ses auteurs font valoir que les douze malades représentant les six dernières paires ne furent médicalement examinés qu'un an après le début de l'expérimentation. Par ailleurs, les expérimentateurs ne savent même pas si les guérisseurs ont poursuivi leurs séances incantatoires passé le délai prévu pour le traitement. Reste que cinq patients mentalement soignés (sur seize au total) accusèrent une amélioration clinique, contre un sur seize chez les sujets de contrôle. Ce résultat demeure donc fort peu significatif si on l'évalue précisément à l'aide du test de Fisher ($p < 0,08$, bilatéral).

Dans une autre étude rapportée par Benor (1982), Miller a procédé à un test en double aveugle se proposant de vérifier les effets exercés à distance par huit guérisseurs, sur quatre-vingt-seize de leurs clients atteints d'hypertension artérielle. Les résultats expérimentaux montrèrent une diminution significative de la pression systolique des malades traités par rapport à celle des sujets de contrôle. En revanche, aucun effet ne fut observé sur la composante diastolique, le rythme cardiaque et le poids des malades. Des études de ce genre, conduites hors du laboratoire et assorties de contrôles assez stricts pour éliminer toute intervention de la suggestion, ouvrent à la recherche des perspectives d'avenir encourageantes.

Les travaux réalisés jusqu'ici sur les thérapeutiques mentales représentent les balbutiements d'une démarche scientifique véritablement articulée.

Même si nous parvenons à éliminer les artefacts et les processus de suggestion qui risquent de compromettre la validité de nos interprétations, nous ne pouvons en conclure que l'effet de mieux-être ou de guérison observé soit indubitablement le fait de telle ou telle thérapeutique mentale. Nous allons bientôt revenir sur ce point de première importance.

Les enseignements de la médecine et de la psychologie

Tout ce qui relève des thérapeutiques mentales soulève des problèmes logiques de première importance, et ces problèmes contrarient grandement les tentatives d'authentification. Bien sûr, les parapsychologues s'entourent d'un maximum de garanties. Par exemple, en répartissant au hasard les malades à tester en deux groupes, selon qu'ils seront traités par le guérisseur ou qu'ils serviront de sujets de contrôle. Bien sûr, ils ne manquent pas de prendre les précautions voulues pour éliminer tout contact sensoriel entre patients et thérapeutes mentaux, et pour tenir les manipulateurs dans l'ignorance des objectifs expérimentaux. Mais à supposer que les procédures aient été conçues avec une extrême rigueur, des différences significatives entre les coefficients de guérison relevés dans chacun des deux groupes établissent-elles avec certitude l'existence d'un effet thérapeutique purement mental? Non, bien entendu. Tout au plus pouvons-nous affirmer que des expérimentations de cette nature enrichiraient notre corps de savoir et démontreraient que *quelque chose* d'important intervient dans les situations considérées. Mais rien ne nous permettrait d'affirmer que le *traitement mental* est cause des résultats observés.

Cette indétermination résulte simplement des définitions que nous donnons des effets psi et des méthodes scientifiques dont nous nous servons pour étudier ces effets. La science expérimentale repose tout entière sur les principes de déterminisme, de spécificité (des fonctions vitales), d'identité (des lois du fonctionnement normal et pathologique de l'organisme) et de non-contradiction.

La méthode expérimentale a été conçue dans la perspective d'une mise en évidence d'un lien causal entre différents événements. Lien qui exclut tous les autres. Dans l'absolu, la démarche expérimentale consiste pour le scientifique à examiner les différentes causes possibles d'un événement et à en extraire le ou les facteurs de causalité nécessaires et suffisants à la production systématique de l'effet désiré.

Or, les choses ne sont pas toujours aussi simples. L'étude des thérapeutiques mentales interprète les effets dont l'analyse causale ne peut rendre compte. En un certain sens, cette étude procède d'une science empirique poussée jusqu'à ses aboutissements logiques extrêmes. Dans la recherche sur les thérapeutiques mentales, nous découvrons des effets qui se prolongent en dépit de toutes les tentatives que nous faisons pour leur attribuer des causes ordinaires. Fondamentalement, nous avons affaire à des effets dépourvus de toute cause concevable. Et c'est pourquoi nous les qualifions d'effets psi.

Diverses hypothèses, certes, ont été avancées pour expliquer les guérisons consécutives aux thérapeutiques mentales. Mais bien des éléments interviennent dans les études consacrées à ces phénomènes; chacun de ces éléments, dans telle ou telle circonstance particulière, peut être tenu pour partiellement responsable des résultats enregistrés. Parmi les facteurs de causalité les plus plausibles, on peut citer : 1. la thérapeutique mentale elle-même; 2. les attentes du guérisseur; 3. les attentes du patient et 4. celles de l'expérimentateur. Ces facteurs ne sont certainement pas les seuls à entrer en ligne de compte.

Un exemple relatant les observations d'un médecin praticien de l'Allemagne fédérale (Rehder, 1955, cité par Frank, 1973) est très révélateur. Frank décrit le cas de trois des patients de Rehder, que les thérapeutiques courantes s'étaient révélées impuissantes à soulager.

> « L'une de ces malades souffrait d'une inflammation chronique de la vésicule biliaire, avec présence de calculs. Le deuxième ne s'était jamais totalement remis d'une grave intervention abdominale. Il était pratiquement réduit à l'état de squelette. La troisième se mourait d'un cancer généralisé. Le médecin traitant [Rehder] demanda à un guérisseur fort connu dans la région de traiter par incantation ces trois malades à leur insu. Aucune amélioration ne fut constatée. Le médecin s'entretint alors

avec les trois malades des pouvoirs du guérisseur en question et, pendant plusieurs jours, fit en sorte d'alimenter leur attente. Quand il constata que les malades espéraient des pouvoirs du guérisseur une authentique rémission, il leur annonça que celui-ci les traiterait à distance le lendemain, à une heure précise. Le médecin savait qu'à cette même heure le guérisseur *ne travaillait pas.* Quand cette heure fut venue, les trois malades éprouvèrent un soulagement rapide et spectaculaire. Chez le deuxième, la guérison fut définitive. Les deux autres montrèrent une rémission de leur mal, marquée par des épisodes d'apaisement particulièrement accusés. La cancéreuse, qui était dans un état d'hémolyse prononcé et présentait une infiltration séreuse généralisée, résorba rapidement son œdème, se remit de son anémie et recouvra suffisamment de forces pour regagner son domicile et y reprendre ses activités domestiques. Le tableau symptomatologique ne réapparut pratiquement jamais jusqu'à sa mort. Chez la malade atteinte d'une inflammation vésiculaire, les signes sémiologiques rétrocédèrent eux aussi, de sorte qu'elle put quitter l'hôpital et reprendre une existence normale sans rechuter pendant plusieurs années» (Frank, 1973, p. 74).

Il apparaît clairement que Rehder attribue à l'espoir de guérison la rémission des maladies et non au traitement à distance. Cependant, faute d'un contrôle adéquat, pareille conclusion ne saurait être prise au pied de la lettre. D'autres explications sont également possibles. Tout au plus pouvons-nous affirmer que ces trois malades ont été soulagés de leurs afflictions physiques par une *situation* englobant leurs propres attentes de guérison, celles du médecin expérimentateur qui avait planté le décor thérapeutique, et vraisemblablement la connaissance d'une série de traitements prodigués par un guérisseur connu. Car, *stricto sensu,* on ne saurait éliminer de cette situation l'éventualité d'un effet retard de ces traitements à distance, pas plus d'ailleurs qu'on ne doit en écarter le désir du guérisseur de voir les trois malades recouvrer la santé. En fait, des facteurs de cette nature sont présents dans quasiment tous les échanges entre guérisseur et malade observés dans les circonstances normales de la vie quotidienne. Chacun de ces facteurs peut contribuer, individuellement ou en association avec les autres, à un processus thérapeutique apparemment aussi miraculeux que celui que nous venons de citer en exemple. Essayons de voir les choses de plus près.

Un facteur contribua au développement de méthodes d'évaluation objective des effets curatifs des traitements médicaux. Ce facteur s'est imposé de lui-même : on a pressenti la nécessité de vérifier les effets thérapeutiques liés à l'optimisme du malade convaincu de l'efficacité du traitement qu'on va lui administrer. Quand on teste l'efficacité pharmacodynamique d'une nouvelle médication, on subdivise un groupe de malades en deux sous-groupes. On administre aux uns la médication à tester, et aux autres un placebo, généralement une préparation de même aspect, mais ne contenant aucun principe actif (un comprimé de sucre, par exemple). On qualifie d'effet placebo ou de réponse placebo la réaction observée chez le malade traité par ce qui n'est en réalité qu'un leurre pharmacothérapeutique. Cette réaction résulte vraisemblablement de la confiance que fait le malade à celui qui le soigne et au traitement qu'on lui administre. Elle résulte aussi de son espoir de prompt rétablissement.

Nombre d'études pharmacologiques nous ont dotés d'une abondante documentation sur les effets placebo et nous ont révélé que certaines guérisons ne sont dues qu'à une modeste pastille de sucre. Passant en revue ces différents effets, Honigfeld (1964) cite diverses études rigoureusement contrôlées, lors desquelles l'administration de placebos a donné des résultats cliniques spectaculaires. Énumérons quelques-uns de ces résultats : stabilisation du taux de glycémie chez 62 % des diabétiques traités; réduction de l'énurésie chez de jeunes délinquants (réduction aussi prononcée que chez les sujets à qui on avait administré un tranquillisant, la perphénazine); amélioration nette des symptômes liés à un ulcère peptique chez 92 % des ulcéreux traités; soulagement constaté dans 80 % des cas chez des malades atteints de rhumatisme articulaire aigu ou de polyarthrite chronique évolutive (que les salicylés et la cortisone avaient été impuissants à soulager); amélioration très nette de la condition d'asthmatiques résistants à l'adrénalinothérapie; atténuation des troubles moteurs d'origine parkinsonienne chez 70 % des malades d'un groupe de contrôle (rémission temporaire, il est vrai); rémission constatée également, et dans une proportion de 60 à 70 % des cas, chez des malades atteints d'une indisposition permanente connue sous le nom de « mal des rayons », fort commune chez les cancéreux traités par radiothérapie; augmentation de la tolérance à la rééducation fonctionnelle dans un groupe de patients affligés de claudication intermittente (le résultat était nettement plus accentué qu'avec un vasodilatateur, la tolazoline); suppression de toute une gamme d'effets secondaires, les plus communément observés étant la somnolence, la fatigue, les troubles moteurs, l'insomnie, les migraines, l'irritabilité, la nausée, les vomissements et la constipation.

De plus, les placebos semblent partager les propriétés de certaines substances analgésiques. Comme elles, ils provoquent des « effets maximaux », des « effets cumulatifs » et des « effets antagonistes ». L'observation endoscopique de la cavité gastrique d'un individu a révélé que la réponse physiologique suivant l'ingestion d'un placebo s'apparentait étroitement à la réponse provoquée par l'action du principe actif. Après qu'on eut administré, à ce même individu, un inhibiteur de la sécrétion gastrique (alors qu'il croyait ingurgiter un activateur), les propriétés inhibitrices de la substance administrée s'inversèrent pour provoquer une réaction physiologique conforme aux attentes de l'intéressé. Les pouvoirs des placebos ont été confirmés par diverses études portant sur des morphinomanes. On leur avait injecté des solutions de chlorure de sodium qu'ils prenaient pour de la morphine. Aucune symptomatologie de carence n'apparut avant l'interruption des injections salines. Les comptes rendus de ces différents travaux ont été répertoriés par Honigfeld (1964). Un bilan des réponses placebo observées en psychiatrie et en médecine a également été dressé par Shapiro (1971, 1978), par Liberman (1962) et par Evans (1974).

Tous les effets de ce genre semblent directement liés aux attentes des patients, persuadés que les principes actifs qu'on est sensé leur administrer vont puissamment les soulager. Mais ce n'est là qu'un début d'interprétation, car les placebos ne sont pas infaillibles. Shapiro (1978) fait observer que dans bien des cas le coefficient de réponse aux placebos observé dans un même groupe de sujets peut varier de 0 à 1 %. En outre, un même sujet est bien loin de réagir toujours de la même façon. Le degré de réponse individuelle varie lui aussi grandement selon les circonstances. Mais si les facteurs qui sous-tendent ces variations nous échappent pour une bonne part, chacun s'accorde à considérer que l'attitude d'esprit du médecin traitant joue un rôle de premier plan dans le processus de guérison.

Les attentes du praticien

Examiner, rétroactivement, l'effet de certaines thérapeutiques (considérées aujourd'hui comme parfaitement inefficaces) sur les malades est un excellent moyen de juger du retentissement des attentes du thérapeute sur les réactions du patient. Benson et McCallie (1979), par exemple, font remarquer que :

> « L'histoire des différents traitements préconisés dans l'angine de poitrine fait apparaître un trait répétitif. À partir du moment

où est adoptée une médication ou une technique chirurgicale nouvelle, son efficacité suscite partout l'enthousiasme et l'espoir. Les premiers comptes rendus thérapeutiques et les bruits de bouche à oreille rapportés par les tenants de la nouvelle thérapie – ou, pour reprendre le qualificatif de Beecher (1965), par les " enthousiastes " ne manquent jamais de vanter les bienfaits et l'efficacité qui en résultent pour une vaste majorité de malades. Mais ces appréciations intempestives ou prématurées manquent le plus souvent de rigueur et escamotent totalement *le puissant effet de placebo suscité par les espérances de réussite du prescripteur* » [p. 1424] (souligné par les auteurs du présent ouvrage).

Souvenons-nous des observations de Rehder. Si on les examine objectivement, on se rend compte qu'elles procèdent par comparaison en simple aveugle de deux types de processus thérapeutiques : dans un premier temps, le guérisseur traitait à distance les malades à leur insu, et dans un second temps les malades, se croyant traités à une heure bien précise (alors qu'en réalité ils ne l'étaient pas), plaçaient tous leurs espoirs dans la réussite du traitement.

Cette situation rappelle le test réalisé en simple aveugle sur les effets de l'aminophylline dans le traitement de l'*angor pectoris,* Benson et McCallie soulignent dans un article du *New England Journal of Medicine,* d'où nous tirons cet extrait, que cette substance appartenant au groupe des xanthines est parfaitement « inefficace ».

> « En 1941, Le Roy [...] a fait le compte rendu [...] d'un test en simple aveugle portant sur soixante-huit patients atteints d'angine de poitrine formellement diagnostiquée. Les placebos n'en soulagèrent que 17 %, et les sédatifs 18. En revanche, le traitement par aminophylline apporta un " net soulagement " à 79 % d'entre eux. Les dix malades qui d'ores et déjà se soignaient à l'aide de dérivés de la nitroglycérine déclarèrent qu'ils avaient considérablement réduit la consommation de cette substance. De plus, 72 % des patients accusèrent une " récidive " dans les trois mois, quand plus tard on leur administra des comprimés placebo » (Benson & McCallie, 1979, p. 1424).

Phénomène particulièrement intéressant dans cet exemple : les sujets du groupe de contrôle à qui on administrait un placebo (autrement dit, les sujets à qui les médecins savaient parfaitement qu'on appliquait un traitement illusoire) virent une amélioration très modeste de leur état clinique en comparaison de ceux à qui on administrait un médicament (l'aminophylline) pourtant tout aussi voisin d'un placebo qu'une simple pastille de sucre. Les auteurs de l'article en conclurent que « la différence observée entre les réponses des malades traités par une substance inerte et celles des malades traités par une xanthine inefficace met clairement en valeur l'importance prise par l'attitude d'esprit du physicien dans la modicité de l'effet placebo » (p. 1425). Pour Benson et McCallie, il conviendrait d'attribuer l'inhibition des réactions chez les sujets du groupe de contrôle au fait que les médecins savaient parfaitement, lors de cette étude de Le Roy, que l'action pharmacodynamique des placebos était nulle. Sans même s'en rendre compte, ces médecins, qui attendaient beaucoup de l'aminophylline, n'influençaient pas avec un égal optimisme les malades du groupe de contrôle que ceux du groupe expérimental.

Ce facteur de conviction joue assurément un rôle déterminant. Mais en l'invoquant nous sommes bien loin de faire le tour de la question. En effet, le retentissement des attitudes d'esprit et des convictions du praticien qui administre une médication a également fait l'objet d'études *en double aveugle*, lors desquelles le thérapeute ignorait quels malades recevaient des placebos et quels malades seraient traités par la pharmacopée. Par exemple, au terme de trois expérimentations de ce genre sur l'efficacité de la vitamine E dans le traitement de l'angine de poitrine, toutes réalisées dans les années soixante-dix, il apparut que l'un des trois médecins expérimentateurs, convaincu de l'efficacité de cette vitamine, enregistra des résultats conformes à ses convictions, c'est-à-dire une supériorité significative de la vitamine E sur les placebos (Toone, 1973). Alors que les deux autres études, conduites, elles, par des expérimentateurs sceptiques quant aux vertus thérapeutiques de cette vitamine, ne mirent en lumière aucun effet du même genre (Anderson, 1974; Gillian, Mondell & Warbasse, 1977). D'autres études encore, portant sur les traitements les plus divers, corroborent le fait que l'attitude du médecin prescripteur n'est nullement indépendante des résultats enregistrés dans les tests cliniques en double aveugle (Engelhardt & Margolis, 1967; Feldman, 1956; Joyce, 1962; Modell & Houde, 1958; Williams & McGee, 1962).

Quand, dans les années cinquante, on a commencé à tester le méprobamate, un tranquillisant léger (Miltown), les comptes rendus expérimentaux se révélèrent des plus contradictoires. Les uns, dus à des chercheurs résolument enthousiastes, démontraient la supériorité de la nouvelle drogue sur les placebos, alors que d'autres, rapportant des travaux en tout point comparables, mais conduits par des dubitatifs, ne constataient rien de semblable. Pour tenter de faire la lumière sur cette question controversée, Uhlenhuth, Cantor, Neustadt et Payson (1959) ont réalisé une remarquable étude en double aveugle.

Certains prescripteurs adoptèrent vis-à-vis de la médication administrée une attitude de circonspection purement expérimentale, et d'autres une attitude optimiste, ou si l'on veut « thaumaturgique ». Les uns et les autres ignoraient quels patients seraient désignés par le sort pour recevoir le produit pharmaceutique. Quant aux patients, ils n'avaient pas le moins du monde conscience de faire l'objet d'une expérimentation. En dépit de cette procédure, le méprobamate démontra une supériorité thérapeutique significative par rapport au placebo, *mais uniquement chez les malades traités par les prescripteurs qui s'attendaient à cet effet.* En revanche, aucune différence pharmacodynamique ne fut observée entre produit et placebo chez les malades traités par les prescripteurs sceptiques. Ces résultats furent ultérieurement confirmés par une répétition à vaste échelle de cette même étude, conduite simultanément dans trois centres urbains de consultation psychiatrique. Il apparut une fois de plus que l'efficacité du médicament dépendait de l'attitude d'esprit du médecin qui le prescrivait (encore que cette fois l'un des trois centres psychiatriques enregistra des résultats inverses : la supériorité thérapeutique du produit sur le placebo ne se vérifia que chez les malades traités par des médecins prescripteurs « neutres », et pas du tout chez les malades traités par les « enthousiastes »). Les auteurs en concluent que si l'effet d'un médicament peut dépendre de l'attitude d'esprit de celui qui l'administre, différents groupes de malades peuvent également réagir de façon spécifique à cette interaction entre médicament et prescripteur (Uhlenhuth, Rickels, Fisher, Park, Lipman & Mock, 1966).

Dans certains types de traitements, les attentes du thérapeute déterminent donc assez puissamment les résultats cliniques pour que nous nous gardions de toute interprétation hâtive quant à l'efficacité réelle d'une substance médicamenteuse testée dans des conditions expérimentales ordinaires. En outre, *les procédures en double aveugle ne nous autorisent en rien à éliminer l'intervention d'effets spécifiques de la situation thérapeutique, plus particulièrement encore quand ces effets demeurent discrets et variables.*

Voici qui ne manquera pas d'étonner : en bien des situations expérimentales – quand par exemple on demande à un sujet de deviner des cibles disposées en séquences dans un test de perception extrasensorielle –, les procédures en double aveugle se révèlent parfaitement aptes à supprimer toute intervention des fonctions sensorielles ordinaires dans les processus opératoires. Mais à partir du moment où la cible est représentée par un organisme vivant, le recours à ces mêmes procédures commande une certaine vigilance, du fait que certains facteurs interactifs peuvent opérer à la faveur du double aveugle lui-même. Ainsi, pour rendre compte des résultats de leurs études, Uhlenhuth et ses collaborateurs (1966) ont soulevé l'hypothèse d'une médiatisation, par le thérapeute, de l'interaction entre la médication prescrite et le conditionnement du malade. La rencontre avec un médecin confiant en l'efficacité de sa prescription peut remonter le moral d'un malade et le prédisposer physiologiquement à réagir aux subtils effets d'un médicament peu actif, mais efficace. Alors qu'au contraire la consultation d'un praticien dubitatif quant aux vertus curatives de ce qu'il prescrit risque d'angoisser le malade, de le faire douter de ses chances de guérison, et ces sentiments peuvent le prédisposer physiologiquement à sous-estimer ou à nier le pouvoir du même médicament. Il est donc fort possible que le succès des thérapeutiques mentales, dont les effets sont manifestement discrets et variables, dépendent, elles aussi, des dispositions d'esprit du malade. Tout comme il est possible, à l'inverse, que les thérapeutiques mentales représentent des moyens par lesquels s'opère le conditionnement d'esprit adéquat.

Une série d'études conduite par Solfvin (1982) sur des souris de laboratoire donne des résultats quelque peu différents. Après avoir recruté un certain nombre d'étudiants vétérinaires pour l'aider à « tester l'efficacité des thérapeutiques mentales sur des souris contaminées », Solfvin affirma à ses collaborateurs improvisés qu'une étude pilote, conduite avec un guérisseur de renom, avait déjà fourni des résultats remarquables et parfaitement fiables. Pour confirmer ces résultats, il déclara avoir besoin de s'entourer de gens dépourvus de tout a priori et de toute prévention. De gens dont l'impartialité lui garantirait la neutralité des soins donnés aux souris tout au long de l'expérimentation. Chaque étudiant reçut donc pour instruction de nourrir et de soigner douze souris contenues dans une même cage. À six d'entre elles, expliqua Solfvin, on avait injecté une culture concentrée de *babesia rhodaïni*, un parasite vecteur de la malaria, et on avait inoculé aux six autres – les sujets de contrôle – une quantité d'hématozoaires trop faible pour que l'affection paludéenne se manifeste pendant la durée de l'expérimentation. Solfvin ajouta que le traitement ne serait mentalement administré à distance qu'à la moitié des animaux de chaque groupe, sans préciser lesquels. Chaque étudiant devrait en outre peser quotidiennement les souris de la cage qui lui était confiée, et faire le compte rendu écrit du comportement observé chez les sujets au fur et à mesure que la pathologie évoluerait.

En réalité, aucun guérisseur n'avait été pressenti pour collaborer à l'expérimentation. On avait administré indistinctement à tous les animaux la même concentration d'hématozoaires. C'étaient les étudiants *eux-mêmes* qui, sans le savoir, faisaient l'objet de cette étude. Les procédures expérimentales furent conçues de telle sorte que les conditions d'examen des animaux reproduisaient à peu de chose près celles qu'on observe dans les cliniques vétérinaires. La variable dépendante était représentée par le pourcentage de globules rouges détruit après une période d'incubation de neuf jours. Les numérations globulaires étaient assurées par un laboratoire d'analyses dont le personnel ignorait tout de l'expérimentation en cours.

Les résultats recueillis lors de cette étude témoignaient de différences nettes (et significatives) entre les concentrations sanguines en hématozoaires relevées dans les deux sous-groupes de sujets. Les souris à qui on était sensé avoir inoculé une faible quantité d'agents paludéens accusaient dans l'ensemble une parasitémie moins élevée que les sujets prétendument contaminés par une forte concentration d'agents. Mais les résultats variaient considérablement d'un étudiant à l'autre (huit au total). Précisons que les animaux avaient tous été « marqués », pour que les étudiants puissent départager sans erreur possible les souris (qu'ils croyaient) contaminées de leurs congénères non contaminées. Il se peut donc que des facteurs sensoriels liés aux soins prodigués ou à l'affection témoignée aux animaux soient responsables de cet effet.

Mais les attentes associées au traitement à distance, elles, ne pouvaient exercer aucune influence sur les résultats : les étudiants ne savaient absolument pas quels animaux seraient (prétendument) traités et quels autres ne le seraient pas. Les conditions expérimentales ressemblaient donc en tous points aux procédures en double aveugle utilisées dans les traitements réels. Or, les résultats révélaient un effet de guérison statistiquement significatif à l'avantage des animaux que les étudiants croyaient traités.

Le bilan de cette série souligne l'incapacité des techniques de double aveugle à éliminer les causes de confusion ou les facteurs non spécifiques qui risquent de fausser les résultats des recherches sur les thérapeutiques mentales. Car l'étude de Solfvin reposait bel et bien sur une procédure en double aveugle dont l'objet était d'empêcher les étudiants de savoir quelles souris étaient présumées bénéficier d'un traitement à distance, alors qu'aucun traitement n'était prodigué par quiconque. Et pourtant des différences significatives furent enregistrées entre les souris désignées par le sort pour être prétendument traitées ou non traitées. Or, à supposer qu'un guérisseur fût réellement intervenu, on n'aurait pas manqué d'attribuer, à tort naturellement, ces différences à son intervention. Ce qui prouve bien que les effets enregistrés d'un groupe de sujets à un autre, même dans les procédures de double aveugle rigoureusement contrôlées, ne sont pas nécessairement imputables à la thérapeutique mentale.

L'étude des résultats obtenus après application des techniques de la psychothérapie illustre parfaitement ce que nous venons de dire. Rosenthal et Frank (1956), par exemple, évaluant l'impact des effets placebo dans les cures psychothérapeutiques, en concluent que « l'amélioration constatée dans certains types de thérapies ne peut être considérée comme la preuve : a) que la théorie sur laquelle se fondent ces thérapies soit pertinente, ou que b) la technique utilisée soit efficace en elle-même, sauf si on peut démontrer que l'amélioration observée se distingue par son ampleur ou se révèle qualitativement différente de celle qui résulte de la confiance du patient en l'efficacité du thérapeute et de sa technique. On en revient donc à l'effet placebo » (p. 294).

Nous ne savons toujours pas s'il existe une théorie ou une technique psychothérapeutique quelconque (y compris celles qui se recommandent du behaviorisme) qui soit en mesure de faire toute la lumière sur cette question.

La science demeure impuissante à fournir des réponses catégoriques. Pareil constat ne revient pas à dire que les traitements sont inefficaces, mais signifie simplement que les effets spécifiques d'un traitement, si tant est qu'il en existe, ne se distinguent en rien de ses effets non spécifiques.

Pourtant, cette indétermination demeure pratiquement sans conséquence pour l'application clinique des traitements. Les malades tirent avantage de la psychothérapie (encore qu'on ne sache pas très bien *pourquoi*) tout comme ils tirent avantage des thérapeutiques mentales. Les études mentionnées dans les pages de ce chapitre, en particulier celles qui avaient pour sujet des êtres humains frappés de maladie, prouvent de façon indubitable que les thérapeutiques mentales ont le pouvoir de soulager la souffrance. Mais une somme considérable de recherches s'impose si nous voulons comprendre un jour les processus responsables de ces effets bénéfiques.

Il appartient à la science de nous éclairer sur la nature de ce phénomène, et plus encore de le maîtriser, pour le plus grand bien du genre humain.

Chapitre 9

La recherche psi face à la critique

L'examen critique des phénomènes inhabituels étudiés par les parapsychologues commande une grande prudence. Mais de multiples données de recherche satisfont aujourd'hui à tous les critères de la méthode expérimentale et accroissent de jour en jour leur fiabilité; il devient donc de plus en plus difficile de les considérer, a priori, comme nulles et non avenues. S'il se veut pertinent, tout jugement critique porté sur la parapsychologie requiert désormais de celui qui le formule, que ce dernier soit lui-même parapsychologue ou non, une sérieuse connaissance du sujet.

.William James (1911), médecin, philosophe et psychologue distingué qui n'aura pas peu contribué à l'essor de l'American Society for Psychical Research, a toujours adopté une attitude de grande réserve à l'endroit des comptes rendus de cas apparemment inexplicables. Il n'en a pas moins conclu que parmi le fatras des pratiques plus ou moins frauduleuses, il devait pourtant exister d'authentiques phénomènes paranormaux. Et D. J. West (1971), psychiatre britannique et ex-président de la Society for Psychical Research, n'a pas hésité lui non plus à reconnaître implicitement la réalité des phénomènes psi, même si pour la plupart ces phénomènes lui semblaient « fluctuants et incertains ».

De l'extérieur de notre champ d'investigation se sont élevées des critiques infiniment plus malveillantes. Peu convaincu par les quelques séances de spiritisme qu'il avait organisées en la présence d'un médium, G. Stanley Hall (1910), le fondateur de l'American Psychological Association, prophétisa que la recherche psychique prendrait un jour place parmi les « solennelles absurdités » de l'histoire de la pensée humaine digne de ce nom. Quant au psychologue canadien D. O. Hebb (1951), s'il reconnaissait bien volontiers que ses propres préjugés n'étaient pas étrangers à son refus d'accréditer la psi, il s'empressa pourtant d'ajouter que pareille attitude d'esprit se justifiait amplement devant des « phénomènes aussi loufoques ». Un chimiste, G. R. Price, a fait valoir que si les effets psi expérimentalement constatés échappaient à toute explication ordinaire, c'était vraisemblablement parce qu'ils résultaient d'une supercherie délibérée ou du déséquilibre mental de l'expérimentateur. En dépit des rétractations ultérieures de Price (1972), cette allégation, formulée dans un article de *Science,* continue d'être abondamment citée. Dans les colonnes de *Science* toujours, un physicien, J. A. Wheeler (1979), démentit formellement ce qu'il avait écrit des travaux de J. B. Rhine (dans une communication à l'American Association for the Advancement of Science, il l'avait accusé sans la moindre preuve de fausser fauduleusement ses résultats expérimentaux).

Les expérimentateurs et la fraude

Il convient tout d'abord de remarquer que si les accusations de fraude sont parfois fondées, ce sont presque toujours les parapsychologues eux-mêmes qui les formulent ou les vérifient. Rappelons, par exemple, que c'est par deux de ses collègues du Rhine's Institute for Parapsychology que Levy, qui dirigeait alors cet établissement de recherche, fut pris en flagrant délit et convaincu de fabriquer de toutes pièces ses résultats expérimentaux (Rhine, 1974). Rappelons encore que Soal, un chercheur britannique, fut soupçonné lui aussi de falsification à la suite d'une enquête passablement concluante menée par d'autres chercheurs (Markwick, entre autres, 1978).

De plus, nombre d'expérimentateurs ont été les premiers à découvrir que les sujets trichaient. Pamplin et Collins (1975), par exemple, rapportent qu'alors qu'ils étudiaient les cas de six enfants présumés capables de provoquer mentalement des torsions de pièces métalliques, ils constatèrent que dans cinq cas le phénomène était dû à un habile tour de main, et que, chez le sixième, aucune torsion n'avait pu être observée.

En 1983, il apparut que deux sujets, à qui leur capacité supposée de tordre le métal avait valu une certaine célébrité, n'étaient en fait que des prestidigitateurs de grand talent (Krippner, 1984). Pourtant, bien que l'étude de ces phénomènes de torsion du métal soit entourée d'un certain discrédit par une majorité de parapsychologues, à notre connaissance aucun chercheur ou scientifique venu d'une autre discipline n'a, semble-t-il, pris la précaution élémentaire de s'entourer d'un expert en la matière, un illusionniste ou un magicien, par exemple. Il a fallu attendre 1983 pour que le conseil exécutif de la Parapsychological Association, réunie en congrès, adopte une résolution affirmant, entre autres, que l'association jugeait souhaitable de « collaborer avec des magiciens qui [...], nonobstant leur opinion quant à l'existence de la psi, seraient désireux de mettre leur expérience au service [...] de mesures de contrôle adéquates contre la fraude ».

L'interférence sensorielle

Les parapsychologues se doivent aussi d'observer la plus grande vigilance pour prévenir les signaux sensoriels transmis à leur insu par les expérimentateurs à leurs « cobayes ». On a reproché à Rhine de ne pas avoir éliminé toutes les causes de « fuites » sensorielles à l'époque où il se livrait à ses premières expérimentations G.E.S.P. en prenant pour cibles des cartes à jouer : le plus souvent, les manipulations s'effectuaient sans qu'on interposât un écran entre le jeu et le sujet. Et quand un cache était interposé, il s'agissait la plupart du temps d'un carnet ou de la main de l'expérimentateur. Dans d'autres cas, on décidait de faire usage d'un écran parfaitement opaque ; l'expérimentateur et le sujet prenaient alors place chacun à une extrémité de la même table. Cette disposition n'excluait pas formellement la possibilité, pour le sujet, de capter des données d'information sur la cible par le truchement des expressions faciales de l'expérimentateur, de ses gestes ou mouvements corporels, des soupirs qu'il laissait inconsciemment échapper, voire d'une perception visuelle directe de la carte cible par réflexion dans les verres de lunettes de son vis-à-vis. On a également fait remarquer que les premières cartes servant spécifiquement aux études de perception extrasensorielle étaient relativement peu opaques et pouvaient être identifiées en transparence quand on les observait de dos (Herbert, 1938 ; Kennedy, 1938). Gertrude Schmeidler (1977) a préconisé une méthode radicale d'élimination des signaux sensoriels de ce genre. « Si les cibles sont placées à proximité du sujet, écrit-elle, on doit les enfermer dans une boîte totalement opaque qu'on gardera fermée jusqu'à ce qu'on ait enregistré les réponses des sujets » (p. 133). Akers (1984) ajoute que l'expérimentateur, précaution supplémentaire, doit prendre toutes les dispositions voulues pour que le sujet ne puisse à aucun moment avoir accès à ces boîtes tant que se poursuit l'expérimentation.

Dans les études de perception extrasensorielle faisant appel à un agent de transmission télépathique (expérimentations G.E.S.P.), on fait généralement en sorte que le sujet et l'expérimentateur séjournent chacun dans une pièce différente. Hansel (1980) a d'ailleurs élaboré un scénario fantaisiste, dans lequel il imagine que le sujet d'un test de télépathie se glisse sans être vu dans la pièce où se tient l'agent transmetteur (lequel est totalement absorbé par le classement de ces cibles), s'asseoit tranquillement sur une chaise, prend tout le temps voulu pour se pénétrer du contenu des cibles et s'en revient tout aussi tranquillement dans la pièce qu'on lui a assignée pour jouer son rôle de récepteur.

Les dispositifs électroniques utilisés au laboratoire ne préviennent pas toujours eux non plus les « fuites » sensorielles qui peuvent se produire lors des opérations de retransmission ou à d'autres occasions. Davis (1974) a discuté des risques inhérents au stockage des séquences de cibles dans la mémoire d'un ordinateur, faisant valoir que si les sujets ont la possibilité de s'approcher de la machine, connaissent le code d'accès aux données et ont quelque connaissance en informatique, rien ne les empêche de modifier un fichier sans que quiconque s'en aperçoive. De plus, les logiciels peuvent comporter parfois des défectuosités qui facilitent l'accès aux cibles mémorisées. Et puis, il n'est pas exclu non plus qu'une défaillance de l'appareil lui-même perturbe le cours d'une expérimentation et contraigne l'expérimentateur à recourir temporairement à des procédures n'offrant pas toutes les garanties requises. Des précautions adéquates s'imposent donc pour contourner ces difficultés (Davis, 1974).

D'autres possibilités d'interférence sensorielle sont communes à un grand nombre d'expérimentations E.S.P. en libre réponse. Ainsi, des conditions atmosphériques inhabituelles peuvent faire l'objet d'une mention dans l'enregistrement de la réponse formulée par un sujet soumis à un test de « vision à distance », ce qui fournit aux juges un indice qui risque de les inciter à établir une corrélation entre réponse et cible. Si par exemple un sujet fait, en cours d'expérimentation, une remarque accessoire sur ses vêtements trempés et que cette remarque est consignée dans le compte rendu, il se peut que cet indice amène les juges à coupler la notion d'humidité au cliché d'un site photographié sous une pluie d'orage.

Quand, au cours d'une épreuve E.S.P., on renseigne les sujets au coup par coup sur la justesse de leurs réponses, le protocole sur lequel on consigne ensuite les résultats risque de comporter certains indices révélateurs qui orientent le choix des couplages réponses-cibles effectués par les juges. Analysant le compte rendu d'une étude de Targ & Puthoff (1974) sur la « vision à distance », Marks & Kammann (1978) ont relevé dans la transcription des réponses fournies par les sujets divers indices révélateurs de ce genre qui, selon eux, auraient pu mettre les juges sur la voie et les aider à établir des corrélations entre cibles et réponses. Ils demandèrent à des juges de se concentrer à nouveau sur ces seuls indices et constatèrent qu'ils se révélaient capables de rétablir l'ordre d'enchaînement séquentiel exact des cibles pour chaque séance de l'expérimentation de Targ & Puthoff, sans même avoir besoin de recourir aux descriptions des cibles. Ils constatèrent encore qu'en fournissant exclusivement les descriptifs des cibles (mais pas les indices révélateurs) aux juges, ces derniers donnaient des résultats sensiblement équivalents aux moyennes probabilistes. En revanche, Tart, Puthoff & Targ (1981), qui eux aussi ont fait appel à la même procédure de vérification (communication aux juges des descriptifs de cibles et pas des indices « orientateurs ») ont obtenu après second « jugement » des résultats nettement supérieurs à la moyenne probabiliste. Il est peu probable que cette énigme soit jamais résolue. La leçon à en tirer, c'est qu'il est indispensable de prévenir toute possibilité de « guidage » sensoriel dès le départ de l'expérimentation (Kennedy, 1979).

Hyman (1977) pense lui aussi qu'il est fort possible que la manipulation d'une cible par les expérimentateurs procure aux juges des indices susceptibles d'orienter les résultats. Voilà pourquoi, dans les expérimentations E.S.P. de cette nature, on utilise la plupart du temps un double jeu de cibles. Seul celui qui n'a pas servi durant les tests est remis aux juges, afin que leurs choix ne soient pas guidés par une éventuelle altération des cibles (plis, traces de doigts, taches, écornures, etc.) due à ceux qui les ont manipulés. Il n'est pas impossible non plus que les cibles recèlent des indices olfactifs si les expérimentateurs ou expérimentatrices se parfument ou font usage d'eaux de toilette.

Pour vérifier ces hypothèses, Palmer (1983) s'est servi de deux jeux de cibles identiques comportant chacun quarante cibles représentées par des photos de magazines. L'un des jeux était « contaminé » par l'agent télépathique qui le manipulait durant l'expérimentation. L'autre était gardé à l'écart, hors de contact physique avec l'agent. Le test portait sur soixante-douze sujets répartis par paires. Les sujets de la moitié des paires devaient « juger » un ensemble de quatre cibles possibles, parmi lesquelles en figurait une qui avait été manipulée par l'agent. On donnait à juger à l'autre moitié des sujets des photos « non contaminées ».

Les sujets devaient formuler trois types de jugements : 1. un jugement reposant sur les analogies de contenu entre la photo et leur propre supputation ; 2. un jugement fondé sur les « vibrations psychiques » émises par les cibles ; 3. un jugement basé sur une estimation d'ensemble. À l'analyse des résultats, rien ne permit de supposer que les « orientateurs » sensoriels virtuellement contenus dans les cibles « contaminées » avaient exercé une influence quelconque sur les trois types de jugement formulés. L'un des sujets observa bien qu'une des photos était écornée, mais la photo en question faisait partie du jeu mis à l'écart et n'avait pas été manipulée par un agent. Une étude antérieure de Schmeidler et Lindemann (1966), dans laquelle des indices sensoriels avaient été délibérément introduit, n'avait d'ailleurs pas davantage mis en évidence le fait que les sujets tiraient consciemment ou inconsciemment parti de ces indices. Répétons cependant que le plus sûr est de concevoir des procédures telles que toute possibilité de contamination des cibles soit écartée, étant donné que la démonstration des phénomènes psi repose sur l'exclusion absolue de toute explication « ordinaire » possible ou plausible.

Le choix aléatoire des cibles

Dans les expérimentations psi, il est indispensable que l'ordre de succession des cibles psi procède du hasard. Si cet ordre n'est pas généré de façon purement aléatoire, rien ne garantit que l'enchaînement des réponses fournies par le sujet ne coïncidera pas avec la distribution séquentielle des cibles. Par exemple, un sujet dont les opérations mentales sont fortement structurées peut fournir des schèmes de réponse cycliques du genre « rouge, noir, rouge, noir » ou « carré, cercle, étoile, lignes brisées, croix, carré, cercle, étoile, lignes brisées, croix ». Si la séquence des cibles (des cartes de Zener dans le dernier cas) n'a pas été choisie au hasard, et si, fortuitement, l'ordre d'enchaînement de ces cibles répond à ce même modèle de distribution, pareille coïncidence risque de fausser les données enregistrées.

On a découvert que des études de perception extrasensorielle pourtant célèbres ont utilisé des séquences de cibles qui n'avaient rien d'aléatoire. Dans une des premières expérimentations de ce genre, due à Brugmans (1922) et réalisée à l'université de Groningue, la distribution des cibles s'écartait à ce point de ce qui aurait dû être une distribution au hasard que le non-hasard était statistiquement significatif. D'autres chercheurs (Schouten & Kelly, 1978) ont plus tard attribué cette anomalie à l'insuffisance du brassage des paquets de cartes cibles avant les épreuves E.S.P. Même observation pour une étude américaine analogue conduite jadis par Riess (1937), dont les résultats s'étaient révélés hautement significatifs. Nicoll (1959) démontra plus tard que ces résultats s'expliquaient, là encore, par une distribution non aléatoire des séquences de cibles, due vraisemblablement à un brassage inadéquat. Mais certains parapsychologues peu convaincus par la démonstration de Nicoll trouvèrent que les données expérimentales recueillies par Riess témoignaient d'une intervention plus que probable de la fonction psi : les écarts relevés entre l'ordre des cibles et une distribution au hasard n'étaient pas assez accusés pour rendre compte des scores significatifs enregistrés. Tart (1980) devait d'ailleurs reprendre plus tard cet argument quand les séquences de cibles relevées dans l'une de ses études sur l'apprentissage de la psi ne parurent pas résulter d'une distribution purement aléatoire (Kennedy, 1980). Une répétition de cette même étude, après qu'on eut remanié les procédures pour en éliminer certaines imperfections et s'assurer que l'enchaînement des cibles résulterait bien du hasard, fournit des résultats en tout point conformes à l'espérance statistique (Tart, Palmer & Reddington, 1979).

La distribution aléatoire des séquences de cibles prend toute son importance quand les sujets sont renseignés au coup par coup sur leurs performances : si les cibles ne se succédaient pas au hasard, ils tenteraient vraisemblablement de recourir à des stratégies interférentielles pour tenter de « marquer » sitôt qu'ils percevraient, consciemment ou inconsciemment, que le schème de distribution n'est pas aléatoire. Le feed-back au coup par coup est de pratique courante dans certaines études de perception extrasensorielle ou de psychokinèse, du fait qu'il semble faciliter l'apprentissage et qu'il réduit le caractère fastidieux des épreuves répétitives. Mais le choix de chaque cible doit procéder d'une opération mentale autonome et non de corrélations établies par déduction ou inférence avec la cible précédente ou subséquente (Diaconis, 1978). Quand on lance en l'air une pièce de monnaie, par exemple, les chances de tirer « pile » ou « face » s'équilibrent et sont chacune de 50 %, même si les « pile » sortent dix fois consécutives. Ces chances demeurent égales précisément parce que le résultat de chaque coup est indépendant du coup qui le précède et du coup qui va le suivre. Il est impératif de maintenir cette même indépendance dans les procédures psi.

Pour donner un ordre séquentiel aux cibles expérimentales, la plupart des parapsychologues se servent d'un dispositif fiable permettant de distribuer au hasard les cibles dans une séquence, des tables de nombres aléatoires ou des générateurs électroniques de valeurs tirées au sort, par exemple. Mais ces générateurs ne sont pourtant pas d'une fiabilité absolue et posent parfois certains problèmes à ceux qui les utilisent sans bien connaître leurs limites. Il peut arriver que leurs composants accusent des défaillances ou cessent d'exercer leur fonction, au risque de provoquer des effets psi artificiels. Il peut arriver encore que les interfaces connectées au générateur soient responsables d'effets parasites qui viennent fausser les résultats (Davis & Akers, 1979). Enfin, le manipulateur peut imposer par mégarde au générateur des cadences excessives et introduire dans les résultats des perturbations proportionnelles à l'amplitude des périodes d'oscillation du signal (May, 1976).

May, Humphrey & Hubbard (1980) ont fait le bilan critique de deux cent quatorze études de psychokinèse. Ils ont observé que dans 44 % des cas le compte rendu ne faisait pas mention de tests de contrôle, et que lorsque ces tests figuraient dans le compte rendu, la plupart du temps la stabilité du générateur de valeurs aléatoires n'avait pas été surveillée au moment de l'expérimentation. Quant à Akers, il a examiné vingt-sept expérimentations de même nature et constaté que dix d'entre elles ne mentionnaient nulle part un quelconque contrôle de fiabilité du dispositif générateur de valeurs aléatoires; les contrôles mentionnés dans les autres études, sans exception, ne faisaient état d'aucun critère de vérification systématique, ce qui ne fait qu'apporter de l'eau au moulin de la critique. May, Humphrey & Hubbard (1980) dressent d'ailleurs le même constat. Ils affirment, eux aussi, qu'à une exception près, les tests de contrôle rapportés par les comptes rendus pouvaient à la rigueur déceler une perturbation globale, due au générateur, des résultats d'ensemble, mais pas une perturbation ponctuelle et fortuite. Cependant, de nombreuses expérimentations récentes ont appliqué des mesures de contrôle beaucoup plus sévères (par exemple, celles de Bierman & Houtkooper, 1981). Davis & Akers (1974) font remarquer fort justement qu'une bonne part des arguments formulés par la critique tombent d'eux-mêmes à partir du moment où le caractère parfaitement aléatoire des séquences de cibles peut se démontrer par des tests appropriés. Pour vérifier la fiabilité d'un générateur utilisé lors d'une expérimentation, il suffirait par exemple de comparer systématiquement les valeurs qu'il fournit durant les séries expérimentales proprement dites aux valeurs fournies durant les séries de contrôle.

L'enregistrement des données

Du temps des premières expérimentations sur la perception extrasensorielle et la psychokinèse, les données étaient tout simplement notées à la main. Mais nul n'est infaillible, et cette méthode ne pouvait bien sûr qu'accroître les risques d'erreur. Dans les tests de psychokinèse faisant appel au jeu de dés, par exemple, un expérimentateur compréhensif ou compatissant pouvait fort bien accorder au sujet un « gain » au lieu d'une perte après avoir confondu avec un autre le nombre des points gravés sur la face d'un dé; un expérimentateur grincheux ou peu accommodant pouvait naturellement commettre une erreur en sens opposé. En examinant attentivement des enregistrements de données, certains chercheurs (Sheffield & Kaufman, 1952; Uphoff & Kennedy, 1939) ont relevé que les expérimentateurs ont tendance à commettre des erreurs s'accordant à leur propre attitude d'esprit vis-à-vis des phénomènes psi, c'est-à-dire à noter par excès s'ils croient en la réalité de ces phénomènes, et par défaut s'ils les tiennent en suspicion. Cette même tendance s'observe d'ailleurs dans les laboratoires de psychologie : on a constaté maintes fois que les erreurs commises dans l'enregistrement des données y vont généralement dans le sens des attentes de celui ou celle qui les enregistre (Barber, 1976, chap. VIII).

Dans les débuts de l'expérimentation sur la psychokinèse – procédures avec des dés –, l'enregistrement des coups n'était pas toujours assorti des précautions garantissant l'exactitude des scores (Girden, 1962). On prit ensuite l'habitude de faire appel à deux personnes pour tenir le décompte des points; mais ces personnes n'étaient pas aveugles, au plein sens que l'on donne aujourd'hui à ce mot : elles connaissaient la face du dé représentant le chiffre sur lequel le sujet s'était concentré. Mais d'étude en étude le système de consignation des scores s'est considérablement modifié, d'abord avec la généralisation de la notation « en aveugle », ensuite avec la transcription manuelle des données fournies par les compteurs à touches, enfin avec les enregistreuses automatiques (Schmeidler, 1977). Plus récemment, l'adoption d'un générateur de valeurs aléatoires couplé à l'ordinateur a rendu caducs le compteur à touches et la transcription manuelle. Dans certains cas, l'enregistrement des données fait même l'objet d'une double procédure de vérification.

L'invasion des laboratoires par la machine de Schmidt (le générateur électronique de valeurs aléatoires) aura apporté à la fonction psi ce que Neher (1980) – qui pourtant ne ménage pas ses flèches à la parapsychologie – qualifie d'« atout majeur » (p. 146). Dans son ouvrage critique consacré à l'E.S.P. et à son étude, Hansel (1980) n'en dénonce pas moins plusieurs insuffisances dans les procédures adoptées par Schmidt lors de ses premières expérimentations. Il affirme par exemple que si la technique d'enregistrement semble relativement fiable (la trace des scores est conservée sur une bande de papier imprimé dans une machine dont les compteurs ne peuvent être remis à zéro), rien n'empêche l'expérimentateur, sinon d'initialiser les compteurs, du moins d'éteindre la machine pour que certaines épreuves « de répétition » ne soient pas enregistrées. Pareille critique tombe bien entendu d'elle-même. Il est parfaitement légitime d'éteindre un compteur pendant une séance de répétition, à partir du moment où l'expérimentateur a décidé d'avance de procéder de cette façon (Akers, 1984).

À l'appui de sa critique, Hansel déclare que les bandes de papier dont se servait Schmidt pour enregistrer ses résultats ne constituaient pas un rouleau continu, mais se présentaient sous la forme de rubans indépendants les uns des autres et non numérotés à l'avance. De plus, ajoute-t-il, Schmidt n'a pas pris la peine de vérifier si les données enregistrées sur le papier correspondaient très exactement aux affichages des compteurs. Il est parfaitement exact que les bandes de papier utilisées par Schmidt n'étaient ni prénumérotées ni disposées en un ruban continu, en revanche, la seconde assertion est fausse, – n'en déplaise à Hansel –, Schmidt a très soigneusement vérifié que les données imprimées correspondaient à celles qu'affichaient les compteurs (Schmidt, 1969, p. 103).

Hansel affirme encore que la distinction entre conditions optimales et conditions minimisantes établie par Schmidt dans certaines expérimentations fausse les résultats : rien ne garantit que cette distinction n'a pas été établie après coup, une fois toutes les données enregistrées. Sur ce point, la critique de Hansel est en partie fondée, du fait que l'affichage des compteurs ne pouvait différencier les conditions entre elles. Mais les résultats des épreuves étant enregistrés de façon automatique, selon différents codes, sur des bandes perforées, la décision de passer d'une condition expérimentale à l'autre était prise à l'avance (Akers, 1984).

Enfin, Hansel (1980) admet que l'usage du générateur de valeurs aléatoires autorise une vérification satisfaisante des réactions du sujet, mais il considère que l'attitude de l'expérimentateur, elle, échappe à peu près à tout contrôle. Pour que les résultats gagnent en fiabilité, estime Hansel, il faudrait, d'une part, qu'un expérimentateur supplémentaire au moins soit présent lors des épreuves, d'autre part, que les formulaires et les bandes perforées soient repérables par des numéros de série. En outre, les compteurs ne devraient pas comporter de dispositifs de remise à zéro, et l'un d'eux devrait tourner de façon permanente pour enregistrer les essais, les touches et les erreurs (p. 224). Dans certaines expérimentations de Schmidt (1969), les données étaient décodées par des compteurs impossibles à remettre à zéro et les bandes perforées fournissaient un enregistrement permanent et objectif des mêmes données. Ajoutons que des perfectionnements ultérieurs ont rendu pratiquement impossible la falsification des données produites par la deuxième génération des machines de Schmidt (Schmidt, Morris & Rudolph, 1984).

Un autre argument critique a été avancé par Hyman (1981). Ce dernier considère que si certains tests permettent de vérifier le caractère authentiquement aléatoire des valeurs numériques générées par la machine de Schmidt, cette vérification bien que suffisante pour prévenir une déviation statistique étalée « sur une longue période, ou même si elle est temporaire », ne l'est pas pour empêcher « un infléchissement bref et ponctuel des données du générateur » (p. 38).

Nul ne conteste l'éventualité de défaillances de ce genre. Il convient d'en rechercher les causes si on veut les contrôler plus sévèrement. Et les parapsychologues sont tous d'accord pour considérer que les générateurs électroniques et autres dispositifs en usage dans les laboratoires de recherche sur la psi nécessitent des vérifications de routine (Davis, 1974).

Ces vérifications prennent une importance toute particulière dans l'étude des phénomènes de macropsychokinèse provoqués par un sujet réputé capable d'influencer certains volumes solides, des objets métalliques par exemple. On sait que certains individus ont provoqué des torsions dans certaines pièces métalliques contenues dans un tube scellé tenu par un autre individu. On sait aussi que des exploits de ce genre résultent parfois d'un habile tour de main (Randi, 1982).

Différents chercheurs (Crussard et Bouvaist, 1978; Hasted, 1981) ont observé, dans des conditions expérimentales extrêmement rigoureuses, des phénomènes de nature apparemment psychocinétique provoqués dans certains cas à plusieurs mètres de distance (torsions, étirement ou durcissement superficiel de pièces métalliques), phénomènes qu'ils ont pu directement vérifier par des mesures extensométriques ou microdurométriques précises [1].

Randi (1982, pp. 216-217) émet des réserves sur la fiabilité des mesures effectuées à l'aide de jauges extensométriques, considérant que d'autres facteurs - l'électricité statique, par exemple - peuvent rendre compte des résultats enregistrés. On a également reproché à ces jauges leur extrême sensibilité aux ondes hertziennes, et en particulier aux émissions des radiomicrophones. Pour palier ces inconvénients, Hasted et ses collaborateurs ont mis au point diverses

1. En 1977, Crussard et Bouvaist avaient demandé au professeur Hasted de vérifier à Londres les résultats « troublants » qu'ils avaient de leur côté enregistrés avec Girard à Grenoble et Lyon dans les laboratoires de Pechiney Ugine Kuhlman. Les phénomènes observés consistaient, d'une part, en des torsions macroscopiques de barres métalliques contenues dans des éprouvettes scellées, et d'autre part, en un durcissement superficiel, non décelable à l'œil, localisé sur les deux faces de plaquettes de duralumin « tenues » par Girard entre le pouce et l'index.

Ce qui semble impressionnant dans cette vérification de Hasted, notent Crussard et Bouvaist, c'est que les mesures avaient été effectuées (à Londres) « en aveugle et confirmées dans un laboratoire anglais indépendant à l'Electrical Research Association ».

Les comptes rendus expérimentaux de Crussard & Bouvaist, puis ceux de Hasted, dressent le constat formel des phénomènes suivants, que tous les trois jugent inexplicables « Aucune opération métallurgique simple connue des auteurs ne permet de reproduire exactement les différentes particularités physiques observées » (p. 129) :

- déformation de tubes métalliques, sans substitution possible, et de résistance suffisamment élevée pour exclure toute explication par une intervention purement manuelle et musculaire;
- durcissement superficiel de l'ordre de 8 %, sur une longueur pouvant atteindre 40 mm et une largeur de 10 à 15 mm, avec modification des contraintes résiduelles et création dans cette zone d'une microstructure particulière. *(N.d.T.)*

procédures (élimination de toute impureté chimique déposée à la surface des jauges, détection des effets de jeu et de fatigue par surveillance constante des déviations du stylet, séries de contrôle effectuées en dehors de la présence des sujets). Pour détecter d'éventuelles interférences hertziennes, on a également utilisé des résistances factices comportant de longues boucles de fils conducteurs dénudés, dispositifs nettement plus sensibles que les jauges aux radiations électromagnétiques.

L'application de la technologie aux études de psychokinèse peut sans doute apporter aux méthodes et aux procédures des perfectionnements sensibles. Mais ces perfectionnements ne s'imposeront pas de façon automatique, car la technologie a elle aussi ses faiblesses et ses limites.

Notation et classification des résultats

La notation des données psi s'effectue après que ces dernières ont été enregistrées, et l'opération ne présente d'ordinaire aucune difficulté, Dale (1943) avait déjà relevé que l'erreur le plus fréquemment commise dans les expérimentations en choix forcé (quand on utilise des cartes E.S.P., par exemple) consiste à oublier de noter certains « gains » (ou si l'on préfère, certaines « touches »). Cette omission risque non seulement de réduire le degré de significativité des scores psi, mais aussi d'augmenter quantitativement l'écart négatif *(psi missing)* (décrit sous les termes, de « défaillance de la psi »). Par ailleurs, les erreurs de notation sont à craindre, particulièrement quand il faut consigner des données en très grand nombre. Une série de tests de Ryzl (1968) en témoigne : on avait chargé un assistant de relever les résultats et il avait laissé s'infiltrer des erreurs. En demandant à une seconde personne de revérifier « en aveugle » le pointage des données enregistrées, on minimise généralement les erreurs de ce genre.

Après avoir été notées, les données doivent parfois être classifiées selon certains critères qu'il est indispensable d'élaborer et de définir à l'avance. On évite ainsi qu'une décision arbitraire ne vienne plus tard fausser les résultats dans le sens souhaité. Scott (1959) a montré par exemple que les travaux de Schmeidler et McConnell sur l'effet « mouton-chèvre » (dont nous avons rendu compte au chapitre 6) manquaient de fiabilité. Pourquoi? parce que le système de classification comportait peut-être des erreurs. Il est possible, affirme Scott, que Gertrude Schmeidler ait classé certains sujets dans la catégorie des « moutons » ou des « chèvres » après avoir pris connaissance de leurs scores E.S.P., en affectant tout naturellement les plus performants au premier groupe (celui des sujets qui croient à la psi) et les moins performants au second (celui des sceptiques).

Gertrude Schmeidler (1959) est elle-même convenue que certains sujets affichaient une attitude passablement équivoque par rapport à la perception extrasensorielle; mais elle ajoute la précision suivante : c'est selon une procédure « en aveugle », et sans consultation préalable des scores E.S.P. réalisés, que les sujets ont été répartis en deux catégories. Lors d'une étude, explique-t-elle, on avait décidé de dénommer « mouton » tout sujet déclarant qu'il « admettait la manifestation de l'E.S.P. en cours d'expérimentation » ou encore qu'il « espérait réussir » à démontrer à percevoir extrasensoriellement (Schmeidler & Murphy, 1946). Dans une autre étude, on avait demandé aux sujets de s'attribuer eux-mêmes un « coefficient de conviction » en s'aidant d'une échelle d'évaluation graduée. Dans une autre étude encore, les sujets devaient se classer de leur propre chef dans une catégorie ou l'autre après avoir reçu quelques explications liminaires qu'ils restaient libres d'interpréter à leur gré (Akers, 1954). Toutefois, il est certain qu'aucune contestation n'aurait été possible si cette distinction entre « moutons » et « chèvres » avait reposé sur un système de discrimination solidement élaboré à l'avance.

Bhadra (1966), qui a répété cette expérimentation de Schmeidler, a réparti ses sujets entre « moutons » et « chèvres » après avoir pris connaissance des données E.S.P. recueillies. Mais en dépit de cette erreur, son système de classification était parfaitement conçu, ce qui lui a permis de dégager différences caractéristiques entre les deux catégories. Bien qu'il estime que pareil défaut méthodologique risque de retentir sur les résultats expérimentaux, Akers (1984) conclut que lesdits résultats se révèlent significatifs, et qu'il est peu plausible que ce soit le fait d'une erreur de classification.

Les erreurs de ce genre ont relativement peu de chances de se glisser dans les études portant sur les corrélats individuels de la psi, dans ce cas, les sujets sont généralement soumis à des mensurations objectives (des tests de personnalité, par exemple). La notation de ces tests n'est pas toujours « aveugle », malgré tout. Et elle est souvent effectuée après que celui qui note les points a pris connaissance des résultats des tests de personnalité. Ce qui peut entraîner une erreur de score. Conscients d'avoir commis une faute méthodologique de ce genre, Johnson et Kanthamani (1967) ont dû reprendre au début l'une de leurs expérimentations, dont les résultats vinrent cependant confirmer les données précédemment recueillies, les deux études ayant révélé une corrélation sensible entre la personnalité défensive et la faiblesse des scores E.S.P.

Les statistiques

Des techniques nombreuses et très perfectionnées permettent aujourd'hui de faire l'analyse des expérimentations en libre réponse, en choix forcé ou en alternative simple (Burdick & Kelly, 1977). Charles Richet (1884) compte parmi les tout premiers chercheurs à avoir compris l'intérêt d'appliquer la méthode statistique aux réponses fournies par des sujets (à qui on demandait d'identifier extrasensoriellement des cartes à jouer). Dans un article publié par *La Revue philosophique* (sous le titre de « Suggestion mentale et calcul des probabilités »), Richet [1], alors professeur de physiologie, expliquait comment on pouvait recourir à la théorie probabiliste pour démontrer la présence d'effets télépathiques dans ses expérimentations avec des cartes à jouer. Il fit aussi appel à des tests statistiques pour interpréter les résultats obtenus avec un sujet sous hypnose à qui on demandait d'identifier, par clairvoyance, des cartes placées à l'intérieur d'enveloppes opaques. Dans un cas comme dans l'autre, Richet calculait d'abord le pourcentage moyen des touches résultant des seules lois du hasard (moyenne probabiliste ou espérance), puis comparait à ce pourcentage moyen probable et espéré le pourcentage réel des touches obtenues par le sujet (écart type).

Quand le docteur J. B. Rhine publia ses premiers résultats statistiques, les scores E.S.P. enregistrés étaient, eux aussi, comparés à la moyenne probabiliste. Kellog (1937) fit toutefois remarquer que ce n'était pas l'écart type qui en soi était significatif, mais la comparaison des scores E.S.P. avec les valeurs probabilistes obtenues à partir d'une distribution alternée. L'objection sembla parfaitement recevable, mais divers mathématiciens ont considéré depuis que ce raffinement proposé par Kellog, s'il avait été adopté, n'aurait pas modifié de façon substantielle les conclusions statistiques de Rhine (Mauskopf & McVaugh, 1980). En tout cas les scores obtenus par Rhine et ses collaborateurs ont largement été interprétés comme des effets ne résultant en rien d'un artefact statistique.

Des accusations précises contre l'incapacité des méthodes statistiques à prouver la réalité de la fonction psi ont été formulés. On a allégué (comme l'ont fait par exemple Boring, 1955; ou encore Girden, 1962) que cette réalité ne saurait se démontrer par la comparaison des scores E.S.P. ou P.K. avec un modèle de distribu-

1. Agrégé de médecine (1878), Charles Richet a effectivement enseigné la physiologie (1887), à la faculté de médecine de Paris avant d'être élu successivement membre de l'Académie de médecine (1898) et de l'Académie des sciences (1914). Entre-temps, il avait présidé la *Society for Psychical Research* de Londres (1905) et reçu un prix Nobel (1913). *N.d.t.*

tion théorique. Scott (1958) s'est joint à Brown (1957) pour dénoncer par une argumentation très sophistiquée l'inanité des efforts déployés par la parapsychologie. Celle-ci, selon eux, cherche à se doter d'un semblant de respectabilité en appelant à la rescousse la théorie probabiliste. De son côté, Girden (1962) estime que les résultats expérimentaux seraient plus crédibles si toutes les épreuves étaient également imposées à des sujets de contrôle qui, eux, ne recevraient pas pour instructions de démontrer leurs capacités de perception extrasensorielle ou de psychokinèse. Or, Akers (1984) souligne précisément que les expérimentations psi sont de plus en plus nombreuses à respecter ce critère. La pertinence de beaucoup d'études repose aujourd'hui davantage sur la comparaison d'un échantillonnage de sujets à un autre, ou d'une condition expérimentale à une autre, que sur la comparaison des résultats enregistrés à une hypothétique distribution régie par les lois du hasard.

Diaconis (1978) a critiqué les procédures consistant à renseigner au coup par coup quand le nombre des cibles qu'on demande de deviner est limité. Autrement dit, chaque fois qu'on révèle à un sujet l'identité de la dernière cible qu'il était sensé deviner (c'est le principe même du feed-back simultané), on influence ses réponses ultérieures, ou bien en réduisant le nombre des cibles (quand on retire du jeu des cartes déjà identifiées, par exemple), ou bien en réduisant le niveau d'autonomie de chaque réponse (quand on replace sous le jeu chaque carte après qu'elle a été identifiée). Au temps des premières études sur la « vision à distance » par clairvoyance, cette imperfection méthodologique n'était pas rare (Targ & Puthoff, 1974).

À l'époque où Rhine (1934) a commencé à expérimenter sur la perception extrasensorielle, il ne spécifiait généralement pas le nombre des épreuves dont les sujets devaient s'acquitter. Certains résultats positifs obtenus par cet auteur ont donc été sujets à caution : ils tenaient peut-être au fait que les expérimentateurs avaient arrêté juste au bon moment le déroulement des séries d'épreuves, c'est-à-dire quand les scores atteignaient un niveau statistiquement significatif. Greenwood et Greville (1939) ont en effet démontré mathématiquement que si une série de coups tirés au hasard est prolongée suffisamment longtemps par un joueur, il vient toujours un moment où celui-ci peut afficher des gains significatifs (par rapport à la moyenne probabiliste) s'il s'arrête en temps opportun. Toutefois, des vérifications empiriques ont indiqué que cette question n'aurait pu se poser que dans les tests très faiblement signifiants. De nos jours, il est admis que déterminer à l'avance le nombre des coups de chaque série est une condition première. Tout manquement à cette règle passerait pour une faute méthodologique grave.

Beaucoup moins grave, cependant, que de passer sous silence certaines données ou que d'en sélectionner arbitrairement certaines autres, quitte à baptiser après coup d'« études pilotes » ou de « répétitions » les séries ayant fourni des résultats non significatifs. Marks et Kammann (1980) ont accusé très sévèrement Targ et Puthoff (1974) d'avoir fait un choix arbitraire de données en dressant le compte rendu de leur expérimentation P.K. avec Uri Geller. Le pointage minutieux des résultats consignés au jour le jour en 1974 par Puthoff et Targ laissait en effet planer de sérieux doutes sur la rigueur de leur système de notation. Il semble impossible d'affirmer, par exemple, que tous les coups ont bien été comptabilisés, ou que tous les résultats ont été véritablement soumis à l'appréciation de juges. Pareille négligence dans les procédures nous amène inévitablement à nous demander si les expérimentations avaient fait l'objet d'un plan préparé d'avance ou si elles ne relevaient pas, en partie, de l'improvisation.

On a remarqué aussi que vers la fin des années trente les scores E.S.P. enregistrés par Rhine et ses collaborateurs révélaient un substantiel déclin. Les critiques de l'époque furent prompts à expliquer ce phénomène par l'introduction en laboratoire de méthodologies plus rigoureuses. Le caractère fastidieux des séries d'épreuves ou l'extension des échantillonnages de sujets n'apparurent pas dans les causes possibles du phénomène mentionné. D'autres chercheurs prirent alors l'habitude d'analyser les données responsables des effets de « déclin », de « remontée finale », d'« écart négatif » ou de « déplacement » (effet que l'on observe quand un sujet se trompe en identifiant une cible, mais quand il a deviné juste si on considère la cible qui vient immédiatement avant ou après dans la série). Or, dans la plupart des cas, ces multiples analyses n'étaient décidées qu'*après* le début des expérimentations. De plus, on s'y livrait la plupart du temps sans avoir déterminé quel effet une analyse supplémentaire risquait d'entraîner sur la probabilité relevée dans d'autres analyses. (Car si on entreprend dix analyses au lieu d'une seule, il est plus probable que les données signifiantes seront exclusivement dues à des coïncidences.) À cet égard, Kennedy (1979) fait remarquer le point suivant : lorsqu'on examine les résultats des études en libre réponse, il est impossible de savoir si les analyses mentionnées dans les comptes rendus ont été décidées à l'avance; impossible aussi de découvrir si d'autres analyses n'ont pas été décidées en cours d'expérimentation sans figurer au compte rendu.

Énumérons quelques-unes des questions d'ordre statistique. On est en droit de se les poser chaque fois qu'on examine les résultats d'une expérimentation psi :

1. Les hypothèses et les méthodes d'analyse des données ont-elles été spécifiées à l'avance par écrit (Barber, 1976)?
2. Les résultats de toutes les analyses figurent-elles au compte rendu? A-t-on appliqué les correctifs résultant d'analyses multiples (Barber, 1976)?

3. Pour éliminer toute possibilité d'interrompre à loisir une expérimentation en cours, a-t-on prédéterminé formellement le nombre des sujets et celui des épreuves (Leuba, 1938)?
4. A-t-on vérifié qu'aucune erreur informatique ne s'est glissée dans le traitement des données (Barber, 1976)?
5. Les analyses statistiques ne contreviennent-elles pas d'une manière quelconque au présupposé que les épreuves expérimentales doivent être indépendantes les unes des autres (Diaconis, 1978)?

Les analyses expérimentales ne représentent pas l'unique source où les parapsychologues peuvent puiser d'utiles informations sur la fonction psi. Les études de cas, les observations sous contrôle direct, les comptes rendus phénoménologiques et les travaux allant dans le même sens que les leurs prennent pour eux une égale importance. Les statistiques doivent refléter chez leurs utilisateurs une parfaite compréhension des hypothèses mathématiques qui les sous-tendent. Enfin, on ne doit recourir aux statistiques que de façon précise et rigoureuse.

Le compte rendu expérimental

On a souvent reproché à Rhine d'avoir rendu compte de façon incomplète de ses premières études expérimentales. Se faisant l'avocat de Rhine, Rao (1981) intervient : « C'est tout simplement qu'à l'époque on n'estimait pas nécessaire de mentionner dans les rapports des précisions jugées aujourd'hui indispensables » (p. 192). D'ailleurs, dès la fin des années trente, les comptes rendus des expérimentations conduites dans le laboratoire de Rhine satisfaisaient à des critères nettement plus rigoureux (Akers, 1984).

De nos jours, ces critères sont devenus d'une extrême sévérité. D'abord, les hypothèses expérimentales doivent être formulées à l'avance, et les méthodes de vérification de ces hypothèses définies avant l'enregistrement des données. Ensuite, les procédures doivent être décrites avec suffisamment de précision pour qu'un autre chercheur puisse ultérieurement répéter l'expérimentation. En outre, les conclusions doivent être pleinement corroborées par les données enregistrées. Enfin, si l'on a procédé à une analyse supplémentaire des données, le compte rendu doit mentionner que cette analyse avait été prévue dès le départ, et non pas décidée en cours de route.

Nature, un périodique anglais de vulgarisation scientifique, a publié en 1974 un article de Targ et Puthoff, dans lequel ces deux auteurs décrivaient les travaux qu'ils avaient réalisés avec différents sujets. Parmi ces derniers, l'Israélien Uri Geller, bien connu à l'époque des téléspectateurs du monde entier pour ses numéros de torsion du métal. Toutefois, la rédaction de *Nature* prenait soin d'avertir ses lecteurs que les détails des procédures expérimentales n'étaient pas tous adéquatement rapportés. Marks et Kammann (1980) s'autorisèrent de cet article pour construire un scénario expliquant comment Geller avait fort bien pu tricher en profitant de certaines lacunes expérimentales. Morris (1981) eut beau dénoncer plus tard l'inanité des arguments formulés par Marks et Kammann, cet exemple souligne l'importance que prend l'exposé minutieux des procédures quand on veut parer à toute critique partisane.

La critique constructive

Le bilan critique le plus pertinent de l'expérimentation en parapsychologie a été dressé par Charles Akers (1984). Après avoir sélectionné cinquante-cinq études ayant fait l'objet d'une publication scientifique, Akers en a scruté les comptes rendus pour y déceler les vices de procédure susceptibles d'en compromettre les conclusions ou de les invalider (« fuites » sensorielles, caractère non aléatoire des séquences de cibles, enregistrement défectueux des données, défaillance dans la notation ou la classification, analyses statistiques inadéquates, lacunes dans les rapports d'expérimentation). De cet examen d'ensemble, Akers conclut que, dans 90 % des cas, les protocoles expérimentaux péchaient par défaut de rigueur. Il ajoute cependant que cette imperfection méthodologique n'est pas le propre des travaux parapsychologiques. On la constate aussi dans d'autres domaines de recherche – celui des sciences sociales et comportementales, entre autres – et elle ne fait que traduire les difficultés rencontrées sitôt qu'on se propose d'étudier des phénomènes complexes. Akers formule diverses recommandations applicables à l'expérimentation en parapsychologie :

1. La sélection des cibles au hasard doit se faire au moyen de tables de nombres aléatoires ou d'un dispositif fiable tel qu'un générateur électronique, et non en recourant à une technique plus ou moins approximative (le brassage des cartes, par exemple);
2. Les vérifications de fiabilité des générateurs aléatoires doivent s'effectuer en cours d'expérimentation, par la comparaison systématique des valeurs qu'ils fournissent dans les conditions de contrôle et dans les conditions expérimentales proprement dites. En outre, leurs normes de fonctionnement ainsi que les tests de fiabilité doivent être parfaitement standardisés;
3. Quand il est nécessaire de cacher la cible, condition obligée pour certaines épreuves de clairvoyance, la cible doit être placée dans une boîte parfaitement opaque qu'à aucun moment le sujet n'aura la latitude d'ouvrir. Lors des expérimentations sur la télépathie, le récepteur devra être enfermé dans une pièce hermétiquement close,

et cette condition sera objectivement vérifiée. Toutes les précautions devront être prises pour que le sujet ne puisse quitter cette pièce pendant les épreuves à l'insu des expérimentateurs, ou user d'un artifice quelconque pour rompre son isolation ou encore se servir de dispositifs électroniques miniaturisés. De plus, toute personne dont la présence n'est pas indispensable devra être exclue des locaux d'expérimentation;

4. Les comptes rendus expérimentaux doivent décrire explicitement les mesures prises pour prévenir les transferts d'informations émises par les expérimentateurs qui préparent les cibles ou donnent des instructions à l'agent télépathique, et qui peuvent être interceptées par d'autres expérimentateurs, lesquels eux, communiquent avec les sujets;

5. Les comptes rendus doivent aussi mentionner les précautions prises pour éviter tout transfert d'information des expérimentateurs ou des sujets aux juges, présumés formuler leurs jugements « en aveugle ». Les séquences de cibles doivent être présentées à ces derniers dans l'ordre de leur désignation par le hasard, et les indices (inhérents aux manipulations de ces cibles) qui risquent de « guider » les jugements doivent être éliminés par l'utilisation d'un double jeu de cibles. Enfin, on proscrira tout feed-back au coup par coup si le nombre des cibles est strictement limité;

6. L'expérimentateur qui enregistre les appels du sujet devra procéder « en aveugle », c'est-à-dire ignorer le contenu des cibles;

7. L'évaluation des résultats ne doit jamais reposer sur une transcription manuelle des données automatiquement enregistrées par les compteurs. Cette méthode laisse toujours place à des erreurs. Si les compteurs sont automatiques, on doit pouvoir imprimer simultanément les scores;

8. Toute séance « préliminaire » ou « de répétition » fera l'objet d'une mention dans le compte rendu; on établira à l'avance une distinction soigneuse entre les différentes conditions expérimentales (entre les « coups pour rien » et les « coups pour de bon », ou entre les écarts positifs et les écarts négatifs). Cela pour prévenir toute interprétation a posteriori des résultats;

9. La durée de l'expérimentation et les méthodes d'analyse des données seront, elles aussi, définies avant l'enregistrement de ces données, afin que l'expérimentateur ne puisse arbitrairement interrompre le déroulement des épreuves au moment où les scores sont les plus significatifs;

10. Il est plus éloquent de comparer les résultats obtenus dans différentes conditions expérimentales que de comparer à un modèle statistique théorique les résultats obtenus dans une circonstance expérimentale particulière. Ainsi, quand on compare l'une à l'autre deux conditions (l'hypnose et l'absence d'hypnose, par exemple), on

dispose de deux ensembles de scores bien réels (ce qui ne serait pas le cas si on comparait les scores enregistrés sous hypnose à une distribution probabiliste);

11. La présence d'expérimentateurs supplémentaires (durant des opérations critiques telles que le tirage des valeurs aléatoires ou l'enregistrement et la notation des données) réduit le nombre des erreurs que risque de commettre, par inadvertance ou de façon délibérée, un expérimentateur unique;

12. Les analyses statistiques doivent satisfaire à tous les critères communément requis, et plus particulièrement respecter l'autonomie des coups. Toutes les données, sans exception, doivent figurer dans le compte rendu, afin que d'autres chercheurs puissent ultérieurement répéter les expérimentations. Les données brutes doivent être consignées pour mémoire dans la même perspective.

Le jour où de sévères contrôles méthodologiques se seront imposés, le jour où les comptes rendus expérimentaux seront exhaustifs, conclut Akers, alors seulement les confirmations apportées par d'autres études de même nature démontreront la réalité de la fonction psi.

Krippner (1974) ajoute : la recherche psi se doit nécessairement d'être cumulative et systématique. Car les scientifiques s'efforcent d'unifier divers corps de savoir en recourant à la théorie et en construisant un système cohérent de propositions vérifiables.

La critique en question

S'il est indispensable que les parapsychologues poursuivent leurs buts avec rigueur et circonspection, il est tout aussi indispensable que les critiques s'informent de l'état de la recherche, s'ils ne veulent pas commettre les erreurs qui par le passé ont compromis tant de leurs efforts. Honorton (1981) a relevé de multiples contre-vérités dans le livre de Hansel (1980), *E.S.P. and Parapsychology: A Critical Re-evaluation.* Stanford a fait l'analyse du contenu d'un autre ouvrage critique, celui de Alcock (1981), intitulé *Parapsychology: Science or Magic?* Il en a souligné lui aussi les inexactitudes. Une étude mentionnée déjà, conduite au Maimonides Medical Center sur la télépathie onirique, va nous servir d'exemple pour montrer combien il est facile de travestir les faits par un commentaire partial ou fallacieux. Commençons par citer le compte rendu critique, bref mais objectif, que donne de cette étude Neher (1980) dans son livre intitulé *The Psychology of Transcendence*:

> [...] une série d'études de grand intérêt [...] il s'agit de tests sur le rêve et la télépathie réalisés au Maimonides Medical Center

de New York. Ces tests démontrent apparemment que l'activité onirique peut être influencée par la télépathie, encore que d'autres chercheurs, qui eux aussi ont expérimenté dans le même sens, n'aient pas enregistré de résultats analogues, alors que dans un cas pourtant le sujet choisi avait auparavant « réussi » lors des tests du Maimonides. Une contre-expérimentation conduite par l'équipe du Maimonides elle-même devait d'ailleurs se révéler tout aussi infructueuse » (p. 145; aucune référence ne figure dans le texte).

Voyons maintenant comment sont résumées ces expérimentations dans trois autres comptes rendus critiques, dus à des auteurs qui ne s'encombrent pas du même souci d'exactitude que Neher. Hansel (1980) écrit (à propos de l'étude conduite au centre médical Maimonides) que si, « des précautions ont été prises pour éliminer la possibilité d'une transmission de l'information par des moyens normaux, ces précautions particulières ne semblent pas avoir été les bonnes » (p. 253). Mais Hansel se garde bien d'expliquer *pourquoi* ces précautions étaient inadéquates. À l'appui de ses dires, il se contente de citer un article de Krippner et Ullman (1970) mentionnant que (dans une autre expérimentation) l'« agent » avait été « encouragé » à noter par écrit ses associations d'idées avant de prendre connaissance d'un dessin contenu dans une enveloppe cachetée (Hansel, 1980, p. 246). Hansel en déduit qu'un « expérimentateur était vraisemblablement présent au moment où l'agent a ouvert l'enveloppe » (p. 246), donc que ledit expérimentateur est sans doute à l'origine de « fuites » sensorielles perçues par le sujet. Pourtant, le protocole expérimental de l'étude en question spécifie très explicitement que les « encouragements » dont se prévaut Hansel pour sa démonstration consistaient à demander au sujet de formuler ses associations *par écrit,* et qu'en outre, aucun expérimentateur n'était présent au moment où le sujet avait ouvert l'enveloppe contenant le dessin cible. Hansel (1980) ajoute que les enveloppes *auraient dû* être opaques et numérotées sitôt après avoir été cachetées par une personne ignorant tout de leur contenu. Or, ces deux précautions avaient bel et bien été prises par les expérimentateurs (Krippner, 1984).

Quant à Alcock (1981), il considère que les expérimentations du centre médical Maimonides manquent de fiabilité du fait de leur conception même : aucun groupe de sujets de contrôle n'a été prévu au départ. Pourtant, c'est à des juges parfaitement étrangers à l'expérimentation qu'il était demandé de comparer le nombre des touches (analogies entre le contenu des dessins pris pour cibles et la transcription des rêves) à celui des erreurs (absence de toute analogie entre cibles et rêves), et d'observer si le pourcentage des corrélations établies était supérieur à la moyenne probabiliste. Bien que ce type de procédure soit celui qu'adoptent les expérimentations psychologiques de même nature, il serait plus rigoureux de comparer directement les réponses de deux groupes de sujets placés chacun dans des conditions expérimentales distinctes. Cela dit des données de contrôle en tout point comparables à celles dont Alcock dénonce l'absence ont bel et bien été recueillies, à plusieurs reprises, et en particulier deux fois lors des tests ayant fourni des résultats psi significatifs (Krippner & Ullman, 1970; Krippner, Ullman & Honorton, 1972).

Enfin, Zusne et Jones (1982) affirment dans un autre compte rendu critique que le rêveur avait été *préparé* à percevoir le dessin cible qu'on lui demandait d'identifier par précognition au début de l'expérimentation (p. 260). Il s'agit là d'une erreur grossière, car l'expérience « préparatoire » que Zusne et Jones (pp. 260-261) citent en exemple eut lieu *après,* et non pas avant l'enregistrement des rêves (Krippner, Ullman & Honorton, 1972).

Certes, les expérimentations conduites au Maimonides Medical Center n'étaient pas méthodologiquement irréprochables. Tant s'en faut. Akers (1984) a fort justement remarqué que diverses procédures de jugement supposaient inconsidérément que les tentatives de couplage (des cibles au contenu onirique) étaient statistiquement indépendantes les unes des autres. Hélas, sitôt qu'est publiée ici ou là une contre-vérité, les détracteurs de la parapsychologie la brandissent et s'acharnent à la citer, de sorte que certaines inexactitudes flagrantes ont fini par faire figure de vérités établies.

Si l'Association parapsychologique s'est affiliée à l'American Association for the Advancement of Science, c'est que ses membres s'engageaient à faire progresser le savoir humain du monde empirique en s'appuyant sur la méthode scientifique. La parapsychologie (en cela, elle est logée à la même enseigne que les sciences sociales et comportementales qui, elles, ont acquis droit de cité) ne dispose pas des mêmes pouvoirs de prédiction et de démonstration que la physique ou la chimie. D'une part, parce qu'elle étudie des phénomènes éminemment complexes et mouvants; d'autre part, parce que toute démarche scientifique commence par faire ses premiers pas avant d'acquérir la maîtrise de l'âge mûr. Si les détracteurs de la parapsychologie montraient plus de responsabilité et plus de respect de l'exactitude; si, à l'inverse, les parapsychologues méditaient davantage les leçons de la critique (ou se faisaient eux-mêmes critiques, à l'occasion, en prenant un peu de recul), notre discipline ne pourrait que brûler les étapes et enrichir la somme de connaissances qui nous fait mieux comprendre la condition humaine.

Chapitre 10

Les interprétations théoriques

Toute démarche scientifique se propose d'établir une classification ordonnée des phénomènes qu'elle étudie, d'expliquer les phénomènes de même nature observés par le passé, et de prédire leurs manifestations dans l'avenir. L'interprétation théorique est donc partie intégrante de la science. La démarche de la biologie serait incomplète si cette discipline n'avait pour ambition que de classer les espèces vivantes ou fossiles. Par ses activités descriptives, elle reflète aussi des énoncés hypothétiques qui s'efforcent d'expliquer et préfigurer le développement ou le comportement des êtres organisés.

Il arrive, bien sûr, que tel ou tel modèle descriptif se fourvoie, comme ce fut le cas du système géocentrique du monde proposé par Ptolémée. Ce système reposait sur l'hypothèse que le Soleil et les planètes gravitent autour de la Terre. Il fallut attendre la mise en lumière de nouvelles données astronomiques pour qu'apparaisse l'inanité de ce modèle d'interprétation du système solaire, et pour qu'une théorie héliocentrique se substitue à la géocentrique. Autre exemple : les descriptions phrénologiques des bosses et dissymétries crâniennes étaient en elles-mêmes parfaitement correctes, mais l'interprétation qu'en donnaient les phrénologues, affirmant que la forme du crâne prédétermine le caractère de l'individu, ses capacités intellectuelles et affectives, ne l'était pas. À partir du moment où des observations ultérieures ruinèrent cette découverte, le modèle d'interprétation théorique proposé par la phrénologie tomba en discrédit, en dépit de la justesse de ses observations initiales.

La chimie a longtemps tenu pour acquise la réalité de certains phénomènes tels que le « fluide calorique », ou encore le « phlogistique », mystérieuse substance, principe volatile entrant dans la composition de tous les corps combustibles, dont Lavoisier a démontré l'inexistence voilà deux siècles. Quant à la physique, elle a longtemps cherché à découvrir la véritable nature de l'« éther » (subtil fluide que l'on supposait répandu dans la totalité de l'univers, que ce soit dans le vide ou dans la matière, sans que sa présence puisse cependant être décelée expérimentalement) avant de constater la totale inconsistance de cette hypothèse. Fort heureusement, la chimie et la physique reposaient sur des fondements théoriques suffisamment solides et pouvaient se prévaloir de succès expérimentaux et prévisionnels suffisamment nombreux pour survivre à des erreurs de ce genre.

La parapsychologie serait admise comme discipline scientifique si la perception qualifiée d'« extrasensorielle » pouvait s'expliquer à partir des mêmes bases théoriques que la perception des sens. Et l'exobiologie serait, elle aussi, considérée comme une science si elle ne se reposait pas sur l'hypothèse d'une intelligence extraterrestre. Les études parapsychologiques supposent des interactions ne trouvant pas leur place dans les conceptions du temps, de l'espace et de l'énergie qui sont les nôtres. Pourtant, les parapsychologues se doivent de chercher à expliquer et à prédire les phénomènes qu'ils décrivent; même si la théorie dominante frappe d'anathème ces phénomènes qui viennent transcender ou violenter les paradigmes communément admis. Il se peut que les propriétés paranormales qu'on prête aux manifestations de la psi soient parfaitement illusoires, mais alors il appartient aux enquêtes scientifiques d'en apporter la preuve.

Le jour où l'on démontrera de façon péremptoire que la fonction psi transcende nos concepts ordinaires de temps, d'espace et d'énergie, les vieux préjugés s'effaceront d'eux-mêmes pour laisser place à de nouveaux modèles d'interprétation. Thomas Kuhn (1970) a montré comment des anomalies en apparence inexplicables peuvent aboutir à l'émergence de paradigmes scientifiques révolutionnaires entrant en conflit avec ceux qui les ont précédés. Mais dès que de nouvelles données factuelles sont solidement établies et acceptées, un changement paradigmatique s'opère. Et si la démonstration de Kuhn ne se vérifie pas pleinement en matière de parapsychologie (Bauer, 1984) elle n'en souligne pas moins l'inévitable résistance qui se dresse dans la citadelle chaque fois que ses dogmes sont mis en péril.

Certains théoriciens de la parapsychologie considèrent qu'un amendement ou une extension des modèles d'interprétation déjà existants suffirait à rendre compte des données d'observation paranormales; alors que pour d'autres, seule l'adoption d'un nouveau paradigme pourrait résorber la menace conceptuelle que font peser les phénomènes psi. J. G. Pratt (1974) estime que la recherche stagne présentement dans une sorte d'état « préparadigmatique », dans l'attente d'un nouvel Einstein qui viendra un jour rassembler les données éparses et les érigera en une théorie cohérente. Ce faisant, il ouvrira toutes grandes à la parapsychologie les portes du royaume où règnent les sciences élues.

Les interprétations physiques

Diverses chapelles de théoriciens - généralement des détracteurs de la parapsychologie - considèrent qu'il n'y a pas lieu de changer quoi que ce soit aux modèles d'interprétations théoriques qui prévalent de nos jours. Selon eux, les données expérimentales sont éminemment suspectes, Hansel (1980), par exemple, déclare que les résultats revendiqués par la recherche psi peuvent fort bien s'expliquer par une méthodologie inadéquate, par une interprétation impropre, ou tout simplement par la fraude du sujet, de l'expérimentateur, ou des deux à la fois. Voilà au moins qui est clair. Rhine et ses collaborateurs (Pratt, Rhine, Smith, Stuart & Greenwood, 1940) ont tenté de dresser un bilan objectif des travaux expérimentaux les plus notoires réalisés sur la fonction psi entre 1882 et 1940. Sur cent quarante-deux comptes rendus ayant fait l'objet d'une publication, ils constatèrent que six d'entre eux seulement ne présentaient aucune lacune méthodologique telle que : brassage insuffisant des cartes, erreur d'enregistrement des données, « fuite » sensorielle ou mystification quelconque de l'expérimentateur par le sujet. Akers (1955), qui a lui aussi passé au crible les comptes rendus de cinquante-cinq études, pour la plupart postérieures à l'année 1940, conclut que seules six d'entre elles étaient méthodologiquement irréprochables. Or, dans un cas comme dans l'autre, ces enquêtes étaient dirigées par des membres de l'Association parapsychologique. On est en droit de penser que ces constats n'ont pas été dressés pour minimiser la réalité psi. On pourrait alors conclure au caractère plutôt constructif des critiques formulées.

La publication de ces deux bilans a quand même fourni des flèches à ceux qui récusent la parapsychologie. Ceux qui proclament que les données expérimentales ne sont pas suffisamment probantes pour justifier une révision radicale de nos paradigmes ont eu là de quoi alimenter leurs prises de positions.

C'est un tout autre angle d'attaque que choisit Marcello Truzzi (1980) quand il déclare que les données psi expérimentales ne traduisent peut-être rien d'autre que des phénomènes encore inconnus (artefacts statistiques que nous ne soupçonnons pas, effets liés aux attentes interpersonnelles ou au prolongement de nos capacités sensorielles); ces phénomènes n'exigeraient, pour devenir intelligibles, qu'un modeste remaniement des notions que nous avons du comportement humain et de nos modes d'approche de ces phénomènes. Quant à Andrew Neher (1980), qui ne fait pas mystère de son scepticisme à l'égard des phénomènes psi (qu'il critique non sans probité), il pense que les expériences paranormales et autres phénomènes inexplicables, souvent spectaculaires, voire bouleversants, résultent de causes parfaitement normales; il serait à ses yeux malavisé de les nier ou de les minimiser, sous prétexte qu'ils choquent l'orthodoxie de nos modèles d'interprétation.

Parmi ceux qui estiment, au contraire, que la recherche en parapsychologie a obtenu des résultats convaincants, certains ont tenté d'expliquer la fonction psi par des effets électromagnétiques. Un physiologiste allemand, Hans Berger (1940) a été le premier à démontrer que le cerveau humain émettait des ondes électriques rythmiques. Pour les détecter, il inventa l'électroencéphalographe. Berger avait formulé l'hypothèse que les changements physiques survenant dans la substance cérébrale se transformaient en diverses formes d'énergie mentale capables de se transmettre de cerveau à cerveau à travers l'espace, à la façon d'ondes électromagnétiques. Il espérait confirmer ce cadre d'interprétation théorique grâce à un appareil de son invention, mais son origine juive lui valut d'être destitué de sa chaire d'université par le régime nazi. Brisé, Berger mit fin à ses jours.

L'interprétation théorique de la télépathie et des autres formes de la perception extrasensorielle par un phénomène de nature électromagnétique est infirmée par la donnée suivante : s'il y a réellement transmission d'énergie d'un cerveau à un autre, cette transmission obéit nécessairement au principe énoncé par Faraday, selon lequel l'intensité de toute radiation énergétique est inversement proportionnelle au carré de la distance. Or, les comptes rendus des expérimentations parapsychologiques indiquent tous que la communication télépathique n'est pas régie par cette loi, qu'elle reste indépendante de la quantité d'espace qui sépare l'agent du récepteur même si l'éloignement se mesure en centaines de kilomètres. Berndt Hoffman (1940), un confrère de Einstein, considère cependant que si l'intensité d'un signal décroît en raison inverse du carré de la distance, rien ne prouve que son intelligibilité (ou information) soit notablement affectée par l'éloignement. Hoffman a d'ailleurs observé qu'il est possible d'intensifier les signaux affaiblis par la distance, de la même façon qu'on procède à un « réglage automatique du volume » dans une émission de radio.

Pour le physiologiste soviétique L. L. Vasiliev (1963-1976), le cerveau de l'agent télépathique émettrait des trains d'ondes électromagnétiques correspondant à ses schèmes de pensée, et ces ondes seraient alors interceptées et interprétées par le sujet. Pour vérifier cette proposition théorique, Vasiliev a enfermé le récepteur et l'hypnotiseur chacun dans une cabine métallique, dont les parois, revêtues d'un blindage jouant le rôle de filtre sélectif, « coupaient » la réception d'une large bande de fréquences comprenant les ondes ultracourtes, courtes et moyennes. Les cabines furent placées dans des lieux séparés l'un de l'autre par des distances variables. Les sujets avaient été choisis pour leur capacité de réceptivité et de suggestibilité télépathique. Or, le fait d'utiliser des cabines métalliques n'a diminué en rien les effets télépathiques enregistrés, même quand l'hypnotiseur et le récepteur étaient séparés l'un de l'autre par de grandes distances (dans un cas, mille sept cents kilomètres). Vasiliev (1963-1976) considéra que ses procédures expérimentales infirmaient l'hypothèse qu'une transmission électromagnétique par ondes courtes ou ultracourtes soit associée à la télépathie. « L'interposition d'écrans métalliques, conclut-il, n'a causé aucun affaiblissement, aussi faible, soit-il, de la transmission télépathique » (p. 126).

Un autre scientifique soviétique, I. M. Kogan (1966), a formulé l'idée que « le véhicule télépathique est peut-être représenté par des ondes de très longue période excitées par des biocourants » (p. 81). Calquées sur le modèle d'interprétation théorique de la transmission de l'information, les procédures mises au point par Kogan lui ont permis d'enregistrer des résultats qui, selon lui, ne « contreviennent pas aux lois de la nature » (p. 81). Quant au psychologue canadien, M. S. Persinger (1975), il a émis l'hypothèse que les phénomènes psi tirent parti de mécanismes environnementaux tels que les effets acoustiques ou les champs électromagnétiques de très basse fréquence, ou encore les champs d'électricité statique de haut voltage. Analysant certaines expériences télépathiques attestées (la révélation à distance de la mort ou de la maladie d'un ami ou d'un parent, par exemple), Persinger (1985) a constaté que ces phénomènes coïncidaient de façon significative avec les périodes de relatif calme géomagnétique. Il a pu établir ces corrélations grâce à des tables enregistrant les relevés quotidiens du champ magnétique terrestre depuis 1968. On devrait donc être en mesure d'analyser de la même façon les autres phénomènes télépathiques.

Ninian Marshall (1960) a proposé une interprétation purement physique de la télépathie. D'après lui, deux cerveaux peuvent agir l'un sur l'autre à la faveur d'un phénomène de résonance direct échappant aux contraintes d'espace et de durée, de telle sorte, explique-t-il, que « chacune des deux structures exerce sur l'autre une influence qui tend à l'harmonisation des deux. L'intensité de cette influence croît selon la complexité des deux systèmes résonants et décroît selon la différence de leurs modèles de structuration» (p. 266). Pour Marshall, l'intensité de cette résonance serait notablement accrue quand le sujet et l'agent sont de proches parents, ou quand ils sont liés l'un à l'autre par une étroite connivence affective. Cette interprétation théorique de Marshall – tout comme celles de Berger, Vasiliev, Kogan, Persinger – soulève une évidente objection. À supposer qu'elle rende véritablement compte des phénomènes télépathiques, elle n'explique nullement les autres manifestations de la psi. On imagine mal, par exemple, que deux dés à jouer utilisés lors d'une étude de psychokinèse soient suffisamment complexes pour entrer en résonance avec un cerveau humain ou lui transmettre des ondes électromagnétiques.

Les théories du champ

On peut définir un «champ» comme un ensemble de phénomènes simultanément corrélés. Autrement dit, chacun des éléments compris dans le champ est influencé par un autre élément, au moins, compris dans le même champ. Pour Wassermann (1956), seule l'existence de multiples champs rendrait compte de la diversité des phénomènes biologiques, psychologiques et parapsychologiques. Ce qui amène cet auteur à établir une distinction entre «champs physiques», «champs comportementaux» et «champs psi», selon qu'ils sont responsables de la plupart des phénomènes naturels, des conduites psychologiques, ou des expériences extrasensorielles ou psychocinétiques. La quantité d'énergie mise en jeu varierait d'une catégorie de champs à l'autre. Ainsi, les quantas énergétiques émis et interceptés à l'intérieur des champs psi seraient beaucoup plus réduits que les quantas échangés dans les champs physiques. Il s'ensuit que les champs psi peuvent irradier de l'énergie à de très longues distances sans que celle-ci soit absorbée par les champs physiques. Wassermann suppose que dans le phénomène télépathique, le champ comportemental de l'agent excite un champ psi spécifique, lequel à son tour excite un autre champ comportemental chez le récepteur. D'autres manifestations de la psi peuvent aussi s'expliquer de cette façon. La précognition, par exemple. Phénomène marqué par la perception anticipée d'informations liées à un champ d'événements. Ce champ exciterait chez le récepteur des champs psi et, par leur intermédiaire, des champs comportementaux, enchaînement qui aboutirait au rêve prémonitoire, au «déclic» révélateur ou à l'«intuition».

C'est à un ingénieur brésilien, H. G. Andrade (1967), que nous devons le concept de «modèles organisateurs biologiques», structures immatérielles entourant et pénétrant tout organisme vivant. Le jour où la parapsychologie se sera dotée d'instruments technologiques adéquats, il n'est pas interdit de penser que nous pourrons évaluer quantitativement ces modèles organisateurs. Ils dirigent non seulement le développement et la croissance de tout être vivant, mais encore ils retentissent sur la physiologie et le comportement de tous ses homologues, indépendamment des conditions et contraintes d'espace et de durée, du fait des affinités propres aux formes partageant les mêmes caractéristiques.

Le biologiste britannique Robert Sheldrake (1981, 1985) a proposé un concept analogue, selon lequel des « champs morphogénétiques » seraient responsables de la forme spécifique et du mode d'organisation des systèmes, aussi complexes fussent-ils. Pareil concept ne se vérifierait pas seulement en biologie, mais aussi en chimie et en physique. Ce concept, que Sheldrake qualifie de « causalité formative », suppose que les champs morphogénétiques jouent un rôle causal dans le développement et la perpétuation de systèmes organisés, quel que soit leur niveau de complexité (p. 71). De plus, les champs morphogénétiques de tous les systèmes disparus continueraient à influencer les systèmes ultérieurs de même nature; cette influence cumulative, perpétuée à travers l'espace et le temps, imposerait des restrictions particulières aux éventuelles déviations et aberrations énergétiques des processus physiques. Ainsi, quand un animal acquiert par l'apprentissage un nouveau modèle comportemental, on observe chez tous ses successeurs de même espèce, ayant grandi dans des conditions identiques, une tendance à acquérir le même modèle comportemental.

Non seulement la théorie de Sheldrake se vérifie, mais diverses données mises en lumière par des expérimentations antérieures viennent encore la corroborer. William McDougall (1938), l'un des maîtres à penser de J. B. Rhine, a appris à des rats à s'acquitter de diverses tâches; il a ensuite observé que leurs descendants faisaient l'apprentissage des mêmes tâches beaucoup plus rapidement que ne l'avaient fait leurs ancêtres.

On pouvait donc supposer qu'on avait affaire à une transmission héréditaire d'une aptitude acquise. D'autres expérimentateurs ont repris par la suite les travaux de McDougall, en comparant cette fois les performances de rats « instruits » à celles de rats « ignares ». Ils constatèrent que les animaux du premier groupe apprenaient à s'acquitter de certaines tâches plus rapidement que leurs prédécesseurs. Mais ils observèrent aussi que les animaux du second groupe accusaient exactement la même tendance, au point que les scores enregistrés lors des dernières expérimentations étaient sensiblement identiques, avec un léger avantage cependant au bénéfice des instruits (Agar, Drummond, Tiegs & Gumson, 1954). Cette découverte semble donc contredire formellement l'hypothèse de McDougall, pour qui les aptitudes acquises se transmettent génétiquement d'une génération à l'autre. Mais chacun resta sur ses positions et on mit un terme aux expérimentations. Or, les résultats enregistrés par les seconds expérimentateurs ne sont nullement incompatibles avec la théorie de Sheldrake. Il est fort possible en effet que McDougall ait vu juste en affirmant qu'une faculté acquise par apprentissage se transmet d'une génération à l'autre. Là où il s'est sans doute trompé, c'est en considérant que le mode de transmission était nécessairement de nature génétique. Car si les *deux* groupes de rats ont fait preuve d'une même disposition à l'apprentissage, c'est peut-être tout simplement parce qu'ils ont tous bénéficiés d'un champ morphogénétique créé par les ancêtres des animaux du premier groupe.

Sheldrake use de l'expression « résonance morphique » pour décrire le processus qui, selon lui est mis en œuvre dans ce phénomène. « Un effet de " résonance " retentissant d'une forme à une autre à travers l'espace et le temps, écrit-il, s'apparente par son caractère sélectif à toute manifestation de résonance énergétique, encore qu'on ne doive pas l'interpréter à la lumière de ce que nous savons des modes de résonance ordinaires, ni nous le représenter comme un transfert d'énergie » (p. 95). Pour Sheldrake, il conviendrait de modifier nos modèles d'interprétation de la réalité matérielle « pour formuler une explication de la télépathie en termes de résonance morphique, et de la psychokinèse en termes de modification d'événements probabilistes affectant des objets sous l'influence de champs moteurs » (p. 201). Sheldrake (1981, p. 207) souligne l'analogie de ses idées avec celles de Marshall (1960), mais constate que ni les unes ni les autres ne proposent une explication simple à la clairvoyance. Seule, en effet, l'éventualité d'une interaction consciente pourrait rendre compte de la clairvoyance et de certains phénomènes inexplicables en termes de causalité énergétique et formative.

La théorie de Sheldrake comporte encore un autre concept, celui d'« unités morphiques », ou organisations structurelles hiérarchisées. Arthur Koestler (1972) a proposé le mot « holon » pour désigner ces systèmes autorégulateurs unifiants qui déploient à la fois les propriétés autonomes des ensembles et les propriétés subordonnées des parties. On peut donc se représenter comme des holons nos structures linguistiques et sociales, et organiser ou interpréter toute réalité à la lumière de ce concept. « Tout est lié à tout, écrit Koestler. Pas un atome qui soit une île. Le microcosme reflète le macrocosme et se reflète en lui » (Hardy, Harvie & Koestler, 1973, p. 261).

Pour Koestler (1972), les holons tendent à s'organiser en formes plus ordonnées (p. 128). Le biophysicien soviétique Victor Inioushine (1977) exprime une idée analogue : l'hypothèse de l'existence d'un « bioplasma », qu'il décrit comme « un amalgame de particules comprenant des protons libres, des électrons libres et des ions » (corpuscules subatomiques qui, tous, sont dépourvus de noyau). Pour Iniouchine, le bioplasma serait présent autour et à l'intérieur même de tous les organismes vivants, qu'on peut alors concevoir comme des « champs biologiques » ou « biochamps » (le mot « champ » désignant ici une zone faite de lignes de force qui toutes s'influencent entre elles). Tout biochamp organique procéderait directement d'une formation spatiale et serait modelé par différents champs, électrostatique, électrodynamique, acoustique et aussi bioplasmique. Le bioplasma donnerait donc au biochamp sa structure, et vraisemblablement aussi ses propriétés « holographiques ». Par l'emploi métaphorique de cet adjectif, Iniouchine fait référence à la méthode photographique de restitution en relief d'un objet éclairé par un faisceau laser. Si la plaque photographique est éclairée par un faisceau identique au faisceau initial, les deux ondes interfèrent et on obtient une image en tout point comparable à l'objet original, que l'œil perçoit en relief. Mais du fait que l'hologramme ainsi obtenu diffracte la lumière à la façon d'un réseau chaque fragment de l'image obtenue suffit à restituer la totalité de l'objet original.

Le recours analogique au modèle holographique permet à Iniouchine de faire comprendre que le biochamp contient des données d'information qui ne renseignent pas seulement sur un organisme particulier, mais sur tous les organismes de même structure, l'onde qui caractérise le bioplasma permettant à ces organismes d'interagir à distance. Comme ni l'espace ni même le temps ne représentent pour l'information des obstacles majeurs, la perception extrasensorielle peut donc s'exercer. Iniouchine considère encore que la concentration du bioplasma est capable de provoquer des effets de psychokinèse, de la même façon que l'orage provoque la foudre.

Le neuropsychologue américain Karl Pribram (1971) s'appuie lui aussi sur le modèle holographique pour avancer une hypothèse quelque peu différente. Selon lui, le cerveau procéderait à la mémorisation des souvenirs par un processus identique au stockage des données d'information sous forme d'ensembles interférentiels, comme cela se passe dans l'holographie. Rolls (1982), qui reprend la terminologie de Pribram (1978), considère que la structure psi est « implicite », c'est-à-dire implicitement contenue dans la mémoire ordinaire. Pour Pribram en effet, les propriétés intrinsèques d'un champ, d'un « terrain » ou d'un médium à la faveur desquels se réalisent des propriétés explicites, sont en fait des propriétés implicites et en fin de compte holographiques. En d'autres termes, la structure implicite, indécelable au premier abord, est enfouie dans des configurations apparemment aléatoires, mais ce caractère aléatoire est régi par des principes identiques à ceux de l'holographe.

En revanche, l'univers des faits d'observation est « explicite ». Cette distinction entre deux ordres de phénomènes – les implicites et les explicites – a pour la première fois été établie par un spécialiste de la physique quantique, David Bohm (1973, 1985), pour qui il n'existe aucune séparation formelle entre l'esprit et le corps, le sujet et l'objet. Pas plus qu'il n'existe de contradiction fondamentale entre données physiques et données parapsychologiques. Selon la théorie de Bohm, il conviendrait plutôt de concevoir la conscience universelle comme un amalgame d'ordre implicite et d'ordre explicite. Certains auteurs (Anderson, 1977; Krippner, 1982) ont souligné combien le recours au modèle holographique peut être fécond quand on l'applique à l'interprétation des phénomènes extrasensoriels ou psychocinétiques. Grâce à ce modèle, en effet, la question ne se pose plus de savoir comment l'information se transmet d'un point à un autre, puisqu'elle est d'ores et déjà présente au point d'interception. Si le cerveau humain est réellement un hologramme dans un univers holographique, alors la psi représente une nécessaire composante de cet univers. Si les parapsychologues n'avaient pas déjà pris pour hypothèse que la psi existe, les adeptes du modèle holographique se trouveraient, pour ainsi dire, dans l'obligation de l'inventer. Les témoignages de « vie antérieure » suggérant la réincarnation pourraient illustrer, eux aussi, le bien-fondé de l'interprétation holographique, puisque alors on s'expliquerait pourquoi un individu reçoit une information « vivante », holographiquement parlant, à propos d'un autre individu qui pourrait être lui-même, ayant vécu dans le passé.

Une analyse fort pertinente du modèle holographique a été formulée par Braude (1979), qui considère qu'avec ce modèle le contenu d'un état cérébral devient fonction des structures cérébrales. Braude écrit que « les structures cérébrales ne déterminent pas leurs propres fonctions [...]; et les propriétés d'évocation d'un état cérébral quelconque dépendent de [...] sa situation dans le contexte environnant » (p. 212).

Braude souligne encore que les résonances entre structures ne suffisent pas à expliquer comment les pensées d'un individu peuvent lui faire percevoir à distance les pensées identiques d'autres individus.

Les interprétations dérivées de la physique

Les théories apportent pleinement ce qu'on attend d'elles quand non seulement elles formulent un énoncé général qui rend compte de phénomènes déjà connus, mais encore quand elles se révèlent capables de prédire de nouvelles découvertes. En fin de compte, c'est à la pertinence de leurs prédictions qu'on juge de leur valeur. Mais encore faut-il que ces prédictions soient claires et qu'on puisse les réfuter (ou les remanier de fond en comble) quand plus tard la recherche ne vient pas les confirmer. Enfin, il va sans dire que tout modèle théorique proposé se doit de faire progresser la connaissance en incitant les chercheurs à s'engager dans la bonne voie pour y découvrir des informations neuves et décisives (Schmeidler, 1982, p. 133). Telles sont les marques distinctives de diverses théories de la psi que nous ont proposées certains physiciens, qui le plus souvent fondent leur système conceptuel d'interprétation sur la mécanique quantique.

H. A. C. Dobbs (1967) a proposé d'expliquer la télépathie par une excitation du cortex de l'agent, dont le cerveau émettrait alors un nuage de particules baptisées « psitrons ». Ces psitrons affecteraient certains neurones cérébraux en état instable, phénomène qui serait à l'origine de la réponse télépathique. Cette interprétation théorique de Dobbs s'appuie sur une hypothèse émise par le neurologue australien John Eccles (1953), selon laquelle toute déstabilisation d'un neurone cortical en état d'équilibre précaire risque de causer des changements considérables dans l'activité cérébrale en amorçant une réaction en chaîne aboutissant à une réponse caractérisée. Le substrat physique de la perception extrasensorielle consisterait alors en un échange d'interactions entre les micro-constituants du cerveau et les psitrons, interactions qui provoqueraient une ignition neuronale subite.

Dobbs (1967) interprète également la précognition à partir du présupposé suivant : le temps est bidimensionnel, concept qui à ses yeux représente « un naturel corollaire de l'acceptation par la physique de valeurs imaginaires pour expliquer l'énergie » (p. 249). La précognition s'exercerait selon la seconde dimension du temps, là où les « probabilités objectives » jouent le même rôle que les relations causales en physique classique. Dans le domaine de la mécanique quantique, probabilités objectives devient synonyme de *propensions* ou tendances susceptibles d'influencer statistiquement les résultats de phénomènes possibles, mais imprévisibles (p. 250). Pour Dobbs, ces probabilités objectives, déterminant l'orientation que vont prendre les événements du futur, sont « contenues » ou « prédistribuées » dans la seconde dimension temporelle. Dans les situations de précognition, ces facteurs de prédisposition sont transmis au sujet par l'intermédiaire des psitrons. Interprétée ainsi, la précognition devient conscientisation de probabilités objectives dont le rôle est de prédistribuer des événements virtuels relevant du futur.

Dobbs considère encore que du point de vue du physicien la fluctuation est un phénomène aléatoire auquel on ne peut attribuer un rôle déterminé, faute de pouvoir décider par avance de sa manifestation. C'est pourquoi la fonction psi, capricieuse par nature, est trop insaisissable pour se prêter aux applications pratiques (p. 253).

Rao (1978) fait observer que les interprétations de la psi dérivées de la théorie ondulatoire supposent toutes que la notion d'imprévisibilité des phénomènes quantiques est extensible et transposable à des événements non quantiques, mais que cette extrapolation comporte un certain risque d'arbitraire quand on s'en autorise pour expliquer des phénomènes relevant de l'expérience vécue (p. 255).

Cette mise en garde doit demeurer présente à l'esprit quand on examine la théorie de E. H. Walker (1979) : elle repose sur le concept - lui aussi emprunté à la mécanique ondulatoire - de « variables cachées ». Rappelons que les principes de la mécanique ondulatoire semblent s'accorder de quatre façons aux données révélées par la recherche psi. D'abord, les événements quantiques ne sont pas localisés dans l'espace, ce qui autorise à mettre en parallèle ces événements avec les effets psi expérimentalement observés. Ceux-ci sont apparemment indépendants de la distance qui sépare le récepteur du lieu d'origine du phénomène perçu. Ensuite, les équations quantiques traitent la durée à l'égal de l'espace, c'est-à-dire comme une donnée dépourvue d'antériorité et de postériorité. Or, la temporalité ne semble pas faire obstacle à l'exercice de la fonction psi. De plus, les événements prédits par la mécanique quantique sont essentiellement probabilistes ou statistiques (la période ou demi-vie d'un radioélément, par exemple) : ce point recoupe le fait suivant : les prévisions de la parapsychologie n'ont de valeur que si on les rapporte à des moyennes de données et non à des manifestations particulières. Enfin, la mécanique quantique ne s'intéresse pas à proprement parler aux transferts énergétiques, mais aux corrélations ou aux interactions observées entre certains événements. Là encore, l'analogie saute aux yeux, puisque la parapsychologie étudie elle aussi des événements corrélés et des interactions entre organisme et environnement ou organisme et organisme, interactions dans lesquelles on n'a encore mis en évidence aucun transfert d'énergie.

Le modèle d'interprétation quantique de la psi proposé par Walker (1984) est fondé sur l'équation de Schrödinger. Dans cette équation, tout système physique est représenté par une fonction d'onde de corpuscules ou « vecteur d'état », ensemble de paramètres caractérisant de façon spécifique l'état de ce système; cet ensemble permet, par voie déductive, de calculer les conditions de quantification, autrement dit la plus ou moins grande probabilité d'apparition d'un phénomène quantique. Comme la solution complète ne peut être fournie que par une combinaison théorique de tous les états représentés par ce vecteur, l'équation de Schrödinger ne rend évidemment pas compte des macrophénomènes observés dans le monde physique. Dans nos expériences pratiques nous n'observons jamais des états combinés en tant que tels, mais seulement des états particuliers. La théorie ondulatoire résout ce problème en interprétant le vecteur d'état en termes de probabilité. Quand on effectue une mesure, la représentation globale du vecteur d'état « s'efface » pour ne laisser apparaître qu'un seul des composants de ce vecteur, celui qui correspond au résultat de la mesure. Il s'ensuit que par l'interaction qu'elle provoque, toute mesure altère fondamentalement la représentation complète du système physique étudié. Même si, sachant qu'une mesure a été effectuée, nous ignorons quel état du système a fait l'objet de cette mesure, notre représentation de ce système s'en trouve altérée. Autrement dit, la mesure elle-même est responsable de la modification du système physique mesuré.

Observateurs attentifs, nous savons donc que la mensuration a fourni un résultat. Et quand nous examinons ce résultat, nous savons aussi qu'il y a eu effacement du vecteur d'état. Cette considération pragmatique a conduit au concept quantique, selon lequel toute observation consciente provoque l'effacement du vecteur d'état. Par voie de conséquence, toute observation d'un système physique risque de le modifier. L'interprétation des phénomènes psi empruntés à la mécanique quantique repose sur l'hypothèse suivante : du fait que l'effacement du vecteur d'état peut être considéré comme procédant de l'interaction de l'observateur et du système observé, il existe une corrélation entre les états des systèmes physiques au moment où ils se manifestent et les états de conscientisation de celui qui les observe. Dans la théorie de Walker (1984), conscientisation et effacement du vecteur d'état représentent deux aspects d'un même phénomène, liés l'un à l'autre comme le sont l'action et la réaction en physique newtonienne (pp. 278-279).

Par exemple, on sait qu'un électron gravitant autour d'un noyau atomique peut occuper différentes orbites. La probabilité de gravitation sur l'une ou l'autre de ces orbites nous est connue. Pourtant, tant que nous ne nous livrons pas à une observation directe, l'électron n'occupe à proprement parler aucune de ces orbites. (C'est du moins ce qu'admet la Convention de Copenhague, à laquelle se rallient la plupart des physiciens.) Avant l'observation, cet électron peut être décrit par son vecteur d'état, c'est-à-dire par l'ensemble des paramètres définissant tous les états possibles qu'il peut prendre, ainsi que la probabilité de ces états. Ce n'est qu'à partir du moment où nous observons cet électron qu'il se produit un effacement de son vecteur d'état et qu'une orbite lui est assignée. C'est là un fait de mensuration et d'observation, et aussi une réalité physique. L'observation ne modifie pas la quantité d'énergie globale. Elle ne fait que modifier la distribution de cette énergie par les interactions qu'elle échange avec le phénomène observé, et par là même entraîner la sélection d'un événement particulier parmi différents états possibles.

Selon la théorie de Walker, quand l'observateur est un être humain, l'observation devient processus cérébral, mais la volition ou « volonté » d'un individu est influencée par des préjugés et des ambivalences, que Walker évalue à l'aide de coefficients numériques. Cela permet de prévoir quantitativement le résultat d'opérations mentales spécifiques. Il considère que la volonté peut provoquer des changements non seulement dans l'intimité de la substance cérébrale, mais aussi dans le monde environnant, puisque le cerveau, par le biais des signaux sensoriels afférents, est connecté au milieu extérieur, et donc participe d'un système physique plus vaste (que Walker décrit comme un ensemble de potentiels d'état). L'ampleur d'un phénomène psi dépend de la quantité d'information transmise par le canal « volontaire », et aussi de la quantité d'information nécessaire pour « effacer » le vecteur d'état du système considéré. Pour Walker (1977), le mécanisme neuronal spécifique mis en œuvre serait un effet de « tunnel » électronique permettant au signal de franchir les connexions (ou synapses) du système nerveux. L'esprit humain ne serait donc qu'un processus quantique permanent, par lequel la « volonté » exercerait un effet réducteur continu sur des trains d'ondes cérébrales afin de provoquer de nouveaux événements internes et externes.

S'inspirant lui aussi du modèle quantique, Helmut Schmidt (1977) a émis l'hypothèse que la source psi (le sujet d'une expérimentation, par exemple) peut influencer la production d'événements aléatoires à partir du moment où il est renseigné sur le résultat de ses tentatives. Alors que s'il ne bénéficie d'aucun feed-back de ce genre il devient inactif, perd sa qualité de source psi et cesse d'influencer les processus aléatoires.

Schmidt considère encore que l'influence exercée par une source psi serait indépendante de la durée, de l'espace et de la difficulté de la tâche assignée (autrement dit, de la quantité d'énergie à déployer pour provoquer un effet). Considérons par exemple un dispositif conçu pour allumer au hasard soit une lampe rouge, soit une lampe verte. Après que ce dispositif eut été mis sous tension, et avant qu'un observateur ait examiné les résultats fournis par le générateur de valeurs aléatoires, les vecteurs d'état sont au nombre de deux : « rouge » et « vert ». À partir du moment où cet observateur examine les résultats, tout ce qu'il perçoit visuellement, c'est une lampe allumée, soit de couleur rouge, soit de couleur verte. Mais à ce stade de l'expérimentation, le vecteur d'état de départ a effectué un saut quantique ou encore a été réduit soit à l'état « rouge », soit à l'état « vert » (Schmidt, 1984).

Il découle de la théorie de Schmidt que certains aspects de l'activité consciente peuvent se définir comme des opérations par lesquelles l'esprit démontre son aptitude à effacer le vecteur d'état.

Pour vérifier si un chien est capable d'effacer lui aussi ce vecteur, on pourrait par exemple comparer les résultats de deux types de tests, selon que les décisions binaires prises par le générateur seraient ou non « examinées » par l'animal avant que des sujets humains n'essaient de déployer leurs capacités de psychokinèse. Si on observait des différences dans les scores après que le chien se fut livré à cet « examen » on pourrait en conclure qu'il a fait preuve de conscientisation.

Schmidt (1975) considère que le physicien devrait s'assigner pour ultime but de découvrir quelque loi naturelle révolutionnaire régissant les phénomènes microscopiques, loi que l'on pourrait appliquer à l'ensemble des effets psi. À ses yeux, cette démarche essentiellement macroscopique (la recherche d'une loi unitaire) représenterait une première étape indispensable à la compréhension ultime du processus microscopique, puisque l'effet de conscientisation requis pour effacer la mesure d'état deviendrait mesurable : on pourrait alors se servir de l'effet P.K. pour accentuer cette mesure.

Pour Gerald Feinberg (1975), les perceptions sensorielles afférentes que le cerveau intercepte comportent non seulement une composante de temporisation, mais aussi une composante, moins marquée, d'anticipation, capable de provoquer des événements cérébraux qui la précèdent dans le temps. Les ondes temporisées (effet de retard) s'accompagnent de changements cérébraux s'effectuant dans le sens antérograde, ce qui permet à l'individu de se souvenir du passé. Alors que les ondes anticipées (effet d'avance) entraînent des changements cérébraux s'effectuant dans le sens rétrograde, ce qui permet à l'individu de « se souvenir » du futur.

J. A. Donald et B. Martin (1976) ont également proposé des formules de « thermodynamique en temps symétrique » qui pourraient rendre compte de la perception extrasensorielle et de la psychokinèse. Comme l'avait fait avant eux Feinberg, ils ont pris pour point de départ la durée, en énonçant pour postulat que le passé représente une condition fixe, et que l'entropie augmente à mesure que le temps s'écoule vers le futur. Leur explication de la psi part de l'hypothèse suivante : même si l'entropie croît globalement quand on progresse vers l'avenir, il existe cependant une entropie liée au passé, et donc rétrograde, qui n'est peut-être pas à proprement parler matérielle quand elle se rapporte à un événement particulier du passé. Donald et Martin usent du terme « négentropie » pour désigner l'entropie maximale diminuée de l'entropie réelle. Donc, si nous connaissons le passé ou le présent et si nous essayons de tirer parti de cette connaissance pour préfigurer l'avenir, nous faisons usage de négentropie antérograde. (C'est à peu près ce que nous faisons quand nous remontons un réveil le soir pour contrôler sa bonne marche le lendemain.) Si un agent P.K. connaît d'une façon ou d'une autre l'avenir et exploite cette connaissance pour essayer de contrôler le présent ou le passé, il fait en revanche usage de négentropie rétrograde. Et si l'événement à contrôler est sensé se dérouler dans son propre esprit, c'est à cette négentropie rétrograde qu'il recourt pour le percevoir extrasensoriellement.

Un physicien indien, C. T. K. Chari (1978) a été le premier à formuler une critique d'ensemble systématique des problèmes que pose l'interprétation de la psi par une théorie calquée sur les principes de la mécanique quantique, devançant en cela Costa de Beauregard (1979), John Hasted (1979), Robert Jahn (1982), Karl Kornwachs et Walter von Lucadau (1979), Derek Lawden (1983), R. D. Mattuck (1979) et quelques autres.

Élisabeth Rauscher (1978) a proposé pour sa part un modèle d'espace octodimensionnel compatible avec la fonction psi, et William Tiller un cadre d'interprétation spatio-temporel tétradimensionnel dont les éléments interéchangent des relations positives/négatives spécifiques, comparables à un jeu de réflexions dans un miroir. Ce modèle rend parfaitement compte des phénomènes psi, plus particulièrement à travers un cadre spatial pour générer une force vraisemblablement associée aux effets psychocinétiques.

Si les idées que nous venons de résumer n'engagent que les physiciens qui les ont émises et ne recueillent pas l'adhésion massive de leurs collègues, il reste que ces idées nous ont été exposées dans des écrits témoignant d'une vaste érudition, et que leurs auteurs ont proposé de faire valider leurs suppositions théoriques par l'expérimentation directe. L'insistance des physiciens sur ce point est d'une importance cruciale : l'existence de la psi n'est pas nécessairement incompatible avec la réalité que décrit la physique contemporaine (et avec ses interprétations).

Les théories non physiques

Le philosophe britannique H. H. Price (1948) a déclaré un jour que la psi n'a pas sa place dans un univers matérialiste. Comme les théories physiques, les théories non physiques cherchent, elles aussi, à expliquer par quel cheminement sujet et cible peuvent entrer en contact. La plupart d'entre elles supposent l'existence d'un milieu immatériel, de nature non physique, entourant l'un et l'autre, ou encore celle d'entités nouvelles échappant aux contraintes ordinaires de temps, d'espace et d'énergie.

Pour J. B. Rhine (1945), les phénomènes paranormaux laissent pressentir l'existence d'activités mentales capables de s'exercer comme si les restrictions physiques imposées par le corps n'existaient pas. Pour rendre compte de ces propriétés apparemment inexplicables de l'esprit, il a considéré qu'elles étaient peut-être dues à une énergie mentale particulière, radicalement différente de toutes les formes d'énergie physique que nous connaissons. Selon Rhine, cette énergie mentale est convertible en d'autres formes. Ses effets cognitifs (E.S.P.), par exemple, résultent de la conversion de l'énergie psi en une énergie physiologique du cerveau et des nerfs; ses effets moteurs (P.K.), eux, découlent de sa conversion en une énergie mécanique capable d'agir sur des systèmes matériels (des dés qui roulent, par exemple). Dans cette hypothèse « relativiste », l'esprit et le corps sont aussi réels l'un que l'autre. Ils s'enracinent dans un système de déterminants énergétiques encore inconnus de la science. L'esprit démontre sa relative indépendance par rapport à l'organisme physique quand, dans l'expérience individuelle paranormale ou l'expérimentation de laboratoire, il se révèle capable de « se projeter au dehors » pour percevoir des événements qui seraient imperceptibles dans les circonstances ordinaires, ou encore pour influencer une cible.

Un philosophe britannique, C. D. Broad (1962), a proposé une théorie combinatoire qui fait de l'esprit non plus une substance unique, mais un amalgame associant une « composante psi » à un « facteur corporel ». Que l'esprit soit hybride par nature, voilà qui semble évident quand on considère certaines activités telles que la mémorisation, la perception ou le raisonnement. Mais en certaines circonstances – dans les opérations cognitives, par exemple –, la composante psi se projette hors du corps pour aller appréhender un objet ou un schème de pensée extérieur à elle-même. De plus, elle peut survivre au facteur corporel après avoir été séparée de lui par la mort.

Deux psychologues britanniques, Robert Thouless et B. P. Wiesner (1948), ont élaboré la théorie du « shin », entité qui serait présente dans tous les processus de volition et de perception, normaux et paranormaux. Le shin serait constamment informé des perceptions sensorielles organiques. Ses cognitions proviendraient du domaine perceptuel, et ses volitions seraient activées par le domaine moteur. Dans la perception ordinaire, le shin est médiatisé par le cerveau et le système nerveux, alors que dans l'activité psi il serait directement connecté à la cible. Pour Thouless et Wiesner, les processus normaux et paranormaux ne sont donc pas radicalement différents, puisque les uns comme les autres résultent d'opérations neurologiques. Le shin nous doterait donc d'une dimension supplémentaire susceptible de nous aider à résoudre les énigmes posées par la cognition et l'activité normales et paranormales.

Les théories infraliminaires

Avec son livre intitulé *La Personnalité humaine, sa survivance, ses manifestations supranormales*, Frédéric Myers (1919) peut être considéré comme le devancier des théoriciens modernes de la personnalité. Il fut le premier à pressentir que des états de conscience « infraliminaires » ou crépusculaires pouvaient rendre compte de certains phénomènes comme la psi, l'acte de création ou la personnalité multiple * C'est sans doute sous l'influence de la pensée de Myers que William James, le premier psychologue américain de grande stature, écrit que :

> « Nous sommes comme les îles de l'océan, les arbres de la forêt. Parfois l'érable et le pin échangent des murmures avec leur feuillage [...] Mais les arbres enchevêtrent aussi leurs racines dans les profondeurs de la terre, et les îles se raccordent les unes aux autres par le fond des océans. De la même façon existe un continuum de conscience cosmique, que nos individualités cloisonnent par accident [...] Notre conscience ordinaire nous prédispose à nous accommoder de notre milieu terrestre, mais les obstacles que nous dressons sont fragiles, et des souffles capricieux venus d'ailleurs viennent nous rappeler l'existence de liens invérifiables qui nous raccordent les uns aux autres. Ce ne sont pas seulement nos recherches sur le psychisme mais aussi [...] les spéculations de la biologie qui, par des démarches qui leur sont propres, plaident en faveur d'une sorte de [...] vision de l'univers de ce genre » (Murphy & Ballou, 1960, p. 324).

G. N. M. Tyrrell (1947) devait, plus tard, élaborer le concept d'*ego* infraliminaire et avancer l'idée que les cognitions paranormales que nous percevons inconsciemment sont sans doute extériorisées en états de conscience lucides par l'entremise de « véhicules médiateurs ». Sous cette appellation, Tyrrell regroupe le rêve, l'écriture automatique, la représentation mentale en images et l'émotion intense. Selon lui, nos ego infraliminaires séjourneraient en un lieu où l'influence contraignante de l'espace et du temps s'abolit.

Quant à H. H. Price (1940), il considère que la portion inconsciente de l'esprit d'un individu peut entrer en résonance avec celle d'un autre individu, car l'une et l'autre procèdent d'un inconscient collectif qu'il qualifie de « champ d'interaction ». Considérée sous cet angle, la télépathie ne consisterait donc pas exactement en une captation des pensées d'autrui, mais en une expérience capable de provoquer chez autrui une expérience de même nature. Pour Price, l'esprit humain se serait doté de mécanismes coercitifs faisant barrage au flot permanent des échanges télépathiques d'individu à individu, car il ressent le besoin biologique de se protéger contre l'envahissement par les pensées et les émotions des autres. Ces

* Dite polyzoïque, dans l'ouvrage de Jankélévitch, *Human Personnality*, Alcan, 1919, (*N.d.t.*)

mécanismes de répression seraient partiellement désactivés dans le rêve et la relaxation, ce qui expliquerait pourquoi la perception extrasensorielle est plus volontiers associée à ces états. Dans *L'Énergie spirituelle* (1919), Henri Bergson exprime une conception similaire en attribuant à l'esprit la capacité de percevoir toute chose, capacité qui rend nécessaire l'interposition de mécanismes de défense indispensables au libre arbitre.

Une interprétation relativement peu différente a été proposée par Whately Carington (1949), qui considère l'esprit comme « un immense assemblage de discrètes particules » (p. 155). Les esprits individuels, eux, ne sont pas totalement discrets, mais participent tous d'un même inconscient. Dans le phénomène télépathique, la cible (une peinture ou une photographie représentant l'océan, par exemple) est vraisemblablement associée, chez l'agent comme chez le récepteur à des pensées, des impressions et des réminiscences diverses. Mais du fait que leurs deux esprits sont raccordés l'un à l'autre par l'inconscient collectif, les associations établies par l'agent (entre ses processus mentaux et la cible) stimulent les idées connexes du récepteur et les font affleurer à sa conscience claire. Cette interprétation théorique de Carington expliquerait pourquoi certains tandems agents-récepteurs fonctionnent particulièrement bien : à partir du moment où les associations qu'ils établissent l'un et l'autre avec la cible sont pratiquement analogues, la pertinence avec laquelle le récepteur identifie la cible devient moins mystérieuse.

C'est à Carl Jung, psychiatre et psychologue de nationalité suisse, que revient le mérite d'avoir proposé le concept d'un inconscient collectif structuré par des « archétypes », ou schèmes symboliques universels. Pour Jung, les archétypes médiatisent des événements fortuits et « synchroniques » échappant à la causalité ordinaire – substrat des phénomènes paranormaux. Tout événement explicable par une relation de cause à effet est nécessairement soumis à des contraintes temporelles, spatiales, énergétiques, que la fonction psi ignore. La notion de synchronicité proposée par Jung expliquerait les cas de manifestation simultanée de deux événements analogues. Il qualifie par exemple de synchroniques les révélations du *Yi King*. Dans cette pratique divinatoire, le jet d'une piécette ou de bâtonnets produit, au hasard, une configuration apportant une réponse précise à la question posée. Selon Jung, le fonds commun que représente l'inconscient collectif reflète l'univers des événements possibles. C'est aux niveaux les plus profonds de cet inconscient constituant l'unité de l'individu, de l'espèce et du cosmos que s'opère la synchronicité.

Sur ce concept jungien de synchronicité repose l'interprétation théorique de la psi proposée par Lila Gatlin (1977). A ses yeux, l'échec de nos tentatives pour mettre en évidence un quelconque transport physique de l'information psi laisse supposer que la perception extrasensorielle s'opère en l'absence de toute transmission. L'information serait, au contraire, générée par la synchronicité. Du fait que l'identification d'une cible semble échapper aux relations ordinaires de cause à effet, Lila Gatlin l'attribue aux prédispositions biologiques du récepteur et de l'agent, ou du sujet avec des événements environnementaux, s'il s'agit de phénomènes de clairvoyance.

Enfin, K. R. Rao (1978, p. 285) fait remarquer que tout événement paranormal, qu'on l'explique par la causalité ou par la synchronicité, ne peut se produire que si deux éléments sont associés : une série d'opérations se déroulant dans l'esprit du sujet, et un ou plusieurs événements survenant en dehors du sujet. S'il est fructueux de faire appel à des mécanismes ne relevant pas de la causalité pour expliquer la psi, il reste pourtant à comprendre la véritable nature des événements synchroniques. Et c'est précisément pourquoi John Palmer (1978) rappelle aux parapsychologues que les modèles d'interprétation « synchroniques » sont peut-être en fin de compte moins féconds que les modèles plus traditionnels reposant sur la notion de « transmission » (pp. 208-209).

Les théories de la personnalité

Sigmund Freud, qui toute sa vie témoigna d'une certaine réticence à l'égard des phénomènes psi, soutenait cependant qu'il convient de traiter à l'égal des autres stimuli les messages télépathiques interceptés pendant le sommeil. Les observations de Freud ont conduit un de ses successeurs psychanalystes, Jule Eisenbud (1970) à considérer la psi comme la source permanente de facteurs conscients ou inconscients capables d'influencer notre comportement. De plus, la psi fait pour Eisenbud partie intégrante de la nature et contribue à maintenir l'ordre de l'univers. La psi aurait donc une finalité. Mais les buts qu'elle poursuit, ajoute Eisenbud, ne sont en rien « identiques à ceux de l'individu. Ils sont ceux d'une hiérarchie verticale de systèmes intercorrélés dont l'individu n'est que le simple messager » (p. 337).

Psychanalyste lui aussi, Jan Ehrenwald (1977) avance l'hypothèse que la psi est étroitement associée aux premiers stades de développement de la relation parentale et représente sans doute un trait essentiel de la symbiose mère-enfant. Ehrenwald considère que la perception extrasensorielle est déterminée par un « gradient symbiotique » comparable à celui qui caractérise les relations entre médecin et malade, thérapeute et patient, maître et élève, ou encore entre agent et récepteur dans les tests E.S.P. À ce gradient se superposerait un autre, qu'Ehrenwald qualifie de « gradient psychophysique », par lequel l'ego établirait une relation avec les aspects de non-ego caractérisant l'environnement. Ce serait donc l'extension de la sphère de personnalité individuelle qui rendrait possible l'interaction de la psi, dont le substrat présumé résiderait dans le tronc cérébral et le cortex. Certains centres cérébraux – la formation réticulaire entre autres – auraient pour fonction d'inhiber la psi, mais cette inhibition serait contrariée lors des tests, quand les sujets « ouvrent » leur personnalité et tentent de mettre en sommeil leur tendance organique habituelle à occulter la psi.

Le psychologue américain Lawrence LeShan (1976) considère, lui, que la réalité prend différentes formes selon les interactions que l'individu échange avec elle. D'ordinaire, nous ne percevons qu'une « réalité sensorielle », dans laquelle les événements et les objets sont séparés dans l'espace et le temps, et dans laquelle aussi l'information est traitée par nos sens. Alors que dans la « réalité clairvoyante », récepteur et objet perçu ne font qu'un, fusionnant étroitement de telle sorte que l'espace et le temps cessent de faire obstacle à l'échange d'information qui s'accomplit entre eux. Pour LeShan, toute manifestation de la psi s'accompagne d'une transposition de l'état de conscience, qui passe de la réalité sensorielle à la réalité clairvoyante, ou encore accède à certains niveaux de la personnalité permettant de concevoir le réel sous un autre éclairage. En ce sens, l'interprétation de LeShan n'est pas sans rappeler la pensée de certains philosophes indiens comme Sankaracharya, l'exégète du Vedanta (Rao, 1978, p. 270).

Quant à Gardner Murphy (1950), il estime que pour mieux comprendre la fonction psi, il convient de considérer chacune de ses manifestations, expérimentales ou spontanées, comme un champ. Ces manifestations étant le plus souvent dépendantes des relations interpersonnelles, dès lors qu'un individu devient entité interpersonnelle, il se dote d'une extraordinaire aptitude à entrer en résonance avec des phases du réel qui transcendent le temps et l'espace. Murphy (1945) conçoit la psi comme une matrice d'où procèdent des impressions, et sur laquelle les événements exercent en retour une impression. Si ces impressions déjouent les obstacles temporels tout en restant analogues à ce que nous appelons l'esprit, alors la théorie de Murphy rend parfaitement acceptable l'idée d'une survivance de la personnalité après la mort physique.

William Roll (1966) fonde lui aussi son interprétation des phénomènes paranormaux sur l'existence d'un « champ psi » propre à chaque organisme vivant et à chaque objet inanimé. Ces multiples champs entreraient en interaction les uns avec les autres, et aussi avec ceux de l'univers physique. En outre, pour transmettre des données et de l'énergie à ses homologues, tout champ psi stocke l'information et se comporte comme un dispositif de mise en mémoire. Roll formule l'idée que la mémoire, phénomène que les psychologues ne comprennent qu'imparfaitement, ne représente peut-être qu'une partie du champ psi de l'organisme. Dans cette perspective, ce seraient donc les lois dites d'apprentissage, faculté de recenser les signaux, modulation des informations, vitalité de la pensée, qui gouverneraient l'interception et la transmission extrasensorielles. Cela expliquerait aussi pourquoi, quand nous faisons le vœu qu'un événement se produise ou quand dans notre esprit se crée une image se rapportant à un événement quelconque, ce vœu ou cette image augmentent la probabilité de manifestation de l'événement considéré. Roll souligne que cette théorie rend parfaitement compte des cas de précognition à la faveur desquels nous prévenons la manifestation concrète de certains événements en nous fondant, précisément, sur l'expérience précognitive qui nous les a fait préfigurer.

Un autre modèle d'interprétation, proposé par Rex Stanford (1977) part de l'idée que les organismes vivants recourent à la psi comme à un instrument leur permettant de scruter leur environnement, de la même façon qu'ils recrutent à cet effet leurs aptitudes sensorielles. Cette opération de scrutation, menée en fonction des besoins spécifiques, aboutit à ce que Stanford qualifie de « réponse instrumentale médiatisée par la psi ». En d'autres termes, quand un organisme intercepte une information psi, il a tendance à modifier « instrumentalement » son comportement pour influencer, dans un sens conforme à ses exigences propres, tel objet ou tel événement. On peut donc considérer la psychokinèse comme l'exemple même d'une réponse instrumentale médiatisée par la psi.

Stanford a construit son modèle d'interprétation autour de l'idée centrale suivante : toute réponse psi est instrumentale, médiatisée, et satisfait au mieux à l'ensemble des exigences de l'individu. À partir de ce modèle, Stanford a élaboré une théorie exhaustive de la psi centrée sur la notion de « comportement de conformance » (dont nous avons déjà parlé dans les chapitres précédents). On comprend fort bien cette notion si on assimile le système nerveux d'un organisme à un générateur d'événements aléatoires complexe : à partir du moment où, lors d'une expérimentation, un sujet souhaite, pour une raison quelconque, s'acquitter avec succès des épreuves, on peut considérer ce sujet comme un système prédisposé, connecté à un générateur électronique dont les valeurs auront tendance à se conformer aux « prédispositions » du système qui l'influencent favorablement. Autrement dit, aux vœux du sujet d'expérimentation. En présence d'un comportement de conformance, la psi se manifeste du fait que le cerveau ou le système nerveux du sujet souhaitant « réussir » se dispose à fournir les bonnes réponses.

De son côté, Gertrude Schmeidler (1972) considère que l'information psi ne se propage vraisemblablement pas à travers l'espace euclidien, mais résulte d'un contact direct entre le sujet et la cible. La psi, conjecture-t-elle, créerait un « gauchissement spatial », une sorte de pont à travers l'espace qui rendrait possible une « inflexion topologique » (p. 124). Selon Gertrude Schmeidler, si les chercheurs n'ont jamais réussi à révéler une caractéristique physique quelconque des cibles qui serait capable de contrarier le mode opératoire de la psi, c'est précisément parce qu'« une cible n'est pas un objet, mais plutôt une sorte de signification d'objet, ou encore un modèle informationnel » (p. 125). Un modèle qui, probablement, se transmet par une inflexion de la matrice spatio-temporelle, et dont l'interception dépend des événements qui se déroulent dans le cerveau.

Les facteurs de personnalité joueraient par ailleurs un rôle de première importance dans le traitement de l'information psi. Dès lors qu'il mobilise certaines aires cérébrales, le mécanisme qui va provoquer une réponse agit à la façon d'un stimulus infraliminaire. Ces facteurs psychologiques retentissant sur l'interprétation de signaux sensoriels ambigus retentissent vraisemblablement aussi sur le traitement de l'information psi. Se fondant sur cette théorie, Gertrude Schmeidler en a déduit que pour les individus de nature bienveillante, ouverte, confiante, il est plus aisé de partager avec autrui ce qu'elle appelle « l'espace psychique » et de s'acquitter avec succès d'une tâche psi. Ces mêmes individus semblent plus doués que les autres pour fournir une description exacte des cibles, car ils ont peu tendance à introduire des distorsions dans l'information psi y afférant.

Il serait plus exact de considérer la plupart des théories que nous venons de résumer comme des hypothèses ou des modèles de fonctionnement de la psi. Mais de cette somme d'interprétations théoriques se dégagent de multiples directions de recherche. Il reste encore à déterminer si la fonction psi résulte véritablement d'une relation de cause à effet, si elle relève de lois physiques que nous ne connaissons pas, si elle repose sur des processus énergétiques ou plutôt sur des mécanismes de transmission, ou encore, sur les deux à la fois. La plupart des théories que nous venons d'énumérer dérivent de ce que Rao (1978) appelle un modèle d'interprétation « interactif ». Entendons par modèle interactif : des cadres conceptuels prenant tous pour postulat l'indépendance du sujet et de la cible, expliquant tous la manifestation des phénomènes psi par une indispensable interaction entre sujet et cible. D'autres interprétations dérivent d'un modèle que nous qualifions d'« intuitif » : la notion de stimulus-réponse, considérée comme inadéquate, est remplacée, dans ces théories, par celle de « champ ». Selon ce modèle, le sujet et l'objet « s'identifient » étroitement l'un à l'autre dans un continuum où n'existe plus ni distance à parcourir, ni temps à circonvenir, ni énergie à échanger. Chaque sujet devient alors hologramme, capable de refléter virtuellement la totalité du cosmos. Et si nous n'exploitons pas cette capacité potentielle, c'est que nous avons appris, depuis notre plus jeune âge, à réagir en fonction des sollicitations de notre environnement immédiat, et non à révéler en nous des connaissances cachées. Les phénomènes psi viennent précisément nous rappeler qu'il suffirait de puiser dans nos propres ressources pour épanouir en nous ces connaissances enfouies.

La recherche nous dira si nous devons interpréter la fonction psi comme une authentique interaction entre divers éléments ou comme une intuition, un phénomène de synchronicité, une transmission ou une autre manifestation phénoménale. Elle répondra aussi à la question de savoir si les données psi peuvent s'expliquer dans le cadre des paradigmes scientifiques communément admis, ou si ces paradigmes exigent de notre part un remaniement qui rendrait plus parfaitement compte du psychisme humain et de la place qu'il occupe dans la nature. Les phénomènes parapsychologiques relèvent-ils de l'illusion ou de la réalité? La réponse à cette question repose tout autant sur les hypothèses théoriques que sur les données expérimentales. Ces dernières nous sont, bien sûr, indispensables. Mais seule la théorie viendra démontrer qu'elles trouvent leur place dans nos paradigmes orthodoxes, ou dans quelque nouveau paradigme qu'il reste encore à découvrir et à formuler.

Bibliographie

OUVRAGES :

AGOR, W. (1984), *Intuitive Management*, Englewood Cliffs, N.J., Prentice Hall.

AHSEN, A. (1968), *Basic Concepts in Eidetic Psychotherapy*, New York, Branton House.

ALCOCK, J. E. (1981), *Parapsychology, Science or Magie*, Oxford, England, Pergamon Press.

ANDRADE, H. G. (1967), *Experimental Parapsychologie*, Sao Paulo, Edition Calvario.

ARROYO, S. (1976), *Astrology, Psychology and the Four Elements*, Davis, C.A., C.R.C.S. Publications.

ASIMOV, I. (1967), *Comprendre le langage des sciences*, Verviers, Marabout, 1976.

BARBER, T. X. (1976) *Pitfalls in Human Research. Ten Pivotal Points*, Elmsford, N.Y., Pergamon Press.

BERGER, H. (1940), *Psyche*, Iéna, Allemagne, Gustav Fischer.

BERGSON, H. (1919), *l'Énergie spirituelle*, Paris, P.U.F., 1949.

BETTS, G. H. (1909), *The Distribution and Functions of Mental Imagery*, New York Teachers College, Columbia University.

BLACKMORE, S. (1982), *Beyond the Body*, London, Granada.

BOURGUIGNON, E. (1974), *Culture and the Varieties of Consciousness*, Boston, Addison-Wesley.

BRAUD, S. E. (1979), *E.S.P. and Psyhokinesis. A Philosophical Examination*, Philadelphia, Temple University Press.

BROAD, C. D. (1953), *Religion, Philosophy and Psychical Research*, New York, Harcourt, Brace.

BROAD, C. D. (1962), *Lectures on Psychical Research*, New York, Humanities Press.

BROWN, G. S. (1957), *Probability and Scientific Interference*, London, Longmans.
BRUGMANS, H. J. W. (1922), « Une communication sur des expériences télépathiques au laboratoire de psychologie à Groningen », *Compte rendu officiel du premier Congrès international des recherches psychiques*, Copenhague.
CALLAWAY, H. (1884), *The Religious System of the Amazulu*, London, Folklore Society.
CARINGTON, W. W. (1949), *Matler, Mind and Meaning*, New Haven, C.T., Yale University Press.
CARRINGTON, H. and FODOR, N. (1951), *Haunted people*, New York, Dutton.
CATTELL, R. B. (1965), *The Scientific Analysis of Personality*, Baltimore, Penguin Books.
CATTELL, R. B. EBER, H. W. and TATSUOKA, M. M. (1970), *Manuel d'application du test 16 P.F.*, Paris, éd. du Centre du psychologie appliquée, 1971.
CHAUVIN, R. (1976), *Certaines choses que je ne m'explique pas*, Paris, Culture, art, Loisirs, 1976.
COLLINS, H. M. et PINCH, T. J (1982), *Frames of Meaning. The Social Construction of Extraordinary Science*, London, Routledge and Kegan Paul.
COOVER, J. E. (1917), *Experiments in Psychical Research*, Stanford, C.A., University Press.
DARNTON, R. (1968), *Mesmerism and the End of the Enlightenment in France*, New York, Schocken Books.
DEVEREUX, G. éd. (1953) *Psychoanalysis and the Occult*, New York, International Universities Press.
DUNNE, J. W. (1927), *An Experiment with Time*, New York, Macmillan.
DUPLESSIS, Y. (1984), *les Couleurs visibles et non visibles*, Monaco, éd. du Rocher.
ECCLES, J. (1953), *The Neurophysiological Basıc of Mind*, Oxford, Claredon Press.
EDDY, M. B. (1975), *Science et Santé*, Boston, First Church of Christ Scientist, 1978.
EHRENWALD, J. (1947), *Telepathy and Medical Psychology*, London, George Allen and Unwin.
EHRENWALD, J. (1977), *le Lien télépathique*, Paris, R. Laffont, 1981.
EISENBUD, J. (1967), *The word of Ted Serios*, New York, Morrow.
EISENBUD, J. (1970), *Psi and Psychoanalysis*, New York, Grune and Stratton.
ELIADE, M. (1966), *le Chamanisme et les Techniques archaïques de l'extase*, Paris, Payot, 1978.
ERICKSON, M. H., ROSSI, E. L. and ROSSI, S. I. (1976), *Hypnotic realities. The Induction of Clinical Hypnosis and Forms of Indirect Suggestion*, New York, Irvington.
EYSENCK, H. J. (1960), *The Structure of Human Personality*, London, Methuen.
EYSENCK, H. J. (1973), *Eysenck on Extraversion*, London, Crosby-Lockwood-Staples.
FODOR, N. (1958), *On the trail of the Poltergeist*, New York, Citadel Press.
FODOR, N. (1958), *Between two Worlds*, Nest Nyack, N.Y., Parker Publishing.
FOULKES, D. (1978), *A Grammar of Dreams*, New York, Basic Books.
FRANK, J. D. (1973), *Persuasion and Healing*, New York, Schocken Books.
FREEDLAND, N. (1972), *The Occult Explosion*, New York, G.P. Putnam's sons.
FRIGOGINE, I. (1980), *From being to becoming*, San Francisco, Freeman.
GABBARD, G. O. and TWENLOW, S. T. (1984), *With the Eyes of the Mind*, New York, Praeger Publishers.
GAULD, A. (1968), *The Founders of Psychical Research*, London Routledge and Kegan Paul.
GORER, G. (1935), *African dances. A Book about West African Negroes*, New York, A.A. Knopf.
GREEN, E. and GREEN, A. (1977), *Beyond Biofeedback*, New York, Delacorte Press.
GUILFORD, J. P. (1959), *Personality*, New York, McGraw-Hill.

HANSEL, C. E. M. (1980), *E.S.P. and Parapsychology*. A critical re-evaluation, Buffalo, Prometheus.
HARDY, A., HARVIE, R. and KOESTLER, A. (1973), *le Hasard et l'Infini*, Paris, Tchou, 1977.
HASTED, J. B. (1981), *The Metal-Benders*, London Routlege and Kegan Paul.
HILGARD, J. R. (1970), *Personality and Hypnosis. A study of imaginative involvement*, Chicago, University de Chicago Press.
HILGARD, E. R. (1977), *Divided consciousness. Multiple Controls in Human Thought and Action*, New York, Wiley.
JAMES, W. (1911), *Memories and Studies*, New York, Longmans, Green.
JUNG, C. C. (1919), *Studies in Word Association*, New York, Moffat.
JUNG, C. C. (1943), *l'Homme à la découverte de son âme*, Genève, éd. du Mont Blanc.
KOESTLER, A. (1972), *les Racines du hasard*, Paris, Calmann-Lévy, 1972.
KUHN, T. S. (1970), *la Structure des révolutions scientifiques*, Paris, Flammarion, 1972.
LARBSCHER, B. (1938), *Sex, Custom and Psychopathology*, New York, McBride.
LEAHY, T. H. and LEAHY, G. E. (1983), *Psychology's Occult Doubles. Psychology and the Problem of Pseudoscience*, Chicago, Nelson-Hall.
LESHAN, L. (1976), *Alternative Realities*, New York, M. Evans.
LOEHR, F. (1959), *The Power of Prayer on Plants*, New York, Signet.
LUTHE, W. and SCHULTZ, J. H. (1969), *Autogenic Therapy*, vol. 1. *Autogenic Methods*, New York, Grune and Stratton.
MARKS, D. and KAMMAN, R. (1978), *Psychology of the Psychic*, Buffalo, Prometheus Books.
MASTERS, R. E. L. and HOUSTON, J. (1966), *The Varieties of Psychedelic Experience*, New York, Holt, Rinehart and Winston.
MAUSKOPF, S. H. and MCVAUGH, M. R. (1980), *The Elusive science. Origins of Experimental Psychical Research*, Baltimore, John Hopkins University Press.
MAY, E. C. HUMPHREY, B. S. and HUBBARD, G. S. (1980), *Electronic system perturbation techniques*, Palo Alto, C.A., Sri International.
MCCREADY, W. C., and GREELEY, A. M. (1976), *The Ultimate Values of the American Population*, Beverly Hills, C.A., Gage.
MCGOWAN, C. (1984), *In the Beginning. A scientist shows why the Creationists are wrong*, Buffalo, N.Y., Prometheus Books.
MCKEON, R. (1941), *The Basic Works of Aristotle*, New York, Random House.
MÉTRAUX, A. (1959), *le Vaudou Haïtien*, Paris, Gallimard, 1977.
MISHRA, R. (1967), *The Texbook of Yoga Psychology*, New York, Julian Press.
MORRIS, H. M. (1984), *History of Modern Creationism*, San Diego, C.A., Master Book Publishers.
MURPHY, G. and BALLOU, R. O. éd. (1960), *William James on Psychical Research*, New York, Vicking Press.
NEHER, A. (1980), *The Psychology of Transcendence*, Englewood Cliffs, N.J., Prentice Hall.
OSIS, K. and HARALDSSON, E. (1977), *Ce qu'ils ont vu au seuil de la mort*, Monaco, éd. du Rocher, 1982.
OWEN, A. R. G., (1964), *Can we explain the poltergeist?*, New York, Garret/Helix Press.
OWEN, I. M. and SPARROW, M. H. (1976), *Conjuring up Philip. An Adventure in Psychokinesis*, New York, Harper and Row.
PAIVIO, A. (1971), *Imagery and Verbal Processes*, New York Holt, Reinehart and Winston.
PARKER, A. (1975 b), *States of Mind. E.S.P. and Altered States of Consciousness*, New York, Taplinger
POPPER, K. (1979), *Objective Knowledge. An Evolutionary approach*, Oxford, Clarendon Press.

PRATT, J. G. (1964), *Parapsychology. An Insider's View of E.S.P.*, Garden City, N.Y., Doubleday.

PRATT, J. G. RHINE, J. B., SMITH, B. M., STUART, C. E. and GREENWOOD, J. A. (1940), *Extra-sensory Perception after Sixty Years*, Boston, Bruce Humphries.

PRIBRAM, K. H. (1971), *Languages of the brain*, Englewood Cliffs, N.J., Prentice Hall.

RANDI, J. (1982), *Flim-flam*, Buffalo, N.Y., Prometheus Books.

RHINE, J. B. (1934), *Extra-sensory Perception*, Boston, Bruce Humphries.

RHINE, J. B. (1947), *le Nouveau Monde de l'esprit*, Paris, A. Maisonneuve, 1955.

RHINE, J. B. (1947), *la Double Puissance de l'esprit*, Paris, Payot, 1979.

RHINE, L. E. (1981), *The Invisible Picture. A Study of Psychic Experiences*, Jefferson, N.C., McFarland.

RICHARDSON, A. (1969), *Mental Imagery*, New York, Springer.

ROLL, W. G. (1976), *The Poltergeist*, Metuchen, N.J., Scarecrow Press.

SARGENT, C. L. (1980), *Exploring Psi in the Ganzfeld*, New York, Parapsychology Press.

SCHMEIDLER, G. R. and MCCONNELL, R. A., (1958), *E.S.P. and Personality Patterns*, New Haven, Yale University Press.

SHAPIRO, D. H. (1980), *Meditation. Self regulation Strategy and Altered States of Consciousness*, New York, Adline.

SHELDRAKE, R. (1985), *Une Nouvelle Science de la vie*, Monaco, éd. du Rocher.

SINCLAIR, U. (1930), *Mental Radio*, New York, Albert and Charles Boni.

SOAL, S. G. and BATEMAN, F. (1954), *Modern Experiments in Telepathy*, New Haven, C.T., Yale University Press.

STEVENSON, I. (1974), *20 Cas suggérant le phénomène de réincarnation*, Paris, Sand, 1985.

TART, C. T. (1971), *On Being Stoned. A Psychological Study of Marijuana Intoxication*, Palo Alto, C.A., Science and Behavior Books.

TART, C. T. (1975), *States of Consciousness*, New York, E.P. Dutton.

TART, C. T. (1976), *Learning to use Extrasensory Perception*, Chicago, University of Chicago Press.

THURSTON, H. (1954), *Gosts and Poltergeists*, Chicago, Henry Regnery.

TYRELL, G. N. M. (1943), *Apparitions*, London, Duckworth.

TYRELL, G. N. M. (1948), *The Personality of Man*, West Drayton, N.Y., Penguin Books.

ULLMAN, M. KRIPPNER, S. and VAUGHAN, A. (1973), *Dream telepathy*, New York, Macmillan.

WARCOLLIER, R. (1921), *la Télépathie*, Paris, Alcan.

WARCOLLIER, R. (1928), *la Télépathie à grande distance*, Paris, Terrier frères et Cie.

WARCOLLIER, R. (1948), *Mind to Mind*, New York, Creative Age Press.

WOLMAN, B., éd. (1977), *Handbook of Parapsychology*, New York, Van Nostrand Reinhold.

WOLMAN, B., éd. (1985), *Handbook of Consciousness*, New York, Van Nostrand Reinhold.

ZUSNE, L. and JONES, W. H. (1982), *Anomalistic Psychology. A Study of Extraordinary Phenomens of Behavior and Experience*, Hillsdale, N.J., Erlbaum.

REVUES ET PUBLICATIONS PÉRIODIQUES CONSULTÉES :

Advances in Neurology; Advances in Parapsychological Research; American Anthropologist; American Ethnologist; American Heart Journal; American Journal of Clinical Hypnosis; American Scientist; Archives of General Psychiatry; Archives of Sexual Behavior; Behavioral and Brain Sciences; British Journal of Clinical Psychology;

British Journal of Psychology; British Medical Journal; Bulletin of the American Physics Society; Bulletin of the Atomic Scientists; Canadian Medical Association Journal; Cuadernos de Parapsicologia; Culture, Medecine and Psychiatry; Cycles; Diseases of the Nervous System; Etc, a Review of General Semantics; Ethnology; European Journal of Parapsychology; Fate; Future Science; Hippokrates; Human Dimensions; Humanist; Imago; International Journal of Clinical and Experimental Hypnosis; International Journal of Neuropsychiatry; International Journal of Parapsychology; Journal for the Study of Consciousness; Journal of Abnormal Psychology; Journal of Applied Psychology; Journal of Altered States of Consciousness; Journal of Clinical Psychology; Journal of Chronic Diseases; Journal of Experimental Biology; Journal of Experimental Social Psychology; Journal of Mental Imagery; Journal of Nervous and Mental Diseases; Journal of Parapsychology; Journal of Personality and Social Psychology; Journal of Psychedelic Drugs; Journal of Psychosomatic Experience; Journal of the American Medical Association; Journal of the American Society for Psychical Research; Journal of the Institute of Electrical and Electronic Engineers; Journal of the Society for Psychical Research; Journal of the Southern California Society for Psychical Research; Journal of Transpersonal Psychology; Medical Times; Mind; Nature; New England Journal of Medecine; New England Journal of Parapsychology; New Horizons; New York Times; Northwestern University Tri Quaterly; Parapsychological Monographs; Parapsychology Review; Pastoral Psychology; Proceeding of the Royal Society of Medecine; Proceedings of the parapsychological association; Psi Research; Psychiatry: Psychoenergetic Systems; Psychological Bulletin; Psychological Medecine; Psychological Reports; Psychology; Psychology today; Psychopharmacologia; Research in Parapsychology; Review Monthly; Revue Métaphysique; Revue philosophique; Schizophrenia Bulletin; Science; Telecommunication and Radio Engineering; Theta; Zetetic Scholar.

Les éditions Sand procureront gracieusement la bibliographie complète à toutes les personnes qui en feront la demande.

Tables des matières

Cet ouvrage a été réalisé sur
Système Cameron
par la SOCIÉTÉ NOUVELLE FIRMIN-DIDOT
Mesnil-sur-l'Estrée
pour le compte des Éditions Sand
le 3 septembre 1986

Imprimé en France
Dépôt légal : septembre 1986
N° d'édition : 858 – N° d'impression : 4738
ISBN : 2-7107-0360-2